漢とは何か、中華とは何か

後藤多聞

人文書館

[題字]
石飛博光

[カバー・大扉カット]＝漢・画像石

[装本]
荒田秀也

漢とは何か、中華とは何か　**目次**

序章
「中華」の不思議
――「中華」と「漢」

［華］

一、中華への疑問

故宮をやるんやったら「漢」とは何か、「中華」とは何かを考えたほうがええやろな。

司馬遼太郎さんのことばである。急逝のひと月前、ところは名古屋のホテルのバー、一九九六年一月七日のことであった。

いつのころからか、司馬さんとみどり夫人は正月には週刊朝日連載のエッセイ「街道をゆく」取材の旅に出るのがならわしとなっていた。そこに一夜、学者や編集者が合流して歓談の時をすごしたもの。名古屋は最後の作品『濃尾参州記』（街道をゆく43）の取材地であった。

はあ

何とも中途半端な返事をしたおぼえがある。

「中華」ということばは中国文明を総称する、古代から続く概念、漢民族のアイデンティティそのものと思っていたから、ピンとこなかったのである。

当時わたしは、NHKでスペシャル番組「故宮」シリーズの制作にあたっていた。副題は「至宝が語る中華五千年」であった。それを受けての司馬さんの指摘であった。司馬さんは、

ホントは漢、驕るなかれとまでいいたいんやけどな

と続けた。

それは現在の漢族中心の国家が称揚する中華への本質的な疑問・抗議であった。司馬さんの常々言っていた塞外《さいがい》の視点——中国史を総覧するにあたって農耕民たる漢族だけでなく、辺境の草原にいた騎馬遊牧民族の果たした役割にも眼を向けるようにということであったであろうし、中国があれほど好きだった司馬さんの想い、中国の魅力を伝えてほしいという願いでもあったろう。それは、司馬さんの中国をみる眼と言ってもいい。

帰宅していくつかの辞書を調べてみた。

まず、『新字源』(小川環樹ほか編)、

中華　中国。中央に位し、文化の開けた国の意。

一方、中国は、

中国　①中央にある国の意で、中国人が自国を呼ぶ語。【書・梓材】「皇天既付中国民」同・中夏・中華②国の中央③都

こうした辞書では歴史的に来歴が明らかな語彙には出典が記されている。「中国」の出典は【書・梓材《しざい》】とあった。『書経《しょきょう》』は中国最古の歴史書、孔子《こうし》が編纂したとされる儒教《じゅきょう》の重要経典五経《ごきょう》の一つ。その、梓材篇が初出ということである。ところが、「中華」には出典が記されていない。

ほかの辞書ではどうか。

『岩波国語辞典』（西尾実ほか編）では、

中華　①中国で、漢民族が、周囲の国・民族よりすぐれているという信念から自国を呼んだ称。「―思想」②《接頭語的に》「中国の」の意。「―料理」

三省堂『大辞林』（松村明編）、

中華　①中国、漢民族が、自己の文化・国土を理想的なものとして自国をいった美称、それに対し、周辺民族を東夷《とうい》・西戎《せいじゅう》・南蛮《なんばん》・北狄《ほくてき》などと蔑称した。中夏《ちゅうか》。「―思想」②「中華料理」の略。

大修館書店『広漢和辞典』（諸橋轍次《もろはしてつじ》ほか編）では、

中華　中国人が自国を誇ってつけた名。中は世界の中央、華は文化・文明の意。〔唐律・名例・疏義・釈文〕中華は、中国なり。親しく王教を被《こうむ》り、自ら中国に属し、衣冠威儀あり。習俗孝悌《しゅうぞくこうてい》、身を礼儀に居《お》く。故にこれを中華と謂《い》う。

さらに平凡社『字通』（白川静《しらかわしずか》著）、

中華　中国の自称。華は文化。〔北斉書《ほくせいしょ》、高昂伝《こうこう》〕時に鮮卑《せんぴ》共に中華の朝士《ちょうし》を軽《かろ》んず。唯《た》だ昂《こう》に憚服《たんぷく》す。高祖、三軍に申令する毎に、常には鮮卑語なるも、昂若《も》し列に在るときは、則ち華言《かげん》を為《な》す。

漢和辞典の最高峰、漢学者諸橋轍次（一八八三―一九八二）が三十年の歳月をかけた大修館書店『大漢和辞典』、

中華　①中国の自称。中は四方の中央に居る義で、華は文化を有する義。古代中国の君主は、多く都を黄河の南北に建てた。後世、其の地を中華といい、中原といい、又、華夏という。即ち、中華はもと黄河の流域を指したのであるが、後、疆域が広くなり、各朝とも、其の所属地を併せて中国・中華と称するに至った。〔蜀志、諸葛亮伝、注〕使遊歩中華、聘其龍光。〔魏書、礼志〕下迄魏晋、趙秦二燕、雖地拠中華、徳祚微賎。…②星の名。〔晋書《しんじょ》、天文志〕東蕃四星、第二星曰次相、其北中華東門也。

『大漢和辞典』に「後世、其の地を中華といい、中原といい…」とある。うち中原とは、黄河中流域・黄河文明揺籃の地である。地理的には、陝西省《せんせいしょう》の渭水《いすい》流域から山西省《さんせいしょう》と河北省《かほくしょう》の南部、河南省《かなんしょう》山東省《さんとう》《しょう》の西部を含む。現在では大半が黄土の堆積した黄土地帯と重なっている。

諸橋によれば、初期には中華と中原は同じ地域を表すことばであったが、のち版図が拡大するとともに中華を冠する領域が広がったということになる。「拡大する中華」とでも言っておこうか。

ただ、中華文明というときの中華は文化的・精神的な概念となる。「中華」は具体的（地域的）、抽象的という二つの意味を持つことばであることを押さえておかねばならないであろう。

国語学者が編纂した前二者には典拠は記されていない。こちらが「漢民族が…」といい、諸橋轍次は「中国人が…」としている。これも「中華」と「漢」という概念へのそれぞれの認識を反映しているのであろう。国語学者の解釈は、中華を漢民族と同一視するわたしたちの思い込みに通じる。ただ、いずれも中華ということばが生まれた背景の説明にはなっていない。

さて、出典である。典拠を上げるものは三つ。なかで一番古い正史は『三国志《さんごくし》・蜀志《しょくし》』（西晋《せいしん》・陳寿《ちんじゅ》撰）であるが、用例は下って南北朝時代、宋の裴松之《はいしょうし》による注釈である。本文で最も早いものは「中華」ではなく、天界の星座の名「中華門」であった。曹操《そうそう》の魏《ぎ》をうけた司馬《しば》氏の晋《しん》（西暦二六五―四二〇）の正史『晋書《しんじょ》』（唐・房玄令《ぼうげんれい》撰）天文志に見える。単語としての「中華」の用例は、騎馬遊牧民族鮮卑《せんぴ》拓跋族《たくばつぞく》の国・北魏《ほくぎ》（三八六―五三四）の正史『魏書《ぎしょ》』（北斉・魏収《ぎしゅう》撰）、ついで『北斉書《ほくせいしょ》』（唐・李百薬《りひゃくやく》撰）となる。『北斉書』は、北魏滅亡のあと、これも鮮卑系王朝・北斉（五五〇―五七七）の正史である。『広漢和』のあげる『唐律《とうりつ》』は、これより時代が下がって唐代の法令集である。

これらの出典が早い時代のものとするならば、「中華」の出現は四世紀以降のこととなる。有史以来といっていい「中国」に対して、「中華」は比較的新しいもののようだ。

それでは、意味あいはどうか。

『魏書』の用例は太和十六年（四九二）、北魏繁栄の頂点にあった第六代孝文帝《こうぶんてい》（在位四七一―

四九九）への臣下の上申、「上表《じょうひょう》」である。
下《くだ》りて魏晋《ぎしん》まで、趙秦二燕《ちょうしんにえん》、地は中華に拠《よ》るといえども、徳祚微賎《とくそびせん》。

この上表には、「晋既に滅亡、天命我にあり」という文言もあった。西晋滅亡後南方に逃れた東晋《とうしん》亡命王朝の正統性を否定し、さらには先行する趙・秦・二燕といった中原に蟠踞した五胡騎馬民族政権もとるにたらぬとする。ここでの中華は地勢的な概念、鮮卑族が建国した北魏の領土という意味とされる。「中華＝鮮卑」である。

それからおよそ五十年、『北斉書』の一文—時に鮮卑共に中華の朝士を軽んず…（前記引用『字通』による）。鮮卑につらなる北斉の高祖（生年四九六—没年五四七）は、中華を軽視していた。ただ、漢人の高昂《こうこう》という男にだけは敬意をはらっていた。軍隊に命令するときにも、普段は鮮卑語であったが、かれがいる時だけは華（漢）語で話したという。ここでの中華は、領土というより文明的な意味である。ここから鮮卑族は、中華の埒外と類推できる。図示するならば、「中華＝漢≠鮮卑」となる。

孝文帝の極端な漢化政策により弱体化した北魏が東西に分裂したのは西暦五三四年のこと。その東魏の宰相が高歓《こうかん》、『北斉書』にいう高祖である。当時、長城の北辺には北魏の防衛拠点、六鎮《りくちん》があった。鎮とは、この時代独特の行政単位で、一つの地域を管轄し外敵に備える兵力を持っていた。領野とでもいえばいいのであろうか、州よりは下の存在であったようだ。

高歓は、その一つ懐朔鎮《かいさくちん》の下級武人であった。六鎮では漢化政策に抵抗して復古主義、鮮卑の民族意識が横溢していた。五五〇年、高歓の次子・高洋《こうよう》が東魏の皇帝から禅譲を受けて建国したのが北斉であった。

二つの正史の「中華」、北魏と北周、同じ鮮卑＝騎馬民族系王朝でありながら、「中華」への理解がまったく異なっていたのである。

名古屋での会合からほぼ二か月、「中華」ということばが、そう単純なものではなさそうだとわかったころ、悲報が届いた。司馬さんが倒れ、帰らぬひととなったのである。

一九九六年二月十二日のことであった。

苦しんだ気配を感じさせない穏やかなお顔、口元に残るわずかな血の跡だけが司馬さんの最後の戦いを伝えていた。

「中華とは何か」という問いかけが、司馬さんからの宿題となってしまった。ただ、その解へのヒントは司馬さんの文章のなかにあった。

……「中華」は西洋概念における領土思想というより、中国だけがもっている文明主義のことばですね。ウイグル人も中華の礼教にやや浴した。漢文を知らんでも偉い人に頭を下げたらそれでいいんです。文明主義的な版図であることと、ヨーロッパ風の領土思想とは、歴史の性質がひじょうにちがうので、これは近代（清末）になってからたいへんな混乱と相克を生む。

（司馬遼太郎―陳舜臣《ちんしゅんしん》―金達寿《キムタルス》『歴史の交差路にて～日本・中国・朝鮮』）

中華を文明主義のことばと解する司馬さんの史観の背景にあるものは何か。

わたしの「中華」探索の旅がはじまった。中華と漢と騎馬民族、どこでどう交差して中華という概念が顕在化したのかという疑問がとっかかりとなる。

二、騎馬民族と草原の虹

騎馬民族という概念は、考古学者江上波夫《えがみなみお》（一九〇六―二〇〇二　東京大学名誉教授）が第二次大戦終戦後まもない一九四八年、騎馬民族征服王朝説を発表して以降広まったものである。騎馬民族とは、遊牧民が戦闘態勢に入ったときの、一時的な形態を表わすものであって純粋な民族学的な概念ではない。戦闘が終わって故郷の草原に帰ると、本来の遊牧民に戻る。

中国史のなかではモンゴル族の元《げん》や満州（女真《じょしん》）族の清《しん》など塞外《さいがい》の民族が、それである。遊牧帝国を建国した、主として騎馬にすぐれ遊牧を生業とする非漢人の集団を指すといってもいい。

騎馬遊牧民と農耕民のせめぎあいは中国の歴史そのものであり、古く紀元前にまでさかのぼる。古来中国大陸では、経済的には東西よりも南北の地理的環境が重要な意味を持っていた。東西の場合は緯度の高さがあまり変わらないため気候にも大きな差はなかった。一方、南北の間では気候や気温の差が大きく、ためにそれぞれの地域によって産物の種類も豊かさも異なっていたからである。気候の厳しい北方草原の騎馬遊牧民にとって、南に広がる温暖で物資豊かな田園地域は常に欲望を刺激する存在であった。

抗争の歴史にいち早く登場する匈奴《きょうど》や月氏《げっし》、突厥《とっけつ》など、中国の歴代王朝を揺るがした騎馬民族は枚挙に暇《いとま》がない。なかにはすでに存在しないものも少なくない。「民族というのは作られたり、消されたりするもの」というのはある民族学者のことばである。

それでは一時はユーラシアを席巻したかれら騎馬民族は、どこへ行ってしまったのか。

結論からいえば月氏の大部分、および突厥―トルコ系民族は、アフガニスタン、さらにははるか西、トルコのアナトリア高原にまで移動した。中国大陸でいまも少数民族として存在するモンゴル（蒙古）族、チベット（吐蕃《とばん》）族、ウイグル（回）族を除くその他の騎馬遊牧諸民族は、中原という「民族の坩堝《るつぼ》」に飲み込まれてしまったのである。

「中華」探索の過程で、騎馬遊牧民族の存在が、わたしのなかでクローズアップされてきたころ、注目すべき一文に出会った。

周隋唐皆出武川《しゅうずいとうみなぶせんにいず》

東洋史の碩学宮崎市定《みやざきいちさだ》（一九〇一―九五　京都大学名誉教授）が東洋史専攻の学生たちを迎えた最初の演習でいつも言及していたフレーズだと、高弟礪波護《となみまもる》（京都大学名誉教授）はいう。この一文、出典は清朝の最盛期、第六代乾隆帝《けんりゅうてい》（在位一七三五―九五）時代のひと、趙翼《ちょうよく》（一七二七―一八一四）の撰になる歴史解説書『二十二史箚記《にじゅうにしさっき》』であった。趙翼は若いころ、乾隆帝の率いる軍機処《ぐんきしょ》（軍事情報を扱う皇帝直属機関、父の雍正帝《ようせいてい》が設けた）に勤めた経歴を持つ、優れた文人であった。箚記とは、読書雑記を箇条書きしたものの意。

周隋唐三代の祖、みな武川《ぶせん》に出《い》ず。宇文泰《うぶんたい》四世の祖陵、鮮卑《せんぴ》により武川に遷《うつ》る…これ周の文帝《ぶんてい》となる。楊堅《ようけん》五世の祖元素《げんそ》、武川に家《いえ》す…これ隋の文帝《ぶんてい》となる。李淵《りえん》三世の祖熙《き》、武川に家《いえ》す…こ

れ唐の高祖《こうそ》となる。区区一弾丸の地、三代の帝王を出す。（趙翼撰『二十二史劄記』巻十五）
武川とは武川鎮《ぶせんちん》（現・内モンゴル自治区呼和浩特《フフホト》近郊）のこと。

区区一弾丸の地、周隋唐三代の帝王を出す。

北魏が東西に分裂したのち、西魏から禅譲を受けて建国した（北）周、さらに隋と唐、この三代の王朝が、ともに北辺の小さな鎮、弾丸が届くくらいの狭い土地にはじまるというのである。

この指摘は、三代の王朝が騎馬遊牧民族鮮卑《せんぴ》族の地に出自するという重要なもの、中国の社会・経済・制度史に通じた、いわば宮崎中国史の根幹をなす認識である。

わたしはかつて「隋唐は漢民族の建設した帝国の代表的存在」と考えていた。当時の一般的な認識であったといっていいであろう。ところが清朝時代に、すでにこれと異なる見解が明らかにされていたのである。さらに民族という概念への理解も浅薄であった、といまにして思う。

四世紀以降、五胡《ごこ》と呼ばれる遊牧系民族に中原を追われて、いわゆる漢族が江南に逼塞《ひっそく》した時代があった。南北朝時代、あるいは五胡十六国《ごこじゅうろくこく》時代ともいう。五胡とは匈奴《きょうど》・鮮卑《せんぴ》・羯《けつ》・氐《てい》・羌《きょう》の五つ、いずれも北方あるいは西方の草原や山岳地帯にあった狩猟遊牧系民族、いわゆる騎馬民族である。はじまりは三〇四年、五胡の雄、匈奴の大単于《だいぜんう》劉淵《りゅうえん》が漢を建国、皇帝を名のったころであった。

宮崎は北宋の歴史家司馬光《しばこう》（一〇一九—八六）が撰した『資治通鑑《しじつがん》』を「壮大な大河小説」のような魅力を持つ歴史書と高く評価している。そのなかでも最高に面白いのが乱世、五胡十六国時代の記述であるという。

それは、とりわけ年若い魅力的な覇王たちが躍動した時代であった。

一統政治の平和な時代には、どんな英雄豪傑が現れても、その行動の範囲は極めて狭く限定される。先ず皇帝権に服従し、政府の機構法制に縛られ、伝統的な風習の枠に閉じ込められる。此等の束縛に従うことによって頭角を抽《ぬき》んでたのであるから、その束縛から脱し得ないのは当然である。しかるに五胡の英傑は、自由行動を許されているので、ひたすら実力に頼って独歩を築き、容赦なく敵手を倒して覇権を攫《つか》み取ることができる。（宮崎市定「『資治通鑑』の面白さ」）


この時代、五胡による短命の王朝が続いた。混乱を終息させ華北を再統一したのが五胡の一つ、「野蛮なる民族」と宮崎が評する鮮卑族の一つ、拓跋部《たくばつぶ》である。北魏《ほくぎ》建国は五世紀半ば、四三九年であった。

『魏書』の用例から見ると、時移り五世紀末、第六代孝文帝が史上初めて胡でありながらみずからの領域を表わすことばとして「中華」を使用した気配がある。

孝文帝も、みずからの理想と野望のために戦火をくぐった若き英雄のひとりであった。

この鮮卑拓跋部こそ、隋唐王朝を生み出す母胎であった、と趙翼はいうのである。

周隋唐の三代をまとめて「拓跋国家《たくばつこっか》」とする新しい視点もある。杉山正明（京都大学教授　東洋史・モンゴル史）の説くところである。

北周・隋・唐など、支配層も共通し、王家どうしは通婚し、政権・国家のかたちもシステムも、おおむねはかわらない。北魏からはじまるこの時代の歴史を「拓跋国家」時代として一貫して叙述すればおそらくははるかに事態はうまく理解できるのではないかとさえおもえる。

（杉山正明『遊牧民から見た世界史〜民族も国境もこえて』）

広大な北方モンゴル大草原では、時にとてつもなく太い虹が立つ。財宝が埋まっているという根本は遠くの山の端に消えているが、まっすぐに天空に延びる先端も霞んで見えない。離れればアーチに見えるのであろうが、ただただ天空に直線的に延びる虹の太さに驚嘆するのみである。「中華」帝国樹立は、胡―騎馬遊牧民族にとって、この大草原の虹のごとく見果てぬ夢であった。草原に育った若者たちがこぞってその虹、すなわち中原と西域を合わせた巨大な帝国―漢王朝の再来をめざしたのである。

鮮卑拓跋部。かれらの樹立した北魏という国家を特徴づける事象の一つが仏教信仰である。仏教のありようも、後代に大きな影響を与えた。特筆すべきは北魏の都・平城の郊外雲岡《うんこう》石窟に忽然と出現した大仏群である。中原に初めて造営された大仏が、唐代の竜門石窟奉先寺《りゅうもんせっくつほうせんじ》大仏に、そしてやがては奈良東大寺の大仏造営につながる。大仏思想がどこで生まれ、いつ、だれが中原にもたらしたのかを明らかにすることも、時代状況と騎馬民族の精神を理解するためには欠かせない作業となる。

胡族が、いかにして覇権を握り、「中華」を標榜するに至るのか。

周隋唐皆出武川《しゅうずいとうみなぶせんにいず》

このことばをキーワードとして、草原の民の虹のごとき野望、「中華」帝国への旅をはじめよう。

三、漢とは何か

前提として、漢、そして中国・中華という単語についてふれておきたい。

「中国」は、古代から使われていた。たとえば一九六三年、陝西省西安《せんせいしょうせいあん》の西、黄河《こうが》の支流渭水《いすい》流域の宝鶏《パオジ》市で出土した西周時代（紀元前一〇二七―七七一）の青銅器「何尊《かそん》」には、「宅茲中國《たくじちゅうごく》」（中国に定居す）と刻まれていた。孔子（紀元前五五二―四七九）が集めたとされる詩集『詩経《しきょう》』に「此《こ》の中国を恵《いつく》しみ、以て四方を綏《やす》んじる」（大雅《たいが》・民労）という有名な文章がある。あるいは前漢時代、司馬《しば》遷《せん》（紀元前一四五？―八七？）の『史記《しき》』には、

繆《ぼく》公之を怪しみて問いて曰く、中国、詩書礼楽法度を以て政《まつりごと》を為す、然るに尚《なお》時に乱る、今戎《じゅう》夷《い》に此《これ》無し、何を以て治を為すや、亦難《またかた》からざるや。（『史記』本紀五　秦本紀）

繆公とは紀元前六世紀、春秋時代の秦第九代の王・穆公のこと。司馬遷は「春秋五覇」のひとりとする。その王の戎《じゅう》王の使者への問いである。「中国」は詩書礼楽法度を共にする国ぐに、春秋時代に乱立した七国全体を指すものと解釈できる。

ここでいう中国は中つ国、地理的に見て中央にあることを意味するもの、あるいは四夷・夷狄《いてき》に対することばであって、もちろん近代的な国家概念ではない。辺境を除く中央部、すなわち黄河中流域、いわゆる中原と同義といってよい。さらに、『春秋左氏伝《しゅんじゅうさしでん》』には「戎狄《じゅうてき》を和《やわ》らげ、諸華を正す」（襄《じょう》

公《こう》十一年）という文章も見える。この「華」は戎狄と対峙する世界、すなわち中原世界、中夏《ちゅうか》——のちの漢人を中心とする世界を指すものである。「左氏伝」は、孔子が編纂した歴史書『春秋《しゅんじゅう》』の解説書、紀元前四世紀ころに原型が成立したとされる。

「華夏《かか》」という呼称もあった。白川静《しらかわしずか》『字通』によれば、華＝花は美称。夏は、舞冠を被り、儀容を整えて舞う人の形—廟の前での舞踊を示す。後漢時代に成立した最古の漢字辞典『説文解字《せつもんかいじ》』（許慎《きょしん》撰）は、「夏、中国の人なり」という。夏という名詞は、中国の古代王朝の名であると同時に、中国の意にも用いられた。

「中国人民」ということばも古い。すでに紀元前一世紀、司馬遷の著した『史記』に見える。

…皆、中国人民の喜好する所、謡俗（風俗）被服飲食、奉生送死の具なり。

（『史記』列伝六十九　貨殖列伝）

この時代、中華はまだ登場してこない。

「中華」は「中」と「華」二語からなる合成語である。中は中央を意味し、華ははなやか、あるいは「文化の盛んな土地」（『広漢和辞典』諸橋轍次他編）という意味である。本来いかなる民族を、あるいは特定の場所を示すものではない。中身は、ガランドウである。

皇帝自身が中華ということばを使ったのは、かなり遅れて七世紀半ばのことであった。その皇帝、史上最高の皇帝とされる唐王朝第二代太宗《たいそう》李《り》世民《せいみん》である。

古来、皇帝たちは中夏を平定しても、戎狄《じゅうてき》を服従させることができなかった。太宗は死の二年前、

貞観《じょうがん》二十一年（六四七）、みずからがそれを成し遂げ得た理由を五つ挙げた。その五番目に曰く、

古《いにしえ》から皆中華を貴《たっと》び、夷狄《いてき》を賤《いや》しんできた。朕《ちん》ひとりこれを一つであるように愛してきた。だから各種族が朕を父母のようにたよるのである。

（司馬光撰『資治通鑑』巻一九八　貞観二十一年五月）

出典は『資治通鑑《しじつがん》』。十一世紀後半の北宋時代、西晋王族につながる名門貴族司馬光《しばこう》が第五代英宗の詔《みことのり》を受け、二十年近い歳月をかけて撰したもの。全二百九十四巻、紀元前四〇三年から紀元九五九年までを概括する編年体の歴史書である。たびたび参照することになるので、以下『通鑑《つがん》』と略す。

ここでの中華は古代から続く中原の文明を指すのであろう。当然のことながら太宗は、みずからを中華の側に置いている。

しかし、太宗一族の出自に関しては趙翼の明快なる断言がある。

周隋唐三代の祖、みな武川に出ず。

唐王朝、そして一代前の隋王朝は、いずれも北魏の血を受け継いでいたようである。したがって騎馬遊牧民族につながる。鮮卑拓跋の末裔が中華を標榜するに至る経緯をたどることによって、「中華」の成り立ちが見えてくるのではないか。

ところで、漢族という呼称は『史記』はじめ歴代王朝の正史には見られない。歴代の正史にも、漢族という表現はない。神戸大学教授王柯《おうか》（中国近現代史）の『多民族国家　中国』によれば、漢族と

いう用語は二十世紀初頭、辛亥革命以降に国民国家の理論に対応して初めて誕生したものという。これについてはのちにふれる。

ただ、漢人という表現は、漢王朝滅亡後まもなく出現している。

漢の代、初めてその道（仏教）を伝えるや、惟《た》だ西域の人のみ寺を都邑《とゆう》に立てるを得、以てその神を奉ずるを聴《ゆる》し、漢人は皆出家せず。魏は、漢の制を承《う》け、亦《また》前軌（前代の法）に循《したが》う。

（『晋書』列伝第六五　芸術・仏図澄《ぶっとちょう》）

この文章から明らかなように、漢人とは漢王朝のひとという意味であった。

それでは、漢の主流となった民族の出自は、いかなるものであったのか。

漢王朝からさかのぼることおよそ一千年、殷（商）を滅ぼした周、その一族が中原に入ったころの状況が、『史記』周本紀《しゅうほんぎ》に見える。

ここにおいて古公乃ち戎狄《じゅうてき》の俗を貶《しりぞ》け、城郭室屋を営築し、邑《むら》を別《わ》けて之に居らしむ。

（『史記』本紀四　周本紀）

周の先祖・古公亶父《ここうたんぽ》が、異民族に追われて陝西省《せんせいしょう》と甘粛省《かんしゅくしょう》の境に近い豳《ひん》（陝西省《せんせいしょう》彬《ひん》州市）の地から、一族を率いて陝西省北部岐山《きざん》の麓に移住してきた。古公亶父の一族も、出自は遊牧民であった。この地で、それまでの戎狄《じゅうてき》の俗＝遊牧狩猟採集の暮らしを改めて農耕に転換、定住をはじめた。

黄河の支流渭水《いすい》の北方、黄土高原のただなかに周族が定住した土地、周原《しゅうげん》がある。中国で最初の詩集『詩経』が生まれたところ。いまも往時さながら、小高い山――岐山の裾野に広がるのどかな田園地帯である。当時、稲作はできなかった。作物は、粟、黍《きび》、稗《ひえ》といった雑穀（五穀）がもっぱらであった。

古公亶父には三人の男子があった。末子・季歴《きれき》に国を譲りたいという父の意を察した長男・太伯《たいはく》と次男・虞仲《ぐちゅう》は出奔して南方に行き、体に刺青し髪を切って蛮族となった。太伯は、春秋時代の南方の雄、呉の国の始祖となり、季歴が父のあとを継いだ。その子が周の文王《ぶんおう》。文王の子が、殷《いん》を滅ぼした武王《ぶおう》である。周建国は紀元前一〇二七年ころのこと、いまから三千年前のこととなる。

殷王朝末期、暗愚の帝王・紂王《ちゅうおう》打倒のため武王の叔父・周公旦《しゅうこうたん》は諸民族に決起を呼びかけた。それに応じて馳せ参じたのは庸《よう》・蜀《しょく》・羌《きょう》・髳《ぼう》・微《び》・纑《ろ》・彭《ほう》・濮《ぼく》のひとたち。殷の大軍勢を破った牧野《ぼくや》の戦いである。

『史記』の注釈には、

八国は皆蛮夷戎狄《ばんいじゅうてき》なり。羌《きょう》は西に在り、蜀《しょく》は叟《しょう》に、髳《ぼう》・微《び》は巴蜀《はしょく》に在り、纑《ろ》・彭《ほう》は西北に在り、庸《よう》・濮《ぼく》は江漢《こうかん》の南に在り。（南朝宋・裴駰《はいいん》撰『史記集解《しきしっかい》』）

とある。蜀・巴蜀とは現在の陝西《せんせい》・甘粛《かんしゅく》・四川《しせん》に接するあたり。江漢とは現在の湖北省《こほくしょう》西部から四川省東部と陝西省南部に連なるあたり。したがって庸・濮・羌は中原から見れば西方に跋扈していた異民族集団、すなわち戎狄であった。纑、彭も西部にあった。羌と同様チベット系民族と考えられ、いずれも西戎《せいじゅう》に属する。さらに髳は洞庭湖《どうていこ》周辺にあった苗《ミャオ》族系の民族であった。これらの、いわゆる蛮族が何らかの形で中原とつながっていた、誼《よしみ》を通じていたことを示すものであろう。

この周の時代に、のちに孔子が理想とした礼の思想が生まれた。

前漢時代に編纂された『礼記《らいき》』は、周以降の礼についての論議・注釈をまとめたものとされる。儒教の根本経典「五経」の一つである。その「王制」にいう。

およそ民が居する材は、かならず天地の寒煖燥湿、広谷大川（といった地形）によりて制《かたち》を異《こと》にす。民のその間に生きる者、俗を異にし、剛柔・軽重・遅速は斉（基準）を異にし、五味（食事の味）の和を異にし、器械の制を異にし、衣服の宜《ぎ》を異にす…。（中略）中国戎夷五方の民、みな性あるなり。推移すべからず。東方曰く夷《い》、被髪文身《ひはつぶんしん》（髪をふり乱し入墨する）、火食せざる者あり。南方曰く蛮《ばん》、雕題《ちょうだい》（額に刺青）し交趾《こうし》（足を交えて寝る）、火食せざる者あり。西方曰く戎《じゅう》、被髪皮衣、粒（穀物）を食らわざる者あり。北方曰く狄《てき》、羽毛を衣、穴居し、粒を食らわざる者あり。中国蛮夷戎狄《ばんいじゅうてき》、みな安居《あんきょ》、和味、宜服《ぎふく》あり、備器を利用す。五方の民、言語通ぜず、嗜欲《しよく》同じからず…。

（『礼記』王制）

種族あるいは民族の概念がまだ明確になってはいなかった時代にあって、人びとは遊牧や農耕など、それぞれの生活様式を基準に共同体を区分していた。農耕で得た食物に火を通して食し、麻などでできた着物を着用し、家を作って定住する人たちが中心となってつくりあげた思想、それが礼であった。

それ、礼はもって親疎を定め、嫌疑を決する所にして、同異を別し、是非を明らかにするなり。礼は妄《みだ》りに人に説かず。

（『礼記』曲礼上）

礼に従うか否かで同異を別す、すなわち蛮夷と、華夏に区別されたのであった。華夏ということばには領土的な意味合いはまったく含まれていない。

しかしである。司馬さんはいう。

夷というのは、人種論的な言葉でない。ただし文明論的なことばで、非文明人という語感をつよくもっているため、よばれて愉快なものではない。

（司馬遼太郎『街道をゆく』20　中国・蜀と雲南のみち）

「礼は妄りに人に説かず」とある。礼は、「親疎を定め、同異を別する」ものであって、これになじまない異民族の生活様式や規範を否定し、農耕民の規範を強制するものではなかった。

周の民も遊牧生活をあらためて農耕を生業として定住したからこそ、礼の世、文明主義的な版図を築くことができた。この時代、すでに中原には農耕を生業とする諸民族が入り乱れ、その周辺には遊牧を生業とするさまざまな民族の姿があった。中原、黄河中流域、文明の中心地という意味である。中原は古代から「民族の坩堝《るつぼ》」であった。

周・武王の軍師であった太公望呂尚《たいこうぼうろしょう》は姜《きょう》姓であった。西戎《せいじゅう》の一つ、チベット系の羌族のひとととされる。周公旦の一族が魯《ろ》（山東省《さんとうしょう》）の地を与えられたとき、呂尚一族は斉（河南省《かなんしょう》）の地を与えられている。呂尚と周王家との関係は深く、呂尚の娘は武王の后となった。

秦《しん》の始皇帝《しこうてい》時代の律令《りつりょう》では非華夏族と区別するため、中原にあった華夏族を「夏《か》」と称したという。秦は戦国時代後半、馬の飼育に長けた民族として急激に勢力を拡大した新興国である。その出自の地は甘粛省《かんしゅくしょう》の山中であった。「そもそも春秋戦国の時代においては純粋の中国人とは認められず、夷狄の君長として敬遠されていた」（宮崎市定『日出づる国　中国の開国と日本』）。秦も騎馬民族の系譜のなかにあったということになる。

チベット史の佐藤長《さとうひさし》（一九一三―二〇〇八　京都大学名誉教授）は、その著『中國古代史論考』において、周も秦も広い意味での羌族（チベット系）であったと断じている。古公亶父《ここうたんぽ》も始皇帝も遊牧系の出自ということになる。しかしながら両民族とも『史記』三皇五帝本紀に記された五帝のひとり、黄帝を遠祖としている。黄帝、漢族の祖とされる伝説上の神である。それぞれの王朝が黄帝と関連づけた偽りの族史を正統性の根拠として主張したということである。

秦の民族構成の実態を眼前にすることができる遺跡がある。西安郊外にある秦の始皇帝兵馬俑《へいばよう》遺跡。俑に刻まれた顔立ちは実にさまざまである。秦始皇帝博物館の分析によれば、そこから四つの民族の存在が読み取れるという。

1．大柄な体躯、角張った顔、大きな口、厚い唇、広い額は、秦の根拠地であった関中のひと。
2．やや身長が低く、卵形の顔、細く尖った顎は、当時秦に併合されたばかりの巴蜀（現在の四川省）のひと。
3．高い鼻と頬骨、奇妙な頬髭は、北方騎馬民族であった匈奴。
4．数は少ないが、高い鼻と大きな目は、西アジア系の胡人《こじん》。

なかで関中《かんちゅう》とは、秦の都咸陽《かんよう》をはじめ黄河の支流渭水《いすい》流域、秦の旧領を表わすことばである。前漢初代皇帝劉邦《りゅうほう》が都を置いたのも咸陽の南、渭水流域の長安であった。漢王朝は、始皇帝が築いた体制と人民を、そのまま継承した。したがって漢は建国当初から東夷《とうい》・南蛮《なんばん》・西戎《せいじゅう》・北狄《ほくてき》と呼ばれていた異民族を数多く擁していたのである。

それでは、異民族を戎狄として差別する攘夷《じょうい》思想―夷狄を攘《うちはら》う思想は、どの時代に出現したのか。

渡辺義浩（大東文化大学教授　中国古代史）は『儒教と中国〜「二千年の正統思想」の起源』で次のように指摘している。

> 前漢景帝《ぜんかんけいてい》期（前一五七―一四一）に出現した『春秋公羊伝《しゅんじゅうくようでん》』は、武帝《ぶてい》期（前一四一―八七）までの前漢が匈奴の侵攻に苦しみ続けたことを受けて、激しい攘夷思想と復讐の肯定を説き、両漢における華夷思想《かいしそう》の基本を定めた。（渡辺義浩『儒教と中国〜「二千年の正統思想」の起源』）

華夷思想は儒教経典に基づくものであった。

『礼記』と同じく「五経」の一つとされる『春秋』は、孔子が生まれた魯の国の歴史の年代記であり、それに孔子が手を加えたと信じられていた。魯は孔子が理想とした周公旦にはじまる。『春秋公羊伝』、『春秋穀梁伝』は、『春秋左史伝』とあわせて春秋三伝と称される注釈書である。公羊伝は紀元前一五〇年ころ、穀梁伝は紀元前五〇年ころの成立とされる。

「諸夏を内として夷狄を外にす」という『春秋公羊伝』（成公十五年）の解釈が華夷思想―攘夷思想の根拠となったと渡辺はいう。『礼記』が編纂された時代に、すでに攘夷思想は芽吹いていたのであった。

一方、夷華共存の思想はいつごろ出現するのか。

時代が百年ほど下った前漢・宣帝期、甘露三年（前五一）に匈奴の呼韓邪単于《こかんやぜんう》が降伏した。このころに新たに編纂された『春秋』の解釈書『春秋穀梁伝《しゅんじゅうこくりょうでん》』に依拠して華夷混一《かいこんいつ》をめざす理論が登場したとするのが、前記した渡辺義浩の見解である。

『春秋穀梁伝』は、…公羊伝《くようでん》とは異なる義（解釈）を立てることにより、譲国を認めず、長幼の序による継嗣を主張し、華夷混一の理想社会の実現を説き、重民思想と法刑の併用を述べる、という三点の特徴を持つ。（中略）

こうして宣帝は、みずからの即位を長子相続の最優先により、降伏した匈奴への優遇を華夷混《かいこん》一《いつ》の理想社会により正統化する穀梁伝を儒学の中核に据えた。

後漢《ごかん》の弱体化は、軍隊内における異民族の存在感を高め…『春秋穀梁伝《しゅんじゅうこくりょうでん》』の影響を受け、異民族の容認が進んだ。

（渡辺義浩『儒教と中国～「二千年の正統思想」の起源』）

漢帝国の時代に攘夷思想、さらには華夷混一という思想が二つながら、生まれていたのである。華夷混一、漢帝国再興を目指した五胡の覇王たちが、この思想を継承することになる。

ただ、ここで一つの事実を指摘しておく。華夷、あるいは華戎ということばは『漢書』には見えない。登場するのは時代が下った西魏・東魏の正史『晋書』においてである。ここで華夷は十一例を数え、華戎も三例見える。夷華意識が芽生え、高まったのは西晋時代であったということになる。さらに、華という単語で中原伝統王朝、あるいは文化を象徴し、蕃夷と対置するという意識が生まれたのも、この時代であったということになる。

古来「華夏」という表現があった。ここでは「夏」は「中国のひと」を意味し、「華」は美称にすぎなかった。言い換えれば、ガランドウであった華という単語が、この時代になって美称から昇格し自立した。中原王朝という意味が初めて付加されたといえよう。その華の主体は、当然のことながら中原にあった王朝、構成するのはのちに漢と呼ばれることになる人びとであった。

夷華意識は、つぎの時代にも引き継がれた。鮮卑拓跋族の国、北魏の正史『魏書』にも華戎・戎華、華夷はそれぞれ六例ある。皇帝の詔にも見えるから、ここでの華は鮮卑族の国ということになる。とすると、北魏の華は、騎馬民族鮮卑族を主体とすることになる。

華、そして中華の主体は、時代とともに変わっていったのである。

ならば、漢という呼称はいつ生まれたのか。当然のことながら漢帝国成立以降のことであるが、白川静『字通』はいう。

漢―五胡のとき、胡人が漢人を漢子と呼んだことにはじまる。

五胡のときとは、五胡十六国時代のこと。華北にあった匈奴の単于《ぜんう》（君長）劉淵《りゅうえん》が自立して漢（のち前趙）を号した西暦三〇四年にはじまる。中原にあった漢王朝の後継たる魏や（西《せい》）晋《しん》は短命王朝であった。晋滅亡ののち、残党は逃れた江南で（東）晋を建国した。以降、南方では宋、斉、梁、陳と、隋の全土統一まで短命の王朝交代が続いた。この時代を、六朝時代、あるいは魏《ぎ》晋南北朝《しんなんぼくちょう》時代《じだい》とも呼ぶ。

黄河流域から西域にかけての広大な大地では異民族王朝が興亡を繰り返した。後漢王朝崩壊後、これらの胡族集団は魏晋をはじめとする国ぐにの傭兵として中原に入ってきた。礼を知らぬ蛮夷とさげすまれながらも、かれらは中原の華やかな文化にひきつけられ、あこがれてきた。それぞれが侮蔑《ぶべつ》に耐えながら実力と武器を蓄え、ついには晋王朝を滅ぼし、中原を我がものにせんと争った時代―それが五胡十六国時代であった。

漢、あるいは漢人という呼称は、この時代に胡族―異民族が使用したことにはじまる。中国での報告（『漢文化与《と》西部大開発～二〇〇三年漢民族学会学術討論会論文集』）によれば、漢に関わる呼称として、漢輩《かんはい》、狗漢《こうかん》、老漢嫗《ろうかんう》（『北斉書』）、あるいは漢家《かんけ》、漢地《かんち》、痴漢《ちかん》、漢小児《かんしょうじ》、賊漢頭《ぞくかんとう》、空頭漢《くうとうかん》（『北史』）、漢女《かんじょ》、山東雑漢《さんとうざつかん》（『宋書』）などの表現があるという。多くは漢の残党ども、といったくらいの意味であろうか。当時にあっては侮蔑的な意味さえ内包することばであったようだ。

漢という名詞は漢王朝の故地、すなわち中原にあった人びとを総称するものにすぎず、純粋な民族学的概念ではなかったとする理解が、現在では主流となっている。

五胡十六国時代は四百年におよぶ戦乱の時代であり、また「民族大融合」の時代でもあった。川本芳昭（九州大学教授　東アジア史）はいう。

> 中国の歴史を通観するとき、春秋戦国の諸国が割拠した時代の後に中国最初の統一国家としての秦漢帝国、その後に続く分裂と混乱の時代たる魏晋南北朝時代、そしてその後に再びおとずれる絢爛たる統一時代としての隋唐帝国の時代というように、政治的にきわめて錯綜した時代と安定した時代とが、巨大なサイクルのもとに交互に繰り返されるように現れていることがわかる。
>
> （川本芳昭『中華の崩壊と拡大』）

北方草原地帯から南下してきた騎馬遊牧民族に中原を席巻され、漢王朝の遺民が揚子江周辺に逃れた時代―胡漢融合時代こそ、隋唐の時代を準備した時代であった、という認識が、これらの見解のなかにもある。

まずは、鮮卑という騎馬遊牧民族登場のバックグラウンド、五胡十六国時代に中原を席巻した五胡の状況から見ていこう。

注記：本稿では、漢王朝滅亡以降、中原に在った民族集団の呼称として代わるべきものがないゆえ、従来の「漢族」あるいは「漢人」という表記にしたがう。同様に「民族」という概念も、現在使われているような単一性を意識させるものではない。集合離散を繰り返した諸民族を統合する、当時最大勢力であった部族の名前というくらいのゆるやかなイメージであることを付記しておく。

第一章
騎馬民族　跳梁《ちょうりょう》
――大河小説のような

一、五胡、獅子身中の虫

紀元一世紀後半、後漢の半ばから末期にかけて、外戚と宦官《かんがん》の横暴で政争に明け暮れた時代、中原を取り巻く情況は不穏であった。

この時代に、五胡の勢力が中原に浸透してくる。

和帝《わてい》永元中、大将軍竇憲《とうけん》、右校尉《うこうい》（武官）耿夔《こうき》を遣わし匈奴を撃破す。北単于《きたぜんう》（君長）逃走し、鮮卑此《せんぴこれ》によりて転徙《てんし》して、その地に拠《よ》る。匈奴余種留まるもの尚《な》お十万余落、皆みずから鮮卑を号す。鮮卑これによりて漸く盛んとなる。

（『後漢書』巻九十　烏桓鮮卑《うがんせんぴ》列伝）

和帝の在位は西暦八八年から一〇五年まで。このころ匈奴は南北に分裂していた。うち、北匈奴を率いる北単于は漢に追われて西方に逃れた。代わって匈奴に隷属していた鮮卑族がその空隙を埋めた。残留した匈奴十万余落も合流、鮮卑を名のった。隆盛を誇った匈奴部族連合の解体没落と、新興勢力たる鮮卑族の興起を告げる記録である。

『後漢書《ごかんじょ》』に見える落《らく》という単語、一落とは、二・三個の穹廬《きゅうろ》（包《パオ》、モンゴル語ではゲル）、これに住む二十数人をいう。血縁で結ばれた数百から千余落をもって一部族をなす。十万余落は二百万余という人口になる。

古来、騎馬民族は、どの民族であれ勢いのある集団が戦いや和合の結果、他の民族集団を吸収して大勢力となった。合流した諸民族も支配部族の名を名のった。したがって一つの民族集団は多くの場合、なかに複数の部族集団を包含していた。いわば部族連合であった。匈奴の分裂を告げるこのエピソードも、そうした騎馬民族のありようを如実に示している。

匈奴のもう一方、南単于《みなみぜんう》の部隊—南匈奴は、後漢に服従して現在の山西省北部に定住することとなる。歴史的に見れば、この南匈奴こそ中原王朝にとって獅子身中の虫であった。

華北では豪族が大土地を所有して村落社会を支配していた。伝統的社会は崩壊、天災や飢饉も頻発していた。霊帝《れいてい》中平元年（一八四）、こうした状況を座視してきた宮廷を震撼させる反乱が起こった。「蒼天已《そうてんすで》に死す。黄天当《まさ》に立つべし」をスローガンとする黄巾《こうきん》の乱である。蒼天とは後漢王朝のこと。以後、隋唐による統一国家の誕生まで、群雄が割拠する混乱の四百年がはじまる。

指導者が死んだこともあって短期に終息した黄巾軍との闘いのなかで頭角を現し、一時は天下を牛耳ったのが、董卓《とうたく》という男であった。霊帝の父・桓帝《かんてい》の時代に西域戊己校尉《せいいきぼこうい》（西域の長官、のちの刺史《しし》）に任じられ、東中郎将《ひがしちゅうろうしょう》（東方遠征軍指揮官）として黄巾軍と戦った。宮崎市定（東洋史）によれば、都洛陽に入った董卓の軍勢は、もとは西方のチベット付近に駐在し、部下に南匈奴に属する羌《きょう》族の軍隊を持っていた。その騎兵部隊の勇敢さは漢の正規軍をはるかに凌いでいたという。

実権を握った董卓は少帝《しょうてい》（在位一八九）を廃して、弟を立てた。最後の皇帝献帝《けんてい》（在位一八九―二二〇）である。董卓軍は貴族の財宝をほしいままに略奪し、あまつさえ霊帝の陵墓（文陵）まで暴いた。これを董卓《とうたく》の乱と呼ぶ。

宮崎はいう。

> 董卓の乱は漢に帰服した長城外の遊牧民族が自己の力量を自覚して、反中国態度をあきらかにした第一歩といえる。その部下の精鋭はチベット系や匈奴系の騎馬部隊であり、董卓自身もあるいは異民族出身かと思われるふしがある。これに似たことはローマ帝国末期にも起こっている。ゲルマン傭兵隊長が皇帝の位についたことがそれである。（宮崎市定『大唐帝国』）

この乱ののち、魏《ぎ》の曹操《そうそう》、蜀《しょく》の劉備《りゅうび》そして呉《ご》の孫堅《そんけん》といった三国志の英雄たちの時代、熾烈な権力闘争がはじまる。その戦闘部隊の重要な部分を占めたのが南匈奴や鮮卑族など、塞外《さいがい》の民として軽んじられてきた遊牧騎馬民族であった。

延康《えんこう》元年（二二〇）、後漢が滅び、曹操も世を去った。以降、魏の文帝《ぶんてい》（曹操の子・曹丕《そうひ》、在位二二〇―二二六）、呉の大帝《たいてい》（孫権、在位二二二―二五二）、蜀の昭烈帝《しょうれつてい》（劉備、在位二二一―二二三）が中原の覇者たらんとしてしのぎを削ることとなった。

魏は四十五年という短命王朝であった。第三代廃帝《はいてい》の嘉平《かへい》元年（二四九）、司馬懿《しばい》（晋の高祖宣帝《せんてい》と追号）が実権を掌握した。司馬懿、河内《かだい》（河南省の黄河以北）の名家出身、字は仲達《ちゅうたつ》、五丈原の戦いで蜀の諸葛孔明《しょかつこうめい》に翻弄され、「死せる孔明《こうめい》、生ける仲達《ちゅうたつ》を走らす」とのエピソードを残した男である。

魏最後の第五代元帝景元《げんていけいげん》三年（二六三）、魏は蜀の二代目劉禅《りゅうぜん》を降服させ、呉との三国並立体制となった。二年後の咸熙《かんき》二年（二六五）、司馬懿の孫・司馬炎《しばえん》が元帝から禅譲を受けて即位、武帝《ぶてい》（在位二六五―二九〇）を名のった。国名を晋《しん》（二六五―三一六）という。

咸寧《かんねい》六年（二七九）、晋は、呉の都・建業《けんぎょう》（江蘇《こうそ》省南京《なんきん》市）を陥落させる。孫権にはじまる呉王朝も、四代五十余年にして滅亡した。

ここに董卓の乱以来九十年あまりに及ぶ乱世は終わり、六十年ぶりに華北と華南を合わせた統一王朝が出現した。しかし、晋による統一も長くは続かなかった。

当時、中原での漢王朝の遺民と騎馬民族との雑居の状況を伝える記録がある。

戎狄《じゅうてき》は強獷《きょうこう》にして、歴古患いを為す。魏初人寡《すく》なく、西北諸郡みな戎居《じゅうきょ》と為《な》る。今、服従するといえども、もし百年ののち風塵《ふうじん》の警あらば、胡騎は平陽《へいよう》（山西省臨汾《りんふん》県）上党《じょうとう》（山西省長治《ちょうじ》市）より三日ならずして孟津《もうしん》（黄河渡しの要衝、河南省）に至り、北地《ほくち》・西河《せいか》・太原《たいげん》・馮翊《ふうよく》・安定《あんてい》・上郡《じょうぐん》（いずれも黄河以北の地）尽《ことごと》く狄庭《じゅうてい》とならん。

（『晋書』列伝第六十七　四夷）

晋建国からさほど遠くない太康《たいこう》元年（二八〇）、官僚郭欽《かくきん》が、「裔《えい》（裔夷、異民族）の華を乱さざらんがため」――「華」を乱す異民族を中原から駆逐し、「四夷の出入りの防を峻《しゅん》（厳格）」にするよう上疏《じょうそ》した。実体を持った「華」の登場である。

すでに「西北諸郡、みな戎居となる」という状況であった。いまは服従しているが、いったんこと起これば戎胡の軍勢がたちまち中原を席捲するにいたるであろう。そこで郭欽が提起したのが、戎を辺境に移住させるというアイディアであった。国防は漢人の受刑者で代替させることとなる。このプランは、元康《げんこう》九年（二九九）、太子洗馬《たいしせんば》（太子宮図書管理官）江統《こうとう》が著した『徙戎論《しじゅうろん》』に先行するものといえよう。

晋という国家にとって、胡族と対峙するためにどういう方途があったのか。郭欽や江統の夷狄を遠ざけるという発想に関して、「儒教の華夷思想の限界」とする渡辺義浩（中国史）の指摘がある。

儒教の華夷思想は、結局、胡漢雑住の現状に対応しきれていない。江統の徙戎論は、こうした現実への適応力を欠いた儒教の華夷思想の限界を端的に示す。…したがって、八王の乱を機に西晋「儒教国家」を崩壊へと導いた寒門《かんもん》と異民族は、儒教そのものに含まれる差別性に反発する中で自己を定位した。（中略）

西晋「儒教国家」は、儒教が理想とした周代の復興に努めたが、社会の分化、異民族の台頭を背景に、儒教だけで国家を運営することは限界をむかえていたのである。

（渡辺義浩『儒教と中国～「二千年の正統思想」の起源』。ルビは引用者）

武帝は郭欽の案を却下した。しかし、この予言は五十年を経ずして現実のものになる。

当時、都に近い関中地域では氐族《ていぞく》や羌族《きょうぞく》などが全人口百万余の半ば近くを占めていた。さらに、山西省には南匈奴の軍勢があった。泰始《たいし》三年（二六七）には匈奴が反乱を起こすなど、各地で胡族の反乱は続いていた。咸甯《かんねい》三年（二七七）、武帝は北方草原に台頭してきた鮮卑拓跋部《たくばつぶ》の力微《りきび》を討伐した。力微とは拓跋部の始祖とされる神元帝《しんげんてい》のこと。のちに和親のため太子砂漠汗《さばくかん》を都洛陽に送っている。およそ百年ののち、北魏を建国する鮮卑族拓跋部が、ここで初めて歴史の舞台に登場する。

いずれにせよ、夷狄はもはや獅子身中深く入り込んでいた。

武帝はこの事態に対応するため南蛮校尉《なんばんこうい》（校尉はその地を治める武官）を襄陽《じょうよう》（浙江省《せっこうしょう》湖州市）に、西戎校尉《せいじゅうこうい》を長安（陝西省西安市）に、南夷校尉《なんいこうい》を寧州《ねいしゅう》（江蘇省《こうそしょう》南京市）に、護羌校尉《ごきょうこうい》を涼州《りょうしゅう》（甘《かん》粛省武威《しゅくしょうぶい》）に置いた。

二、最初の「中華」

晋王朝初代皇帝武帝の時代に、史上初めて「中華門」という、いままでにない建造物が出現した。

晋氏命を受けるや、武帝更《あら》ためて元會《げんかい》の儀を定む。「咸寧注《かんねいちゅう》」是なり。…「咸寧注」：正一日の先、有司（役人）各《おのおの》宿設す。夜、漏《ろう》未だ盡《つ》きざる十刻、群臣集到し、庭燎《かがりび》に火を起こす。上を賀し、起、報を謁し、また皇后を賀す。還りて雲龍東中華門《うんりゅうひがしちゅうかもん》より入り、東閣下に詣で、坐《ざ》（御座所）に便《くつろ》ぐ。

（『晋書』志第十一　礼下）

建国早々、武帝司馬炎は過去の王朝の先例を参考にして皇帝への正月朝賀の作法を定めた。引用文は朝賀がはじまる前の準備段階の様子であるが、皇帝のお出ましの順路に雲龍東中華門があった。

さらに『宋書』礼志は、武帝泰始十年（二七四）の詔により、皇帝皇后との謁見の作法が定められたことが記されている。なかで廷尉監《ていいかん》（犯罪を取り締まる高級法官）の控える場所として東西の中華門があった。

『晋書』にはもう一例、中華門がある。五胡十六国時代、匈奴劉淵《りゅうえん》の漢（前趙）から自立した羯族《けつぞく》石勒《せきろく》が建国した後趙《こうちょう》でのこと。後趙六代目石鑒《せきかん》の時代、東晋永和四年（三四八）の記録に「西中華門」が見える。晋滅亡後に、中原を占拠した騎馬民族に武帝の中華門は受け継がれていたようである。

『三国志』には見られないから、中華門という名の建築物は晋建国早々の三世紀後半、初代皇帝武帝司馬炎によって創設されたということになる。

それでは、中華門という名称のよりどころは何であったのか。『晋書』のなかにその答えを求めるならば、諸橋『大漢和』が用例としてあげる「天文志」が大きなヒントとなるであろう。

> 太微《たいび》、天子の庭、五帝の坐《ざ》なり。（中略）東蕃四星、南第一星曰く上相、その北、東太陽門；第二星曰く次相、その北、**中華東門**なり、第三星曰く次将、その北、東太陰門なり。第四星曰く上将：謂う所の四輔なり。西蕃四星、南第一星曰く上将、その北、西太陽門；第二星曰く次将、その北、**中華西門**なり。第三星曰く次相、その北、西太陰門なり。第四星曰く上相：亦曰く四輔なり。…
>
> （『晋書』志第一　天文上）

五星などがある紫微《しび》は天帝の坐で、天帝の常居とされる。太微は天帝の庭で、その東西に太陽門、中華門などがあると考えられていたのである。

武帝は、天界の門の名を借りて名付けたのであろうか。
この時代に、「華」は中原あるいは中原の文明を表すことばとして登場した。しかし、「中華」という語彙は、まだ出現していない。

太熙元年（二九〇）、暗愚で知られる第二代恵帝《けいてい》司馬《しば》衷《ちゅう》（在位二九〇―三〇六）が立った。この皇位継承を契機として一族による政治闘争の時代を迎え、国は乱れた。恵帝は、皇族を王として各地に配した。王たちは軍勢を組織して軍閥化した。一方では皇后一族を重職につけたため、利害が衝突して内紛が絶えることがなかった。武帝の皇后であった楊《よう》皇太后一族の専横もあった。皇太后は現在の山西省にあった南匈奴の単于《ぜんう》劉淵《りゅうえん》（生年二五一年？）を取り込んだ。五部に別れ、五万の兵を擁していた匈奴全体を統括する五部大都督《ごぶだいととく》・建威将軍《けんいしょうぐん》に任じ、その力を利用しようとしたのである。しかし皇后賈《か》氏が汝南《じょなん》・楚《そ》の二王の力を借りて皇太后の勢力を抹殺、実権を握った。十年後、賈皇后が皇太子を殺したことから本格的な内乱が勃発する。趙王倫《ちょうおうりん》（宣帝司馬懿の第九子）が賈一族を排除し、恵帝を太上皇として金墉城《きんようじょう》（漢魏洛陽城の西北角にあった）に幽閉、みずから帝位についた。これに対して諸王が一斉に決起し、趙王を誅罰して混乱は終息したかに見えた。

しかし、この事変を機に王たちの抗争が表面化した。亡国のきっかけとなった内紛―「八王《はちおう》の乱《らん》」（三〇〇―三〇六）である。

晋永興《えいこう》二年（三〇六）、司馬懿の弟の孫、東海王越《とうかいおうえつ》が第三代皇帝懐帝《かいてい》司馬《しば》熾《し》（在位三〇六―三一三）を擁立して八王の乱は終わった。

この時点で、滅亡まで晋に残された時間はわずか十年であった。

乱のさなかの永興元年（三〇四）、劉淵が大単于《だいぜんう》を称し、十月には離石《りせき》（山西省離石市《りせき》）左国城《さこくじょう》で王（在位三〇四—三一〇）を名のった。劉淵、冒頓《ぼくとつ》単于の子孫で、かつて冒頓が漢の高祖劉邦《りゅうほう》の公主を妻としたことから、漢の後継を称した。かれを匈奴と漢の血をともに受け継ぐ「貴種のなかの貴種」と評するのは、杉山正明（京都大学教授　モンゴル史・中央ユーラシア史）である。その容姿、『晋書』（載記第一）にいう、「姿儀魁偉《しぎかいい》、身長八尺四寸」と。当時の一尺は約二十四センチメートル、したがって身長二メートル、西方の血を色濃く受けた大柄な美丈夫であったのであろう。

やがて劉淵は平陽《へいよう》（山西省臨汾市《りんふん》）で帝位についた。国名は漢、かつての漢帝国の継承を宣言するものであった。最初の騎馬民族王朝にして、三二九年には滅亡してしまう短命の王朝（三一八年、趙と改める。通称、前趙）である。

劉淵《りゅうえん》の歴史的位置づけについて川勝義雄（一九二二—八四　元京都大学教授　東洋史）はいう。

三〇四年におけるこの匈奴族劉氏の漢国成立は、（中略）さまざまな異民族が中国内地に建国する、いわゆる五胡十六国時代の開幕を告げる重大事件であった。それは、中国内地に移住した異民族の自立運動の開始であったが、しかしそれはもはや塞外《さいがい》における異民族国家の再現でありうるはずはなかった。匈奴族劉氏が漢帝国の再興を標榜したように、中原に建国するものとして、必然的に胡族・漢族の両世界を包括する普遍的な国家の建設に向かうべき運命をになっていた。

（川勝義雄『魏晋南北朝』）

劉淵が建国した三〇四年から、北魏が北涼を滅ぼす四三九年まで、百三十六年におよぶ動乱の時代が、五胡十六国時代である。

劉淵麾下の中核には劉淵第四子、文武両道に優れた才人、劉聡《りゅうそう》（生年不詳—三一八）がいた。さらには漢人・王弥《おうび》（生年不詳—三一一）、羯族《けつぞく》・石勒《せきろく》（生年二七四—三三三）など、多彩な顔ぶれがそろっていた。多国籍軍である。

羯族は匈奴の別部とされる。ともに深目、高鼻、豊かなあごひげを特徴とする中央アジア系の民族であった。中国の著名な歴史学者陳寅恪《ちんいんかく》（一八九〇—一九六九）によれば（万縄楠整理『陳寅恪　魏晋南北朝史講演録』）、羯族は月氏《げっし》であり、石姓は石国（現・ウズベキスタン共和国サマルカンド）に出自している。

この時代、匈奴陣営に身を投じた漢人たちがいた。少しのちのことであるが、華北に残った名のある漢人が南朝に行っても、朝廷の体制が固まっていて仕えることができなかった、という話が伝わっている。したがって、騎馬民族王朝に仕えた漢人たちは、むしろ漢人王朝では実現できなかった己の理想を、異民族王朝で思い通りに現実のものにしようとしたのではないだろうか。その背景について谷川道雄（一九二五—二〇一三　京都大学名誉教授　東洋史）はいう。

> 当時の漢族士大夫のなかには異民族政権に仕えることを潔しとしないものもあったが、右の人びと（前趙に仕えた—筆者注）は、西晋政権には心を寄せず、むしろ胡族政権に積極的態度を示したのである。それはなぜであったか。想像の域を出ないが、かれらは、門閥・権貴が政争に明け暮れる軽佻浮薄な西晋王朝には期待をかけることができず、むしろ胡族の劉淵に士大夫として

の望みを託したのではなかろうか。

（谷川道雄『隋唐帝国形成史論』）

三崎良章《みさきよしあき》（東アジア史・中国古代史）『五胡十六国　中国史上の民族大移動』によれば、前趙は漢人二百二十万、五胡四百万からなる国家であったという。

中華概念の成立の背景を探索するうえでの最大の課題は、騎馬民族と中華のかかわりである。それを検証するためには、少なくとも正史に登場するすべての用例を確認しなければならない。ではどうして膨大な正史から検索するか、この難問を解決してくれたのは旧友の中国文学者・高田時雄京都大学教授（当時）であった。台湾中央研究院計算中心（ＡＳＣＣ）のデータベースから二十四史の中華用例を検出して送ってくれたのである。

その膨大な資料を縦覧して、『魏書』に「皇魏の中華を奄有《えんゆう》し」という一節を見つけた。皇魏、すなわち北魏が中華を奄《あまね》く支配し…、という意味である。北魏が中華を標榜していたのである。第六代孝文帝の時代の記録である。この一文を見た時、初めてこの小論の方向性が間違っていないと確信できた。

中華は、少なくとも北魏の一時代に、騎馬民族の占有するものとなっていた。

さらに一つ、大きな発見があった。「中華」の初出が『魏書』ではなく、それより早い『晋書』だったのである。

永嘉《えいか》五年（三一一）、晋滅亡の危機を迎えた年に、正史のなかに初めて、しかも唐突に、「中華」ということばが、皇帝に提出された上表《じょうひょう》（提言の文書）に登場している。

通常、正史の文章は「地の文」、「会話文」と「詔《みことのり》、あるいは上表」から成っている。地の文は当時の記録に基づくものが多いが、史書編纂時点での選者の考え、あるいは時代の価値観に左右されることも少なくない。会話文については正史編纂時に選者によって手を加えられている可能性も否定できないが、ある程度はその時代の雰囲気を伝えるものと考えられる。一方、皇帝の詔、そして臣下の皇帝への提言、すなわち上表はその王朝の時代の認識を比較的正確に反映していると考えられる。

この上表に曰く、

骨肉の禍《わざわい》未だ今の如き者有らず、竊《ひそ》かに之を悲しみ痛心疾首《つうしんしっしゅ》、今辺陲《へんすい》は豫儲《よちょ》の備えなく、**中華**《ちゅうか》は杼軸《ちょじく》（経糸横糸を通す道具）の困あり、而して股肱《ここう》の臣、国体を惟《おもわ》ず…

（『晋書』列伝三十一　劉喬）

当時、劉喬《りゅうきょう》という男が威遠将軍・豫州《よしゅう》刺史として敵との最前線にあった。河南省淮陽《わいよう》県にあった豫州軍治《よしゅうぐんじ》の長である。その刺史を、東海王越《とうかいおうえつ》は身内に替えようとした。六十すぎの歴戦の勇将劉喬は天子の命でないとしてこれを拒否した。怒った越が劉喬を討伐しようとしたときに、官僚が皇帝に直訴して内輪のいさかいを止めようとした。「辺境に騎馬民族への備えもなく、股肱の臣に国を思う心もなく、中華のタガは緩みきっている」という発言に見える中華、国体とかかわる中華は、現実の世界「皇帝の支配する世界」＝晋王朝を意味している。

ここからは想像の域を出ないが、西晋が国家として意気盛んなころ、おそらく武帝の宮廷で、初めて実体を持った「華」に、「中」を組み合わせた「中華」が使われだしたのではないか。西晋を象徴することばが国家存亡の危機に突然出現したとは考えにくい。

この時点では漢という民族呼称はまだなかった。漢と呼ばれるのは、五胡に中原を追われた東晋以降のことであった。したがってこの中華は、具体的な民族集団を想定してのものではなかった。しいて領域的な解釈をするならば、当時の晋の領域、すなわち中原を指している。

諸橋轍次『大漢和辞典』の「中華はもと黄河の流域を指した」という規定は、この記載に基づくものであろう。いずれにせよ、これが初見の「中華」である。

こうした記録から推測すると三世紀後半、二七四年の「中華門」出現以降、いつのことか定かではないが、永嘉五年（三一一）に至るまでの三十余年の間に、「中華」は宮廷で使われはじめたと考えられる。

直訴の結果、この討伐計画は取りやめとなった。やがて東海王越は、不穏な動きを見せていた羯族《けつぞく》石勒《せきろく》を討つため洛陽の衆二万を率いて都を立ったが、陣中で病没した。王のなきがらを東海で葬るため東に向かった軍勢は、石勒の騎馬軍団に蹂躙されて全滅、柩も焼き払われた。

それでは、傭兵にすぎなかった五胡の首長たちはいつごろから中原の覇者たらんとする野望を持ちはじめたのか。

五胡十六国時代の初期には「古来、戎人《じゅうじん》にして帝王となるものなし」という、漢・胡双方にしみ込んだ思いがあった。それが時の経過とともに変わっていった。

先陣を切った匈奴の劉淵の場合、晋王朝に見切りをつけた時点で明確に漢王朝を引き継ぐ正統なる国家樹立を目指していた。その言に曰く、それ、帝王豈《あ》に常《つね》有るや。大禹《だいう》は西戎《せいじゅう》に出で、文王《ぶんおう》は東夷《とうい》に生れ、惟徳《ただ》のみ授かる所を顧《かえり》る。…
我また漢氏の甥《せい》、約して兄弟と為《な》る。兄滅びて弟紹《つ》ぐ、また可ならずや？
（『晋書』載記第一　劉元海）

漢と姻戚関係を結んできた匈奴の末裔、劉淵だからこそ言えた、建国への高らかなメッセージであった。

混乱の晋王朝で頭角を現した安北将軍王浚《おうしゅん》という男がいた。王朝簒奪をねらった王浚は配下の鮮卑騎馬軍団を送って恵帝と弟・成都《せいと》王穎《おうえい》が拠点とする鄴《ぎょう》（河北省臨漳《りんしょう》県）を陥落させた。劉淵驥下にあった武将石勒は、その王浚に書簡を送った。

「勒、本《もと》より小胡《しょうこ》、戎裔《じゅうえい》に出ず」、みずからを戎＝胡であると認め、天下を取る意思はないゆえ王浚を担いで新たな国を樹立しようと持ちかけたのである。この書簡を届けた使者は、石勒の意図を疑う王浚に言った。

古より誠に胡人にして名臣となる者は実に之あるも、帝王は則ち未だ之あらざるなり。石将軍は帝王を悪《にく》みて、明公《めいこう》（王浚）に譲る所以《ゆえん》にあらず、之を取らば天人の許すところと為さざるを顧るのみ。願わくは公、疑うこと勿れ。
（『晋書』載記第五　石勒下）

石勒は漢人への忠誠を装った。結果、王浚は石勒の策謀により殺されることになる。

西暦三一三年、晋では最後の皇帝・第四代愍帝司馬鄴《びんていしばぎょう》（在位三一三―三一六）が即位した。しかし、すでに中原に安全な土地などなかった。

劉淵《りゅうえん》は即位して六年後に死んだ。その後も匈奴の勢力は衰えることなく、永嘉七年（三一三）には、第三代皇帝劉聡《りゅうそう》（在位三一〇—三一八）配下の漢人将軍王弥《おうび》と、劉淵の養子・劉曜《りゅうよう》の軍団が洛陽を攻略した。城下の数万人が殺され、多くの宮殿や宗廟が焼き払われた。永嘉《えいか》の乱である。

三年後、永嘉十年（三一六年）八月、劉曜が都長安に迫った。外部との連絡が絶たれて二か月。冬十月、京師《けいし》飢饉、米（一）斗に金二両、人あい食《は》み、死者大半。太倉に数餅の曲《かけら》あり、麹允《きくいん》（酒の原料）を削りて粥と為し、以て帝に供す。これまた尽きるに至る。

（『晋書』帝紀第五　孝湣帝《こうこんてい》）

皇帝がわずかばかりの屑餅や麹《こうじ》の粥をすするくらいであるから、庶民の悲惨さはいかばかりであったか。人あい食む「食人」は、この時代だけでなく、中国という広大にして安定を得がたい土地にあっては、けっして珍しいことではなかったようだ。

十一月、愍帝《びんてい》は降伏して捕らえられ、晋は滅んだ。

亡国以前に胡族の侵攻を恐れて南方に逃れた貴族集団があった。琅耶《ろうや》地方（山東省臨沂《りんき》市）の名門・琅耶王氏《ろうやおうし》の王導《おうどう》（書聖王羲之《おうぎし》の従伯父）たちである。かれらは八王のひとり、琅耶王司馬睿《ろうやおうしばえい》（東晋初代元帝）を担いで長江を越え、江南に亡命政権を樹立した。都は、かつての呉の都建業（江蘇省南京市）であった。以降、中原にあった国を西晋といい、後継王朝を東晋（三一七—四二〇）と呼ぶ。

この東晋に関して、宮崎市定はいう。

東晋政権の性格は、なにやら今日の台湾における国民政府を思わせるものがある。その第一はどこまでも流寓政権であることに存する。中原の恢復ということが、この政府に課せられた究極の任務であり、江南はただ一時の仮住居に外ならぬ。（宮崎市定「六朝時代江南の貴族」）

東晋の貴族であった王羲之《おうぎし》（三〇三？―三六一？）の書と伝えられる「喪乱帖《そうらんじょう》」（宮内庁三の丸尚蔵館蔵）は、この時代を反映するもの、故郷に残した先祖の墓が異民族に荒らされたことへの悲嘆が綴られている。

しかし、中原奪回の夢は時とともに風化していくことになる。

西晋滅亡の二年後、東晋太興《たいこう》元年・前趙麟嘉《りんか》三年（三一八）、在位九年にして劉聡が死んだ。この年、晋の将軍劉琨《りゅうこん》が石勒に帰順を勧める長文の書簡を送った。曰く、

いま侍中《じちゅう》（宰相級顧問）・持節《じせつ》（軍政官への追加称号）・車騎大将軍《しゃきだいしょうぐん》（将軍の一）・領護匈奴中郎《りょうごきょうどちゅうろう》将領《しょうりょう》（匈奴管轄長官）・襄城郡公《じょうじょうぐんこう》を相授し、内外の任を総《す》べ、華戎《かじゅう》の号を兼ね、大郡に顕封し、もって殊能なるを表わす。将軍それ之を受け、遠近の望みに副《そ》わんことを。古《いにしえ》より以来、誠に戎人《じゅうじん》にして帝王となる者なきも、名臣にして功業を建つる者に至りては、則ち之あり。

（『晋書』載記第五　石勒下）

華戎の号を兼ねる最高の礼をもって迎えたいという、この誘いを石勒は拒否した。

君、当《まさ》に節を本朝に逞《つく》せ。吾、みずから夷にして效《いさお》（手柄）為しがたし。

（『晋書』載記第五　石勒下）

――戎人にして帝王すなわち未だ之あらざるなり。

漢人の思い込みを信じるふりをした石勒は、翌三一九年、前趙第五代皇帝となった劉曜を見限って自立、後趙を建国した。石勒の在位は三三三年まで、この時代にあっては長命政権であった。それなりの安定した治世であったのであろう。

「五胡」ということばは、東晋第四代皇帝康帝《こうてい》の褚《ちょ》皇后が幼い穆帝《ぼくてい》（在位三四四―三六一）に代わって政治を取り仕切っていたころの詔書に、

四海未だ一ならず、五胡反逆、豺狼《おおかみ》路に当り、費役日に興り、百姓困苦す。

（『晋書』列伝第二　后妃下）

とあるから、四世紀半ばには生まれていた。

五胡の時代には短期間で国が次々と交代していった。その理由の一つに、建国の英雄の跡を継ぐ人材が乏しかったことがある。ひとりの英雄の下に馳せ参じたさまざまな民族の豪傑たちが力をたくわえて、支配者の死とともに自立していったのである。

このころから、胡人は皇帝にはなれないという前提は、中原にあった漢人たちの願望にすぎなくなっていった。

話は飛躍するが、少し大局的な状況を確認しておきたい。西晋の滅亡をもたらした遠因に、気候の寒冷化があった。それが遊牧民族の大規模な南方への民族移動を誘発したと考えられるからである。葛剣雄著『中国人口発展史』によれば、全国的な人口が初めて把握されたのは秦代であった。戦国時代の混乱のあとであったから、その人口はせいぜい二千万程度。それが前漢武帝の時代には四千万に

急増し、その後も増え続けた。後漢には人口は六千万に達していたと思われるが、それも三国時代になると魏・呉・蜀の三国を合わせても二千四百万程度と激減する。三千五百万にまで回復したのが晋の時代であった。

それから二百年、遊牧系民族の南下が終わった六世紀になると南朝で二千万、北朝で三千万、計五千万を超えた。もちろんこの北朝三千万のすべてが、南下した胡族であったわけではない。異民族の支配する土地に留まらざるを得なかった、いわゆる漢人も多く含まれていたはずである。それにしても南下した異民族の数はおそらくは一千万は下らないであろう。同じ時期のゲルマンの大移動をはるかにうわまわる。

	建国者	建国年	国名	首都	慣用的国名
①	劉淵	304	漢	離石	前燕
②	石勒	313	趙	襄国	後趙
③	張重華	349	涼王	河西	前涼
④	冉閔	350	魏	鄴	冉魏
⑤	苻健	351	秦	長安	前秦
⑥	慕容儁	352	燕	遼東	前燕
⑦	慕容垂	383	後燕	鄴	後燕
⑧	慕容沖	385	西燕	阿房	西燕
⑨	乞伏国仁	385	秦	枹罕	西秦
⑩	慕容永	386		上党	西燕
⑪	呂光	386	涼	姑臧	後涼
⑫	慕容徳	398	南燕	滑台	南燕
⑬	禿髪烏孤	398	南涼	廉川	南涼
⑭	段業	398	北涼	張掖	北涼
⑮	李暠	401	敦煌	西涼	西涼
⑯	沮渠蒙遜	402	涼		北涼
⑰	譙縦	406	成都王	蜀	
⑱	赫連勃勃	408	大夏	朔方	夏
⑲	馮跋	410	北燕	和龍	北燕

『晋書』載記に見える国名

『晋書』載記《さいき》序に時間を追って五胡の王朝の興亡がまとめられている。胡と漢を十把ひとからげで簡略化した、異例の歴史記述である。それをまとめて図示する。あまたの正史のなかでも特異なこの文章の背景については後述する。

いずれにしても西域にあった漢人張氏の前《ぜん》涼《りょう》を除くと、五十年ともたずに滅んでいった短命の国ぐにである。

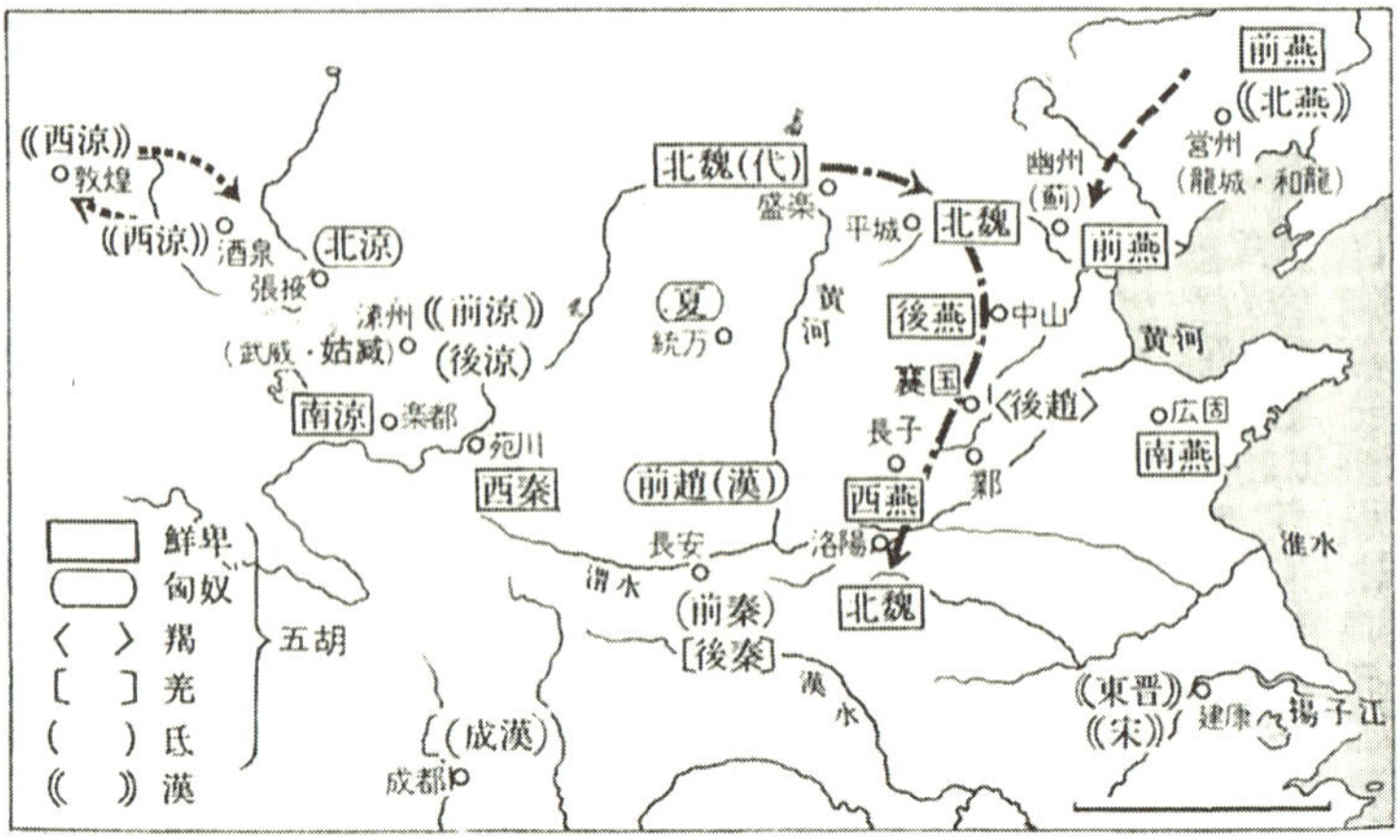

五胡十六国主要図

三、騎馬民族の支え　西域僧

中原を席巻した騎馬民族の覇王たちは、それまでの土俗的なシャーマニズム（呪術《じゅじゅつ》）を捨て、流砂をわたって伝来してきたばかりの仏教を信仰した。当時の仏教は、経済・法制・文芸・建築、彫刻・絵画工芸・医療、さらには幻術や占いなどを含む最先端の知の一大体系であった。

すべてが混然として人民を指導した。いさかいが起これば調停にはいり、集会所となり、交易所となり、質屋となり、銀行となった。政府がやるべきことを寺院が行ったのである。

（宮崎市貞『大唐帝国』）

漢人社会の儒教的な桎梏になじめなかった騎馬遊牧民族にとって、仏教は多民族国家の経営と直結した存在となった。著名な仏教石窟の歴史も、五胡の王朝とかかわりが深い。

この時代、覇王たちはそれぞれ高名な仏教僧を擁していた。羯族《けつぞく》の石勒《せきろく》そして従兄弟・石虎《せきこ》の後《こう》趙《ちょう》（三一九―三五一）には西域僧仏図澄《ぶっとちょう》がいた。氐族《ていぞく》苻堅《ふけん》の前秦《ぜんしん》（三五一―三九四）には仏図澄の弟子漢人の道安《どうあん》が、苻堅配下の部将呂光《ろこう》が建国した後涼《こうりょう》（三八六―四〇三）、そして苻堅を殺した羌族《きょうぞく》姚《よう》萇《ちょう》・姚興《ようこう》の後秦《こうしん》（三八四―四一七）には西域僧鳩摩羅什《くまらじゅう》が、匈奴あるいは月氏とされる沮渠蒙遜《そきょもうそん》の北涼《ほくりょう》（四〇一―四三九）には天竺《てんじく》僧（インド）曇無讖《どんむしん》が、ときに仏教の教化者として、ときに呪術を駆使する軍師として史書に名を残している。

初めて中原に仏典をもたらしたのは後漢時代、天竺《インド》僧摂摩騰《せつまとう》と竺法蘭《じくほうらん》であった。ふたりとも中天竺《ちゅうてんじく》（五天竺の一、インド中央部）のひとで、大・小乗（大乗と南方上座部）両方の経典をもたらした。以降、西方から僧たちが続々と流砂を渡って中原に至った。

馮承鈞《ふうしょうきん》『歴代求法翻経録《れきだいぐほうほんきょうろく》』には、漢代から隋代に至る間に西方から渡来した僧の数と国籍がまとめられている。これによると、この間の渡来僧は八十二名、うち天竺から五十名、安息《あんそく》国（パルティア）から五名、月支《げっし》国（バクトリア）から七名、康居《こうきょ》国（サマルカンド）から五名、そして西域、現在の新疆《しんきょう》タクラマカン砂漠周縁にあった于闐《うてん》国、亀茲《きじ》国などから十五名となっている。

時代でいうと五胡十六国時代が二十五名と最も多い。一方、西方への取経僧は西晋時代に盛んになり、五世紀だけで百名にものぼった。

北京に中南民族大学という大学がある。国家民族事務委員会の下にあって中国少数民族教育のための最高学府である。その副教授李吉和の著書『先秦至隋唐時期西北少数民族遷徙研究』によれば、イリ河流域から西遷してバクトリア（大夏）に至った大月氏《だいげっし》が建国したクシャーン（貴霜）王朝では、二世紀後半に内乱が起こり、少なからざる大月氏人が西域から東に戻ってきたという。大月氏とクシャーン王朝との関係については、いまだに確定した説はないが、大月氏の人びとの移動に関しては、李の指摘は正しい。

支謙《しけん》、字恭明《きょうめい》、一名越《えつ》、大月支《だいげっし》の人なり。祖父は法度《ほうど》、（後）漢霊帝《れいてい》の世（在位一六八―一八九）国人数百を率いて帰化するを以て、率善中郎将を拝す。

（梁《りょう》・僧祐《そうゆう》『出三蔵記集《しゅつさんぞうきしゅう》』支謙伝第六）

数百名の国人を率いて後漢王朝に帰化したという僧支謙の祖父も、大月氏の王族であったのであろう。幼くして中原の漢人世界に育った支謙は、十三歳で胡書を学び六か国語に通じていた。献帝のころ、後漢末の混乱を逃れて呉に至り、孫権に仕えた。華戎の言語に通じ『維摩詰経《ゆいまきつきょう》』などを翻訳した。なお『出三蔵記集』は、六世紀初め、南朝梁の僧祐が著したもので、仏典翻訳に関する資料を分類・整理した、現存する中国最古の仏教経典の目録である。

羽渓了諦《はたにりょうたい》（一八八三―一九七四　京都大学名誉教授　中国仏教史）の『西域之仏教』は、大月氏《だいげっし》国、罽賓《けいひん》国、健駄羅《がんだら》国、迦湿弥羅《かしみる》国、安息《あんそく》国、于闐《うてん》国、亀茲《きじ》国などから渡来した僧が多くの経典を翻訳したことを指摘している。うち、西域仏教の中心地の一つ、タクラマカン砂漠周辺にあったオアシス国家、亀茲国から渡来した僧たちの業績を同書から抜粋すると、

魏甘露三年（二五八）

白延　大乗部『無量清浄平等覚経』『菩薩修行経』『首楞厳経』等四部

西晋太康七年（二八六）
　帛元信　　小乗部『除災患経』一部
　　　　　　『正法華経』
西晋恵帝代（二九〇～三〇六）
　帛法炬　　大乗部『大方等如来蔵経』等四部
　　　　　　小乗部　阿含経典等　計四十部五十巻
　帛尸梨密多羅　大乗密教部『大灌頂経』『大孔雀王神呪経』等　十三巻
後秦弘始四年（四〇二）～同十五年（四一三）
　鳩摩羅什　大乗部『中論』『百論』『十二門』『般若経』『金剛般若経』『仁王般若経』『大智度論』『文殊師利問菩提経』『阿弥陀経』『弥勒成仏経』『弥勒下生経『千仏因縁経』『十住婆娑論』『妙法蓮華経』『坐禅三昧経』『禅法要解』『梵網経』『文殊悔過経』『十誦比等丘戒本』『雑譬喩経』など、大乗経典を中心に計三百余巻

（羽渓了諦『西域之仏教』による）

このリストから、亀茲の僧がもたらした経典には大乗、小乗部が入り混じっていたこと、さらに密教まで入っていたことがわかる。僧たちの姓は、帛《はく》。白とも表記され、亀茲《きじ》王家の姓であった。なかで鳩摩羅什という僧の訳経の多さが際立つ。鳩摩羅什が中原仏教に果たした役割はきわめて大きい。これについてはのちに詳述する。

同書に、亀茲仏教の一端が垣間見える。

西晋の永嘉中（西紀三〇七―三一二）支那に来たり建初寺に於いて初めて密教の経典を伝訳した亀茲国沙門帛尸梨蜜多羅《はくしりみつたら》の如きは、その伝記に依れば、確かに国王の子であったのであるから、亀茲国の仏教は上流社会、殊に王族の間に大勢力を有していたことは明らかである。（中略）帛尸梨密多羅は、呪術に長じていて、其の霊験が著しかったという。（羽渓了諦『西域之仏教』）

霊験あらたかな呪術―これが戦乱の時代にあって、騎馬民族の王たちがシャーマニズムを捨てて仏教を信仰する大きな契機となった。五胡十六国時代に王たちが高名な僧の争奪戦を演じたのも、ただたんに仏道への理解を深めるというだけでなく、国を治めるために仏教の持つ呪術や予知能力、さらには「最先端の知の大系」であった仏教の総合力に大きな期待を持ったからであった。

羯族の石勒・石虎の国、後趙《こうちょう》にいたのは、怪僧仏図澄《ぶっとちょう》（ブドチンガ）であった。中国の怪異僧の筆頭とされる。本姓は帛《はく》、帛尸梨密多羅と同様、亀茲王家につらなる。西暦二三二年ころの生まれ、八尺（魏のころの一尺は約二十四センチメートル）というからおよそ二メートル、異様なほどの長身であった。

石勒の軍勢が、葛陂《かつは》（河南省汝寧《じょねい》）の地で殺戮を繰り返し、沙門にも犠牲となるものが多数出た。民を救うため、石勒を仏教に帰依させようと考えた仏図澄は、石勒の大将軍郭黒略《かくこくりゃく》を訪れた。元来仏法に関心を持っていた黒略は、仏図澄を迎え入れた。以来、黒略が遠征するときに、あらかじめ勝敗を予測して間違えることがなかった。石勒が不思議に思って問うた。黒略は「一人の智術の優れた沙門を師としております。臣がこれまで申し上げてきたことは、皆この沙門のことばです」と答えた。石勒はその沙門―仏図澄を召して道術を試した。仏図澄は水を盛った鉢を取り、香を焚いて呪《じゅ》じたところ、たちまち鉢のなかに青い蓮華が生えてきて日の光を受けて金色に輝いた。これを見た石勒は、沙門を本物と信じた。

第三代石虎（在位三三四―三三九）の宮廷で漢人官僚が、仏は外国の神であって、これを奉じるのは漢や魏の伝統にもとるものとし、仏教を廃して出家したものを還俗させるよう進言した。対する石虎の答えは明快であった。

朕、辺戎《へんじゅう》に出自し忝《かたじけな》くも諸夏に君たり。饗祀《きょうし》に至りては、応《まさ》に本《もと》の俗に従うべし。仏は是れ戎神にして、応《まさ》に兼《か》ねて奉ずべきところなり。それ夷趙《いちょう》（夷たる趙国）の百姓に仏に事《つか》うるを楽《ねが》う者あらば特に之を聴《ゆる》す。

（『晋書』列伝第六五　芸術・仏図澄）

石虎の仏への想いは揺るぎないものであった。「朕、辺戎に出自す」、辺境にあった戎狄であるからこそ、騎馬遊牧の民の習俗に従い、戎神、異民族の神＝仏教を信仰し、その信仰が広がることを積極的に容認したのであろう。

三国時代の魏に続いて都となった鄴《ぎょう》（河北省臨漳県《りんしょうけん》）では仏寺が各所に造営され、王族や武人、一般民衆の出家があいついだ。仏図澄が行くところには一万にのぼる門徒が前後につき従った。伝によれば、諸州へめぐって三十年あまりの間に各地に計八百九十三か寺を創建したという。ひとりの僧の造寺の数としては、史上最多であろう。

後趙石氏の朝廷に於ける仏図澄の感化は、実に振古未曾有のものありき。仏教が支那の国教たる位置を取るまでに至りしは、実に仏図澄の力に因れり。仏図澄の功績の最も偉大なるは、仏教を民族上下に普及せる外に、道安・竺法汰の如き済々たる多士を育成せるにありき。支那仏教の、老荘よりの独立は、仏図澄の下せる種子、道安の開発せしめたる花葉によりて成されたるものなり。

（常盤大定・関野貞『支那仏教史跡評解』第三集）

戦前、大陸の仏教遺跡を長年にわたって調査した仏教学者常盤大定《ときわだいじょう》（一八七〇―一九四五）の仏図澄への評価はきわめて高い。

乱世に頭角を現した騎馬民族の首領たちがそれぞれ漢王朝の後継たらんとしのぎを削った時代にあって、昔ながらの観念から脱却できなかった者もいた。たとえば、石虎の幕下にあった羌族《きょうぞく》の姚弋《ようよく》仲《ちゅう》（二七九？―三五二）。後秦を建国した姚萇《ようちょう》の父である。

南安赤亭《なんあんせきてい》（甘粛省隴西《ろうせい》県）の出で、先祖は漢に服属して西羌校尉・帰順王に任じられた。西晋で八王の乱がはじまったころ、一族を率いて東、陝西省に移住した。「戎夏の随うもの数万」とあるから、なかには漢人もいたのであろう。やがて前趙の劉曜、そして後趙の石勒の陣営に数万を率いて帰順した。後趙滅亡後、死に臨んで四十二人の子どもたちに東晋への帰属を命じた。

吾、本《もと》晋室の大乱、石氏吾を待すること厚きを以て、故にその賊臣を討ちて以てその徳に報いんと欲す。いま石氏すでに滅び、中原主なし。古《いにしえ》より以来未だ戎狄にして天子と作《な》る者あらず。我死すれば、汝便《すなわ》ち晋に帰し、当《まさ》に臣節を竭尽《けつじん》し、不義のことを為すことなかれ。

「古より以来未だ戎狄の天子となる者あらず。」——古くから染みついていた固定観念であった。

（『晋書』載記第十六　姚弋仲）

姚弋仲にとって義とは、亡命王朝東晋に帰順することであった。

姚弋仲が死んだ西暦三五二年、鮮卑慕容部《ぼようぶ》が動いた。これ以前、慕容部は遼東にあって慕容䚄《ぼようこう》のとき西晋に、そして南方に逃れた東晋に臣従して、ともに燕王《えんおう》の称号を拝していた。その慕容䚄のあとを継いだ子の慕容儁《ぼようしゅん》（三一九年生）が東晋から自立、前燕（三五二—三七〇）を建国したのである。都は後趙の都であった鄴《ぎょう》（河南省臨漳県）に置かれた。

この時代に建国を志向した五胡のリーダーたちの多くは四十歳を過ぎた壮年であった。

即位を勧める群臣に慕容儁が言ったことばが伝えられている。

吾、もと幽漠射猟《ゆうばくしゃりょう》の郷、被髪左衽《ひはつさじん》の俗なり。

（『晋書』載記巻十　慕容儁）

結髪せず、着物を左前に着るような風俗を持つ戎狄ゆえ、皇帝になれるような分ではない、と断っているのである。その言とは裏腹の翌年の即位、建国であった。訪れた東晋の使者に対し儁は言った。

汝、還りて汝の天子に白《つげ》よ。我、人（材）の乏しきを承《う》け、中国の推す所となり、すでに帝となれり。

（『晋書』載記巻十　慕容儁）

慕容儁は、北と南でそれぞれ皇帝が存在することを、事実として東晋に認知させようとした。そこには、戎狄が皇帝になれないなどというタブーは、もはや存在しない。

以降、五胡の皇帝が、つぎつぎに出現することになる。

鮮卑慕容部と同じ時期に勢力を拡大したのが略陽《りゃくよう》（甘粛省秦安県《かんしゅくしょうしんあんけん》）にあった氐族《ていぞく》の苻健《ふけん》（三一七年

生）であった。氐族は羌族とともに殷周時代から登場する異民族である。中原の民族との混交の歴史も古い。漢代には、氐族は現在の甘粛省の南部、長江の支流漢水流域から四川省北境の山地にあり、羌族は青海省《せいかいしょう》の黄河上流域およびその支流大通河《だいつうが》・洮水《とうすい》流域にあった。その後、氐族は甘粛に、羌族は現在の陝西に移されて、魏晋時代を迎えた。

苻健の父・苻洪《ふこう》（二八四—三五〇）の先祖は「苗裔《びょうえい》」、「西戎の酋長」であった。一族は臨渭氐《りんいてい》氏、本拠地は黄河の支流、長安へと流れる渭水《いすい》流域、現在の甘粛省天水市《てんすいし》北部にあった。西晋滅亡後、苻洪は長安にあった前趙劉曜に迫られて陣営に加わった。劉曜が後趙の石虎に敗れると、後趙に降伏して冠軍将軍に迎えられ、西方への守りとして黄河畔の要衝枋頭《ぼうとう》（河南省浚《しゅん》県）にあった。後趙石虎政権末期、厚遇を妬まれて解任され、衆十万余とともに東晋に寝返った。東晋永和六年（三五〇）には東晋穆帝《ぼくてい》から征北大将軍・都督《ととく》河北大諸軍事・冀州《きしゅう》（河北省高邑《こうゆう》県）刺史・広川郡公に任じられた。これも異様なる厚遇であった。

この年、苻洪は大将軍・大単于《だいぜんう》・三秦王《さんしんおう》と称し、王朝樹立への意思を明らかにした。大単于とは匈奴君長の称号である。しかし間もなく病に倒れ、「鼓行《ここう》して西せよ」という遺言を後継の苻健に残して、六十六歳で世を去る。

後趙滅亡のころ、苻健は遺嘱を守って西に兵を進め、長安を都として前秦《ぜんしん》（三五一—三九四）を旗揚げして帝位（在位三五一—三五五）についた。この時、苻健三十五歳。

華北はふたたび鮮卑慕容氏の前燕と氐族の前秦に二分されることとなった。西域に出現した漢人政権・前涼《ぜんりょう》とあわせると、三国鼎立の情況である。

四年後、三十九歳で苻健は病死し、苻生《ふせい》（三三七年生）が十九歳で二代皇帝となった。東晋升平《しょうへい》元年（三五七）、姚襄《ようじょう》（三三〇―三五七）が関中《かんちゅう》に侵攻した。姚襄は姚弋仲《ようよくちゅう》の長子として父の遺嘱を守り東晋に誼を通じていたが、疎まれて反乱、大単于を称して自立、洛陽攻略を狙っていた。

苻生は、符健の甥・苻堅《ふけん》（三三八年生）を派遣して姚襄を殺した。苻堅は符健の弟・符雄の嫡男であった。

苻生と苻堅、ともにはたち前後の青年、前秦は若者たちの王朝であった。宮崎市定がいう「大河小説」のなかでもっとも面白い時代がはじまった。

敗死した姚襄の軍団を引き継いだのは機略にたけた弟・姚萇《ようちょう》（三三一―三九四）であった。苻堅は降伏した敵将・姚萇を幕閣として採用した。この姚萇が、三十年後に苻堅を殺すことになる。

このころ、苻生は酒におぼれ家臣を見境なく殺した。姚襄を破った年の六月、苻生は苻堅を信用できないとして暗殺を命じた。伝え聞いた苻堅が決起し、苻生を殺した。

ここで妾腹の兄・苻法に即位を勧めるが辞退され、苻堅が大秦天王《だいしんてんのう》として即位した。この時、苻生配下の佞臣二十名余に死を賜っている。一方、法はその人望を懼れた苻堅の母に殺された。

激しい時代であった。

第二章
虹へ　若武者の野望・氐族苻堅《ていぞくふけん》
——氐《てい》、胡《こ》ならず

〔虹〕

一、胡が漢再興をめざして

十九歳の青年皇帝、氐族苻堅《ていぞくふけん》（三三八年生、在位三五七―三八五）が登場した。五胡の帝王の中でも傑出した人物、覇王のひとりである。やがて生まれる「中華帝国」への胎動の時代、騎馬民族による新しい世界を構想した最初の人物といっていい。

幼いころの苻堅について、

臂《かいな》は垂れて膝を過ぎ、目に紫光あり。…（苻）洪《こう》曰く、…汝は戎狄異類《じゅうてきいるい》にして、世よ飲酒を知られるも、いま乃ち学を求めるか！　欣《よろこ》びて之を許す。（『晋書』載記第十三　苻堅上）

前段、臂の長いという表現は、乱世の英雄の身体的特徴として史書に散見される。前趙劉曜《りゅうよう》も「手は垂れて膝を過ぎ、目に赤光《しゃくこう》あり」と記されている。目の色についても、のちにふれる鮮卑族の慕容《ぼよう》垂《すい》について「紫光《しこう》」という表現が用いられている。目つきが鋭いという意味では「紫電《しでん》」ということばがあるが、ここでは明らかに紫、あるいは赤と具体的な色が見える。西域民族の血が混じっていたことを示すものであるのかもしれない。

――汝、戎狄異類…いま乃ち学を求めるか！

孫に戎狄異類と呼び掛け、普通なら酒をおぼえる年ごろというに、お前は学問をしたいというのか、と問いかける祖父・洪。祖父のお気に入りであった苻堅は学問を志した。学とは漢字による中原（黄河中流域・黄河文明揺籃の地）の伝統文化である。このとき、おそらく漢王朝の事績がかれの視野に入った。合わせて儒教の説く夷華混一《いかこんいつ》の理想をも受け継いだにちがいない。

漢帝国再興。心に、虹を持ったのである。

苻堅の側近に、漢人の王猛《おうもう》（字京略）という男がいた。北海劇《げき》（山東省昌楽《しょうらく》県）の貧しい家に生まれ、幼少のころから洛陽に出て商いをしていた。博学で兵書を好み、かつて東晋を牛耳っていた桓温《かんおん》が奇才を認めて高官として迎えたいというのを断った。のち、龍驤将軍《りゅうじょうしょうぐん》東海王時代の苻堅に対面して意気投合、「一見如旧友」、古い友人のような仲となり、劉備《りゅうび》が軍師諸葛孔明《しょかつこうめい》を遇するがごとき交わりを結んだ。（『通鑑』第一百　升平元年）

西暦三七五年に五十一歳で病死しているから生年は三二四年となる。苻堅即位当時は三十四歳の壮年であった。ひとまわり以上年下の若者の未来に賭けて臣従したということになる。

王猛は、苻堅即位とともに中書侍郎《ちゅうしょじろう》（詔勅を司る役所の次官）に任じられた。あまりの優遇ぶりに同じ氏族《ていぞく》の長老が異を唱え王猛を罵倒したときには、その長老を斬殺させている。この激しい行動も苻堅の一途さの表れなのであろう。

以下の事蹟も王猛の献策であった。

（苻）堅、明堂《めいどう》を起て、南北の郊《こう》を繕《つくろ》い、その祖（苻）洪を郊祀《こうし》し以て天に配し、その伯（苻）健を明堂に宗祀して以て上帝に配す。親しく籍田を耕し、その苟《こう》氏（皇后）親しく近郊に蚕す。

（『晋書』載記第十三　苻堅上）

苻堅（世祖）は、明堂（政を行うところ）を建立、祭天を執り行った。以降、五胡による王朝もそうであったが、前秦は過去の王朝の儒教的儀礼にしたがった。中原に覇を唱えんとした覇王苻堅は、それだけ儒教を国の教えとした漢王朝を意識していたのである。

永嘉の乱より、庠序《しょうじょ》（古代の学校）聞く無し。堅の僭《せん》するにおよび、頗《すこぶ》る心を儒学に留め、王猛、風俗を整斉し、政理（注：政治）を称挙し、学校漸く興る。関隴《かんろう》（長安周辺、漢中盆地から西方の甘粛隴山《ろうざん》一帯）清晏《せいあん》にして、百姓豊楽たり。長安より諸州に至るまで、みな路を夾《はさ》んで槐柳《かいりゅう》（エンジュとヤナギ）を樹《う》え、二十里に一亭（旅籠）、四十里に一駅（宿場）あり、旅行する者は給を途《みち》に取り、工商は道に貿販す。

（『晋書』載記第十三　苻堅上）

苻堅が王猛とともにつくりあげた前秦の都長安、緑鮮やかな並木に彩られた街道筋では商いが盛んで、旅人には食事が給されたのである。その繁華なさまは、のちの大唐の都長安さながらであった。

国情が安定した国の繁栄ぶりをうかがわせる。

戎狄は人面獣心にして仁義を知らず。それ稽顙《けいそう》内附（頭を額《ぬか》づけて帰順すること）するは実《まこと》に地利を貪りて、徳を懐《おも》うにあらざるなり。
（『通鑑』升平四年）

前秦主要図と東晋

鮮卑数万が降伏してきた時、苻堅の弟・陽平侯融が言い放ったことばである。額を額づいて服属するのは、徳を慕ってではなく実利が欲しいからにすぎない。融のこの言は、その通りであろう。

苻堅一族が戎狄に属していないという共通認識が、ここにはある。漢文化に精通していた苻堅はみずからの出自を胡と見なしていなかった。

「氐《てい》、胡《こ》ならず」である。

中原の覇権をめぐって戦乱が続いていた。

これ以前、東晋太和《たいわ》四年（三六九）、東晋の将・桓《かん》温《おん》が北伐軍を率いて前燕領枋頭《ぼうとう》（河南省浚《しゅん》県）に迫った。二十歳の青年皇帝慕容暐《い》（生年三四九、在位三六〇—三七〇）は苻堅に援軍を要請したが、歩騎二万の援軍の至る前に先帝慕容儁《しゅん》の弟・垂《すい》（生年三二六）が桓温軍を退けた。皮肉なことに、この戦いで名を上げた垂は妬まれて一族の中で孤立、危機を感じて苻堅のもとに逃げ込んだ。

慕容垂父子、譬《たと》えれば龍虎の如し、之を馴《なら》すべき物にあらず、若《も》し以《もっ》て風雲を借せば将に複製すべからず、早く之《と》を除くに如かず。（『通鑑』巻百三　甯康三年の条）

垂を殺すように苻堅に進言したのは、王猛であった。民族自立、そして建国への野望が交錯する時代、王猛はほぼ同年代の武勇優れた慕容垂を苻堅のようにおおらかに受け入れることができなかったのかもしれない。しかし、

吾は方《まさ》に英雄を収攬《しゅうらん》し、以て四海を清めんとす、之を殺すはいかん！（『通鑑』巻百三　甯康三年の条）

苻堅は、垂を冠軍将軍として幕僚に加えた。

翌東晋太和五年（三七〇）、苻堅は王猛率いる六万の軍勢を前燕討伐に派遣した。王猛軍は前燕四十万を撃ち破って、上党《じょうとう》（山西省長治市）、晋陽《しんよう》（山西省太原市）、さらには前燕の都・鄴《ぎょう》（河南省臨《りん》漳《しょう》県）を陥落させた。

華北一帯は前秦に併合され、石勒《せきろく》以来四十年ぶりに華北は統一された。

亡国の前燕皇帝慕容暐たちは「関東豪傑及び諸雑夷」十万戸とともに長安に連行された。苻堅は、慕容一族を殺して後顧の憂いをなくすようにという配下の再度の進言を退けて、慕容暐を尚書（皇帝側近の重職）に任じた。さきに前秦に下っていた垂は京兆尹《けいちょういん》（都の長官）に、弟・沖《ちゅう》は平陽太守《へいようたいしゅ》（山西省臨汾県《りんふんけん》付近の地方長官）に任じられている。

苻堅は、あくまで異民族に対して寛容であった。匈奴の反乱にあっても、降伏した左賢王劉衛辰《りゅうえいしん》を夏陽公に任じ、その族衆を引き続き統括させた。羌《きょう》族・姚萇《ようちょう》の例もある。

夷華を問わず英雄豪傑を遇することは、終生ぶれることのなかった苻堅の政治・軍略であった。そこには、民族の壁を越えた夷華混一の王朝を樹立しようという、苻堅ならではの理想主義があった。

結果として、都には鮮卑や匈奴の民が満ち溢れることとなった。さらに苻堅は、群臣の反対の声を押し切って大胆な政策を実行した。鮮卑、羌、羯《かつ》の人びとを寵育《ちょういく》して「畿甸《きでん》（都とその周辺）に配」し、「旧人族類は、遐方《かほう》に斥徙《せきし》」、もっとも信頼に足る旧人族類、すなわち出身部族である氐《てい》族十五万の民を都から東方の要衝に移住させたのである。

堅、既に山東を平らげ、士馬強盛、遂に西域を図せんとする志あり。

（『晋書』載記第十二　呂光）

苻堅の帝国のイメージは、かつての前漢・武帝の版図―西域から江南までを抱合する壮大なものであった。

即位して十四年、壮年にいたった苻堅の次なる目標は西域であった。建元六年（三七〇年）十一月、遠征に反対する家臣に対して苻堅は言った。

二漢（前漢と後漢）の力、匈奴を制するあたわざるも、なお師（軍隊）を西域に出す。いま匈奴すでに平らぎ、易きこと摧朽《さいきゅう》（腐木をくだく）するがごとし。師を労し遠役するといえども、檄《げき》を伝えて定むべきなり。化は崑山《こんさん》に被《およ》び、芳《ほまれ》を千載に垂《たら》す、また美ならざるや。

（『晋書』載記第十四　苻堅下）

西域を支配することは、前秦の国威を後世にまで伝えることであった。武帝をはじめとする漢の皇帝たちの事績を想う苻堅。漢がなしえなかった匈奴を討伐したという自負を裏付けに、苻堅は胡族として初めて中国全土の皇帝たらんと意識していたのである。この時、苻堅三十二歳。『晋書』に、かれのことばが見える。

いま四海事曠《むな》しく、兆庶《ちょうしょ》（人民）未だ寧《やす》からず。黎元《れいげん》（民衆）応《まさ》に撫すべく、夷狄《いてき》は応《まさ》に和《やわら》ぐべし。方《まさ》に六合《りくごう》（天下）を混じるに一家を以てし、有形を赤子（下民）に同じくするを将《もっ》て、汝それ之を息《やす》めよ、耿介《こうかい》（偉大であること）を懐《おも》うなかれ。

（『晋書』載記第十三　苻堅上）

「夷狄は応《まさ》に和《やわら》ぐべし」――ここに五胡の意識はない。かれは、自身を中原の支配者として、伝統王朝に連なるものと位置づけていたのである。三崎良章（東アジア史研究）は苻堅のこの思想を、「ここに氐族が支配する国家の形を超えた、民族の枠組みを超えた中国統一の理想が見られる」と高く評価しながらも、「どこまで現実に適応していたかはまた別の問題だった」（『五胡十六国～中国史上の民族大移動』）としている。

苻堅の認識では、氐族は胡の範疇の外にあった。それゆえにこそ他の異民族を夷狄と断じ得たのである。「古より以来未だ戎狄の天子となる者あらず」という漢代から胡漢に染みついた観念を認めつつも氐族の苻堅がみずからつかまんとした虹を現実のものにするための方途は、おのれの出自する民族を戎狄でないと認めさせることにあった。「氐は胡ならず」――氐族を五胡からはずすという新しい概念の主張、あわせて苻堅は漢帝国が目指した夷華混一の国づくりを実現しようとした。

この「氐」を、それぞれの騎馬遊牧民族がそれぞれの民族名に置き換えて、中原の正統王朝を目指す動きがここからはじまる。その意味では、苻堅のこの発想は五胡にとって重要な転換点、新たなる橋頭堡を築くものであった。

二、狙われたオアシス——仏教王国亀茲《きじ》

前秦建元《けんげん》十二年（三七六）、苻堅は、中書令梁熙《りょうき》率いる十三万の軍勢を姑臧《こぞう》（甘粛省武威市《ぶいし》）に送って、前涼《ぜんりょう》第九代、最後の王張天錫《ちょうてんせき》（在位三六三—三七六）を降伏させた。

黄河畔の街蘭州の西北に、万年雪をいただく祁連山脈《きれんさんみゃく》がある。道中最高峰となる烏鞘嶺《うしょうれい》は標高三千六十メートル、夏でも雪が舞いエーデルワイスが群生している。向かいの山肌に見えるかすかな踏み分け道は、玄奘三蔵も通った旧道であるという。峠から下る道は南北を標高五千メートル級の山並みに囲まれた広大な回廊へとつづく。河西回廊である。幅は、五十キロメートルから百二十キロメートルにまで不規則に広がっている。海抜は八百から千六百メートルの高原地帯。烏鞘嶺から西、敦煌や玉門関まで、面積九万平方キロメートル、長さ千キロメートルにおよぶ回廊である。

河西四郡は、漢の武帝（在位前一四一—八七）が定めたもので、東から涼州（甘粛省武威《ぶい》）・甘州《かんしゅう》（同・張掖《ちょうえき》）・粛州《しゅくしゅう》（同・酒泉《しゅせん》）・瓜州《かしゅう》（同・敦煌《とんこう》）の四郡をいう。いずれも祁連山脈を水源とする砂漠河川がつくりだしたオアシス都市であった。西すれば高昌国《こうしょう》（新疆省トルファン）、西域がここからはじまる。いわゆる東トルキスタン、現在の新疆ウイグル族自治区である。焉耆《えんき》（カラシャール）・亀茲《きじ》（クチャ）・

于闐《うてん》（ホータン）などオアシス都市国家、そして西トルキスタンの大宛《だいえん》（ウズベキスタン・フェルガナ、汗血馬の産地）からアムダリア（オクサス河）を渡るとバクトリア（アフガニスタン）・ペルシャ（イラン）へと至る。アムダリア北岸には、かつてアレキサンダー大王によって築かれた城塞都市テルメズ（ウズベキスタン最南端の国境の町）がある。この町も、クシャーン朝時代には仏教の栄えた土地であった。いまも仏教遺跡の発掘がつづき、紀元一世紀ころのストゥーパ（仏塔）やたおやかな表情の仏像も出土している。

西域につながる河西回廊を擁する涼州は、シルクロードの交易の中継点、中原からすればもっとも重要な生命線であった。

西域の一大勢力であった前涼を樹立したのは、漢人貴族張軌《ちょうき》（在位三〇三―三一四）とその一族であった。張軌、前漢を建国した高祖劉邦《りゅうほう》に仕えた趙王張耳《ちょうじ》十七世の孫である。西晋亡国のきっかけとなった八王の乱がはじまった永寧《えいねい》元年（三〇一）、行く末を見切った張軌は望んで護羌校尉《ごきょうこうい》（羌族統治の長官）・涼州刺史《りょうしゅうしし》（涼州長官）として涼州に赴き、河西四郡を平定した。

二年後には自立、姑臧《こぞう》（武威）を都として涼王《りょうおう》を名のった。それが前涼（三一三―三七六）である。西域の交易を支配することにより莫大な財力を得、辺境にありながら国家財政は安定していた。支配は高昌国から西域タクラマカン砂漠周縁の焉耆《えんき》国、亀茲《きじ》国、于闐《うてん》国にまで及んだ。

五胡十六国の戦乱の時代に、ひとり涼州だけは繁栄と安定を謳歌していた。一族は仏教を篤く信仰し、西域から到来した僧たちの経典翻訳も盛んになった。中原への入り口にあたる河西回廊に仏教の一大拠点が出現した。

流砂を渡る隊商たちの交易の場となった姑臧。古く匈奴が築いた城砦は、当時すでに繁華の街になっていた。

姑臧城の南に築城し、謙光殿《けんこうでん》を起て、画《えが》くに五色で以てし、飾るに金玉で以てし、珍巧を窮尽す。

（『晋書』列伝第五十六　張軌　張駿）

姑臧城にあった謙光殿には四つの宮殿が建てられ、四季で使い分けられたという。張軌の死から十年後、第四代張駿《ちょうしゅん》（在位三二四―三四六）の時代の記録である。二十二年におよぶ張駿の治下、前涼は絶頂期を迎えた。のちに、この張駿の墓が暴かれた。

駿の貌《かお》は生けるがごとく見ゆ。真珠の簏《かご》、琉璃の榼《さかだる》、白玉《はくぎょく》の樽《たる》、赤玉の簫《しょう》（笛）、紫玉の笛、珊《さん》瑚《ご》の鞭、瑪瑙《めのう》の鍾《しょう》（酒器）、水陸の珍奇を得ること勝《あ》げて紀《しる》すべからず。

（『晋書』載記第二十二　呂纂）

墓に納められた数えきれないほどの宝石や楽器・酒器など、すべてシルクロードの交易によりもたらされた品々である。前涼の豊かさ、繁栄の証であった。

三七二年、第九代張天錫《ちょうてんせき》（在位三六三―三七六）は枹罕《ほうかん》（甘粛省臨夏県）まで兵を進めた。王猛率いる前秦軍と戦って大敗、臣従した張天錫は涼州刺史に任じられてはいたが、その後も緊張関係が続いていた。四年後、最終的に前秦との戦いに敗れた張天錫は苻堅に降伏した。

梁煕は、持節・西中郎将（西方遠征軍指揮官）・涼州刺史として姑臧に入った。

張駿の時代から三十年、長安に送られた張天錫は西平郡公に任じられ、建国以来七十六年にして前涼は滅んだ。

> 梁熙、使いを西域に遣わし、堅の威徳を称揚し、ならびに綵繒《そうさい》（彩絹）をもって諸国王に賜う。ここにおいて朝献する者十有余国あり。大宛《だいえん》、天馬千里の駒、みな汗血《かんけつ》・珠鬣《しゅりょう》・五色・鳳膺《ほうよう》・麟《りん》身《しん》、及び諸《もろもろ》の珍異五百余種を献ず。（『晋書』載記第十三　苻堅上）

はるか大宛《だいえん》（フェルガナ）から、千里を駆けるという天馬――汗血馬《かんけつば》が献上されたのをはじめ、西域の十を超える国ぐにから珍奇な品々の献上があいついだ。梁熙は、皇帝苻堅の徳の証として、これらの品々をそれぞれに返還した。

前秦は直接西域諸国と接することとなった。シルクロードを一手におさえたのである。

しかしながら苻堅の目標は、まだ達成されていない。狙いは、さらに西の諸国、そして南の亡命政権・東晋を併合し、かつての漢に匹敵する巨大帝国の樹立であった。

苻堅のもとには高僧道安《どうあん》がいた。仏図澄《ぶっとちょう》を慕って集まった僧たちのなかで、仏図澄亡きあとの中国仏教をリードしたのが、道安であった。漢人として初めての本格的な仏教学者と評価される僧である。

西晋の永嘉六年（三一二）、常山の扶柳《ふりゅう》（河北省正定県《かほくしょうせいていけん》）に生まれ、幼くして両親を失い義兄に育てられた。十二歳で出家したが、「神知は聡敏ながら、形貌甚だ陋《いや》しく、師の重んじるところとならず」、醜男であったため師に遠ざけられ、三年にわたって田舎で働かされた。しかし、一日で一巻の経典を暗唱するという特異な才能で頭角を現した。遊学先、後趙の都・鄴《ぎょう》で仏図澄に出会い、その才知を認められて師弟となった。後趙石虎の建武十四年（三四八）、仏図澄が死去、翌年には石虎が死んだ。その後、戦乱の鄴都を逃れて東晋支配下にあった襄陽《じょうよう》（湖北省襄陽県）を目指した道安のことばが残されている。

今、凶年に遭う。国主に依らざれば法事立てがたし。（『高僧伝』義解二釈道安）

仏法を守り、広めるためには権力者を利用することも容認するという考えである。仏教界にとって、後年、北魏の皇帝たちを惹きつける契機となった重要な主張であった。

釈《しゃく》道安。それまで僧侶は天竺にちなんで「竺《じく》」姓を名乗っていた。これに対し道安は、「釈」という姓を初めて使った。

後に『増一阿含経《あごんきょう》』を得るに、果たして四河海に入るや、復《ま》た河名なしと称し、四姓沙門となるや皆釈種を称す。（『出三蔵記集』巻十五）

道安は、仏の道という大海に入ったからにはみな釈迦の一族、平等の存在であるから均《ひと》しく「釈」を名乗るべきと説いたのである。

梵語《ぼんご》（サンスクリット）こそ解しなかったが、道安は五十四種の著作を残した。『僧尼規範《そうにきはん》』『仏法《ぶっぽう》憲章《けんしょう》』などを制定、日常生活でも厳しく戒律を守ることを求めた。

その後、弟子五百人とともに襄陽にあった道安は、豪族の館を寺として壇渓寺《だんけいじ》と名づけた。富豪が争って寄進して五重塔と四百の僧坊が加わった。さらに涼州刺史の寄せた一万斤《きん》の銅で丈六（約五メートル）の仏像が造られた。苻堅も金箔を塗った高さ七尺の異国の倚坐《きざ》仏像や金の仏坐像、弥勒仏像などを寄進した。

襄陽で十五年をすごした道安に、東晋第九代孝武帝《こうぶてい》（在位三七二―三九六）は「俸給一同王公」、王侯貴族と同等の俸給を与えた。仏僧としては、なに不自由ない暮らしを送っていたということであろう。その名は前秦にまで知れ渡っていた。

襄陽に釈《しゃく》道安あり、これ神器なり、方《まさ》に之が到り以て朕躬《みずから》を輔《たす》けんことを欲す。（梁・釈慧皎撰『高僧伝』義解二　釈道安）

苻堅が側近に漏らしたことばである。ひとりの仏教僧に対して国を導く国師の役割を期待していたのである。その苻堅が襄陽を攻め落としたのは、前秦建元十五年（三七九）のことであった。

朕、十万の師（軍）で以て襄陽を取りて、唯一人半を得る。（『高僧伝』義解二　釈道安）

ひとりとは道安、半は同じく襄陽にあった高名な学者であったというから、苻堅の思い入れも相当なものであった。

かくして齢七十になんなんとして、道安は前秦の都長安に移された。苻堅にとって道安は単なる仏教僧ではなかった。輦《れん》に同乗させるほど信頼していたのは政《まつりごと》の相談役、いわば国師・政治顧問として遇していたことを示すものであった。西域にあった高僧鳩摩羅什《くまらじゅう》を招くよう進言したのも、道安であった。

前秦建元十九年・東晋太元八年（三八三）正月、苻堅は、同じ氏族の驍騎将軍呂光《ぎょうきしょうぐんろこう》（三三八―三九九）を都督・西討諸軍事に任じて涼州以西の西域諸国討伐に派遣した。呂光の一族は略陽氐氏《りゃくようていし》、現在の甘粛省天水市近郊を本拠とし、苻堅一族とは地理的にも近い。

呂光は、車師前《しゃしぜん》国（トルファンにあった遊牧系国家）と鄯善《ぜんぜん》国（かつての楼蘭《ろうらん》王国）の王を案内役として鉄騎（精鋭の騎兵）五千、総勢十万の兵とともに長安を立った。

苻堅にとってこの遠征には、もう一つ、目的があった。見送りに出た苻堅が言った。

朕聞く、西国に鳩摩羅什あり、深く法相《ほっそう》を解し、善く陰陽を閑《なら》う、後学の宗とならん、朕甚だ之を思う。賢哲は、国の大宝なり、もし亀茲《きじ》に剋《か》たば、即《ただち》に馳駅《ちえき》（早馬）して什を送れ。

（『高僧伝』訳経中　鳩摩羅什）

苻堅の狙いは亀茲王国を制圧して、国の大宝となるべき高僧鳩摩羅什を都に連れ帰ることであった。

亀茲《きじ》王国は豊かで国際色にあふれた、西域（東トルキスタン）随一のオアシス国家であった。住民は、「深い目で高い鼻（『魏書』西域伝）、アーリア人種イラン系の人びと。言語はクチャ語（トハラ語）であった。現在キジル石窟研究所の入り口に造営されている等身大の鳩摩羅什像は、まさにこの形容があてはまる。

四世紀後半の王国の姿が仏典に見える。当時、中原ではその国名を拘夷《くい》国といった。

拘夷国《くいこく》、寺甚だ多く、修飾至麗たり。王宮の彫鏤《ちょうろう》せる立仏の形象は、寺と異なるなし。寺有り、達慕《たつぼ》（達摩＝法・ダルマ）藍《らん》「百七十僧」と名づく。北山寺、致隷藍《ちれいらん》「六十僧」、剣慕王《けんぼおう》新藍「五十僧」、温宿王《おんじゅくおう》藍「七十僧」。右の四寺は仏図舌弥《ぶっとぜつみ》の統《す》べるところ。…王新僧《おうしんそう》伽藍「九十僧」、年少の沙門、字を鳩摩羅什と云う有り。才大いに高くして大乗学に明るく、舌弥のために是れ師なり、徒なり。而して舌弥は阿含《あごん》学者たり。阿麗《あれい》藍「百八十比丘尼」、輪若干藍「五十比丘尼」、阿麗跋藍《あれいはつらん》「三十尼道」

あり。右の三寺は比丘尼《びくに》の統《す》べるところ、舌弥に依りて法戒を受く。比丘尼は外国の法にて独立するを得ざるなり。この三寺の尼は多く葱嶺《そうれい》（パミール高原）以東の王侯の婦女にして、道のために遠くこの寺に集まり、法を用いてみずから整え、大いに検制あり。

（梁僧祐撰『出三蔵記集』第十一）

文中、藍はサンスクリット語でサンガラーマ、僧伽藍《そうがらん》、寺の謂い。

亀茲は仏教王国であった。国王以下篤く仏教を信仰していた。王宮には彫刻した立仏を飾り、まるで寺院のようであったという。都には四大寺があり、小乗を奉じる僧仏図舌弥によって統括されていた。尼寺にはパミール高原以東の王侯の姫たちが集まっていた。その王国の「年少の沙門」の名が、中原にまで伝わっていたのである。

鳩摩羅什《くまらじゅう》（クマラジィーバ）の名は、六世紀前半に南朝梁の釈慧皎《けいこう》が撰した『高僧伝』に見える。玄奘《げんじょう》（唐　六〇二―六六四）・不空金剛《ふくうこんごう》（インド僧・アモゴヴァジラ　七〇五―七七四）・真諦《しんたい》（インド僧・パラマールタ　四九九―五六九）とともに四大訳経家と称される高僧である。生年は東晋建元二年（三四四）、別に三五〇年説がある。インドの王家出身の天竺僧鳩摩羅炎《くまらえん》（クマラヤーナ）と亀茲王白純の娘・耆婆《ぎば》（ジィーバ）との間に生まれた。母も敬虔な仏教信者であった。

（その母）雀梨大寺《じゃくりたいじ》に名徳すでに多く、また得道の僧あるを聴き、すなわち王族の貴女、徳行の諸尼と与《とも》に弥日《びじつ》（日を重ねて）供を設け、斎《とき》を請《しょう》じて（僧を招いて食事をふるまう）法を聴く。什、年七歳、また倶《とも》に出家し、師に従い経を受く。

（『高僧伝』訳経中　鳩摩羅什）

羅什は、七歳の時、母が通った雀梨大寺で出家した。九歳の時、母とともに罽賓国《けいひん》（ガンダーラ）の都笠刹戸羅《タキシラ》に赴き、小乗の経典を学んだ。現在のパキスタン・アフガニスタンあたりに強大な帝国を築いたクシャーン王朝は衰退し、グプタ王朝（三二〇—五五〇？）の時代であった。この地で三年あまり研鑽の時をすごした羅什は、十二歳のころ、パミールを越えて帰国する。途中で立ち寄った疏勒国《そろく》（新疆ウイグル族自治区カシュガル）で出会ったのが、大乗の師となる須梨耶蘇摩《しゅりやそま》であった。かれもまた莎車国《さしゃ》（新疆ヤルカンド）の王族であった。その須梨耶蘇摩から、若き羅什は大乗経論を授けられ大乗に帰依するに至った。

吾、昔小乗を学びしは、人の金を知らずして鍮石《ちゅうせき》を以て妙と為せるがごとし。

（『高僧伝』訳経中　鳩摩羅什）

羅什の述懐である。大乗と小乗（南方上座部仏教《なんぽうじょうざぶ》）、小乗は僧本人の解脱のために修行する、小さな乗り物。一方、大乗は生を享けたものすべての救いのために修行する、大きな乗り物。それが小乗・大乗の名の由来だという。羅什は、大乗を金に、小乗を鍮石《ちゅうせき》、すなわち真鍮（銅）と評している。それほど受けた衝撃が大きかったということであろう。

大乗仏教はクシャーン王国で成立した。その中心的存在であった竜樹《りゅうじゅ》の思想は、その後の仏教思想全般にわたって決定的な影響を与えたとして、中国や日本で「八宗の祖師」と仰がれている。この竜樹の「中論《ちゅうろん》」を漢訳して中原に伝えたのも、羅什であった。

鳩摩羅什のころの亀茲王国と、現在クチャ近郊に残る遺跡との関連はいまも明らかではない。たとえば、鳩摩羅什が母とともに出家した雀梨大寺を、どの遺跡に比定するか。

玄奘三蔵《げんじょうさんぞう》『大唐西域記《だいとうさいいきき》』に、「荒城の北四〇余里のところ、山の入り込みに接し一つの河を隔てて二つの伽藍がある。同じく昭怙釐《しょうこり》と名づけ…」とある。旧来の説では玄奘の記す昭怙厘伽藍《しょうこりがらん》の状況は、クチャ郊外十五キロの地、河の両側に広がる蘇巴什《スバシ》遺跡に合致するとしている。水谷真成《みずたにしんじょう》の『高僧伝』訳注は、この寺を雀梨大寺とする。ペリオやスタインも同見解をとる。しかし、異論も多い。

あるいは若き鳩摩羅什が大乗を説いたという「王新僧伽藍《おうしんそうがらん》」の所在、このころすでに造営されていたはずのキジルやクムトラなどの石窟群とのかかわりも明らかではない。

これについて最近、新疆の研究者たちの活発な発言が続いている。おそらくは、一九九三年に出版された『亀茲仏教文化論集』（新疆亀茲石窟研究所編）を嚆矢とする。この論集に元新疆文物処長韓《かん》翔《しょう》と亀茲石窟研究所所長陳世良《ちんせいりょう》が、「亀茲佛寺之研究」と題した論稿を寄せている。ふたりは従来の説を明快に否定し、雀梨大寺はキジル千仏洞であると主張した。さらに二〇〇八年には、新疆芸術学院西域仏教文化芸術研究所が「絲路仏光叢書」の名のもとに、陳世良の『西域仏教研究』、史暁明《しぎょうめい》の『克孜尔《キジル》石窟芸術論集』を相次いで出版、古代仏教の亀茲伝来に関して新しい仮説を提示している。

亀茲仏教の始まりについては、漢文文献には、三世紀から四世紀ころにすでに相当数の亀茲の人が中国で経典翻訳に当たっていたという記録がある。考古学者の呉焯によれば、後漢末（紀元一世紀）から三国時代にかけて、竺法蘭《じくほうらん》、安士高《あんしこう》、支謙《しけん》、支類迦讖《しるかせん》、康申祥《こうしんしょう》、帛延《はくえん》、仏駄什《ふつだじゅう》など多くの西域の小さな国々の高僧たちが中国へ布教のためにやってきたという。竺は天竺（インド）、安姓は安息国（ペルシャ）、支は月氏（アフガニスタン）、康は康居（サマルカンド）、仏駄は罽賓（ガンダーラ）、帛（白）は亀茲の王族の姓、それぞれの姓がそれぞれの民族を表している。仏という名詞が成立したのもこのころのことと考えられる。

（陳世良『西域仏教研究』）

新疆の学者たちの見解では、玄奘のいう「荒城」を王城と解し、それをクチャ河東岸の皮朗《ピラン》古城とする従来の説に対し、皮朗古城は唐代の亀茲都城であり、玄奘が実見した亀茲国東境にあった荒城は、皮朗古城から三〇キロ北東にある克尓依希《キルイシ》古市遺跡であったとする。この遺跡からクチャ側沿いに蘇巴什遺跡まではおよそ十五キロ、当時に直すと三十九里前後、方角も玄奘の記録「北四十里」に合致するという。

文献記録と地理関係を分析した陳は、雀梨大寺はクチャ河河畔ではなくキジル河沿いにあるはずで、該当するのはキジル石窟千仏洞である、と結論づける。

また陳は、キジル石窟の初期窟に数多くの僧坊窟や生活窟が見られるが、これらの窟にパミール以東の王侯貴族の僧や尼僧を住まわせたのではないかと推測している。

これらの新説で大きな存在として浮かび上がるのが、鳩摩羅什の祖父、白純王（帛純王《はくじゅん》）（在位三三〇―三八四）である。その父・白山王は、三一五年ころに焉耆《えんき》との戦いで敗死している。以降十五年にわたって国王もいない亡国状態にあった。その国を鮮卑族の力を借りて三三〇年に再興したのが、玄奘のいう「金花王《きんかおう》」―亀茲語文献ではSuvamapuspaであった。陳は、この金花王を白《はく》純王《じゅんおう》（帛純王）のこととする。

陳は、金花王が建立した金花寺が『高僧伝』にいう王新寺であり、現在のクムトラ石窟千仏洞であるという。根拠の一つが、当時の王城の所在地である。陳は五世紀ころに著された『釈氏西域記』に、「雀離大清浄《じゃくりだいせいじょう》、茲《こ》国の都城北四十里山上に在り」とあることに注目。これまで王都とされていた皮朗《ピラン》古城からキジル千仏洞までは百里以上離れていること、キジル石窟から四十里北にあるのはクムトラ石窟であることなどをあげて、当時の王城や王新寺はクムトラ石窟あたりにあったと推論する。

史暁明教授は陳説を前提にする。羅什が小乗を学んだ師・仏図舌弥はキジル石窟にあった寺院を統括していたのであるから、羅什もキジルに住んでいたにちがいないという。

その役割が明らかでなかったキジル、クムトラという巨大遺跡を、初めて歴史の文脈に位置づける新説であるといえよう。

前秦は次第に支配地域を拡大していった。前涼を滅ぼした前秦建元十二年（三七六）、兵十万を送って鮮卑族拓跋部の代国《だいこく》（のちの北魏《ほくぎ》）を攻めた。代は、現在の山西省北部から陝西省北部にかけての黄河流域、いわゆるオルドス地域から北方モンゴル高原にまで広がる広大な騎馬遊牧国家であった。戦い敗れた代国では皇太子が父・代王什翼犍《じゅうよくけん》（北魏建国後、昭成帝《しょうせいてい》と追諡《ついし》）を殺害して降服した。

漢王朝の再現を夢見ていた苻堅。国土は、東は滄海に至り、西は西域を目前にし、南は襄陽を押さえて華北全体に広がり、威令の届かないのはただ東晋の都建業のみであった。

このころ、亡命王朝東晋で「中華」が使われている。

『晋書』には、西晋・東晋両王朝の歴史がまとめられている。なかで「中華」は、西晋時代では、さきの劉喬《りゅうきょう》伝のほか、陶侃《とうかん》伝、陳頵《ちんかつ》伝に、東晋時代に入って殷仲堪《いんちゅうかん》伝、桓温《かんおん》伝と五例、また載記でも序、劉曜伝、慕容超伝と三例、合わせて八例が見える。うち、五胡の興亡を扱った載記三例についてはのちにふれる。

なお、◎は「詔、あるいは上表」、▼は「会話」、▽は「地の文章」を表わしている。

◎　**中華**杼軸《ちょじく》の困あり、而して股肱の臣、国体を惟《おも》ず…。（列伝第三十一　劉喬伝）

▽　**中華**人士、掾属《えんぞく》（下級役人）を恥となす、侃《かん》の寒職をもって、召して舎人《しゃじん》となす。（列伝第三十六　陶侃伝）

◎　（陳）頵、王導に書を与えて曰く、**中華**の傾弊する所以《ゆえん》、四海の土崩れする所以は、正に才を取るに所を失し、白望（から人気）を先にし、実事を後にするを以て…（列伝四十一　陳頵陳頵伝）

▼　（仲堪乃ち奏して曰く…）蓋し**中華**の定鼎《ていてい》するは、慮《おもんぱか》り後伏（後退）にあり、斗絶の勢いを分かち、荷戟《かげき》の路を開く所以は、皇を南遷に居り、守りて岷邛《みんきょう》（いずれも四川省の川の名）に在り…（列伝第五十四　殷仲堪伝）

◎　強胡陵暴《りょうぼう》（侮り暴れる）し、**中華**蕩覆《とうふく》（敗れ覆る）してより、狼狽據《ろうばいよりどころ》を失い、権幸揚越し、…（列伝六十八　桓温伝）

劉喬の言は第三代懐帝の永興二年（三一一―西晋滅亡の五年前）、陳頵《ちんいん》が王導に書を与えたのは第二代恵帝の永嘉五年（三〇五）、いずれも西晋末の記録とわかる。したがって、その中華は実体のある存在、漢から以降、前王朝から禅譲を受けて続いてきた王朝、中原にあった西晋を意味している。
そのあと、殷仲堪・桓温は南遷したのちの東晋貴族であった。かれらのいう中華も、南遷する前の西晋を指している。したがって東晋での中華の意味するところは「失われた中原」と解することができる。

漢と胡の関係でいえば、たとえば桓温は北伐を主導した東晋の重臣であった。四世紀後半、五胡十六国時代にあって、中原奪還を悲願として氐族の前秦や鮮卑慕容氏の前燕と戦い、一時は洛陽を奪還した猛将でもある。その男の発した中華に、鮮卑や他の五胡が入っていないことは明らかであろう。「中華」ということばは「強胡」と対応している。したがってこの中華に抱合される民族は漢人、「中華＝漢」といえよう。

さらに五世紀半ば、南朝の宋で裴松之《はいしょうし》が注釈を付した『三国志』（裴注）に『晋春秋』という書が引用されている。そこに見える桓温の上表にも中華がある。

◎　中華、顧瞻《こせん》の哀《かなし》み有り、幽谷、遷喬《せんきょう》の望み無く、凶命屢《しばしば》招き、姦威仍《しきり》に偪《せま》る…

（『三国志』蜀書十二　譙周伝）

ふたたびかつての都に帰る望みもなく、中華は振りかえるだけの悲しい存在になってしまった、という悲痛な思いが読みとれる。

つぎに『資治通鑑《しじつがん》』の記す同時代の「中華」。

東晋の将軍荀羨《じゅんせん》が鮮卑慕容氏の国・前燕の太守、漢人賈堅《かけん》を攻めて捕虜とした。

羨、堅に謂いて曰く、君の父祖、世に晋の臣たり、本に背いて降らざるは奈何《いかん》？　堅曰く、晋自ら**中華**を棄《き》す、吾の叛するに非ざるなり。民、既に主無からば、強則ち命を托す。既に己《われ》人に事う、安《いずくん》ぞ節を改むべくんや！

（『通鑑』巻百　升平二年の条）

「晋みずから**中華**を棄す」、中原を棄てた西晋王朝は、多くの離散者を出した。生きていくために強き者、五胡の一つ、前燕陣営に投じた賈堅にとって、節を守るべきは拾ってくれた慕容氏の国であった。いまさら東晋に寝返ることはできないと拒否し、賈堅は死を選んだ。

ここでの中華は、地理的な意味、「西晋があった中原」を指している。

ついで西暦四二〇年、東晋を受けた宋の正史にも、東晋王朝末期での「中華」が見える。

◎**中華**湮没《いんぼつ》し、闕里《けつり》（宮城）荒毀《こうき》してより、先王の沢《たく》（恩恵）寝《すた》れ、聖賢の風絶ゆ。此より今におよぶまで将《まさ》に百年に及ばんとす。

（『宋書』志第四　礼一）

この一文は、太元九年（三八四年）、東晋第九代孝武帝司馬曜《こうぶていしばよう》への官僚の上表である。百年前に中華が湮没、滅んだとしているから、中華は南遷する前、西晋を指す。ここでの中華も、滅亡した西晋、「中原にあった国家」、「失われた中原」を意味している。

ただ、国家あるいは民族を表わすことばとしては、やはり中国であり華夏であったようだ。『晋書』では、中華八例に対し、中国九十一例、華夏十三例を数える。

三、野望果てるとき——司馬光《しばこう》の眼

西域に呂光を送り出した前秦建元十九年（三八三）十月、苻堅は群臣を太極殿に集めた。

冬、十月、秦王堅、群臣を太極殿に会し、議して曰く、「吾、業を承りてより三十載に垂《なんなんと》し、四方略《ほぼ》定まるも、唯《ただ》東南一隅、未だ王化を霑《うるお》わず。いま吾が士卒を略計するに九十七万を得るべし。吾、自ら将《ひき》いて以て之を討たんと欲す。何如《いかん》。

（『通鑑』巻百四　太元七年の条）

苻堅は人生最後の戦いに挑もうとしていた。

すでに新疆に至る広大な版図を獲得した前秦にとって残るは「東南一隅」—東晋のみとなっていた。三十年におよぶ戦乱を生き抜いた覇王・苻堅の最終目標は、東晋征服—全土統一であった。ここでも太子宏や臣下のほとんどが異を唱えた。二十年近く苻堅を支えた知将王猛は、これ以前の三七五年、五十一歳で病を得て世を去っていた。臨終にのぞんで後事への遺言を、苻堅は問うた。

猛曰く、晋は江南に僻處すると雖も、然るに正朔相承《せいさくあいしょう》し、上下安和す。臣没するの後、願わくば晋を以て図《と》（領土）と為さざらんことを。鮮卑・羌虜《きょうりょ》は、我が仇なり、終《つい》に人の患《わずら》いとなる。宜しく之を漸《おもむろ》に除き、以て社稷に便ならしむべし。

（『晋書』載記第十四　苻堅下）

正朔とは元来は一年の最初の日の謂い、転じて暦のことをいう。農業に必須であった正しい暦日を民に頒布することは帝王にとって崇高な義務であった。さらに、新しい王朝が新たに暦を定めることは、殷周以来の伝統でもあった。したがって正朔を定めることは、転じて天命の帰するところを象徴するもの、正統王朝であることを意味する。

東晋は、江南に逼塞しているとはいえいまだ正統王朝であるから攻撃はあきらめるように、また他の胡族、とりわけ鮮卑と羌は国の仇であり、禍のもとになりかねないから遠ざけるようにという、年上の知己の最期のことばであった。

東晋太元七年、前秦建元十八年（三八二）秋、東晋が襄陽を奪還すべく動いた。それを押しかえした苻堅は、東晋の最後の息の根を止めるべく建康制圧をめざして出陣した。この戦いの前、遠征を諫める陽平公融の忠言に中華が見える。

▼且つ国家の本、戎狄なり、正朔は會《たまたま》人に帰せず。江東は微弱にして僅《わずか》に存すと謂《い》えども、中華の正統にして、天意は必ずしも之を絶やさず。（『通鑑』巻百四　太元七年）

正朔を持つ南朝攻めには大義がないと皇族たちさえ考えていたのである。しかし苻堅は信頼していた道安の諫言さえ聞き入れなかった。苻堅はまったく違った行動原理を持っていたうえ、戦いに絶対的な自信を持っていた。青年時代から連戦連勝、敗北を味わったことがなかったのである。

苻堅は戦勝後の人事まで明らかにした。

克捷《こくしょう》（勝利）の日を期して、帝を尚書左僕射に、謝安《じゃあん》を吏部尚書に、桓沖《かんちゅう》を侍中に以てし、並びて第に立て以て之を待す。（『晋書』載記第十三　苻堅上）

「夷狄は応《まさ》に和《やわら》ぐべし」——氐《てい》・鮮卑《せんぴ》・羌《きょう》などの胡族だけでなく、南朝の皇帝や貴族をも王者の徳で融和させられると考えていたのである。さきに理想主義といった所以である。

陽平公融のいう中華は、敵国・東晋、ひいては正朔を奉じる中原伝統王朝を意味している。しかしながらここには、天意が覆れば「国家の本《もと》、戎狄《じゅうてき》」も中華となりうるという苻堅の想いがうかがえる。

このあたりから、胡にも中華という概念が浸透しはじめることになる。

この中華が、ほぼ七十年ののち、北魏孝文帝の時代に劇的な変化を遂げる。

南伐は、徳治による漢帝国の再現という理想に向けての苻堅最後の仕上げとなるはずであった。

本隊を項城《こうじょう》（河南省項城市）に留めた苻堅は、隠密裏に軽騎五千とともに淮河畔《わいがはん》の寿春《じゅしゅん》（安徽省寿県）に到った。ここで、敵に降伏を勧める使者として東晋からの降将朱序《しゅじょ》を派遣した。その朱序が裏切った。苻堅の陣の手薄なことを明かして待ち伏せ攻撃をそそのかしたのである。結果、前秦軍は総崩れとなり、弟の苻融が戦死、東晋軍は敗軍を追って淮河から淝水《ひすい》に到った。ここが、苻堅最後の戦場となった。

前秦の完敗であった。苻堅も矢を受けて傷つき、手勢千名余とともに戦場を逃れ、唯一無傷であった慕容垂三万の陣営に逃げ込んだ。淝水の戦いは、苻堅の人生における最初にして最大の敗北であった。

垂の配下は、苻堅を殺害することを進言した。垂は苻堅への恩義を理由に拒否した。動乱の時代に、みずからの民族の利よりも義を重んじるという行動原理が、少なくともここには存在した。

垂は、苻堅を都に送る途中、墓参のため鄴《ぎょう》に戻りたいと申し出た。虎を野に放つようなものという家臣の反対にもかかわらず、苻堅はこれを許した。

翌建元二十年（三八四）正月、垂は中山《ちゅうざん》（河北省定州市）を都として燕王（後燕）として自立する。

後燕は、五胡十六国時代後半では最強の民族政権と評されている。

同三月、慕容垂（在位三八四―三九六）が前秦討伐の軍を起し、前秦にあった垂の甥・北地郡長史（陝西省耀県《ようけん》の地方長官）慕容泓《ぼようおう》も呼応して決起した。苻堅は姚萇《ようちょう》と泓の弟・慕容叡《えい》を追討のため派遣した。が、叡が敗死。事態の釈明のため姚萇が送った使者は苻堅が怒りにまかせて切り捨てた。敗戦の責めを問われることを怖れた姚萇は、渭水の北、羌族の故地へ出奔し、そこで郷党五万余を糾合して自立した。国名を後秦（三八四―四一七）という。

十二月、ようやく長安に戻った苻堅に、西域にあった呂光からの報告が届いた。曰く、流沙三百里を越えて焉耆《えんき》など諸国を降伏させた。ただ亀茲王のみが降伏を拒んで城を守っているため、これを攻撃する、と。

これ以降、混乱のなかで西域との連絡は途絶える。

苻堅をさらなる不運が襲った。未曾有の飢饉である。


時に長安大いに飢え、人相い食う。諸将帰りて肉を吐き以て妻子に飴《くらわ》す。

（『晋書』載記第十四　苻堅下）


諸将が帰って家族の食料として吐きだした肉は人肉、悲惨な情況であった。

翌年七月、燕王沖が太子宏の守る都長安を陥した。都を出て転戦していた苻堅は帰るところを失った。五将山《ごしょうざん》（陝西省岐山県《きざんけん》の東北）に到ったところで、夫人の張氏や娘とともに姚萇軍に捕えられた。張夫人は「羌奴《きょうど》」に辱められることを拒んで娘を殺した。苻堅は、裏切った姚萇を面罵した。玉璽《ぎょくじ》を渡せと逼られた苻堅は、小羌《しょうきょう》、乃ち敢えて天子に逼《せま》るか。…五胡に次序あり、汝の羌名なし。…璽は已《すで》に晋に送れり、得るべからざるなり。

（『晋書』載記第十四　苻堅下）

小羌の〝小〟は、現在耳にする〝小日本〟の〝小〟と同じ、蔑称である。まさに民族差別そのものの言辞であった。正統王朝の証となる玉璽はすでに東晋に送ったとうそぶく苻堅を、怒り狂った姚萇は縊《くび》り殺してしまった。

前秦太安元年（三八五）七月、五胡十六国時代随一の英主、苻堅死す。十九歳で皇帝となり、弱肉強食の血腥《ちなまぐさ》い時代を一途に生きた三十年であった。享年四十八。

徳をもって多民族を治める国づくりを目指し、理想を追った一代の覇王、苻堅。しかし、信頼して登用した異民族の降将にことごとく裏切られ、挫折した。

『資治通鑑』撰者司馬光の総括がある。司馬光（一〇一九―一〇八六）は、北宋の最盛期、第六代神宗（在位一〇六七―一〇八五）時代に翰林学士《かんりんがくし》（皇帝直属の翰林院で、詔勅の起草にあたる重職）をつとめた。朝廷の中枢にあった文人官僚、遠祖は西晋高祖宣帝（司馬懿《しばい》）の弟・司馬孚《しばふ》だという。王安石の政治改革（新法）に反対した旧法党の領袖でもあった。『資治通鑑』は、先代皇帝英宗のころに編纂をはじめ、晩年の一〇八四年、全二九四巻が完成した。もともと『通志』といったが、神宗により『資治通鑑』と改められたという。

なかで、「臣光曰く…」とはじまる論評は各時代の人物や出来事を司馬光の視点で評価、あるいは断罪するもので、数百年を経たうえでの歴史の評価として興味深い。

苻堅に関しては、

臣光曰く、論者みなおもえらく、秦王堅の亡びるを、慕容垂、姚萇を殺さざるによると。臣光独《ひと》りおもえらく然《しか》らずと。…堅をして国を治めてその道を失うこと無からしめしは、則ち垂・萇みな秦の能臣なり、乱を為す能《あた》うなし。堅の亡びる所以は、驟勝《じゅうしょう》（たびたびの勝利）にして驕りの故なり。

（『通鑑』巻第百六　太元十年）

司馬光は慕容垂を高く評価していたようである。太和五年（三七一）の条に見える論評では、垂を遇した苻堅の判断を「未為過矣」、過ちではなかったとし、垂を殺すことを進言した王猛を「有如嫉其寵」、妬みのようなものと斬って捨てている。

司馬光は苻堅挫折の原因を、若いころからの常勝の記憶、戦いに勝ち続けたことによる驕りと見た。淝水ではじめて敗れたことにより諸民族混成軍が破綻したということであろう。淡々と冷静に叙述する史家の評を深読みするならば、苻堅が常勝に慢心しさえしなければ、東晋攻略は可能であったと司馬光が考えていたということになる。

いま一つ、『通鑑』で注目すべきことがある。劉淵の自立からはじまる五胡十六国のなかで司馬光は苻堅ひとりに四回の論評を付している。同時代でこの他には南朝各代あわせて五回、北朝の慕容氏・苻健各一回を数えるだけである。異例の扱いである。

『通鑑』二百九十四巻は、一〇六六年から前後十九年の歳月を費やして司馬光が編纂した編年体の通志である。

『資治通鑑』は、現今から見ても間然するところのない、厳密な意味での学問的な手続きを踏んで編纂された史書である。

（宮崎市定「『資治通鑑』の面白さ」）

中国の史書のなかで高く評価される『通鑑』。その撰者はときに「臣光曰く…」とみずからの評価を記している。いまから千年以上まえの歴史家の眼を一つの基準として、ひきつづき覇王たちの動きを追うこととする。

本題に戻る。

前秦は、その後しばらくは命脈を保ったが、三九四年、姚萇の子・姚興によって滅ぼされた。後秦《こうしん》姚萇にしても単なる無法の帝王ではなかった。三九三年、姚萇は六十四歳の生涯を終える。死に臨んで太子・姚興に残したことばが残されている。

汝、骨肉を撫するに恩を以てし、大臣を接するに礼を以てし、物《ひと》を待するに信を以てし、黔首《けんしゅ》（人民）を遇するに仁を以てせよ。四者既に備わらば、吾猶《なお》憂いなし。

（『晋書』載記第十六　姚萇）

四者、すなわち恩・礼・信・仁、いずれも儒教の徳目である。この一文から姚萇にしても、石勒《せきろく》や符堅《ふけん》と同様、儒教を国家の精神的支柱と考える伝統王朝の路線に連なることを目指していたことがわかる。

長安に都して一時は繁栄を謳歌した前秦。しかし、中原を支配しながらも、晋朝で生まれた「中華」ということばを苻堅がみずからのものとして使う時は訪れなかった。この時代には、五胡の人びとも中華の正統は西晋から東晋に引き継がれたと考えていたのである。

苻堅の死は新たなる混沌を産み出した。各地で、前秦に服属していた諸民族がそれぞれ国家を樹立したのである。漠北にあった鮮卑拓跋族は、苻堅の死の翌三八六年、国名を北魏と改め急速に勢力を拡大、関中の後秦と対峙することになる。

『晋書』載記にいま一つ、「中華」ということばがある。時は東晋義熙五年（四〇九）、これも鮮卑慕容部の国、南燕でのできごとである。国は、亡国まであと一年という危機にあった。

> （慕容）鎮《ちん》出でて韓諱《かんしゃく》に謂いて曰く、主上既に苗を芟《か》り険を守るあたわず、また人を徙《うつ》して寇《あだ》を逃れるを肯《がえん》ぜず、劉璋《りゅうしょう》に酷似す。今年、国滅び、吾必ずこれに死せん。卿《けい》ら中華の士、また文身《ぶんしん》とならん。
>
> （『晋書』載記第二十八　慕容超伝）

主上とは、二代十二年にして滅んだ南燕の二代目皇帝慕容超《ぼようちょう》（在位四〇五―四一〇）のこと。山東半島にあった南燕は、広固（山東省青州市）を都としていた。

都に迫った東晋軍に対し主戦論を斥けられた王族慕容鎮《ぼようちん》が、後秦の援軍を待つだけの皇帝への不満を幕僚にぶちまけた。劉璋《りゅうしょう》とは、三国志の時代、優柔不断で戦わずして劉備に国を乗っ取られた蜀の国主である。南朝東晋の北伐軍が都に迫ろうとする危機的状況にも、皇帝は的確な判断を下せなかった。

――このままでは劉璋と同じで、あなたがた中華の士は亡国の果てに、かつての文身（刺青）をした野蛮人に戻ってしまいますぞ。

韓諱は皇帝側近で、当時京師の禁軍を統率する領軍将軍であった。兄の韓範は尚書令、兄弟そろって南燕の高官であった。両者とも伝がないので正確なところはわからないが、おそらくは漢人であろう。その漢人官僚に向かって慕容鎮は「中華の士」と呼びかけたのである。文身の野蛮人とは南方にあった東晋をおとしめることば。古来、淮南（淮河の南）はじめ、長江流域の呉・越・楚・蜀・閩《びん》などの地域は「蛮」地とされてきた。中華の士とは、出自を中原に持つ人びとという意味であろう。中原にあってこその中華であった。

みずからの出身民族を五胡から外す、「氐《てい》は胡《こ》ならず」という発想。さらに漢王朝時代に生まれた夷華混一の理想、「夷狄《いてき》は応《まさ》に和《やわら》ぐべし」という理念。苻堅はそうした思想のもとに、多民族の壁を取り払おうとした。その先駆的な取り組みと連戦連勝の戦果が勝ち取った実績は、あとに続く塞外《さいがい》諸民族にとっても大きな遺産となった。

胡漢融合の世界をめざした志、西域をも版図に収め全土を統一するという野望、壮大な虹のような野望であった。虹は、その後の歴史に何度も出現することとなる。

二度目の虹は、百年あまりのち鮮卑族の国第六代皇帝孝文帝《こうぶんてい》のとき。三度目は、さらに百年ののち、隋の第二代煬帝《ようだい》のとき。いずれも志半ばにして、その壮図はついえた。

虹という所以である。

苻堅の構想を現実のものとしたのは二百数十年ののち、唐の太宗《たいそう》（李世民《りせいみん》）であった。このとき、草原の虹、苻堅の悲願は、「中華」という名で現実のものとなる。

［仏］

第三章　知られざる大仏の道
——巨大仏はどこで生まれたのか

一、仏教東伝——破戒僧　鳩摩羅什《くまらじゅう》

西暦三八五年、覇王・苻堅が殺された。

この年、西域では呂光が亀茲《きじ》王国を制圧した。九十万の大軍を前に、亀茲の帛純《はくじゅん》王（白純王、鳩摩羅什の祖父）は珍宝を持って逃走した。

> 光、その城に入るに、城は長安市邑の如く、宮室甚だ盛んなり。光、西域を撫寧し、威恩甚だ著しく、遠方諸国、前世に服すること能わざる者、皆來りて帰附す。
>
> （『通鑑』巻百五　太元九年の条）

呂光は帛純王の弟・震を亀茲王に任じた。このとき、亀茲に援軍を送った周辺三十余国があわせて降伏した。

胡人奢侈《しやし》、養生厚く、家に蒲桃酒《ぶどうしゅ》あり、あるいは千斛《せんこく》（石）に至る、十年敗（腐敗）するなく、士卒の酒蔵に淪没する者相次ぐ。（『晋書』載記第二十二　呂光）

亀茲の民ももとより胡人であった。贅を尽くした王族の館には自家製の蒲桃酒がたっぷりと貯えられていた。いまでいう新疆ワイン、楼蘭というブランド名の白ワインはわたしの好みでもある。十年腐敗することのないというワイン、異境の酒に兵たちは酔いしれた。

呂光は鳩摩羅什《くまらじゅう》を捕らえた。羅什はこのとき、齢四十歳前後であったと思われる。苻堅の命にもかかわらず、呂光は羅什の智量を知らなかった。戯れに亀茲の王女を娶らせようとしたのである。醇酒《じゅんしゅ》（強い酒）を飲ませて王女と密室に閉じ込めた。そして…

遂に其の節を虧《か》く…

羅什は破戒してしまった。

横超《おうちょう》慧日《えにち》・諏訪《すわ》義純《ぎじゅん》『羅什』によれば、破戒―女性と交わることは姦《かん》（淫戒）・盗《とう》（盗戒）・殺《さつ》（殺人戒）・妄《もう》（大妄語戒）の四つの罪悪、波羅夷《はらい》罪の筆頭とされ、教団から追放されても不思議ではないという大罪であった。横超は、この出来事を羅什の初めての挫折とする。王家の一族として生まれ育ち、およそ挫折を知らなかった羅什にとって、この破戒はおそらく生涯を通じての最悪の事件であったということになる。

この記述を歴史的事実と認めることはできない、という見解がある。鎌田茂雄（一九二七―二〇〇一　東京大学名誉教授　中国仏教史）など仏教学者の説くところであるが、鎌田は「羅什の破戒は若年より恒常的に亀茲においても涼州においても、長安においても行われていた」（『中国仏教史』）として、呂光による破戒の強制は伝記筆者による曲筆だとする。
論拠は以下の記録である。

嘗《かつ》て経を草堂寺において講ず。（姚）興及び朝臣、大徳沙門千有余人、粛容として観聴せり。羅什たちまちに高座を下りて興に謂いて曰く、二小児有りて我が肩に登り、婦人を鄣須《しょうす》（求める）せんと欲す、と。興、すなわち宮女を召して之を進めるに、一交にして二子を生ぜり。
（『晋書』芸術　鳩摩羅什）

鎌田は、この一文を羅什自身が女性を欲したものと解する。羅什は子までもうけていたのである。鳩摩羅什、さきにも述べたが玄奘《げんじょう》・不空金剛《ふくうこんごう》・真諦《しんたい》と合わせて四大訳経家と称される高僧、中国仏教史のなかでも傑出した僧のひとりである。『出三蔵記集』（巻十二）によれば、訳した経典は仏教教義の集大成とされる三論、経（仏の説いた経）・律（仏の定めた律―規則）・論（教義を検討した論）にわたり、総数三十五部二百九十四巻にのぼる。それらは、玄奘三蔵の訳経、「新訳」に対して「旧訳」と呼ばれている。横超慧日（一九〇六―九五　大谷大学名誉教授　中国仏教史）は、
その量において、それ以前の西晋の竺法護《じくほうご》（二三三？―三一〇？）の一五四部三〇九巻よりも少なく、唐初の玄奘の七六部一三四七巻とはかなりのへだたりがある。しかし羅什が翻訳した仏典は、大乗仏教思想の根幹をなす竜樹の中観系仏教の経論で多くしめられており、しかもこれらが羅什のすぐれた指導とあいまって、中国仏教思想の本流　ないしは底流をなすこととなった。それは後漢以来、雑然と流入して多岐にわたっていた中国の仏教思想界に、一定の方向づけ、根

拠づけをなしたといってよい。

（横超慧日・諏訪義純『羅什』）

ときわめて高く評価している。

これだけの業績をあげながら、不思議なことに羅什が建立した寺院は皆無である。仏図澄は八百九十三ケ寺と、史上最多の仏寺を造営した。一方、羅什はひたすら仏典の翻訳に人生を賭けた。

前秦太初元年（三八六）九月、呂光のもとに一年遅れで苻堅の死が伝えられた。呂光は亀茲に留まることを望んだが、羅什の進言を受けて、珍宝を積んだ駱駝二万頭、駿馬万余頭を従えて涼州へと向かった。入城を阻む涼州刺史梁熙の軍勢を一蹴して涼州に入った呂光は、みずからを涼州刺史に任じて、河西一帯を支配することになる。

呂光は、苻堅とちがって仏の教えにまったく関心を示さなかった。羅什も反乱を事前に予知するなど、神秘的な呪力で補佐するのみであった。

（羅什）涼に停ること積年なりしも、呂光父子、すでに道を弘めざる故に、その経法を韞《おさ》めて宣《せん》化《か》することなし。

（『出三蔵記集』第十四　鳩摩羅什）

仏の教えを胸のうちに秘め、宣化すなわち布教することもない空しい歳月であった。

後秦の姚興《ようこう》も鳩摩羅什の高名を知り都に招こうとした。呂一族は羅什の智謀と神秘的な力を利用されることを懼れ、出国を認めなかった。羅什は十七年を涼州で過ごすことになる。ただ、涼州での滞在が羅什の漢語能力を飛躍的に高めたことは、後年の訳経事業にとって幸いなことではあった。

現在、武威市内に八角十二層の羅什白塔がある。高さ三十二メートル、唐代に造営された羅什寺があったところで、塔には羅什の舎利が納められていたという。

呂光は、前秦滅亡の二年後の東晋太元二十一年（三九六）、天王の位につき後涼を建国したが、三年後には六十三歳で病死した。その後、後継をめぐる内紛がつづき亡国に至る混乱のなかで、涼州にあった諸部族の離反があいついだ。

三九七年、青海省《せいかいしょう》の黄河支流湟水《こうすい》流域で、河西鮮卑大都統《かせいせんぴだいとうとう》の任にあった鮮卑禿髪《とくはつ》部の禿髪烏孤《うこ》が南涼《なんりょう》（三九七―四一四）を建国した。張掖では、三九七年、呂光軍が河南遠征で大敗した責めを問われ、親族が殺されたことから張掖太守沮渠蒙遜《そきょもうそん》（匈奴あるいは月氏）が反旗をひるがえし、建康《けんこう》（甘粛省高《こう》台県《だいけん》、張掖と酒泉の間）太守段業《だんぎょう》（鮮卑）をかついで北涼《ほくりょう》を建国、二年後には段業を殺して自立した。敦煌では、漢人の李暠《りこう》が西涼《せいりょう》（四〇〇―四二一）を建国している。なかで沮渠蒙遜の北涼は仏教王国として、中原に大きな影響を与えることになる。

河西回廊は騎馬民族抗争の地と化した。シルクロードの交易ルートは分断され、財政基盤を失った後涼は衰退していく。

後秦弘始三年（四〇一）、関中を統一した後秦姚興（在位三九三―四一六）が後涼を服属させて涼州をわがものとした。勢いをおそれた河西回廊諸国―北涼、南涼、西涼も後秦に服属することとなった。

この年、姚興の招きで羅什は都長安に到った。対面を願っていた道安の死から十六年後のことであった。

当時の長安での仏教隆盛のさまが『晋書』に見える。

（姚）興、既に仏道に意を托し、公卿已下《いか》欽附せざるなく、沙門遠より至る者五千余人。浮図《ふと》（仏塔）を永貴里に起て、波若台《はんにゃだい》を中宮に立て、沙門の坐禅する者恒《つね》に千数あり。州郡これに化し、仏に事える者、十室にして九。（『晋書』載記第十九　姚興）

後秦では十室のうち九室まで、すなわち貴族から庶民に至るまで国中が仏教に帰依する、大いなる仏教王国であった。

姚興は、仏教を多民族からなる領民の精神的絆、儒教に替える国家経営の基本と考えていたのであろう。

齢五十を過ぎた羅什を、姚興は国師の礼をもって迎え、相対して話して倦むことがなかったという。訳経は姚興にとっても畢生の大事業であったようで、みずから訳経所を訪れて共に作業に当たった。

羅什は、サンスクリット・于闐《うてん》語・亀茲語など（胡語と総称）、さまざまな言語で記された仏典（胡本という）を黙読してはそのまま漢語に翻訳して聞かせた。翻訳されたものを胡語の経典と突き合わせ改訂する作業に取り組む羅什と僧たち、そのなかに帝王姚興の姿もあった。

（姚）興、逍遥園《しょうようえん》（都の西北にあった庭園）に如《ゆ》くに、諸沙門を引て澄玄堂《ちょうげんどう》に鳩摩羅什の仏経を演説するを听《き》く。羅什、夏語《かご》（中国語）を通弁し、旧経を尋覧するに、多く謬《あやまり》に乗《よ》り胡本と相応じず。興、羅什及び沙門僧略・僧遷・道樹・僧睿・道坦・僧肇・曇順等八百余人と更に大品（経典）を出し、羅什胡本を持ち、（姚）興、旧経を執《と》り、以て相考校し、その新文の旧きと異る者、皆理義を会す。続けて諸経と并《あわ》せ諸論三百余巻を出す。今の新経、皆羅什の訳する所なり。

六十歳で亡くなるまで、羅什は仏典漢訳に明け暮れた。五百を越える僧たちが羅什の指導のもと訳経にあたった。訳した経典は総数三十五部二百九十四巻。自身がもたらした経典の翻訳だけでなく、すでに訳されていた経典も誤り多しとして翻訳しなおしている。

（『晋書』載記第十九　姚興）

一方で信じられない記載がある。

姚主（姚興）、常に羅什に謂いて曰く、大師聡明《そうめい》超悟《ちょうご》、天下に二と莫《な》し、若《も》し一旦後世、何ぞ法種の嗣《あとつぎ》無からしめんや。遂に妓女十人を以て逼《せま》ってこれを受けしむ。

（梁・慧皎撰『高僧伝』巻二　訳経中　鳩摩羅什）

羅什という貴種を絶やすことはできないという姚興の勧めを受け入れて、僧坊に住むことなく妓女（遊女）十人とともになに不自由のない豊かな暮らしを送ったという。

『高僧伝』に、かれのことばがある。

臭泥《しゅうでい》のなかに蓮華が生じるが如し。但《ただ》蓮華を採りて、臭泥を取ること勿《なか》れ。

漢境經律未だ備わらず、新經及び諸論等、多くはこれ什の伝出するところ、三千徒衆、みな什より法を受く。但《ただ》、什の業《ごう》を累《かさ》ねること障《さわ》り深く、故に師教を受けず。

（梁・慧皎撰『高僧伝』巻二　訳経中　鳩摩羅什）

みずからを臭い泥水に、そして自身が説く仏の教えを蓮華にたとえているのであろうか、法の心を伝えても、業、報いを引き起こす行いを重ねてきたゆえ、師として弟子と接することはなかった、ともいう。『羅什』共著者、諏訪義純（元愛知学院大学教授　中国仏教史）は、「法師ではあっても律師たり得ない、とは羅什みずから痛切に思っていたはずである」（横超慧日・諏訪義純『羅什』）と評している。

破戒僧たる己を冷たく見切ったような、羅什の言動ではある。

姚興の弘始十五年（四一三）、鳩摩羅什は急な病を得て、作業途中の経典を残して世を去った。遺骸は当時としては珍しく逍遙園で荼毘に付された。すべてが燃え尽きたあとには、舌だけが残っていたという。

陝西省盧《ろ》県東南の秦鎮草堂営《しんちんそうどうえい》にある草堂寺《そうどうじ》が、この逍遥園の旧址とされている。高さ二・五メートル、八面十二層の石塔が、羅什の舎利塔《しゃりとう》である。

永和元年（四一六）、姚興は病を得て死んだ。翌年には、さきに洛陽奪回に成功した東晋・劉裕《りゅうゆう》率いる北伐軍が西進して長安を陥落させ、ここに後秦はわずか三十四年にして滅亡する。

涼州では、ふたたび諸国が息を吹きかえした。

二、キジル石窟からのメッセージ

仏教東漸の歴史の中で、いまだに解明されていない謎がある。

十メートルを越える巨大仏がいつ、どこで生まれ、いかにして中原に至ったのか、という問題である。

史上伝えられるもっとも古い大仏は、五世紀初頭、法顕《ほっけん》が北天竺《きたてんじく》（パキスタン北部）インダス河支流、ダレリ渓谷で見た木彫の弥勒大仏である。新疆タシュクルガンからパミールを越えてパキスタンの国境地帯、インド世界の入り口にあたるダレリは、往時タリム盆地からガンダーラにいたる交通の要衝であった。この道程と大仏に関する最古の記録が『法顕伝』である。

葱嶺を渡りおわれば、そこは北インドである。始めてその境に入ると、一小国があり、陁歴《たれき》という。ここもまた多くの僧がおり、みな小乗学である。この国にむかし羅漢がいた。神足力をもって一人の巧匠をつれ、兜術天《とじゅってん》（兜率天《とそつてん》―弥勒菩薩の住む所）に上って弥勒菩薩《みろくぼさつ》の身の丈や色貌を見せて還り下り、木を刻んでその像を作らせた。前後三回上って観《み》させ、このようにして後、ようやく像ができあがった。（像の）長さ八丈、趺坐《ふざ》の足の長さ八尺あり、斎日には常に光明がある。諸国の王はきそって供養を盛んにした。

（『法顕伝』長沢和俊校注）

元上智大学教授の土谷遙子《つちやハル》（中央アジア美術史）は、一九一三年のオーレル・スタインの調査以来およそ一世紀ぶりにこの地、ギルギット山系ダレル渓谷のブゲッチ村に入り、遺跡調査や村人への聞き書きを行ってきた。一九八六年、パキスタンと中国を結ぶカラコルム・ハイウェイが公開されて初めて入域が可能になった険阻な土地である。最高標高一四九〇メートル、摩崖仏《まがいぶつ》を刻む適地がなく、森林が豊かであることが、きわめて稀な木造の大仏が出現した背景にあると土谷はいう。

高さ八丈の弥勒像は観仏三昧海経《かんぶつざんまいかいきょう》に見られる身長十六丈の半分の丈であるが、これは技術的に八丈が制作可能な最大の数値であったからなのであろうか。

（土谷遙子「『法顕伝』に見える陀歴仏教寺院」）

土谷によれば、ダレリでは壮大な寺院跡が確認された。寺院内にあったのか露坐かは確認できないが、金箔で飾られていたという。木造弥勒大仏は長さ八丈、およそ二十四メートルであった。「釈迦の涅槃からおよそ三百年後に建立され、大教（仏教）の流伝はこの像よりはじまった」と法顕が記す大仏は、すでに現存しない。

世に伝わる巨大仏は多くが釈迦の涅槃像《ねはんぞう》であった。インドではクシナガラやアジャンタ第二十六窟、スリランカ・ガルヴィハーラ、さらにはビルマ（現・ミャンマー）、タイでも数多く見られる。しかしながらこうした地域には大立仏と呼べる像は見当たらない。ボンベイ（ムンバイ）近郊カーンヘリー石窟の第三窟に高浮彫りの高さ約七メートルの仏立像が、おそらく現存する最大のものらしい。

宮治昭（名古屋大学名誉教授　仏教美術史）によれば、

巨大仏はインド周辺域から中央アジアにおいて出現し、中国で多く造像され、しかもその多くは弥勒仏なのである。辺境ではあるが、インドと異世界とを結ぶ接点にこの弥勒仏は造立されたのである。辺境の仏教徒たちは、仏教の中心たる中インドを意識し、それに対抗する新しい仏教世界の象徴として弥勒の巨像を打ち立てたのではなかろうか。この大仏から仏法が東方に流伝したという伝えは、このことを暗示する。

一〇メートル、二〇メートルを越える巨大仏の造立となると、たんに通常の仏像を大きくするという意識とは別の発想、「大仏思想」ともいうべきものがなければ生まれなかったろう。
（宮治昭『仏教美術のイコノロジー〜インドから日本まで』）

現在、大仏といえばまず想起するのは二〇〇二年にタリバンによって爆破されたアフガニスタン・バーミヤン石窟の東大仏（三十八メートル）と西大仏（五十五メートル）であろう。東大仏は釈迦仏、西大仏は弥勒仏と考えられている。バーミヤンは、六世紀以降に玄奘三蔵など、求法の僧たちが通ったルート上にあり、東行してヒンドゥークシュ山脈を越えるとタクラマカン砂漠、そしてタリム盆地にいたる。

バーミヤン大仏の建立された時期についてもいまだ定説はない。樋口隆康《ひぐちたかやす》（一九一九―二〇一五　京都大学名誉教授　考古学）によれば、石窟の開鑿がクシャン王朝のカニシカ王の時代にはじまるとする、フランスの調査隊初代隊長アルフレッド・フーシェ（一八六五―一九五二）の説があるという。しかし樋口の考察によれば、大仏建立そのものは石窟開鑿より遅れて五世紀ころにはじまり、中心は六〜七世紀で、八世紀まで続いた（樋口隆康『アフガニスタン』）。さらに、東西の大仏は七世紀前半に造営されたとする説もある。

中原で最初に大仏が出現したのは、鮮卑族の国北魏の王都・平城《へいじょう》郊外の雲岡石窟《うんこうせっくつ》、五世紀後半のことである。

それでは大仏はどこに最初に出現したのであろうか。

中国石窟研究の第一人者、宿白《しゅくはく》（北京大学考古系教授）の言及がある。

（バーミヤンの）二大仏のいずれもが、あるいはそのうちの一体が四世紀に属するものとしても、大型の立仏は数量的には遠く亀茲に及ばず、この点われわれは、大像窟を開鑿し、大型の立仏を塑像、彫刻すること自体が、亀茲仏教芸術の一つの特徴とすべきではないかと推測するものである。この推測が成り立つとすれば、亀茲の仏教文化は、その種々の石窟の形式や壁画のほか、なお大型の立仏を中心とした大像窟が重要な内容であったとみることができる。そしてこの種の内容が葱嶺《そうれい》以西および新疆以東に及ぼした影響は、他の石窟形式や壁画が与えた影響よりもはるかに重要であったのである。

（宿白『キジル石窟』）

ここで宿白が穏やかな表現で示唆しているのは、大型の立仏─大仏石窟造営が三世紀後半の亀茲王国時代にキジル石窟ではじまったのではないか、ということである。果たしてどうか。

キジル石窟は、亀茲王国の都のあったクチャ県城から東南に六十七キロメートル、拝城《はいじょうけん》県キジル鎮の郊外にある。渭干《いかん》（ムザルト）河北岸、高さ四十メートルの明屋達格《ミンウダカ》山の崖に、およそ二キロメートルにわたって石窟は穿《うが》たれている。崖のほぼ真ん中に泪泉《るいせん》と呼ばれる小さな泉がある。その泉にはじまる緑に包まれた渓流がつくる谷の両側に穿たれた石窟は、手前が谷西区、奥が谷東区、渓谷内は谷内区と名づけられている。現在編号を持つ石窟は二百三十六を数えるが、石窟の創建に関する銘文や文献はまったくない。

初期窟には大像窟《だいぞうくつ》─大立仏を祀る窟が七窟あり、さらにこの地方に点在する石窟群にはいずれも大像窟が開かれていた。いまもクチャ近郊では、シムシム石窟に二窟、クムトラ石窟に四窟、キジルガハ石窟に四窟の大像窟が残されている。いずれも石窟開鑿の初期に造営されたという。窟の数からみても、刮目すべき石窟群である。

キジル大仏窟の一つが第四七窟である。

造営年代はC^{14}放射性炭素年代測定の結果をもとに、三五〇年±《プラスマイナス》六〇年、最初の大仏は、三世紀末から四世紀（三一〇年±《プラスマイナス》六〇年）に建立されたとされている。この調査は一九七九年から一九八一年、新疆ウイグル自治区文化局（当時）などが実施したもので、年代測定は北京大学歴史系考古研究室実験室によるものであった。しかしながら日本の研究者には、最新の測定技術であらためて測定すべきだという考えがある。往々にして中国の提示する年代がより古いほうに偏りやすいという見方もある。ただ、ここでは代わるべきデータがないため宿泊説によって論をすすめる。

キジル石窟

『克孜尔《キジル》石窟《せっくつ》内容《ないよう》総録《そうろく》』によれば第四七窟は早期の大像窟で、天井はドーム形、主室は幅七・二二一メートル、奥行六・九メート

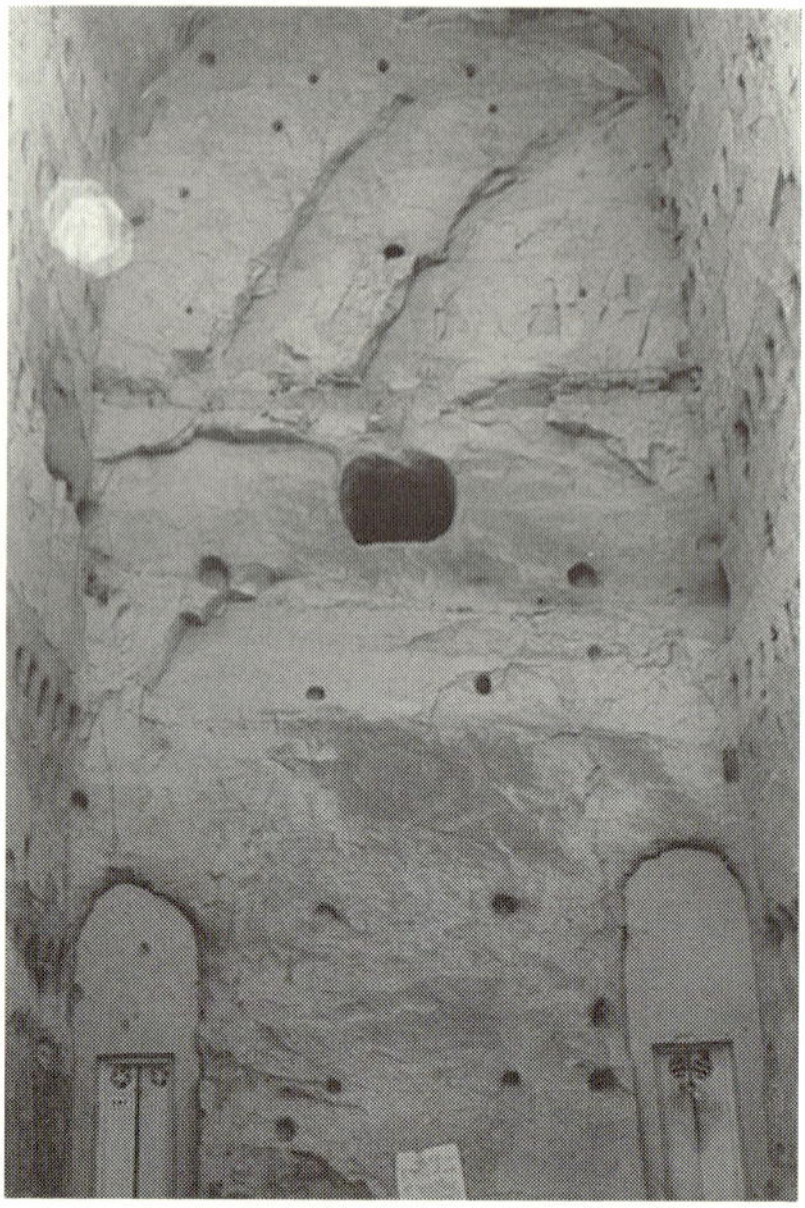

現在の大仏窟（新疆文物局提供）

ル、高さ十六・七メートル、四世紀の開鑿とする。

正壁の中央には、かつて高さおよそ十メートルの泥塑の大立仏があったという。どういう姿の仏であったのか、いまとなっては知るよしもない。

宿白も『亀茲仏教文化論集』（新疆亀茲石窟研究所編）によせた論稿「克孜尓部分洞窟階段劃分与年代等問題的初歩探索」のなかで「其身高在十米以上」、高さは十メートル以上あったとしている。うしろの回廊の奥にかつては涅槃の大仏像があったとおぼしいが、これもすでにない。一般に大像窟は、大立仏像を主尊とし、両側には十方諸仏を配して造営されたようだ。

左右の壁に残された鑿跡と泥塑や壁画の残痕から、各壁には五段にわたって彩色された仏像――立像や坐像があったことがわかる。壁の上部には供養の天人が描かれていたというが、いまでは彩色された飛天が二点残っているだけである。

なお、南壁には捨身飼虎《しゃしんしこ》図がある。宮治昭（仏教美術史）は、捨身飼虎本生《ほんじょう》・シビ王本生など、「血なまぐさい自己犠牲的な釈迦の前世の物語（本生話）は中インドには知られず、もともとは仏教外の

―おそらく遊牧民族の―信仰が取り入れられたものとみられ、この地方（引用者注・ガンダーラ地方）独特のもの」（『ガンダーラ～仏の不思議』）と指摘している。

キジル石窟から、水のほとんどないムザルト河の河原を下るとクムトラ石窟にいたる。前章で述べたように陳教授が都城近郊にあった王新寺伽藍に比定する石窟である。切り立った河岸の崖の高みには、三世紀後半には荒れ果てて放棄された石窟の名残がそここに見える。この石窟には、二十世紀初頭のドイツ隊の見聞が残されている。

一九〇六年一月二十七日には、ドイツの第三次調査隊が、やはりグリュンヴェーデルに率いられてクムトラを訪れた。彼らは最初に、シャハトル址の発掘から始めた。まず仏堂の基壇址を発掘し、大立仏の塑像の下肢と半円形の仰蓮華座《ぎょうれんげざ》をもとの位置から発見するとともに、天王の塑像二体を収集した。これらはいずれも早期の亀茲系に属するものであった。

（晁峯山《ちょうかざん》「クムトラ石窟概説」『クムトラ石窟』所収）

翌年、この寺院址を調査したペリオの報告によれば、そのスケールは南北二百四十メートル、東西百四十メートルであったという。大仏の高さは分からないが、この壮大な伽藍にふさわしい巨大仏が安置されていたのであろう。ペリオの調査ではクシャン朝の国王像に類する早期のタイプの塑像大仏《そぞうだいぶつ》立像《りゅうぞう》も出土したという。弥勒菩薩であろうと推測されるが、亀茲系の造像でも早い時期のものというこことが注目される。前記論考のなかで宿白は、ここにも高さ十五メートル程度の大仏があったとしている。

この国には、唐代にも巨大仏が存在した。

大城の西門の外の路の左右には、おのおの立仏の像の高さ九十余尺のものがある。

（玄奘『大唐西域記』屈支国）

唐代の一尺は三十一・一センチメートルであったから、九十余尺は二十七・九メートルとなる。玄奘三蔵は、城門の前にそびえる巨大な仏像を目視していた。

大立仏の出現、その窟の多さ、亀茲王国でなにか大きな動きが出来《しゅつらい》したのであろうか。

大仏出現は鳩摩羅什が天竺から帰郷した時期（三五九―三八五）とほぼ重なる。この時期に空前の大規模な仏像造像ブームが現出した。亀茲に「大仏思想」を伝えたのは、名前の伝わる人物のなかでは鳩摩羅什をおいてほかにない。

羅什が翻訳した弥勒菩薩に関する経典は、『弥勒下生経《みろくげしょうきょう》』『弥勒大成仏経《みろくだいじょうぶつきょう》』の二つ。いずれも釈迦が、釈迦寂滅後の未来に訪れる弥勒による救済の経緯を説いたものである。すなわち、未来の転聖輪王の治世の時代に弥勒が生まれ、過去世の釈尊の徳を称え、釈迦の化度に漏れた有縁の人びとを説法によって教化して涅槃に入らしめるという。

それでは、弥勒は大きくならねばならないとする、いわば「大仏思想」というべき考えは、どのような経典に基づいているのだろうか。

宮治昭『仏教美術のイコノロジー』に具体的な指摘がある。西北インドから中央アジアで成立した「観仏三昧海経《かんぶつざんまいかいきょう》」という経典がある。仏陀跋陀羅《ブッダバダラ》（三五九―四二九）が訳したもので、なかにそれぞれの仏陀の身長が記されている。釈迦仏の身長は丈六（一丈六尺、約四・八五メートル）、弥勒世尊の身長は十六丈である、という。とすれば、弥勒は高さ三十二メートルとなる。まさに巨大仏である。

仏陀跋陀羅は鳩摩羅什より一回りほど若い。北インドのひとで、ガンダーラで学んだ。中国僧の要請を受けて海路中国に至り、すぐに長安にあった羅什を訪ね議論を重ねたという。『高僧伝』は、羅什は疑問が起こるたびに仏陀跋陀羅に意見を求めたと記す。羅什よりも経典理解に優れた僧であったようだ。

いずれにせよ、『弥勒経』や『雑譬喩経《ぞうひゆきょう》』の訳者であった鳩摩羅什が、弥勒は大きくなければならないという、ガンダーラで生まれた最新の思想を知らないはずはない。ダレリの弥勒大仏の存在を実見してもいる。

宮治昭はいう。

弥勒の巨大仏を造立するということは、楽園的・理想的な仏教世界をそこに打ち立てることを意味したのである。弥勒大仏は、いわばユートピアのシンボルとして造られたといえよう。

（宮治昭『仏教美術のイコノロジー〜インドから日本まで』）

古代に大仏を建立するということは、庶民ではかなわぬ話、巨大な富の蓄積と強大な権力の存在が不可欠であった。当時にあって権力といえば王権しかない。

キジル石窟に巨大仏を造営したのは、亀茲の王たちであったにちがいない。

それでは亀茲から東へ、大仏思想は、いかなるルートを経て中原に至ったのか。西域と中原の間には、異民族の抗争があいつぐ、広大な河西回廊がある。

三、巨大仏東漸の道――河西回廊《かせいかいろう》

平地の少ない西域のオアシス国家では、石窟は人里離れた山中の崖を穿って築かれた。その東、河西回廊、さらに都に向かう渭水上流域でも険しい山中の崖に次々に修行の場が造営された。現在判明している石窟の位置を地図に落としてみると、石窟の道が鮮やかに浮かび上がってくる。そこには数多くの大仏が造営されていた。

河西回廊では敦煌・莫高窟《ばっこうくつ》、楡林窟《ゆりんくつ》、酒泉・文殊山《もんじゅさん》石窟、張掖・金塔寺《きんとうじ》石窟、馬蹄寺《ばていじ》石窟、武威・天梯山《てんていさん》石窟、もっとも東、蘭州郊外黄河渡しがあった炳霊寺《へいれいじ》石窟まで総計二十か所あまりを数える。陝西省渭水上流域でも水簾洞《すいれんどう》石窟、大像山《だいぞうさん》石窟、木梯寺《もくていじ》石窟、麦積山《ばくせきざん》石窟など、石窟の数は十指に余る。

大仏に関していえば、敦煌莫高窟には東西大仏が、麦積山石窟や炳霊寺石窟にも大仏が造立されている。さらに大像山石窟には高さ二十七・三メートル、そして天梯山石窟には高さ二十三メートルの大仏があるが、すべて唐代に造営されたものである。

とはいえ石窟造営時期が明らかな石窟はきわめて少ない。敦煌莫高窟は四世紀半ば。敦煌、雲岡、竜門とならび中国四大石窟に数えられる麦積山石窟は、後秦姚興《ようこう》の時代（三九三―四一六）にはじまったとされる。炳霊寺石窟は、第一六九窟の壁に記された墨書銘文から西秦建弘元年（四二〇）に、姑臧にあった僧玄高の弟子が造営したことがわかる。いずれの石窟においても開鑿初期に造営された大

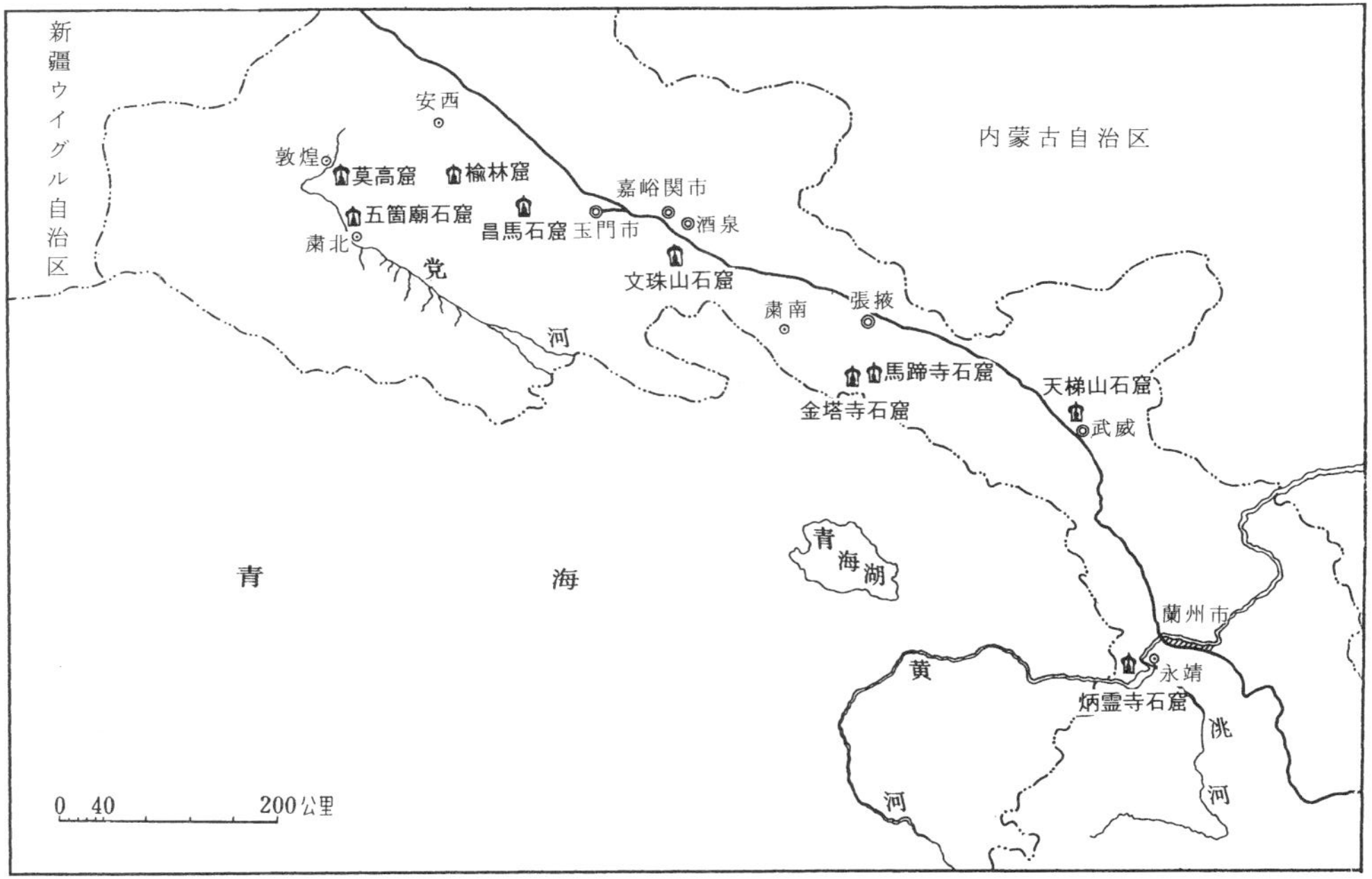

河西回廊石窟分布図（後代のものまで含む）

仏はない。

ただ、西域と中原の接点にあたる河西回廊の石窟や造像に関しては、これまで敦煌を除いてあまりまとまった情報がなかった。

河西回廊では、前涼最盛期、張駿の時代に西域の僧を将来して多くの仏典翻訳が行われた。同時に石窟も造営されたと考えられている。おそらく初期に造営されたのは、僧たちが修行として重んじた座禅のための石窟―禅窟であったろう。

涼州随一の修行の場であった敦煌莫高窟の開鑿時期についても正式な記録はない。ただ、いまに伝わる碑文「大周李懐譲《だいしゅうりかいじょう》重修莫高窟仏龕碑」に、

莫高窟者、厥初前秦建元二年、有沙門楽僔。戒行清虚、執心恬静、当杖錫林野、行止此山、忽見金光、状有千仏、遂架空鑿岏、造窟一龕。


とある。北周時代に刻まれたこの碑文によれば、開鑿したのは楽僔《らくそん》という沙門、前秦建元二年(三六六)のこと。敦煌は前涼最後の支配者となった張天錫治下にあった。

石窟造営は、名も知れぬ僧たちによって涼州にまで伝えられていたのであろう。仏教東漸の大きなエネルギーを感じざるをえない。

以降、北涼、北魏から隋唐と、時代を越えて石窟は造営されてきた。

なかで、酒泉・文殊山《もんじゅさん》、張掖・金塔寺《きんとうじ》、馬蹄寺《ばていじ》、武威・天梯山《てんていさん》などの石窟寺院は、河西回廊を席巻した北涼《ほくりょう》・沮渠蒙遜《そきょもうそん》の時代に造営がはじまっていたと考えられている。

北涼(三九七―四三九)とはどのような国であったのか、また仏教は北涼でどういう状況にあった

敦煌壁画　騎馬民族鮮卑の鎧馬が描かれている

のか。

五世紀初頭、後涼・呂光政権の暴政に抵抗して自立したひとりが北涼王・沮渠蒙遜（三六八―四三三）であった。臨松《りんしょう》盧水胡《ろすいこ》のひとというから、現在の張掖付近の生まれであった。沮渠という姓が匈奴の官名であることから匈奴とも、盧水（現・甘粛省黒河）という地が月氏の本拠地であったことから月氏ともいい、定説はない。寧夏大《ねいかだい》学《がく》民族理論研究所王朝海《おうちょうかい》『北魏政権正統之争研究』によれば、小月氏・匈奴・羌などが融合した民族という。

北涼は周囲を敵に囲まれていた。東の姑臧（甘粛省武威）にはまだ後涼が命脈を保っており、南の青海には鮮卑族禿髪烏孤《とくはつうこ》の南涼（三九七―四一四）、敦煌には漢人・李暠《りこう》の西涼（四〇〇―四二一）があった。

蒙遜は機略にとんだ武将であったようで、

四〇三年には南涼と組んで、後秦姚興の侵略で疲弊していた後涼を攻め、ために後涼は後秦に降伏、姑臧は南涼の支配下に入った。蒙遜がその南涼を下して姑臧《こぞう》へ遷都、河西王を称したのは四一二年のこと。四二一年には西涼を滅ぼして、河西回廊全域を支配する。かつての前涼同様、シルクロードの権益を一手に収めることになったのである。

北涼も、仏教王国であった。

沮渠蒙遜涼州にありて、また仏法を好む。罽賓《けいひん》の沙門曇摩讖《どんむしん》ありて、諸経論を習う。姑臧に沙門智嵩《ちすう》等と涅槃経《ねはんきょう》諸経十余部を訳す。又、術数・禁呪に暁《あかる》く、他国の安危を歴《つぎつぎ》に言いて、多く験《ため》して中《あた》る。蒙遜、毎《つね》に以て国事をこれに諮《はか》る。（『魏書』釈老志）

蒙遜が国師とあがめた曇摩讖《どんむしん》（三八五―四三三）は中天竺出身、大乗をもっぱらにし、二十歳にして大乗小乗の経典二百余万言を諳《そら》んじていたという。訪れた罽賓《けいひん》では小乗が多く涅槃を信じないということに失望、亀茲を経て西涼に至った。やがて西涼を滅ぼした蒙遜によって姑臧に迎えられた。鳩摩羅什が去ってほぼ二十年後のことである。姑臧ですごした十三年の間に、曇摩讖は十一部百十二巻の仏典を翻訳、姑臧は重要な仏教の拠点となった。呪術にもすぐれ「大呪師《だいじゅし》」と呼ばれていた。その名を慕って多くの僧が北涼を訪れた。なかに、北魏で皇太子の師となった玄高《げんこう》、北魏仏教教団を率いた師賢《しけん》、雲岡石窟を開いた曇曜《どんよう》の名もある。

沮渠蒙遜が石窟造営にかけた想いが伝わっている。

涼州石崖の塑瑞像《そずいぞう》。昔、沮渠蒙遜、晋安帝隆安元年《あんてい》（三九七）より、涼土に據有《きょゆう》すること三十余載、隴西《ろうせい》の五涼、斯《ここ》に最も久しく盛んとなる。専ら福業（仏教）を崇す。以《おもう》に国城寺塔、終《つい》に久固なるものあらず、古来帝宮、終に煨燼《わいじん》に逢い、もし依りてこれを立つるも効光は斯《ここ》に及ぶ。また金宝を用いれば、終に毀盗《きとう》を被る。すなわち山宇を盻《かえりみ》て終天（永遠）を願う。州南百里、連崖綿亘たり、東西測るべからず、すなわち窟を断《た》ちて、尊儀（仏像）を安設す。或いは石（像）、或るいは塑（像）、千変万化。礼ありて敬する者、心目を驚眩す。（『法苑珠林』巻二十一）

城や宮殿、寺院はいかに豪壮であっても火に遭えば焼失する。金銀財宝も盗まれたら終り。だから州南百里、連なる崖を穿って石窟を造り石彫や塑像の仏像を安置して仏への祈りを永遠に伝えたい。そうした想いから蒙遜は石窟寺院を造営したのであった。涼州の住民も「（前涼）張軌より後、世々仏教を信じ」（『魏書』釈老志）ていた。

杜斗城《ととじょう》蘭州大学教授は、二・三世紀に西北インドで盛んになった弥勒信仰が、中国で一世を風靡した最初の土地が北涼であったという。

四世紀から五世紀にかけての時代、弥勒信仰の主要な依拠となったのは弥勒三経（成仏経・下生経・上生経）であった。その三経の一つ、「弥勒上生経（観弥勒菩薩上生兜率天経《かんみろくぼさつじょうしょうとそつてんきょう》）」を漢語に翻訳したのは沮渠蒙遜の従弟、沮渠京声《そきょけいせい》であった。「弥勒大成仏経」と「弥勒下生経」は鳩摩羅什の訳、弥勒経は、北涼そして姑臧の地とかかわりが深い。

杜教授は、「上生経」は人びとに天宮の楽土を、「下生経」は地上の楽土を提示するものであるとして、

北涼石窟で「弥勒」というテーマが大流行したことは、弥勒が転輪王《てんりんおう》として降生すると説く仏教経典とかかわりが深い。いいかえれば、未来仏である弥勒の出現を希望することは、当時の「末

世思想」の流行を反映するもので、転輪王の重要な務めは現世で仏法を守る──「護法」にあった。

（杜斗城『北涼仏教研究』）

と述べる。この見解は、前述の宮治昭の論点と一致している。宮治によれば、弥勒菩薩には、その誕生のころから、王者のイメージが重ね合わせられていた。同時に、弥勒出世のときに転輪聖王という世俗の理想的支配者が現れてユートピアが実現されるという考えがあった。

仏陀の超人化、神格化にもとづく仏像の造形は、仏教の内在的発展として「転輪聖王に比すべき聖者」というイメージが膨らんでいったことと、その一方でクシャン朝の神格化された帝王像の造形伝統という外的な要因とが結びついたことで成立し、展開したと考えられる。

（宮治昭『仏教美術のイコノロジー～インドから日本まで』）

ところで、平時に人を殺すことと、戦《いくさ》で兵を殺すことには根本的な違いがある。大乗仏教において戦争で人を殺すことが正当化されたのは、騎馬遊牧国家・クシャン王朝においてであったと考えられる。一世紀ころのことである。

現世を棄てて出家した釈迦が説いた仏教と、現世での権力を保持するためには殺戮を繰り返すこともいとわない現世の王権が、どう結びついたのか。

ロシアの仏教研究者A・N・ゼリンスキーに「ガンダーラ美術と大乗がともにクシャン時代に、すなわち未曾有の盛んな東西文化交流を背景として生まれたことは偶然ではない」とする、興味深い論考がある。タイトルは「クシャン人と大乗仏教」。

一九六八年、ユネスコのソ連邦コミッション「中央アジア文明研究会」によってタジキスタンの首都ドシャンベで開催された学会での報告の一つである。その翻訳が国立民族学博物館名誉教授加藤《かとう》九祚《きゅうぞう》（一九二二―二〇一六）が一人で編集にあたった雑誌『アイハヌム２００３』に掲載されている。同論文は、紀元初頭、クシャン帝国の領内にあったインド西北部で、仏教を世界的な意義を持つ宗教にしたてあげた大乗仏教のシステムが生まれた、とする。

クシャン人の仏教的実践における主要かつ決定的な変化は、仏教教団（サンガ）が世俗人のためにはじめて門戸を広く解放し、その結果、禁欲的な出家僧集団が俗事に深く立ち入る広汎な寺院組織に転化したことであるといえよう。初期仏教の規範的観念によれば、仏教徒になれるのは僧だけであった。というのは、俗世を捨てることは「救済」の必要条件だったからである。ところが新しい教えによれば、人間は誰でも、俗世間の塵にまみれた人でさえ仏教徒になることができるとされた。これについては、たとえば有名な「維摩経《ゆいまきょう》」に明快に書かれている。これは紀元初頭に属し、仏教の在家信者の典型、維摩が描かれている。まさにクシャン時代において、自分自身の救済に従事していたアラハット（阿羅漢《あらかん》）という以前からの理想は、生きとし生けるものに対する慈愍《じみん》（Karuna）をともなう菩薩の理想によってとって代わられる。

（A・N・ゼリンスキー「クシャン人と大乗仏教」）

仏に帰依するものにとって守るべき戒律のなかでもっとも重要とされるのが「不殺生戒《ふせっしょうかい》」である。ならば、殺戮を常とする騎馬民族王朝でなにゆえ大乗仏教が信仰されるに至ったか。この問題についても、紀元初頭、クシャン帝国の領内で生まれた阿弥陀《あみだ》信仰のなかに現われている「贖《つぐな》い」という新しい教えが、この困難な命題への突破口となった、と同論文は明快に答える。

慈悲の教えの信者に、みずからの信仰の敵に対し武器を手に戦うことを許した新しい伝統の源泉を理解するには、われわれは大乗の勝利と結びつくカニシカの時代にもどらねばならない。

（中略）

カニシカはカシミールの導師スダルシャナから入信の儀を受けたが、王・絶対君主・征服者であることをやめることなく、仏教徒のために教えの擁護者となった。クシャン王のこの役割は、のちに大乗信仰で発展した護法（Dharmapala）と密接な関係があると考えられる。このようにして思弁的観念は現実の力の前に後退し、仏教は慈悲の教えでありながら、戦闘的集団の特徴を獲得した。

（ゼリンスキー、同論文）

さらにいう。

カニシカ王は仏教を支援する一方で、かれのほうも仏教徒の支持を必要とした。仏教は僧院的集団から広汎な社会的活動に進出し、国家の強力な文化的、道徳的勢力になっていた。クシャンの支配者は、これを無視することはできなかった（かりに無視しようとしても）。他方面において、大乗は改宗者のためにも広く門戸を開放している、領土を越えた宗教（国際的、超領土的）であり、帝国内の住民の多くを占める多民族の統一に役立つ信仰としてきわめて好都合であった。他方、大乗側としては仏教内部での論敵だけでなく、かれらとは異なる帝国内の他の宗教との戦いのために強力な権力を必要としていた。いわば、この連合によって、大乗は確固として自立することができ、クシャン国家は自国内だけでなく遠い外国までも政治的・文化的影響を広めることができた。

（ゼリンスキー、同論文）

「国際的、超領土的な宗教」であったからこそ、仏教が多民族国家の精神的支柱になりえたという指摘である。それは五胡における仏教の位置、そのものでもあった。仏教は騎馬民族王朝の皇帝たちの信頼を勝ち取った。

それはまさに「祭壇と玉座」の結合であった。キーワードは「護法」。ゼリンスキーの説に従えば、クシャン帝国が他国を攻撃する論理のなかに、護法のためという宗教者側からの正当化があったことが容易に推測しえる。「国主に依らざれば、すなわち法事立て難し」という道安のことばも、この思想の下にある。

さらに、檀越《だんえつ》としての帝王を菩薩と見なすという図式が生まれることも、そして現世に降り立った弥勒菩薩《みろくぼさつ》に帝王の姿を重ね合わせることも、自然な流れであったろう。

「祭壇と玉座」の結合は、クシャン王国における仏像の造形にも影響を与えた。

宮治昭によれば、

仏陀の超人化、神格化にもとづく仏像の造形は、仏教の内在的発展として「転輪聖王《てんりんせいおう》に比すべき聖者」というイメージが膨らんでいったことと、その一方でクシャン朝の神格化された帝王像の造形伝統という外的な要因とが結びついたことで成立し、展開したと考えられる。（中略）ガンダーラ仏の精神の王者のイメージは、ローマの皇帝像のような現実的な王者像というイメージではなく、悟りをひらいた聖者というイメージを同時に備えたものでなくてはならない。

（宮治昭『仏教美術のイコノロジー～インドから日本まで』）

交脚弥勒仏坐像　ガンダーラ
（公益財団法人 平山郁夫シルクロード美術館蔵）

ということになる。

北涼時代に造営されたことが明らかな石窟と仏像が、砂漠の大画廊、敦煌莫高窟にある。

敦煌郊外の砂丘鳴砂山東麓の崖に、元代に至るまで開鑿された石窟は五層、六百窟を数える。うち四百九十二の石窟に華麗な壁画や塑像が残されている。壁画の総面積は四万五千平方メートル、さらに塑像も二千体を数える。中国の世界遺産第一号でもある。

現存する石窟のなかでもっとも古い窟が、北涼時代に造営されたとされる北涼三窟である。その一つ、第二七五窟は莫高窟中央区の北より、三層に分かれる石窟の第二層にある。入口のある南北面三・七五メートル、奥行き六・八メートル、天井高三・六メートル、奥に深い長方形の小さな窟である。正面の壁面の塑像は、高さ三・二五メートルの交脚弥勒菩薩である。あるいは、転輪聖王とする説もある。

初期窟では最大の仏像、木造の骨格をもつ泥塑像である。大きく見開いた切れ長の眼が窟を訪れるものを見下ろす。仏の瞑想という雰囲気はまるでない。王者のごとき面貌である。おそらく施無畏印《せむいいん》であった右手は失われ、左手は与願印《よがんいん》、願いをかなえてくれることを約束する印相である。顔の表情はキジル石窟のそれとは異なっている。キジルに残る壁画の多くは西域やトカラ人の系譜、あるいはさらに遠くアフガニスタンの彫像と同じように全体に鼻が高く碧眼の人種を想像させる。ところがこの菩薩の顔は彫りが浅く、むしろ平板でどことなく親しみやすい印象を与える。人種としてはチベット系を連想させる。

三面の宝冠をかぶり、緑の薄い衣が腕を覆っているだけで、上半身はほぼ裸形、二頭の獅子がうずくまる方座に下肢をX字型に交叉させる脚部には波型に陰刻された衣が波うっている。この姿勢を交《こう》脚倚坐《きゃくきざ》という。遊牧民族の王侯貴族の座り方、胡座《こざ》—あぐらである。

仏像の様式は、この地で成立した伝統的技法、涼州様式であるという。

弥勒菩薩、兜率天に住み、五十六億七千万年の後にこの世に下生して竜華樹《りゅうげじゅ》の下に成仏し、生きとし生けるものを救う菩薩である。

弥勒菩薩の作例はガンダーラでたいへん多く、その信仰の盛んだったようすがうかがえるが、興味深いことに、弥勒菩薩像には両側に供養者をともなってあらわされることが少なくない。しかも、その供養者には中央アジアの遊牧民族の服を着た人物像がしばしばみられ、クシャン族をはじめとする中央アジア系の人びとの間で弥勒信仰が盛んだったことが推測される。（中略）

交脚倚坐《こうきゃくきざ》という独特の坐法は、おそらく、クシャン朝の宮殿址ハルチャヤン遺跡から出土した塑像の交脚倚坐の王侯像から想像されるように、遊牧民の王者の坐勢が仏像に採り入れられた結果とみられる。とりわけ弥勒菩薩が交脚像であらわされるのは、弥勒菩薩に王者のイメージが反映されているからであろう。

（宮治昭『ガンダーラ　仏の不思議』）

弥勒菩薩には、その誕生のころから、王者のイメージが重ね合わせられていたのである。敦煌第二七五窟の弥勒像も帝王沮渠蒙遜の姿を映したものではなかったかと思えてくる。北側の壁に刻まれたいくつかの小さな仏龕にも、交脚弥勒菩薩が多い。当時、仏法に帰依した沮渠一族、さらには五胡の人たちの弥勒の世への渇望を思い起こさせる窟である。

敦煌石窟遠景

交脚弥勒菩薩像（敦煌第257窟）

北魏神䴥二年・北涼承玄二年（四二九）、事件が起こった。攻防を繰り返してきた西秦乞伏《きっぷく》氏との戦いで北涼の皇太子が捕らえられ、殺害されたのである。

（沮渠蒙）遜、大いに怒り、仏に事《つか》うるも応《こたえ》なしという、即ち沙門を遣斥し、五十より下（の僧侶）皆令して道を罷《や》めしむ。蒙遜、さきに母のために丈六石像を造る、像遂に泣涕流涙し、（曇摩）讖また言を格《いた》して諫《いさめ》を致す、遜すなわち改心して悔いる。（『高僧伝』訳経中　曇摩讖）

我が子を守ってくれなかった仏に対して怒りを爆発させた蒙遜。その怒りを鎮めたのは曇摩讖の厳しい諫め、そして母のために造営した仏像が流した涙であったという。

この記録から、蒙遜が造営した石窟で母のために丈六石像を造ったことがわかる。四世紀半ば、道安の住んでいた襄陽に出現した丈六仏も、涼州刺史の寄せた一万斤の銅で造営されたものであった。涼州には丈六仏が、早くから定着していたのかもしれない。

しかし唐以降、この石窟の存在は忘れられ、どの文献にも登場していない。

州南百里の地に穿たれたという石窟が、甘粛省に現存する石窟のどれに該当するのか、長い間謎とされてきた。比定される候補は二つ。武威県城東南四十キロ、張義堡《ちょうぎほ》の地にある天梯山《てんていさん》大仏寺石窟、そして張掖地区粛南裕固《しゅくなんゆうこ》自治県馬蹄区の馬蹄寺《ばていじ》石窟（金塔寺、観音洞、馬蹄寺など七つの石窟群）である。なかで最も有力な候補が天梯山石窟とされる。

唐代に造営された大仏が残る天梯山石窟の全貌が明らかになったのは、いまからおよそ十年前のことであった。『武威天梯山石窟』（敦煌研究院・甘粛省文物局編著）が出版されたのである。

武威天梯山石窟

祁連山《きれんざん》に源を発する黄羊河《こうようが》に面する、この石窟の調査が初めて行われたのは一九五九年のこと。ダム建設で石窟の下層が水没することが明らかになった。吸水性の高い地質であることから、石窟全体が崩壊する危険性が指摘され、壁画を剥がし仏像と合わせて移転させるための調査であった。

しかし、その後の文化大革命による混乱で出版計画は中断、散逸した資料を再整理して、半世紀を経てようやく日の目を見たものである。調査の責任者であった常書鴻《じょうしょこう》敦煌研究院院長（当時）はじめ多くの関係者はすでに世を去っている。

調査隊の狙いは、石窟の全貌を把握することとともに、天梯山石窟で沮渠蒙遜が石窟を開いた証──丈六の仏像を確認することであった。

この地域は古くから地震多発地帯であった。十五世紀、明代の記録では石窟の数は二十六窟であった。一九二七年の大地震でいくつもの石窟が崩壊したという。調査当時この石窟に住み込んでいた僧侶がいた。その証言から、大型の中心柱を持つ石窟の上の崖にも六体の石仏を持つ千仏洞と呼ばれた大きな石窟や、高さ二丈（約六メートル）の三尊大立仏の窟（第十五窟）があったことが判明した。

確認された十九の石窟のうち、五窟が北涼時代のものと判明した。それらの窟では横長の長方形の前室、縦長方形の後室からなる石窟の造形や、壁面に穿たれた仏龕などの様式にキジル石窟早期の影響が見られるという。さらには新発見の窟で確認された忍冬文《にんとうもん》の花模様などは北涼期の特徴であり、沮渠蒙遜《そきょもうそん》造営の石窟であることを確認する重要な物証となった。このほかの窟は北魏期四、唐代三、時代不明七となっている。一つとして完壁に残るものはなく、多少の塑像や壁画が残るものが十三窟、残りは空っぽであった。

新たに確認された石窟から、興味深い指摘があいついだ。

造営される石窟には、祈りの場となる祠堂窟《しどうくつ》（チャイティア窟）と、僧たちの生活する僧院窟《そういんくつ》（ヴィハーラ窟）の二種がある。うち祠堂の中央に柱を設ける中心柱窟という様式はインドで生まれた。報告が指摘するのは、天梯山石窟における中心柱窟の造営が敦煌莫高窟よりも早い時代にさかのぼること。河西回廊以東でもっとも早いと考えられるという。また仏像の様式や壁画の造形や色彩に関しても、北インドや中央アジアの技術が直接もたらされたのではないかと推測されている。

注目されるのは第十五窟である。窟内の三尊仏は一仏二菩薩。石胎で、胸から足もとの蓮台までかなりの部分が残っていた。高さ三・四メートル。失われた頭の部分を入れると、ほぼ沮渠蒙遜が母の

北涼式菩薩　第４窟

ために造立した丈六（約四・八五メートル）の仏像とほぼ同じということになる。報告書は、壁面に北涼時代の壁画が確認されたことから、この石窟と仏像は蒙遜がみずから造営した可能性が高いとする。

さらに興味深いのは、第十七窟からの報告であった。

十七窟は、発見された石窟のなかで最も広く、奥行き十メートル、幅十八メートル、ただ窟頂が壊れているため高さは不明である。窟内に残る壁画の調査により、明代の壁画の下に中唐、さらに北涼の壁画があることが判明した。もともとは北涼時代に造営された石窟だったのである。仏像はことごとく破壊されていたが、後壁の正面に直径三・四メートル、石胎の仏像台座が確認された。左右の壁と隅に石胎の比較的大きな半円形の蓮の台座があったことから巨大な仏立像があったことが推測されるという。第十三窟、高さ二十三メートルの倚座《きざ》大仏《だいぶつ》（唐代）の台座が幅十メートルあまり、立仏の台座が狭いことからすれば、たしかに大仏であったと推測できる。調査隊は、こうした巨大な仏像も、沮渠蒙遜の丈六仏を参考にして造営されたのではないかと考えている。

この報告が意味するところは、五世紀前半期に河西回廊に巨大仏が存在していたということである。もしこれが事実なら天梯山石窟は、四世紀の西域キジル石窟と五世紀後半の雲岡石窟をつなぐ「大仏の道」の中継地ということになる。

宿白は大著『中国石窟寺研究』において、河西地域での早期の造像を「涼州様式」と命名し、その特徴として以下の五点を指摘している。

一、大像の仏殿窟を設置する。
二、主要な仏像は釈迦もしくは交脚菩薩像の弥勒である。
三、窟壁には主に千仏を描く。
四、壁画の間をつなぐ辺飾には両方連続式の忍冬化生文《にんとうけしょうもん》を用いる。
五、仏・菩薩の面相は雄渾で、眼は細長く、深目高鼻、身躯は健壮である。

第三項、千仏も弥勒とかかわり深い造形である。

転輪聖王には千子があるといわれ、『賢愚経《けんぐきょう》』には転輪聖王が仏陀となり、その千子が賢劫《けんごう》の千仏となったことが説かれている。弥勒自身がかつて転輪聖王であったという挿話のあることはすでに指摘した通りで、弥勒と千仏の繋がりが転輪聖王を介してうかがえる。

（宮治昭『バーミヤーン、遙かなり〜失われた仏教美術の世界』）

これら五点の特徴と、中原に初めて出現した雲岡石窟の巨大仏とのかかわりは、後段で検証する。

宋元嘉《げんか》十年（四三三）、北にあった新興遊牧帝国の覇者、北魏太武帝《たいぶてい》が曇摩讖《どんましん》を平城に送るよう蒙遜に命じた。蒙遜は命に随わず、しかも北魏を怖れるあまり曇摩讖を殺してしまった。曇摩讖、時に四十九歳。蒙遜は悪霊に悩まされ、その年のうちに死んだ。在位三十三年、享年六十六。

六年後、北涼は、北魏に滅ぼされる。

かくして、戦乱の五胡十六時代が終焉を迎えた。

太延中、涼州平らぐ。その国人を京邑《きょうゆう》（北魏の都・平城）に徙《うつ》す。倶《とも》に東す。

（『魏書』釈老志）

第四章
草原からの若い風　拓跋《たくばつ》一代記
――「皇帝即如来」から「中華」へ

〔風〕

一、遅れてきた北の胡族

中原を席巻した騎馬遊牧の民が、どこからどう移動して歴史の舞台に登場したのか。

この疑問についても、それぞれおおよその推測はあるが、いまもって正確なところは不明である。東胡《とうこ》（タングート族）の一派とされる鮮卑《せんぴ》拓跋《たくばつ》部《ぶ》についても、その原郷は大興安嶺《だいこうあんれい》山麓（黒龍江省から内モンゴル自治区）とされてきたが、場所が特定されることはなかった。

北魏を建国し百五十年にわたって中原を支配した鮮卑拓跋部の歴史は『魏書』にまとめられている。撰者魏収《ぎしゅう》（五〇六―五七二）は、鉅鹿《きょろく》（河北省晋県）のひと。北魏末年、二十六歳のとき、節閔帝《せつびんてい》から「典起《き》居注《きょちゅう》、並修国史、兼中書侍郎」（『北斉書』列伝第四十九）に抜擢された。その後も東魏・北斉に仕え、北斉天保《てんぽう》二年（五五一）、勅命を受けて『魏書』を編纂した。北魏の鄧彦海《とうげんかい》撰『代記《だいき》』十余巻、崔浩《さいこう》撰『典史《てんし》』、さらには皇帝の起居注《ききょちゅう》（日々の政務の記録）などを素材として編纂された『魏書』（十二紀・九十二列伝・十志）、その完成は三年後、天保五年（五五四）のことであった。

拓跋族の原郷を確定するためのヒントは、この『魏書』にあった。

世祖真君《せいそしんくん》四年（烏洛侯国《うらくこうこく》）来朝、その国の西北に国家先帝の旧墟《きゅうきょ》石室ありと称す、南北九十歩、東西四十歩、高さ七十尺。室に神霊あり、民多く祈請す。世祖、中書侍郎李敞《りしょう》を遣わして告祭す、祝文を室の壁に刊《きざ》みて還る。

（『魏書』列伝第八十八　烏洛侯国伝）

烏洛侯国《うらくこうこく》は、内モンゴル自治区呼倫貝尓《ホロンバイル》市付近にあった狩猟遊牧民の国であった。第三代世祖太武《せいそたいぶ》帝《てい》の太平真君四年（四四三）、初めて北魏に入朝した使節が、大興安嶺《だいこうあんれい》の西北に鮮卑拓跋族の古い石室があると告げた。そこで帝は高官を派遣して石室を確認、先祖を祀る祭祀を行い、祝文を洞窟の壁に刻ませたという。

その石室と祝文の探索が、大興安嶺山麓で続けられてきた。

一九八〇年、ホロンバイル盟鄂倫春《オロチョン》族自治旗の洞窟で石刻碑文が発見された。狩猟民オロチョン族が定住を迫られて出現した寂しげな町、阿里河《アリホー》鎮から西北に十キロメートル。嫩江《のんこう》（アムール河水系の一つ松花江《しょうかこう》最長の支流）の支流甘河《ガンホー》の河源近く、海抜五百二十メートル、北緯五十度三十八分、東経百二十三度三十八分の地に、その洞窟はあった。大興安嶺北部、花崗岩の崖の中腹、嘎仙洞《かっせんどう》である。縦横二十メートル、奥行き九十メートル、天井は高いところで二十メートルほどの巨大な天然の洞窟、その入り口から十五メートルほど入った西壁の岩肌に太武帝の祝文が刻まれていた。

維太平真君四年癸未歳七月廿五日
天子臣燾使謁者仆射庫六官
中書侍郎李敞傳㝵用俊足一元大武
柔毛之牲敢昭告于
皇天之神啓辟之初佑我皇祖于彼土田
歴載億年聿来南遷応受多福
光宅中原惟祖惟父拓定四辺慶流　（以下略）

とはじまる十九行、全体で二百一文字を数える刻文である。「南遷応受多福」「光宅中原」とあるから、先祖が南の平城《へいじょう》（山西省大同市《だいどうし》）に移住した決断を感謝するものであろう。祝文は『魏書』巻一〇八　礼志所載のものとほぼ同じ内容であった。

石壁の前、地面の下四十センチメートルのところには、壁を削ったとき剥落した花崗岩の破片がいくつも発見された。厳冬期には零下四十度にもなるという厳しい環境であるが、石室内は零下十七度くらいまでしか下がらないため原始人類が住居としていたのではないかというのが、調査にあたったホロンバイル盟文物管理所の見解であった。

草原の少ない大興安嶺山麓では狩猟採集が生業となる。本格的な遊牧はできなかったであろう。遊牧への転換はどこでなされたのか。『北魏史』（杜士鐸《としたく》主編）によれば、拓跋族の移動については四段階が想定されている。

第一は嘎仙洞《かっせんどう》付近にあった時代、第二が呼倫《ホロン》湖畔にあった時代、第三に内モンゴル草原陰山にあった時代、そして中原時代となる。

第一段階、旧石器から新石器時代にかけて、大興安嶺山麓で狩猟採集の暮らしを送っていた。

第二段階、後漢時代初期に大興安嶺山麓から離れ、ホロン湖畔の草原に移住、青銅器や鉄器を他民族から獲得、遊牧に転換してほぼ百年の時を過ごした。

第三段階は後漢末。北匈奴が西に追われたのち、その空隙を埋めるような形でモンゴル高原の陰山一体に移住した。高原を東西に縦断する大移動であった。東部鮮卑と呼ばれていた時代にあたる。

この地にあった首領のひとりが、拓跋部の始祖とされる神元皇帝力微《しんげんこうていりきび》であった。三世紀半ば、長川《ちょうせん》（内モンゴル自治区察哈尔《チャハル》右翼前旗興和県）で力を貯え、神元三十九年（二五八）には、盛楽《せいらく》（内モンゴル・和林格尔《ホリンゴル》）に都を遷した。いまは土塁だけが残る盛楽故城《せいらくこじょう》である。この城は、古くは北方騎馬遊牧民族との戦いの最前線として漢王朝が築いたものであった。

力微はこの地で各部族を集めた集会を開き、天を祀る儀礼「祭天《さいてん》」を行った。このとき、部族連合の大酋長として拓跋部の世襲権が確立された。国名を代という。匈奴や、鮮卑慕容部などと比べると、かなり遅い時期からの部族台頭であった。

当時の代国は中原文化とはほとんど接触していなかったと想像される。三年後、魏の最後の皇帝となった第五代元帝のとき、子の砂漠汗《さばくかん》を魏の都洛陽に送っている。砂漠汗は、七年のときを都で過ごし、魏の滅亡と晋の建国を見届けた。

力微の時代からおよそ八十年、東晋咸興四年（三三八）ころ、代王什翼犍《じゅうよくけん》は百官を置いて政治機構を整え、国家の基礎を固めた。什翼犍は、後趙石虎の都鄴《ぎょう》にあったときに漢文化に親しみ、中原の統治システムを学んでいたという。当時、周辺にあった鉄弗匈奴《てつふつきょうど》族（匈奴を父とし鮮卑を母とする血統の部族）や高車《こうしゃ》族（トルコ系民族）などとの戦いがつづいていた。前秦苻堅が鉄弗を支援したため和《わ》龍《りゅう》（遼寧省朝陽）、上郡《じょうぐん》（陝西省楡林《ゆりん》県東南）の戦いで大敗、部族の内紛で什翼犍は太子寔《しょく》に殺害され、代国は建国三十九年にしていったん滅びる。東晋太元元年（三七六）のことであった。

　最後の第四段階は、十年後の国家再興時からはじまる。苻堅が壮絶な死を遂げた翌年、東晋太元十一年（三八六）一月、牛川《ぎゅうせん》（内モンゴル・烏蘭察布《ウランチャブ》盟境内塔布《トーブ》河）で開かれた部族大会で、十四歳の拓跋珪《たくばつけい》（太祖道武帝《たいそどうぶてい》・在位二十四年）が、推戴《すいたい》されて代王となった。

　四月、国名を魏と改め、年号を登国とし、七月には都を盛楽から平城《へいじょう》に遷した。曹操の魏と区別するため、北魏《ほくぎ》と呼ぶ。

　華北統一は、これから五十年あまりののち、四三九年のこととなる。

　付記すれば、北魏の皇帝は、第六代孝文帝が五歳で即位した例を除くと、ことごとく十代で即位している。北魏は中国史上稀に見る若き皇帝を戴く王朝であった。その若き皇帝たちが、中原の虹、中華帝国を目指して苦闘した。

　太祖道武帝拓跋珪、太子寔の子で、什翼犍の孫である。亡国の戦いののち、一族の男系は鉄弗部《てつふつぶ》によって皆殺しにされたが、幼い珪だけは母方の賀蘭部《がらんぶ》に匿《かくま》われて生きのびた。

　新都平城（山西省大同市）への遷都までの主な出来事は——

登国元年（三八六）帝十四歳
正月、帝、代王位に即き、牛川で大会す。

四月、改めて魏王を称す。

七月、都を平城に遷す。始めて宮室を営み、宗廟を建て、社稷を立つ。

九月、初めて台省を建て百官を置き、侯を封ず。

十一月、尚書吏部郎中鄧淵《とうえん》に詔《みことのり》して官制を典《つかさど》り、爵品を立て、律呂《りつろ》を定め、音律を協《あわせ》る。郊廟《こうびょう》・社稷《しゃしょく》・朝覲《ちょうきん》・饗宴《きょうえん》の儀を撰す。（『魏書』帝紀第二　太祖紀）

「宗廟を建て、社稷を立つ」とある。宗廟は祖先を祀るところ、社稷は土地の神と五穀の神をいう。天子・諸侯はこの二神を宮殿の右に、宗廟を左に祀った。

建国の年に、国号を代から魏に改めたこと、『魏書』に経緯が見える。道武帝の諮問に答えた黄門侍郎《こうもんじろう》（皇帝の侍従）崔玄伯《さいげんはく》は、三皇五帝から説き起こし『詩経』の例を述べ、「それ魏は大名にして、神州の上国、これ乃《すなわ》ち革命の徴験、利見の玄符《げんふ》（奥深い印）なり。」と勧めた。魏という国名は、周の初めにあった諸侯国の一つ、由緒正しい国号であった。国づくりの理想とされたのは、古《いにしえ》の周であった。なお、歴代王朝が前王朝で冊封《さくほう》（支配下に入った国の首長に王の官位を与えること）されていた地名を国名とする通例があったが、魏は史上初めての例外、まったく恣意的に選ばれた国名であった。のち、モンゴル族の元帝国以降の国名もこの例にならうこととなる。

民族の正統性、国家のかたちを整えることに注力した時代であった。民族興起の原点ともいうべき大興安嶺の洞窟時代の記憶は消えていった。

宮廷儀礼の楽も独自のものであった。渡辺信一郎（京都府立大学学長　中国古代史）著『中国古代の楽制と国家～日本雅楽の源流』に記されているところでは、

『魏書』巻一〇九　楽志によれば、この時、尚書吏部侍郎鄧淵《とうえん》が音律を定め、道武帝作曲の皇《こう》始舞《しまい》を演奏して祖先以来の功業を歌いあげ、あわせて宗廟・郊祀・元会に用いる音楽を定めた。これらは、宮懸《きゅうけん》・八佾舞《はちいつまい》を用いるもので、雅楽にあたる。しかし当時は、宮懸の器具は完備せず、楽章にも欠落があり、大角すなわち大型ホルンを用いた北族音楽である「簸邏迴歌《はらかい》」をまじえるものであった。

宮懸とは、渡辺によれば、主として編鐘《へんしょう》など金石楽器などで編成された管弦楽のこと。また八佾舞とは、八人八列で六十四名が舞う、古代周の天子の舞楽である。山東省済寧市、周代の魯の故地であり、孔子の生地でもある曲阜《きょくふ》の孔子廟にいまも伝えられている。一方、簸邏迴歌とは、鮮卑可汗をたたえる大角歌、大型ホルンを伴奏とする合唱であった。北魏雅楽の主流は鮮卑語で歌われる簸邏迴歌であったとみてよいという。

十代の皇帝を戴いて、騎馬民族の香りに満ちた、荒ぶる雰囲気のなかで国づくりがはじまった。

初期の北魏の少年皇帝たちを支えたのは漢人知識人であった。なかで朝議・律令や禁令を定め、国事にかかわる詔書の制作に参画したのは、前秦で制度の立案にあたった経験を持つ崔玄伯《さいげんはく》であった。崔玄伯、冀《き》州清河東武城の名家崔一族の出で、幼いころには「冀《き》州の神童」と、長じては「王（を補）佐の才有り」と評されていた。冀州とは、現在の河北、山西省と河南省の一部をいう。父は早く

から鮮卑慕容部に仕えた。玄伯は氏族《ていぞく》の国前秦の苻融に仕えたが、子の苻堅の招きには母の病を口実に出仕を断っている。その後、転じて北燕・慕容垂に仕えた。世人に群れず、兵乱の時といえども学問を怠らず、私財を蓄えることもなく、妻子は飢寒に苦しんだ、と『魏書』列伝はその高潔さを褒めたたえる。太祖道武帝が慕容垂の長子・宝を攻めたとき、北燕の命運ももはやこれまでと思ったのであろう、都を捨てて東海に逃れようとした。高名を聞き及んでいた太祖は騎兵を出して追跡、捕らえて陣中に送り届けさせ、黄門侍郎（侍従職）としたのである。慕容垂が太祖との戦いのさなかに病死するのが十年後の北魏皇始元年（三九六）であるから、玄伯の見切りはかなり早かったことになる。

建国当時、北魏の陣営に喜んで馳せ参じた漢人は皆無であった。騎馬民族に仕えることは、漢人名族にとって屈辱でしかなかった。ところが、厚い礼をもって迎えられて高官となり、しかも国家のシステムをみずからの理想に基づいて構築できることがわかって、態度が一変した。いままでの王朝ではありえない立場と権力を享受できるのであるから、中原の王朝の伝統を取りこんで「国のかたち」を整えることに精力をそそぐこととなった。結果、時とともに積極的に北魏の国家経営に参画する漢人が増えてくることになる。

天興と改元された三九八年、二十六歳の太祖は、王朝の運次、配行を土徳と決した。漢代以降、すべての王朝は、その徳を表すため木火土金水のどれかにあたるとする。それが五徳の、運次である。これは、森羅万象を五つの要素で説明しようとする五行説に依拠するもので、中原に覇を唱えんとする帝王は、木・火・土・金・水の五つの要素（五徳）のいずれかを備え、五徳の順序に従って交代するものとされていた。

唐の玄宗時代のひと、封演《ふうえん》の撰になる『封氏聞見記《ふうしぶんけんき》』という書がある。西晋時代以降のさまざまな事象に関する資料を整理したもので、その巻四に「運次」という項目がある。これによれば、五運の順序には二説あった。一つは、戦国時代末のひと鄒衍《すうえん》が唱えた「五行相勝」説、火水土木金と、後者が前者に打ち勝つことで循環する。いま一つは、前漢の学者劉向《りゅうこう》の「五行相生」説である。「五行相生」説では、火は土を生み、土は金を生み、金は水を生み、水は木を生み、木は火を生む、とされる。漢・魏以降は「相生」説─木火土金水、が採用されてきた。漢は、理想の国、周を受けて火徳であった。

昔、黄帝に子二十五人あり、あるいは内は諸華に列し、あるいは外に荒服に分かる。（黄帝の子）昌意（の子）少子、封を北土に受く。国に大鮮卑山あり、因りて以て号と為す。…黄帝、土徳を以て王たり。北俗、土を謂いて托と為し、后を謂いて抜と為す。故に以て氏と為す。

（『魏書』帝紀第一　序紀）

『魏書』冒頭・帝紀は、鮮卑族が黄帝の末裔であるとする。北魏が正統王朝であるとのメッセージである。したがって崔玄伯をはじめとする漢人官僚たちは配行においても黄帝の土徳を受け継ぐことを勧めた。同時に土徳は、魏（土）・晋（金）・趙（水）・燕（木）・秦（火）と、中原にあった五胡の王朝までの流れを受け継ぐということでもあった。

二、皇帝は現世の如来なり——国家仏教のはじまり

周王朝の伝統に則って太祖道武帝の治世ははじまった。大きな特徴が三つある。

1）遊牧系の王朝として初めて本格的な都城を建設したこと。民衆に権力の存在を常に明らかにするための政治的装置であった。

2）土地制度や律令——法制度の制定。具体的に民衆を統治するシステムである。

3）仏教を国家の庇護の下に置いたこと。狙いは、さまざまな異民族からなる国家の精神的紐帯、民の心をまとめることであった。

まずは、都城の建設。

建国早々の登国元年、太祖は「郊廟《こうびょう》（宗廟《そうびょう》での祀り）・社稷《しゃしょく》・朝覲《ちょうきん》（諸侯謁見）・饗宴《きょうえん》の儀を撰」している。五胡十六国時代の王朝の特徴は、仏教を信仰しながらも政治においては儒教を重んじたことにある。この時代、たとえば前趙劉淵、後趙石勒、前秦符堅など皇帝を名乗った異民族が、新しい国家形成にあたって春秋時代に範を執ることはむしろ通例であった。とはいえ、短命に終わった王朝を率いたかれらには、その行方を見定める時間がなかった。一方、胡族王朝として初めて百五十年の命脈を保った北魏では、その後の胡漢のありようを決定するほどの、大がかりな組織と意識の改革が実現する。

北魏の新しい都は、かつて匈奴や鮮卑などが遊牧をしていた草原に築かれた。平城城（山西省大同市）

である。
最初に建設されたのは儒教が重んじる祭祀の場、宗廟と社稷であった。この二つは、いずれも古代中国における国家の中心であった。宗廟とは国家の血族団体の象徴であり、社稷は主権者である血族団体とともにその国家を構成するそれ以外の諸部族を含めた、地域集団の象徴である。

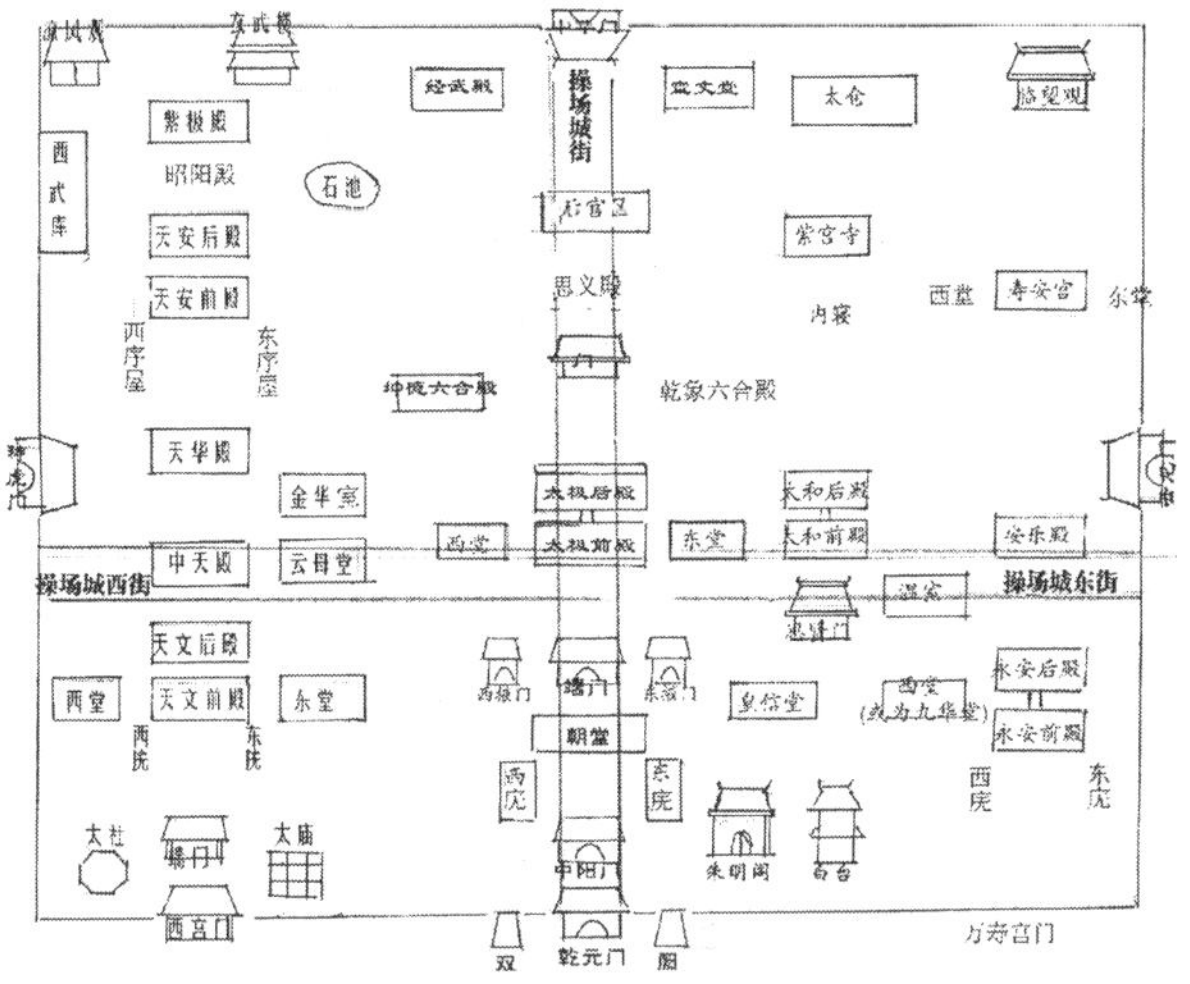

北魏平城都城

都は現在の鉄道大同駅のあたりにあった。いまでは近郊に炭鉱があるせいで、全体に黒ずんだ印象の、変哲もない一地方都市である。

都城の造営は太祖の天興元年（三九八）にはじまり、第三代太武帝の延和三年（四三四）に終了した。初代道武帝拓跋珪《どうぶていたくばつけい》、第二代明元帝拓跋嗣《めいげんていたくばつし》、第三代太武帝拓跋燾《たいぶていたくばつとう》、三代三十六年をかけての大工事であった。結果、宮殿・宮室・宗廟・社稷などの建物、十二の門をもつ宮殿が出現した。

近年の発掘で、この都城のスケールが明らかになってきている。二〇一〇年に出版された河南師範大学教授李凭《りひょう》の『拓跋春秋』に、その示意図が掲載されている。そこに、遊牧民族によって初めて造営された本格的な都城の壮大なスケールがうかがえる。

都は東西四キロ、南北四・五キロの長方形の廓城、なかに宮城が造営された。宮殿としては天文・天華・中天・天安・紫極など八つの宮殿からなり、皇帝は天文殿で百官の朝賀を受けた。東西二宮からなる宮室は、皇帝や嬪妃・太子の住まいで、武器庫や繊維などの収蔵庫は土蔵であった。さらに郡県に命じて書籍を捜索させ、すべてを都の図書用殿廓に収めた。廓城の南には白い鼓楼があって、城門と居住坊の朝夕の開・閉門を知らせた。

この都城構想は漢人たちの叡智の集積と解するのが自然であろう。王城や各種行政機構の建物が造営されて、政治経済の中心としての都が草原に忽然と出現した。

古来、遊牧民は都城を築き定住することを避けてきた。利あらば前進し不利ならば退却して時期を待つというのが、騎馬民族の常套戦法であった。都城は動かない攻撃目標となる。それを考えれば、鮮卑族にとって都城建設は遊牧王朝からの転進を意識した革新的取り組みであった。


二番目の案件は、土地制度制定と官僚機構・法制の創設整備であった。

従来は各部族の君長＝リーダーが全権を持って部族民と土地を支配していた。したがって旧来の鮮卑部族連合という形を解消することが必要不可欠であった。具体的には部族そのものを解体させなければならない。その全権を取り上げて国の民と土地を国家の管理下に置くという、きわめてドラスティックな改革を行ったのである。部族の君長には爵位が与えられた。

皇始元年（三九六）、初めて台省を建て百官を置き、公侯を封ず。

とあるのがそれである。あわせて、「以食為本」（『魏書』志第十五・食貨）、農耕を重視する中原王朝の手法を取り入れた。

部族解体が実施された時期については「登国初め」とされるが、正確な年代の記録はない。具体例が『魏書』に記されている。

（『魏書』帝紀第二　太祖紀）

（賀《が》）納《のう》、道武に従いて中原を平し、安遠将軍を拝す。その後、諸部を離散し、定居を分土し、遷徙を聴《ゆる》さず、その君長大人、皆同じ編戸とす。納、元舅《げんきゅう》を以て甚だ尊重せらるも、然れども統領なく、寿を以て家で終わる。

（『魏書』列伝外戚第七十一上　賀納）

道武帝の母の出身部族であった賀蘭部の族長であり、帝の恩人ともいうべき重要な外戚であった賀納さえ特別扱いすることなく支配権を取り上げたのである。諸部の民を一定地区に配置・定住させて移住を許さず、民は国家の直接支配を受けることとなり、従来の族長たちは部落統率権を剥奪されることになった。結果、

凡《およ》そ此れ四方諸部、歳時に朝貢す。登国《とうこく》初め、太祖諸部落を散じ、始めて同じく編民と為す。

（『魏書』志第十九　官氏）

部族の枠を超えて、皇帝という権威の下に民を集結する、新しい国づくりが本格化した。

ついで土地制度改革がつづく。

天興元年（三九八）二月、内徙《ないし》せし新民に耕牛を給い、口を数えて田を授く。

（『魏書』帝紀第二　太祖紀）

天興始め、京邑《きょうゆう》（都）を制定し、…その外四方に八部の師（軍）を置き以てこれを監し、勧めて農耕を課し、収入を量校（比べ）し、以て殿最《でんさい》（成績の優劣）と為す。また、躬《みずか》ら籍田《せきでん》を耕し、百姓に率先す。

（『魏書』志第十五　食貨）

戸ごとに人数を数えて田と牛を分かち与え、収穫の多寡を比べて賞罰を与え、農業を督励したのである。この改革は、「計口授田《けいこうじゅでん》の制度」と呼ばれる。

この制度によって「天子の荘園」というべきものが出現し、ようやく財政的安定を確保した天子が豪族の上に立つことができた、と宮崎市定はいう（「世界史序説」）。

改革の評価は高い。

北魏が広大な地域にわたる支配を拡大しえたのは農民に直接課税できたからである。最初新しく吸収した住民の登録には軍官が派遣され、当座の措置として正規の税に代わって布が徴収された。しかし四二六年、あらゆる徴税は地方官吏によるという法令が布告され、徴税についての委任・代理は廃止された。これは中間層における妨害要素、例えば漢族内部の同族や豪族の勢力、非漢族間に残る部族組織のようなものがなくならないかぎり試みられなかったはずのものである。

（黄仁宇著『中国マクロヒストリー』）

『魏書』にその後の推移が記されている。

天興二年（三九九）二月の条、

諸軍同《とも》に会し、高車《こうしゃ》の雑種三十余部を破り、七万余口・馬三十余万匹・牛羊百四十万を獲る。驃騎大将軍衛王儀《えいおうぎ》、三万騎を督して別に西北の絶漠千余里より、その遺迸《いほう》（残存勢力）七部を破り、二万余口・馬五万余匹・牛羊二十余万頭・高車二十万余乗、並びに服玩諸物を獲る。…獲《え》る所の高車の衆を以て鹿苑《ろくえん》を起こす。

（『魏書』太祖紀）

高車族、勅勒《ちょくろく》あるいは丁霊《ていれい》とも呼ばれるトルコ系民族である。戦利品は人間、家畜と財物で、土地への言及はない。こうした記録にも騎馬民族の伝統を感じざるをえない。

漢人は国に補《たすけ》なし。ことごとくその人を空にして、以て牧地と為すべし。

（『元史』列伝第三十三　耶律楚材）

十三世紀はじめ、元・太祖チンギス・カンが金の都・燕都（現在の北京）を陥落させたとき、モンゴルの将軍が進言したことばである。都を破壊し住民を追って牧草地に変えろといった、いささか乱暴な考え方は騎馬民族に共通するものであった。

農耕を生業とする王朝の戦いがいわば陣取り合戦であり、獲得した領土が戦果となるのに対し、騎馬民族集団の戦いは戦利品である人間や家畜、さらには財宝を得て国に帰ることで終息する。征服は主要な生業であり、土地は本来家畜の飼料を得る場所でしかなかった。したがって、土地を国有化して農耕を奨励することも、みずからの民族的ありようを変えていこうとする王朝の意思の表れであった。

『魏書』引用の末尾に、「獲る所の高車の衆を以て鹿苑を起こす」とある。鹿苑《ろくえん》とはなにか。

一九八〇年七月、大同市の西北、小石寺付近の谷あいの崖で石窟寺院が発見された。調査の結果、それが五世紀半ばに第五代顕祖《けんそ》献文帝《けんぶんてい》が造営させた鹿野苑《ろくやえん》石窟《せっくつ》であることが確認された。

それより前の時代、太祖が起こした鹿苑とは何であったか。

『魏書』高車列伝によれば、太祖は戦いののち、大きな柵を組ませて鳥獣を高車で囲い込み、騎馬で追って周囲七百余里の獣を平城に追い込み、高車の衆を使って鹿苑を起こした、とある。鹿苑とは、どうやら大規模な狩猟場であった。のちには池や園林を配した風光明媚な遊興の場ともなったようだ。

元の世祖フビライ・カンの狩猟風景を描いた「世祖《せいそ》出猟図《しゅつりょうず》」（台北・故宮博物院蔵）という絵画がある。馬上にフビライ、豹や鷹をつれた黒人の従者などが描かれている。

騎馬民族にとって狩猟は平時の戦闘訓練でもあった。そうした伝統は、すでに北魏でも行われていたということであろう。実際、ようやくにして平穏な時間が出現したと思われる第二代太宗の泰常年間（四一六―四二三）には、

辱孤山《じょくこざん》にて野馬を猟《か》る（四年）、
西巡、柞山《さくざん》で猟り、親しく虎を射て之を獲る（六年）
（『魏書』太宗紀）

皇帝が虎や鹿などの狩猟を行ったことが記録されている。おそらくは大勢の兵を動員しての一大イベントであった。

この狩猟の場・鹿苑を、釈迦のサールナート・鹿野苑での初説法（初転法輪）を記念する石窟寺院に作り替えたのは第六代高祖孝文帝《こうぶんてい》の父・献文帝であった。

仏教に関してはどのような取り組みが行われたのか。まず、大興安嶺の山中に発した狩猟・遊牧の民が、一体どこで仏教と出会ったのかという疑問である。

『魏書』釈老志にいう。

魏の先、国を玄朔《げんさく》に建て、風俗は淳一にして、無為以て自ら守る。西域と殊絶したれば能く往来することなし。故に浮図《ふと》の教え、未だ之を聞くを得ず。或いは聞くも未だ信ぜざるなり。神元、魏晋と通聘《つうへい》するに及び、文帝久しく洛陽に在り、昭成また襄国に至り、乃ち備《つぶさ》に南夏仏法の事を究む。

（『魏書』釈老志）

神元とは北魏王朝の始祖となった力微を、文帝とはその子の沙漠汗を、昭成とは什翼犍を指す。三世紀半ば、沙漠汗は滞在さきの洛陽から帰国するときに、当時最新の武器であった弾弓で鳥を射落としたことから、魔術を使ったと懼れられて殺されている。実際に仏教を伝えた可能性のあるのは、後趙の襄国に滞在した太祖の父・什翼犍のみである。

太祖道武帝即位から十年あまり、北魏の勢力は強大なものとなった。皇始二年（三九七）、帝は当時最強の軍団を誇っていた後燕の都・中山（河北省定州市）を制圧した。後燕は、その後もわずかに龍城（遼寧省朝陽市）で命脈を保っていたが、天賜四年（四〇七）には皇帝が殺されて歴史から姿を消した。その後、皇帝の養子となっていた高句麗人高氏（慕容雲）が漢人馮跋《ふうばつ》の助けを借りて北燕を建国したが、二年後には馮跋に国を乗っ取られる。

太祖、中山《ちゅうざん》を平らげ、燕・趙の国土を経略するに逕《ふ》る所の郡国の仏寺、諸沙門・道士をみるに、みな精敬を致し、軍旅に禁じ犯すところ有るを無からしむ。帝、黄老を好み、頗《すこぶ》る仏経を覧《み》る。但、天下初めて定まり、屢《しばしば》動き、庶事草剏《はじめ》にして、未だ図宇《とう》（仏寺）を建て、僧衆を招延せず。然るに時時（仏寺を）訪求す。
（『魏書』釈老志）

什翼犍の代からおよそ六十年、孫の太祖の突然の仏教帰依という感があって、二十代の若者の想い、実際のところはよくわからない。中山は、鮮卑慕容氏以前にあっては仏道を篤く信奉した氏族前秦の勢力下にあり、高僧道安が住んでいた、いわば仏教の都でもあった。

仏図澄、道安らによって仏経がひろめられた地区を領土とする平城の北魏国の成立は、素朴な拓跋部族を仏教化する活動が、積極的になる時代であった。

中国仏教研究の第一人者とされた塚本善隆（一八九八―一九八〇　元京都大学教授　中国仏教史）の「釈老志」訳注である。仏教界からの積極的なアプローチがあったことをうかがわせる。

国主に依らざれば法事立てがたし。
（『高僧伝』義解二　釈道安）

仏法を広めるためには権力者を積極的に利用した道安の思想が、おそらくここにある。太祖と仏教の関わりは、深まっていく。

初め皇始中（三九六～三九八）、趙郡（河北省趙県）に沙門法果《ほうか》なるものあり、誡行は精至にして、法籍を開演す。太祖その名を聞き、詔して以て礼徴《れいちょう》して京師《みやこ》に赴《おもむ》かしむ。後、以て道人統《どうじんとう》となし、僧徒を綰摂《えんせつ》（統監）せしむ。毎《つね》に帝と語り、多くは愜允《きょういん》（満足）する所、供施甚だ厚し。
（『魏書』釈老志）

道人統とは、北魏の時代に朝廷に置かれ、仏教に関する政務を司った役所の長官であった。その長官は僧をもって任じられた。

この法果という僧は、妻を娶って子をなしたのち四十を過ぎて仏門に入ったというが、詳しい経歴はまるでわからない。太祖の信頼篤く、八十余りで亡くなった時には僧でありながら老寿将軍・趙胡霊公を追贈されている。

法果の所説は、北魏の方向を決める重大なものであった。

初め法果毎《つね》にいう。太祖は明叡《めいえい》にして（仏）道を好む、即ち是当今の如来《にょらい》なり。沙門《しゃもん》宜しく応に礼を尽《つく》すべし、と。遂に常に致拝す。人に謂いて曰く、能《よ》く道を鴻《こう》ずる者、人主なり。我は天子を拝するにあらず、乃ちこれ仏を礼するのみ。（『魏書』釈老志）

――太祖明叡好道、即是当今如来

如来はほぼ仏陀の同義語として用いられるが、造像としては釈迦、薬師、阿弥陀、大日、弥勒などがある。法果のいう如来は弥勒であった。ここに、西域そして北涼を席巻した弥勒信仰の影を認めても許されるであろう。

法果は、仏教史上初めて皇帝と如来を一体化させ、如来たる皇帝を拝んだ。かつてクシャン朝・カニシカ王の時代に、大乗仏教は王者を仏法の保護者・護法の主体として認め、尊重した。大胆にいえば二世紀半ばにクシャン王国で生まれた弥勒仏、大乗仏教と王権とのつながりが、この「皇帝即現世の如来」思想を生んだといえよう。

かくして史上初めて仏教を国の教えとする、国家仏教の国が出現した。

皇帝と如来を一体化することは、仏教に帰依したさまざまな民族をひとりの皇帝に従わせることでもあった。
漢の武帝は儒教を国の教えとして、国家統合の精神的支柱とした。長くまつろわぬ民であった騎馬民族は、もともとそうした儒教倫理とは無縁に過ごしてきた。

父兄死すに子弟、妻その群母及び嫂《あによめ》を妻とす…。大抵匈奴と同俗なり。

（『隋書』列伝第四十九　北狄突厥）

亡父や亡くなった兄弟の妻妾を我がものとする遊牧民の慣習—レビレイト婚は、儒教の最も忌避するところであった。
さらに、儒教の有効性は国家の安定が確保されたうえでしか存在しえない。「君に忠」とすべき君が戦乱のなかでめまぐるしく変わっていく五胡の時代には機能しえないものであったことは火を見るより明らかであった。この時代にあって、秩序だった論理ではなく信仰を国家の精神的支柱として取り込んだことも、北魏独自の革新性の表れというべきであろう。

さて、その後の太祖である。後燕の都・中山を攻略して以降、仏教へのかかわりかたが劇的に変わった。皇始改め天興元年（三九八）、太祖は詔を発した。
それ仏法の興《おこ》るや、その来るところ遠し。済益《さいえき》（救済と利益）の功、冥《ふか》きは存没（生者と死者）に及び、神蹤遺軌《しんしょういき》（仏の奇跡や遺法）も信じて依憑《いひょう》すべし。それ有司《ゆうし》（役人）に勅す、京城に於いて容範《ようはん》（仏像）を建飾し、宮舎（殿堂）を修整し、信向の徒をして居止するところを有らしめよ、と。
この歳、始めて五級仏図《ごきゅうぶっと》（五重塔）・耆闍崛山《ぎじゃくっせん》（霊鷲山《りょうじゅせん》—仏陀の王舎城《おうしゃじょう》にあった山）及び須弥山殿《しゅみせんでん》を作り、加うるに纘飾《かいしょく》（布飾り）を以てし、別に講堂・禅堂及び沙門座《しゃもんざ》を構え、厳具せざるなし。

（『魏書』釈老志）

都には、五重塔や講堂などを持つ仏教寺院が建立され、僧や信者で賑わうことになった。騎馬民族の都に、仏教の堂塔伽藍が現出した。

仏教を国家の根幹に置く詔を発して数年、天賜と改元した四〇四年をもって太祖の外征は終わった。残る後趙や北涼の制圧は、二代目太宗拓跋嗣《たくばつし》以降の事業となる。

太祖は、滅ぼした鮮卑系の一族の女たちを皇后や貴人として娶っている。北魏では、男子を産んだ后や貴人は、その子が皇太子に選ばれると死を賜ることになっていた。二代太宗明元帝《めいげんてい》となる拓跋嗣《たくばつし》の母・劉《りゅう》貴人《きじん》（鮮卑族）も太祖の末年、「后《きさき》、旧法を以て薨《こう》ず」、自死させられた。幼い太子に語った太祖のことばが伝えられている。

昔、漢の武帝将《まさ》にその子を立てんとするや、その母を殺す。婦人に後に国政に与《あずから》しめず、外家の乱を為さしめず。汝、まさに統を継ぐ、故に吾、遠く漢武に同じくし、長久の計を為す。魏故事、後宮の子を産むは将に儲弐《ちょじ》（世継ぎ）を為さん、その母に死を賜る。

（『魏書』帝紀第三　太宗紀）

漢の武帝が皇太子（のちの昭帝）の生母に死を賜った先例にならったというが、一方では魏の故事、すなわち鮮卑拓跋族の古くからの慣わしともされる。どちらか定かではないが、外戚一族の専横や不正な蓄財を防ぐ知恵、母子にとっては何とも残酷な慣習ではある。

幼い太子は父に思いとどまるよう訴え、聞き届けられないと知ると父の不興をかうほど泣き続け、ついには父の勘気を恐れて都から脱出してしまった。

晩年の太祖は普通の精神状態ではなかった。その理由は薬害といえるかもしれない。『北魏史』が伝える長生強精のための仙薬『服餌仙経《ふくじせんきょう》』は、鐘乳《しょうにゅう》（炭酸カルシウム）、烏喙《うかい》（とりかぶと―毒草）などを配合したもので、往々にして狂躁不安に陥るという。

太祖が不眠、独り言、妄想に陥っていたことは『魏書』にも記されている。ささやかなことに怒り、皇族や家臣の殺戮を繰り返した。その数は数百にのぼったという。太子拓跋嗣が逃亡したのも、この時期であったろう。

後宮に賀夫人という美女がいた。太祖の母・献明（賀）皇后の妹、初めて賀蘭部を訪れたときに太祖がみそめた女性であった。賀皇后は「不可。此れ美に過ぐるは不善、かつすでに夫あり」と反対した。しかし太祖は密かに夫を殺させて彼女を我がものとした。

この賀夫人の産んだ庶子・清河王紹《せいかおうしょう》は十六歳になったころから遊興と無頼の日々を送っていた。太祖は賀夫人を叱責し、ついに宮殿に幽閉して彼女を殺そうとした。賀夫人は密かに紹に助けを求めた。紹は従卒や宦官と宮殿に押し入り、太祖を殺害してしまった。

天賜六年（四〇九）冬十月、清河王紹、逆《げき》を為し、太祖崩ず。（『魏書』帝紀第三　太宗紀）

太祖は十四歳で即位、二十四年の治世を経て、三十九歳にして非業の死を遂げた。翌朝、紹は百官を召集し、父の死とみずからの即位の意思を告げた。一座の大半は逡巡のうえ王に従うと答えた。ただ、賀蘭部はじめ他の部族が城外に集結、不穏な情勢となった。

事変は意外と簡単に収束した。

帝（拓跋嗣）入りて紹を誅す。壬申、皇帝の位に即く。

…年を改めて永興元年と為す。

（『魏書』太宗紀）

異変を聞いた長子・拓跋嗣が出奔先から密かに帰国、家臣を糾合し、紹母子と内応者を捕えて極刑に処したうえ、第二代太宗明元帝《たいそうめいげんてい》（在位十五年）として即位した。父と同様、十七歳の若き皇帝の誕生であった。

太宗の仏教政策については、

太宗践位《せんい》、太祖の業に遵《したが》い、また黄老を好み、また仏法を崇《たっと》び、京邑四方、図像（寺院や仏像）を建立せしめ、仍《さら》に沙門に令して民俗を敷導せしむ。

（『魏書』釈老志）

とあるくらいで、ことさらの事業はない。

東晋義熙《ぎき》十三年・北魏泰常《たいじょう》二年（四一七）、東晋の将劉裕《りゅうゆう》が北伐軍を率いて後秦の都長安を攻め、後秦は滅亡する。

この年、劉裕を攻めようとする太宗拓跋嗣を諫めた崔浩《さいこう》のことばが『通鑑』に見える。崔浩、道武帝期の重臣崔玄伯《さいげんはく》の長男である。

…裕、秦に克ちて帰らばかならずその主を簒《うば》わん。中華を閔《もう》すに、戎雑錯、風俗勁悍《けいかん》…

…願わくば陛下、兵を按し民を息め以てその変を観んことを。

（『通鑑』巻百十八　義寧十三年）

劉裕がいずれは王朝を簒奪することを見越して、出兵を見合わせるよう説いたのである。卓見であった。ここで崔浩のいう中華は、東晋を意味している。このころ胡族にとって中華は、たとえ南の亡命政権であったとしても、伝統王朝を意味していたのである。

翌年、長安は夏《か》の赫連勃勃《かくれんぼつぼつ》(匈奴)が南朝軍を追って占拠するところとなった。最初の騎馬民族王朝前趙を建国した劉淵の一族である。父・劉衛辰《りゅうえいしん》は前秦の西単于であった。赫連勃勃は、後秦・姚興のとき漠北統万城《とうまんじょう》を拠点として自立、大夏《だいか》を国名とし、天王・大単于を称した。

二年後、崔浩の予言どおり、劉裕は東晋を滅ぼして宋を建国(四二〇年—四七九、劉宋と呼ぶ)、武帝を名のる。二年後の泰常七年(四二二)五月、劉裕が死に、子の義符《ぎふ》がたった。秋九月、太宗は劉宋討伐の大軍を南に送り、十月には五万の軍勢とともにみずから出陣、滑台《かつだい》(河南省滑県《かつけん》)を攻略した。このころ、かつての晋の皇帝であった司馬氏の一族があいついで北魏に下っている。

泰常八年(四二三)二月、太宗の指示で最北の守りとなる長城が建設された。鮮卑族にとっての最初の都盛楽古城の北から黄河へと延びる長城は、北方にあったモンゴル系の蠕蠕《ぜんぜん》(柔然)やトルコ系の高車などの騎馬民族の侵攻に備えてのものであった。

騎馬民族国家として中原を睨む位置にいた塞外の民・鮮卑は、北から来る他の遊牧騎馬民族と対峙する国家に変質しつづけていたのである。

十月、太宗は病を得て、後事を皇太子燾《とう》に託して急逝した。享年三十二。

事業は、太宗が「吾が業を成すは、必ずやこの子ならん」と期待を寄せた第三代世祖太武帝拓跋燾《たいぶていたくばつとう》（在位四二三―四五二）に引き継がれた。三代続いての十代の皇帝、太武帝も十五歳で即位した。在位三十年、北魏で最も長く帝位にあった皇帝である。

残る宿敵は、夏《か》の赫連勃勃《かくれんぼつぼつ》（四二五没）・昌父子、北涼の沮渠蒙遜《そきょもうそん》（四三三没）・牧腱《もっけん》父子、北燕の馮跋《ふうばつ》（四三〇没）・弘兄弟の三勢力、そして南朝・劉義符の宋王朝であった。

太武帝は即位から十六年の間に、南朝以外の三つの国ぐにをすべて滅ぼした。赫連勃勃の死の翌年、始光三年（四二六）には第二代赫連昌《かくれんしょう》の占拠する長安を、ついでオルドス一帯の要衝にあった夏《か》の都統万城《とうまんじょう》（陝西省靖辺《せいへん》県）を陥し、昌を捉えた。二年後には昌の弟・第三代赫連定《かくれんてい》の都平涼《へいりょう》（甘粛省華亭《かてい》県）を陥落させた。太延二年（四三六）に北燕の都・龍城はじめ十余郡を平らげ、昭成帝馮弘《ふうこう》は高句麗に逃れた。

太炎年間（四三五―四三九）、北涼は、新たに勃興してきた騎馬民族蠕蠕《ぜんぜん》が侵蝕するところとなっていた。子の牧犍《もっけん》の時代、蠕蠕の勢力はシルクロードを西に展開し、西域でも恐れられる存在となっていた。

『魏書』西域伝によれば、蠕蠕王は牧犍に、北魏の軍を大破し太武帝の弟・楽平王丕《ひ》を捕虜としたと告げた。北魏はすでに弱体化し、強力なのは我が蠕蠕のみと語ったという。牧犍はこのことばを信じた。ために北魏の使者への応対がおろそかになり、ついには太武帝の怒りをかって国を滅ぼすことになる。『魏書』明元六王列伝によれば、楽平王丕は車騎将軍として河西地方に軍を進め、北涼を破ったのち涼州に留まった。捕虜となった事実はない。蠕蠕王の虚言だった。

太延五年（四三九）、北涼滅亡。北魏がシルクロードの要衝、姑臧（武威）を制圧した。建国から四十年、北魏は華北から西域におよぶ広大な領土を統一し、かつての西晋、そして苻堅の前秦にならぶ規模の国家となったのである。

ここに、動乱の五胡十六国時代が終わった。

三、「中華」とのファースト・コンタクト

太延《たいえん》中、涼州平らぐ。その国人を京邑に徙《うつ》す。沙門仏事、みな倶《とも》に東《ひがし》す。

（『魏書』釈老志）

魏主、東に還る。楽平王丕《ひ》及び征西将軍賀多羅《がたら》を留め、涼州を鎮せしむ。沮渠牧犍《そきょもくけん》宗族及び吏民三万戸を平城に徙《うつ》す。

（『魏書』帝紀第四　世祖紀）

太武帝は、新たに支配した土地の僧や住民を都・平城に移住させた。太延元年（四三五）に長安と平涼の民を、太延五年（四三九）には、涼州の民三万余家を都に、さらに太平真君《たいへいしんくん》七年（四四六）には長安の工巧二千家を都に移住させた。十四歳で即位した太武帝も、すでに四十に近い壮年を迎えていた。

このとき長安から移された僧のなかに鳩摩羅什の弟子恵始《けいし》がいた。太武帝が篤く信頼した僧で、かれによって弥勒信仰をはじめとする羅什仏教の精髄も北魏の都に定着したとされる。都には沙門が溢れ、五十歳以下の僧を還俗させねばならないほどであった。

北涼を滅ぼしたことは、とりわけ大きな意味を持っていた。都であった姑臧から平城に移された沙門のなかには、僧玄高《げんこう》がいた。姓は魏、馮翊《ふうしょう》（陝西省臨潼《りんとう》）出身の漢人である。後秦弘始四年（四〇二）の生まれ、十二歳で出家、関中（黄河の支流渭水《いすい》流域）石羊寺でインド僧浮駄跋陀羅《ぶっだばどら》に師事した。浮駄跋陀羅は、かつて長安で鳩摩羅什とともにあった、禅と戒律に秀でた僧であった。

その後玄高は、西秦の名勝麦積山《ばくせきざん》（甘粛省天水市《てんすいし》）で修行していた。やがて鮮卑族の一つ、乞伏熾盤《きっぷくしばん》が北涼に接する隴西地方で西秦を建国、玄高は国師として迎えられた。経緯は明らかではないが、北涼では高僧曇無讖《どんむしん》とともにあった。長安と北涼の仏教を体得した稀代の僧ということになる。のち、太武帝の舅・陽平公杜超《とちょう》に乞われて北魏に至り、景穆太子晃《けいぼくたいしこう》（高宗文成帝の父）の師となった。

このころ、平城には西域の亀茲《きじ》・疏勒《そろく》・烏孫《うそん》・鄯善《ぜんぜん》・焉耆《えんき》・車師《しゃし》・粟特《そぐど》・罽賓《けいひん》などの朝貢使節が毎年のように訪れていた。いずれも知られた仏教王国である。

さて、太武帝の仏教政策に関する評価は——

（北魏第三代世祖）太武帝（在位四二四—四五二）は即位するや、太祖・太宗の仏教政策を受けつぎ、高徳の沙門を招いて談論したり、四月八日の仏誕会には行像の行事を行わせた。（中略）北魏の長安占領は、羅什仏教が北魏仏教の中にくみこまれたことを意味する。その際羅什の弟子白足和尚曇始は長安から平城にうつされ世祖に重んぜられた（『魏書』釈老志）。四三九年、北涼を滅ぼし、涼州を占領した北魏は、曇無讖《どんむしん》が活躍していた涼州仏教を北魏の勢力圏内にくみいれることを可能にし、ここに北魏仏教は長安・涼州の二大仏教圏を獲得することができ、北魏仏教の全盛時代を現出させる準備を整えることができた。
（鎌田茂雄『中国仏教史』。ルビは引用者）

鎌田（元東京大学東洋文化研究所　中国仏教史）が最後に、「全盛時代を現出させる準備を整えることができた」と、やや引いた表現をするには、わけがある。本来なら、長安・涼州の二大仏教圏を獲得して一気に全盛時代を迎えるところであったが、このころから状況がおかしくなった。太武帝が道教に宗旨替えしたのである。やがて、史上初めての廃仏がはじまる。

西暦四四〇年、太武帝は年号を太平真君《たいへいしんくん》と改めた。道教の最高神である太上老君《たいじょうろうくん》との関係をうかがわせる元号である。

漢人の土着信仰としての道教がみずからを道教と呼ぶことは、この北魏の時代にはじまった。道教ということばが最初に登場する文献が、『魏書』釈老志《しゃくろうし》である。仏教に対抗するための独自経典の編纂もこのころはじまったとされる。

皇帝を道教に傾倒させ、やがては仏教否定・僧侶の惨殺・仏像破壊（廃仏）にまで突っ走らせた背景に、ひとりの仕掛け人がいた。漢人官僚崔浩《さいこう》である。崔浩は易や天文に通じ、天変地異の意味する吉凶を占うことに長じていた。太祖から太宗・世祖と三代の皇帝の信任も厚かった。

これよりさき神瑞《しんずい》二年（四一五）、崇山《すうざん》山頂で道士寇謙之《こうけんし》に太上老君から神託が降りた。その内容は、かつての王朝を苦しめた五斗米道《ごとべいどう》を革新・継承するものであった。崔浩は、寇謙之の教えにのめりこみ、仏教を虚誕であり、世費（国家財政）に害をなすもととして敵視した。「帝、清浄無為をもって、仙化の證ありとし、遂にその術を信行す」との崔浩の巧みな弁舌を受け入れて道教を信じたのが、太武帝であった。太平真君三年には、皇帝として初めて道教寺院を訪れ、符籙《ふろく》（道教の預言書）を受けている。四年には、大興安嶺山麓の洞窟嘎仙洞《かっせんどう》で先祖を祀る儀式を行った。さきの大興安嶺山中の祝文にも道教的な気配が感じられる。

以降、新たに即位した皇帝が正月に道観《どうかん》（道教寺院）を訪れることが数代にわたって恒例となった。のち、第六代孝文帝のときに道観は廃され仏教寺院となる。

皇帝を折伏し国家を半分乗っ取ったような気分であったはずの崔浩にとって、邪魔な存在が道教に関心を示さない太子晃と、太子の師であり平城仏教界の重鎮となっていた沙門玄高であった。

北涼討伐を議論した際には、不毛の地への軍の派遣に反対する太子と、推進派の崔浩の間で論争となった。結果、帝は崔浩の見解を取り入れて軍を進めた。

この事件以降、崔浩の太子追い落としの謀略が始まった。崔浩は帝に、太子と玄高に謀反の疑いありと讒言《ざんげん》した。太平真君五年（四四四）、玄高は捕らえられ、「仏法は衰えるであろう。吾と崇公、まずその禍に会わん」という予言のとおり、ともに北涼から移った崇公こと沙門慧崇《けいすう》ともども殺害された。享年四十三。

翌年、決定的な事件が起こった。蓋呉《がいご》という名の盧水胡《ろすいこ》が杏城《きょうじょう》（陝西省安定）で叛乱を起こした。沮渠蒙遜《そきょもうそん》の同族である。帝はただちに長安に鎮圧の軍を進めた。たまたま帝の兵が長安の寺院内で、僧たちの麦畑で馬に飼葉を食べさせた。僧たちは兵を私室に招き入れて酒を振舞った。そこで兵たちが弓矢などの武器を発見、一大事とばかり帝に報告した。「これ沙門の用いる所にあらず、当《まさ》に蓋呉と通謀し、人を規害せんとす」と激怒した帝が、あらためて寺を捜索させたところ、信徒から寄進された財宝や酒を醸造する道具、さらには貴族の女性と密通するための秘密の部屋まで発見された。

又、詔して曰く、かれ沙門なる者は、西戎の虚誕《きょたん》を仮《か》り、妄《みだ》りに妖孽《ようげつ》（不祥事）を生じ、一斉に政化し、淳徳（厚い恵み）を天下に布する所以《ゆえん》にあらず。王公已下《いか》より私《ひそ》かに沙門を養う者あらば、みな官曹《かんそう》（役所）に送り、隠匿するを得ず。今年二月十五日を限り、期を過ぎて出ださざれば、沙門の身は死に、容止する者は一門を誅す。

（『魏書』釈老志）

太平真君七年三月、諸州に詔して沙門を坑《こう》（生き埋め）し、諸仏像を毀《こわ》す。

四月、鄴《ぎょう》城、五層仏図《ごそうぶっと》（五重塔）を毀《こわ》す。（『魏書』帝紀第四　世宗紀）

仏教教団側に驕りがあったことは確かである。財宝を蓄え、貴族の婦女と淫行を繰り返し、あまつさえ武器まで秘匿していたのである。崔浩が主導した弾圧・破壊は、道教の指導者寇謙之《こうけんし》さえ異を唱えたほど、徹底的なものであった。

太武帝の廃仏を嚆矢として、廃仏は中国史上四回行われた。あと、北周の武帝（五七四）、唐の武宗（八四五）、五代後周の世宗（九五五）の廃仏である。これを総称して「三武一宗《さんぶいっそう》」の廃仏という。

史上初の廃仏のさなか、被害を少なくすべく腐心したのが当時監国《かんこく》（皇帝代行・最高責任者）であった皇太子晃《こう》であった。仏法を守るための進言が退けられたのちも、詔書の宣布を遅らせるなど、犠牲を最小限に留めるべく努めた。結果、寺や塔はことごとく破壊されたが、多くの関係者があらかじめ方策を立て、金銀の宝像や経典類を隠匿した。沙門も中山などの地に逃亡して難を逃れることができた。

太武帝は、仏教排斥、道教振興のため、さらなる詔を発した。

朕、天緒を受け、属《たまたま》窮運の弊に当たり、偽（仏教）を除き真（道教）を定め、羲（伝説の最初の皇帝伏羲《ふくき》）・農（伝説の皇帝神農《しんのう》）の治に復せんと欲す。その一切の胡神を盪除《とうじょ》し、その蹤迹《しょうせき》（事跡）を滅し、庶《こいねが》わくば風氏《ふうし》（伏羲の姓）に謝することなからん。今より以後、敢えて胡神に事《つか》え及び像泥人銅人を造形する者、（一）門を誅す。（『魏書』釈老志）

仏教を信仰する一門を誅伐するという宣言であるが、注目したいのは、この詔を発した帝の立ち位置である。仏陀を胡神と断じ、「その蹤迹（痕跡）を滅せんとす」ということばは、仏教を多民族国家統合の精神的紐帯と位置づけた太祖の方針とはまったく相容れない。さらに、この詔には、正統なる中原王朝の皇帝のごときもの言いが満ちている。

五胡の皇帝たちは、「戎《じゅう》は帝たりえず」という思い込みに悩んできた。その悩みの気配は、ここにはない。詔にいう胡神、この胡のなかには鮮卑拓跋族は含まれていない。

深読みをすれば、黄土の台地に生まれた道教を信奉すること、仏教という異国の教えを否定することによって、「鮮卑《せんぴ》拓跋《たくばつ》、胡《こ》ならず」という概念を内外に認めさせようとしたとも考えられる。ここには、前秦苻堅《ふけん》の「氐《てい》、胡ならず」という想いと通底するものがある。

太平真君十一年（四五〇）、崔浩が中心となって編纂した『国記』が「備して典せず」と評されたことを契機として、太武帝の怒りをかった。崔浩は、『国記』に鮮卑族の蛮族的実態をあからさまに記したうえ、それを巨石に刻ませて己が名を万世に伝えんとしたと讒訴《ざんそ》された。結果、一族郎党ことごとく誅されることとなった。

一件落着後、太武帝は廃仏を大いに悔いたというが、禁令は太武帝の死ぬまで、緩やかになっても廃止されることはなかった。

九月、（帝）与駕南伐、皇太子（晃・景穆太子）北伐、漠南に屯す。

（『魏書』帝紀第四　世宗紀）

太武帝は四十余万の軍勢を率いて南下、彭城《ほうじょう》（江蘇省徐州市）に侵攻した。敵方・南朝の記録がある。

元嘉《げんか》二十七年（四五〇）、索虜《さくりょ》拓跋壽南進す…

（『宋書』列伝第十九　張暢）

南朝は劉宋第三代文帝劉《りゅう》義隆《ぎりゅう》（在位四二三―四五三）治世の末期であった。「索虜拓跋壽南進」、索虜とは、辮髪の鮮卑族への蔑称である。一方、北魏では南朝は島夷との蔑称で呼んでいた。

この張暢《ちょうちょう》伝に「中華」が登場している。

君、此を詔《みことのり》と称す、尚《なお》中華聞くべからず、況《いわん》や諸王の貴あり、而《しこう》して猶《なお》鄰国の君の邪を曰うがごとし。

（『宋書』列伝第十九　張暢）

このことばは、宋の部将張暢が北魏の使者に発したもの。張暢は安北長史、彭城《ほうじょう》守備の責任者、対する北魏の使者は尚書・建威将軍李孝伯《りこうはく》であった。太武帝が、宋の砦を守る敵将安北将軍劉駿《りゅうしゅん》（宋・文帝の子）をねぎらうことばを孝伯に伝えさせた。孝伯は、それを太武帝の詔と表現した。それに対し張暢が、「中華」では隣国に対し詔という言いかたはしない、隣国の君主の行いが正しくないといっているようなもの、と、その非礼をたしなめた。ここまでは『宋書』の記すところ、このやりとりは

張暢の勝ちとみえる。ところが、『魏書』に見える孝伯の答え、

我が朝廷、万国を奄有《えんゆう》（残らずわが物とする）す、率土の浜（全国通津浦々）、敢えて臣ならざる莫《な》し。（『魏書』列伝第四十一　李孝伯）

万国の支配者たる北魏皇帝は、すべての民を臣下とする、したがって「詔」ということは当然のこと、と切り返したのである。島夷と索虜、お互いの王朝の威信をかけた使者たちの、おそらくは命懸けのことばのつばぜり合いであった。

張暢は、ことばを返せなかった。経緯を聞いた太武帝は喜んで孝伯の爵位を進めたという。

この李孝伯の人となりは――

孝伯、少《わか》くして父の業を伝え、博綜群言《はくそうぐんげん》（学問に広く通じる）。風儀（立ち居ふるまい）美にして動きに法度《ほうど》（ひとの模範）あり。（『魏書』列伝第四十一　李孝伯）

李家は、いわば北魏でもトップクラスの漢人エリート一族であった。一族の出自は趙郡（河北省趙県）、従兄弟に安平公李順がいる。順は、世祖太武帝の時代、寵臣・崔浩と姻戚関係にあった。父・曾は『春秋左伝』など典籍を教える学者でありながら、趙郡太守として業績をあげた優秀な官僚であった。孝伯は統万城や平涼を攻略、征虜将軍や四部尚書を歴任した。のち、北涼にたびたび遣いして沮《そ》渠蒙遜《きょもうそん》と交渉、世祖の意向を無視して曇摩讖《どんむしん》暗殺を黙認したことが露見して断罪されている。

『魏書』の伝える記録のほうが真実味を感じさせる。敵味方に分かれた漢人の面子をかけた論戦、上から目線の張暢、そして宋の王侯に対する孝伯の見事な応対であった。

張暢の発した「中華」は、それまでの領域を表わす「中華」と異なり、野蛮な鮮卑とみずからの国

の伝統、あるいは文化を区別するものであった。そこには、所詮五胡はこの程度のものというニュアンス、五胡に対するこの時代の差別意識をうかがわせる。

「中華」ということばは北魏泰常二年（四一七）の崔浩の言に見られたように、太宗拓跋嗣の時代には北魏に伝わっていた。しかし張暢との問答は、鮮卑族にとって「中華」が、みずからと異なるものと直接宣言された屈辱的な出会い、ファースト・コンタクトであったと言っていいであろう。

翌正平元年（四五一）五月、最初にして最大の政治的危機が発生した。「正平事変」である。南朝の資料には皇太子のクーデターを想像させる記述もあるが、実態は明らかではない。ともかくこの事変の結果、太子晃は二十四歳の若さで急死した。史書には、太子が「軍事国事が多忙で」あったと記す。頑強な青年であったと推察される若き皇太子の異常なる死。

　太子、憂を以て卒す。

『通鑑』元嘉二十八年（四五一）の記録である。憂卒、憤死ということであろうか。のち、恭宗《きょうそう》を追諡《ついし》（死者におくり名する）されている。

当時、宮廷では権力をめぐる微妙な情況があった。皇帝の寵愛する宦官の宗愛《そうあい》一派と、皇太子との対立である。太炎五年（四三九）に十二歳で監国に任じられていた皇太子が、南伐に向かった太武帝の留守を他人に預けて北伐のため都を離れたことそのものが異常ではある。仏教への考えの違いも顕著なものであった。我が子を信じきれず、宦官の誣告《ぶこく》を信じた太武帝が二十四歳の若き皇太子に死を賜ったというのが、この事変の実態であったと思われる。

帝、徐《おもむろ》に太子の無罪を知り、甚だ之を悔やむ。（『通鑑』）巻百二十六　元嘉二十八年の条）

正平二年（四五二）、太武帝が四十五歳で死んだ。この死も謀殺であった。自分の誣告《ぶこく》が露見して処分されることを恐れた宗愛が先んじて皇帝を暗殺したのである。意のままになる南安王を皇帝にしようとしたが、宮中の混乱、後継者争いの流血は続いた。コントロールしきれなくなった南安王を宗愛が殺害したことから、長孫氏など拓跋王朝を支えてきた有力部族の長たちが決起し、宗愛一派は抹殺、一掃された。

王朝を牛耳ろうとした官僚と宦官の対立。漢王朝を滅ぼした混乱と全く同じ構図である。ここでは、まだ有力部族が忠誠心を失わずにいたため危機を回避、王朝崩壊には至らなかっただけであった。

事変の翌正平《しょうへい》二年（四五二）十月、晃《こう》の子・濬《しゅん》が第四代高宗文成帝《こうそうぶんせいてい》（在位四五二―四六五）として即位した。弱冠十三歳であった。年号も興安と改められた。二か月後の十二月、「初めて仏法を復す」、復仏の詔が発せられ、熱狂的な興仏運動が起こった。

朕、洪緒《こうちょ》（優れた業績）を承《う》け、万邦に君臨し、先志を思述（祖述）し、以て斯道《このみち》を隆《さか》んにせんとす。今、諸州郡県に制して、衆居の所に各《おのおの》仏図《ぶっと》一区を聴《ゆる》し、その財用を任せ、会限を制せず。その道法を好楽し、沙門にならんと欲するは、長幼を問わず、良家に出でて性行《せいこう》素篤《そとく》にして諸の嫌穢《けんわい》なく、郷里の明なる所の者、その出家を聴《ゆる》す。（『魏書』釈老志）

高宗は、還俗していた沙門五名の髪を下ろした。――僧の剃髪をほどこす皇帝、これもまさに「皇帝即現世如来」という思想の復活を告げるものであった。

同輩とともに僧籍に復した師賢《しけん》が仏教界のトップ、道人統《どうじんとう》に任じられた。師賢、もとは罽賓国《けいひん》（カシミール）の王族で、幼くして仏門に入った。のち北涼に至り玄高の弟子となり、世祖の北涼討伐により平城に移った。廃仏の間、還俗して医師となり、仏図澄、道安らが活躍した中山（河北省定州市）に逃れていた。

この年、有司（役人）に詔して、石像を為すに、令して帝身の如くにす。既に成るに、顔上、足下に各《おのおの》黒石あり、帝体の上下の黒子と冥同（偶然の一致）す。論者、純誠の感ずる所と為す。

（『魏書』釈老志）

太武帝の廃仏はいまや遠く、仏法復興の勢いはますます盛んとなった。破壊された仏像に代えて新しい造像がはじまり、教団も復活した。十代前半の少年皇帝高宗の発願になる石仏はほくろの位置まで「帝身のごとく」、高宗そのひとの姿を写したものであった。おそらく丈六の仏であったであろう。これも、「皇帝即如来」思想を反映するものであった。その石像には帝と同じ所に二つの黒子《ほくろ》が出現して人びとを驚かせた。

四、巨大仏出現——雲岡石窟《うんこうせっくつ》

所作供養、みな生身《せいしん》、法身《ほうしん》を作《な》す。生身供養は即ち塔像、法身供養は即ち書写《しょしゃ》、読誦《どくしょう》十二部経。

（『大方等大集経』曇無讖訳）

北涼仏教の指導者であった曇無讖《どんむしん》の教えである。中央アジアを席巻した大乗仏教の主たる活動は二つ、「書写読誦」すなわち「仏典結集」と、「塔像」すなわち「立塔造寺」であった。それは、西域から中国に入って以降「一辺翻訳仏経《ほんやくぶっきょう》、一辺造寺鑿窟《ぞうじさくくつ》」となったと、杜斗城の『北涼仏教研究』はいう。

和平初め（四六〇年ころ）、（道人統）師賢《しけん》卒す。曇曜《どんよう》これに代わり、さらに沙門統《しゃもんとう》と名づく。

（『魏書』釈老志）

師賢の跡を継いだ曇曜も、師賢とともに中山に逃れた涼州派の僧であった。

初め曇曜、仏法復して明年（四五三）、中山より命を被《こうむ》って京に赴く。帝の出に値《あ》い、路に見《まみ》ゆ。御馬前《すす》みて曜の衣を銜《くわ》える。時の人、以為《おもえらく》馬、善く人を識《し》ると。帝、後に奉ずるに師の礼を以てす。

（『魏書』釈老志）

青年皇帝を惹きつけた曇曜という僧、このころ齢五十ばかりであった。『高僧伝』玄高の項の末尾に、一行だけ記述が見える。

河西沮渠茂虔《そきょもけん》（牧犍）の時、時に沙門曇曜あり、また禅業をもって称《たた》えられ、偽太伝（北魏の官位の蔑称）張潭《ちょうたん》、師の礼を伏膺《ふくよう》す。

曇無讖や玄高の教えを受け継いだ曇曜も、北涼仏教の伝統を体得した優れた僧であったようだ。

曇曜、帝に白《もう》して、京城の西の武州塞《ぶしゅうさい》に、山石壁を鑿《うが》ち、五（カ）所を開窟し、仏像各一を鐫《せん》建《けん》す。高き者は七十尺、次は六十尺、彫飾奇偉にして、一世に冠たり。

（『魏書』釈老志）

仏法が復活しておよそ八年、中原では初めてとなる巨大石窟、巨大仏の造営が曇曜によって提起された。

なぜ、大仏であったのか。曇曜の脳裏には、北涼・沮渠蒙遜によって武威近郊天梯山石窟で造営された、王者としての巨大仏のイメージがあったにちがいない。

石窟の開鑿がはじまったのは和平初め。その完成を見ることなく、高宗は和平六年（四六五）四月、二十六歳で亡くなった。太子弘が第五代顕祖《けんそ》献文帝《けんぶんてい》（在位四六五―四七一）として、十二歳で即位した。またもや少年皇帝の誕生であった。

皇興元年（四六七）、「武州山石窟寺に行幸す」という記録が登場する。おそらく五体の大仏は、このころにある程度完成したのであろう。造営開始からおよそ七年の歳月がながれていた。

武州山石窟寺、現在の大同雲岡石窟《うんこうせっくつ》である。造営の第一期に造営されたのは五窟だけであった。開鑿にあたった僧の名をとって曇曜《どんよう》五窟《ごくつ》と呼びならわされている。

開鑿は太和十八年（四九四）、第六代孝文帝の洛陽遷都のころまで、およそ四十余年続き、七体の大仏が造営された。ただ、その後も民間の寄進により石窟造営は北魏滅亡のころまで続いたと考えられている。

大同の街から桑乾河《そうかんが》の支流武州川《ぶしゅうせん》の右岸を二十キロほど遡行すると、やがて右手、東西一キロメートルの崖に刻まれた巨大な露座の大仏が現れる。最初期の石窟のうち、もっとも西の第二十窟である。北東に行けば旧都盛楽故城、その北にはかつての六鎮《りくちん》の一つ、武川鎮がある。

第二代太宗から第三代世祖太武帝の時代に、北の守りとして六鎮が置かれた。西から沃野《よくや》（内モンゴル自治区臨河県西南）、懐朔《かいさく》（同・固陽県城西南）、武川《ぶせん》（同・武川県城西）、撫冥《ぶめい》（同・四子王旗東南）、柔玄《じゅうげん》（同・興和県西）、懐荒《かいこう》（河北省張北県）、の六か所である。

それぞれの鎮の間隔はおよそ六十から百五十、平均して百キロメートル余り。すべて、現在の内モンゴル察哈尔《チャハル》から綏遠《すいえん》あたり、陰山《いんざん》山脈沿いの要衝で、拓跋族の古くからの根拠地であった。北方への憂いを軽減するため築かれたのが、長城と六鎮であった。六鎮に駐屯したのは初期にあっては優秀な鮮卑貴族であったが、のちには徒刑囚や北魏に帰順した騎馬民族高車《こうしゃ》族、さらには漢人も配備されるにいたった。高車族には、やがて隋唐を悩ませることになる突厥《とっけつ》族も服属していた。多民族混成軍団だったのである。

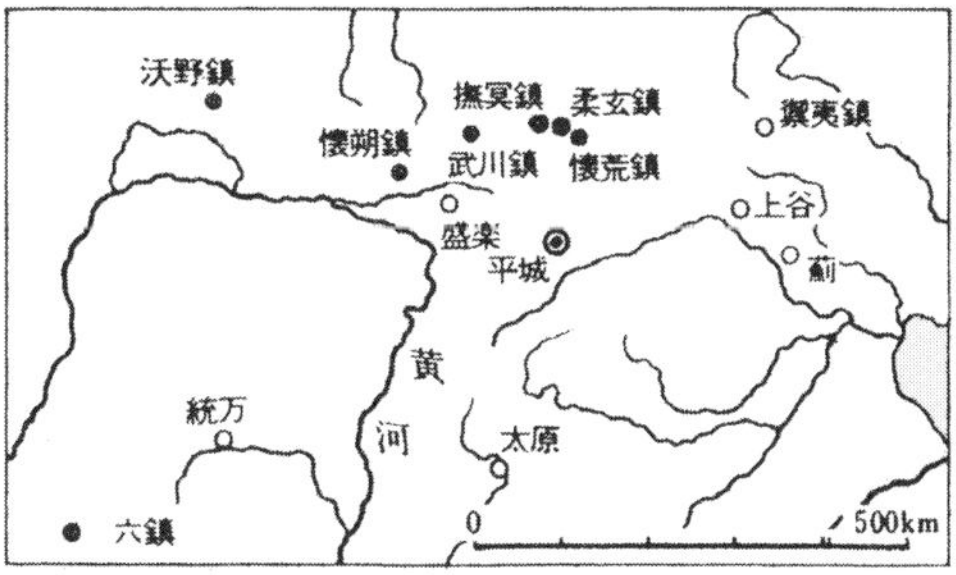

六鎮図

六鎮のなかでも重要な地点が盛楽古城の西にあった懐朔鎮《かいさくちん》、そして北にあった武川鎮《ぶせんちん》であった。

周隋唐、みな武川に出ず。（趙翼撰『二十二史箚記』巻十五）

北魏滅亡ののちに、この武川鎮にあった駐屯軍から頭角を現したのが（北）周を建国した宇文一族、隋を建国した楊一族、唐を建国した李一族であった。

雲岡石窟は、北方の騎馬民族の侵攻に備えるための軍事的に重要な交通路でもあった武州川沿いの、都への入口に造営されたのであった。

道路際の露座の大仏は第二十窟大仏と呼ばれる。高さ、ほぼ十四メートル、北壁に直接刻まれている。

偏袒右肩《へんたんうけん》の大衣、内に僧祇支《そうぎし》をまとう。大振りで雄渾な造作である。

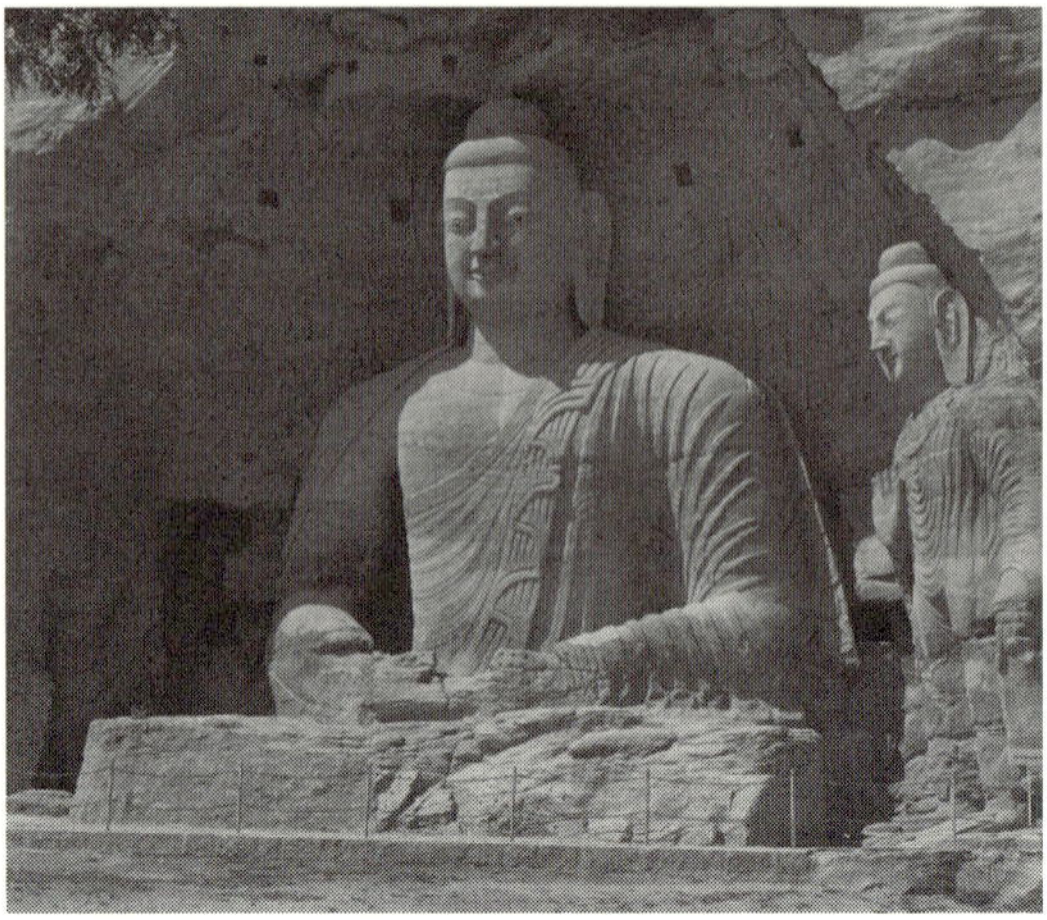

雲岡第20窟大仏

顔の造作も張りがあってがっちりとして、敦煌第二七五窟の主尊交脚弥勒菩薩と同じように両眼を大きく見開いて前方、都平城の方向を凝視している。短い首、厚い胸、広い肩、それは瞑想する仏の表情というより、死後もなお都を見守る僧形の皇帝といったほうがふさわしい。その堂々たる造形は、まさに「皇帝即如来」の思想が具現化したものという感がある。高宗を写した丈六石仏の造営の経験が大いに生きたということであろう。

この第二十窟大仏から東に第十六窟まで編号が付されている。第十九窟本尊は、穹廬形《きゅうろがた》の天井を持つ石窟に鎮座する高さ十三・七メートルの仏倚坐像である。残る大仏も似たようなスケールであった。

すべて大仏を中央に両側にも仏を配した三尊形式である。この三尊形式もガンダーラやマトゥラーで成立したものとされる。

釈迦の前に六仏あり、釈迦は六仏を継ぎて成道す。今に処《よ》りては賢劫《けんごう》（現世仏）、文言して将来の弥勒仏あらんとし、方《まさ》に釈迦に継ぎて世に降るべし。

（『魏書』釈老志）

曇曜の胸中にあったのは過去・現在・未来の三世仏を具体化することであった。以降の北魏では、この三世仏が主流となった。

中央の仏像は、それぞれ北魏建国以降の五人の皇帝の容姿や風貌を写したものと考えられている。吉村怜（早稲田大学名誉教授　仏教美術史）の論考「曇曜五窟造営次第」によれば、それぞれの尊像の名称と、比定される皇帝は以下の通り。

第十六窟大仏、釈迦立像（高さ十三・五メートル）　四代高宗文成帝
第十七窟大仏、弥勒菩薩像（高さ十五・五メートル）　恭宗景穆太子
第十八窟大仏、盧舎那仏《るしゃなぶつ》立像（高さ十五・五メートル）　三代世祖太武帝
第十九窟大仏、弥勒仏坐像（高さ十六・八メートル）　初代太祖道武帝
第二十窟大仏、無量寿仏《むりょうじゅぶつ》坐像（高さ十三・七メートル）　二代太宗明元帝

ただ、宿白は、第十七窟本尊のみを弥勒菩薩とし、残る四尊をすべて釈迦像としている。『魏書』釈老志によれば、最初に造営された二体の大仏の高さは七十尺と六十尺。北魏の一尺はおよそ〇・二七九メートル。したがってそれぞれ高さ約十九・五三メートル、十六・七四となる。現在の高さとかなり異なる。これについては、七十尺・六十尺を窟の高さと解する説がある。

この二体はおそらく太祖道武帝と太宗明元帝であろう。ただ、後述するが道武帝が太祖と位置づけされたのは、第六代孝文帝の太和十五年である。それ以前の像造時にあっては、平城遷都以降のご先祖さまということで選ばれたのであろう。

宿白は、雲崗石窟の諸尊や装飾を「雲岡様式」と呼んで、その造営時期を三段階に分けている。そ

の第一期とされる初期石窟を、かれの甘粛「涼州様式」と比較してみる。

まず、

一、大像の仏殿窟を設置する。

二、本尊となる仏像は釈迦もしくは交脚菩薩像の弥勒である。

五、仏・菩薩の面相は雄渾で、身躯は健壮、形体は大きい。

この三点については、雲岡でも同じ。基本的な精神は受け継がれていると見ていい。

一方、異なる点、まず第三項の窟壁には主に千仏を描くという点については、雲岡では千仏は第十九窟のみ、さらに第四項の装飾文様については忍冬化生文《にんとうけしょうもん》ではなく、蓮弁文・蓮珠文・パルメット唐草文となっている。これらは新たにインドやガンダーラから持ち込まれたものなのか、あるいは仏図澄や道安によって中原に確立されていた文様なのか、定かではない。

雲岡石窟の石仏の造形は、シルクロードの仏教史のなかで、どのような位置にあるのか。『中国石窟　雲岡石窟』の解説を担当した丁明夷《ていめいい》は、新疆キジル石窟の影響を指摘している。以下は中国石窟研究の第一人者、宿白の見解。

石窟の開鑿、巨大な造像の彫刻は、パミールの東西では新疆の拝城《はいじょう》、庫車《クチャ》のキジル石窟が最も早い時期に属するであろう。しかしキジルの大像窟は、雲岡の草廬を模した形式とは全く異なっている。また雲岡の造像構成の主流である三仏、あるいは未来仏の弥勒菩薩を窟室内の主要な造像として安置するのも、雲岡以前の各地の石窟寺にはあまり見られない。仏像の形式について見れば、その服装の面から多くの研究者が指摘するように、雲岡第一期の大像には、中央アジアのガンダーラ後期に流行した衣服の着方、例えば第二十窟の仏像に刻出されるような重厚な衣文の通肩あるいは偏袒右肩の着法が見られるだけでなく、またインド・グプタ朝のマトウラー地方に流行した着法も見られる。（中略）その造形についていえば、雲岡第一期の大像が備えている広い頤《おとがい》、短い頸、寛い肩幅、厚い胸といった特徴は、パミールの東西ないしは甘粛以東の早期仏像と類似する点が多い。（宿白「平城における国力の集中と〈雲岡様式〉の形成と発展」）

宿白の論考の最後の部分は、雲岡石窟における甘粛以東の早期仏像、すなわち涼州・敦煌での造像の影響を強く示唆している。

さらに、「新たに創造され、絶え間なく発展していった雲岡様式が、北魏において開鑿される石窟の典型となっていった」と結論づける。

雲岡は、シルクロードを渉《わた》って到来した仏教、さらには大仏思想が、タクラマカン沙漠より東、涼州に根づき、さらには初めて中原に移植された土地であった。その造形は、北魏初期仏教文化の集大成でもあった。そこにはクシャン朝で生まれた弥勒思想、亀茲や涼州に根づいた巨大仏造営の営み、さらには北魏で生まれた皇帝即如来といった思想が凝縮されている。

ところで、これら大仏の造営をになった工人は、どういう人びとであったのか。

さきの杜斗城《ととじょう》著『北涼仏教研究』にいう。

河西回廊のような大像の仏殿窟、方形あるいは長方形の塔廟窟を造営すること、釈迦や交脚菩薩の姿の弥勒の造像、顔の表情が大きく丸いこと、目が大きく細長いこと、奥まった目で高い鼻、大きくて雄健な仏や菩薩の造像が雲岡の第一、二期の石窟に出現した。

杜教授は、曇曜五窟の造像は「河西北涼風格」の継続であるとしたうえで、当時の中国では仏像は多くは木造寺院に収められていたことを考えれば、石窟寺院である雲岡の第一期、すなわち曇曜五窟の仏像は、涼州から移り住んだ涼州の工人の手になった可能性が高いとしている。

ただし、「一見して青年貴公子のような、青年皇帝を彷彿させるような仏像を制作することこそ、曇曜の当初からの意図だった」（吉村・前掲論文）という造像の特徴から見れば、単純にインドや中央アジアの影響下に成立した涼州仏教だけとはいいきれない。先行する丈六石仏造営は、皇帝に似せて石仏を彫る、史上初めての取り組みであった。巨大石仏造営は、涼州の僧や工人たちだけでなく、仏図澄や鳩摩羅什、道安などが長安や中山で育てあげた中原仏教を抜きにしては考えられない一大国家事業であった。

第五章 虹をつかんだ青年 孝文帝《こうぶんてい》
——「中華」帝国誕生

［望］

一、平時にひとを殺さず——稀有の皇帝

雲岡石窟開鑿《かいさく》開始以前に、時代を少しさかのぼる。

第四代高宗文成帝《こうそうぶんせいてい》が即位して四年後、太安二年（四五六）正月、のちに第五代顕祖《けんそ》献文帝《けんぶんてい》となる皇子拓跋弘《たくばつこう》がわずか三歳で皇太子に指名された。この時、同時に文成帝の皇后に立てられたのが十五歳の文明皇后馮《ふう》氏であった。馮氏は強い性格の女性であったようで、皇太子弘の母（漢人・李氏）に前例にしたがって死を賜るよう帝にうながした。結果、李氏は幼児を遺して自死させられた。断腸の想いであったろう。その後、皇太子を養育したのは、若き馮皇后であった。

和平六年（四六五）五月、文成帝は大仏の完成をみることなく、二十六歳の若さで急死した。葬儀に際し皇帝愛用の衣服や器物を焼いた時、悲痛な叫びを発して火の中に飛び込んだ若い女性がいた。馮皇后である。周囲に助けられてことなきをえたが、後年の彼女の行状を考え合わせると、皇子を為していない皇后として、権力掌握を狙った一世一代の大芝居でなかったかという疑念がぬぐいきれない。

献文帝が十二歳で即位し、二十四歳の馮皇后は皇太后となった。

馮氏は、長楽信都《ちょうらくしんと》(河北省冀《き》県)出身の漢人で、祖父・馮弘《ふうこう》は北魏に滅ぼされた北燕《ほくえん》最後の皇帝昭成帝であった。北燕を乗取った馮跋《ふうばつ》の弟である。戦い敗れた馮弘は高句麗に逃れた。そこで出会ったのが楽浪の名門王氏、馮皇后の母の一族であった。その後一族は北魏に仕え、父・朗《ろう》は秦・雍二州の刺史・西城郡公となった。太后は、太平真君三年(四四二)、父の任地長安で生まれた。のち、父が事件に連座して失脚した。当時の制度では、罪人一族の子女は「籍没入宮《せきぼつにゅうきゅう》」、宮中の婢女や作坊作工《さくぼうさくこう》(労働工人)とされた。しかし、叔母が太武帝の左昭儀《さしょうぎ》(最高位の宮女、位は丞相に匹敵)であったことから、興安元年(四五二)文成帝即位とともに、選ばれて貴人(夫人などとともに后妃位の一、皇后に次ぐ)となり、五年後には皇后となった。栄華の家に生まれながら、若くして世の有為転変を身をもって学んだ文明皇太后馮氏は、それだけに世故にたけた女性であったにちがいない。

顕祖の宮廷に乙渾《いつこん》という男がいた。出身地さえ定かでない、得体の知れない宦官である。献文帝が十二歳で即位した当時、車騎大将軍という地位にあった。この乙渾が、幼帝をないがしろにして詔を偽って重臣を殺害し、天安元年(四六六)には丞相・太原王として専制、自分の妻を公主とするように迫った。ここで馮皇太后が動いた。密かに丞相を殺めて、「臨朝聴政《りんちょうちょうせい》」―政治の実権を握ったのである。

皇興元年（四六七）、皇子拓跋宏《たくばつこう》（のちの第六代孝文帝）が生まれた。この年、皇太后は都にあった天宮寺に銅十万斤、金六百斤を用いて高さ四十三尺（十メートル）の大仏を建立している。

生母李夫人は中山安喜《あんき》のひとで、南郡王の娘であった。十八歳で後宮に入り孝文帝を生んだ。没年は立太子の年、皇興三年（四六九）。彼女も、皇太子の母として死を選ばされた。馮皇太后の指示であったろう。「上下、悼惜《とうせき》せざるなし」と『魏書』皇后列伝は記す。こののち、なぜか馮皇太后は政《まつりごと》を放棄して、またもや幼子の養育にあたった。当時、皇太后といっても二十六歳くらい。きわめて年若い義理の祖母である。政治を放擲して幼子ふたり（献文と孝文の二帝）を養育したことを、どう解釈すればいいのであろう。ひとりも子を為していない馮氏の満たされぬ母性本能の発露であったのか、それとも幼い皇帝を意のままに操るための深謀遠慮であったのか、定かではない。

馮皇太后は名家の出身であったから、ふたりの皇太子の養育にあたっても漢人官僚による儒教を中心とする徹底した帝王教育が行われた。

このころ献文帝が、馮皇太后によって罷免された官僚を起用したこと、さらには皇太后の寵臣李弈《りえき》を誅殺したことから、両者の反目は抜き差しならぬものとなっていた。

献文帝にとって、寵臣を侍らせて放縦《ほうしょう》な暮らしを続ける馮皇太后は不愉快な存在であった。孝文帝時代初期にあっても、あまり芳しくない馮皇太后の生活ぶりが伝えられている。お気に入りのひとりに、王叡《おうえい》という男がいた。

王叡、臥内《がない》（寝所）に出入りし、数年にしてすなわち宰輔《さいほ》（天子の補佐、宰相）となり、財帛《ざいはく》の賞《しょう》賚《らい》（下賜）は千万億を以て計《かぞ》う。

（『魏書』列伝第一　皇后列伝）

年若い皇太后は性的にも奔放であったようだ。しかも幼時には母と思っていた女性の指示で生母が殺されたことは、いつのころか耳に入っていたであろう。育ての親にして実の親を死に至らしめた権力者、このディレンマが若い献文帝の心の深い傷となったにちがいない。

六年後の皇興五年（四七一）、献文帝は突然、位を叔父に譲ろうとした。このときは群臣の諫めで取りやめたが、同じ年のうちにわずか五歳の皇太子宏に譲位してしまった。道武帝の治世三十年に次いで、二十九年の長きにわたって君臨することになる高祖孝文帝（在位四七一―四九九）である。年号は延興と改まった。

感情のままにふるまう狂気と殺戮の時代にあって、この皇帝は平時に誰も殺さなかった。仏教を篤く敬う、稀有の皇帝の誕生であった。

顕祖《けんそ》献文帝の譲位を馮皇太后に強いられたと理解する説もあるが、筆者は献文帝の逆襲、帝位を離れ上皇となって自由に動こうとしたと考えている。そういった想像をさせるほど、退位後の献文帝は太上皇として院政を敷き、活発に動いた。太上皇とはいえ、二十歳前の血気盛んな若者である。延興二年、蠕蠕《ぜんぜん》が北塞を犯したときには軍を率いて遠征、三年には南朝攻略のため南伐軍派遣の詔を出し、四年には南方を視察するなど、常に政治の表舞台にあった。結果、宮廷は皇太后派と上皇派に分裂した。

魏の馮《ふう》太后、内行正しからず、李弈の死を以て顕祖を怨み、密かに鴆毒《ちんどく》（毒鳥の羽を酒に浸して得た毒）を行い、夏、六月、辛未、顕祖殂《ゆ》く。

（『通鑑』巻百三十四　元徽四年の条）

承明元年（四七六）六月、顕祖暴崩。時にいう、太后之を為すなり。

（『魏書』列伝第一　皇后列伝）

馮太皇太后は、上皇献文帝を毒殺した。幼い孝文帝を擁した馮太皇太后は、ただちに上皇の腹心たちを処分し、「臨朝称制を複す」、ふたたび国家を牛耳ることとなった。太皇太后、三十四歳。この年、孝文帝の生母李氏は思皇后を追諡《ついし》されている。

実母の自死を指示した皇太后と、その女性に薫育された幼帝という構図も、当然のことながら孝文帝に引き継がれた。

史書に見るかぎり、馮氏が四十九歳で世を去る太和十四年（四九〇）までの十四年間、帝との二人三脚が続いた。というより、孝文帝は馮氏にひたすら従順であったように見える。帝は馮氏を実の母と信じていたという話さえ伝わっている。帝は、馮太皇太后の死にあたって、家臣の反対を押し切って三年の喪に服すこととした。両親への服喪の期間として儒教が定めるもっとも長い期間である（実際には服喪は一年で終わった）。

一方で、帝が馮氏が帝を敵視していたのではないかという疑問を抱かせるほど、不穏な記述が『魏書』に散見される。

文明太后、帝の聡聖なるを以て、のちにあるいは馮氏に不利あらんかと、将《まさ》に帝を廃さんと謀る。乃ち寒月に、単衣で室に閉じ、食を断つこと三朝。咸陽王禧《かんようおうき》を召して、将にこれを立てんとす。穆泰《ぼくたい》、李沖《りちゅう》固く諫《いさ》め、乃ち止む。

（『魏書』高祖紀上）

宦者、先に太后に帝を譖《そし》る者あり、太后大いに怒り、帝を杖すること数十。帝、黙然として受け、

みずから申明することなし。（『魏書』高祖紀上）

聡明な幼帝がやがて一族の栄達の邪魔になるとして、馮皇太后が皇帝の交代を図ったこと、さらには宦官の讒言《ざんげん》を真に受けて帝を杖で撃ったこと、いずれも激しすぎる。

『魏書』は続けて、帝は、侍者が羹《あつもの》で帝にやけどを負わせた時も、食べ物に虫が入っていた時にも笑って許したと記す。幼いときから、まことに心優しい、穏やかな性格であったことを強調しているようだ。

太后臨朝専政してより、高祖雅性孝謹にして、決に参ずるを欲さず、事の巨細《こさい》なく、一に太后に稟《ひん》（上申）す。太后、知略多く、猜忍《さいにん》（疑い深く不人情）にして能く大事を行い、生殺賞罰、これを俄頃《がけい》（瞬時）に決し、多く高祖の関わらざる者あり。（『魏書』皇后列伝）

高祖孝文帝は、政治を馮太皇太后に委ねて、表舞台に立つことを避けた。

また『魏書』はいう。

時の人皆以為《おもえ》らく、帝、馮氏を待すること太いに厚く、顧氏（顧氏は李氏の誤りか）を待すること太いに薄し、太常高閭《こうりょかつ》嘗て以て言を為すも、帝聴《きか》ず。（『通鑑』巻百三十七　永明九年の条）

帝は実母の実家に対しては冷淡で、太后馮氏の一族を重んじた。太后の兄・馮熙《ふうき》は、孝文帝即位後、太師（三公の一）・車騎大将軍・洛州刺史に抜擢された。さらにその三人の娘はみな後宮に入り、ひとりは皇后に、いまひとりは左昭儀に選ばれている。馮熙の子・誕《たん》は帝と同い年で、帝の妹・楽安《らくあん》長公主《ちょうこうしゅ》を娶って駙馬都尉《ふばとい》（公主の夫の称号）・征西大将軍・南平王となっている。

常には「政事を聴覧するに、流れのごとく善に従わざるなし」と評される孝文帝が、生母の一族の処遇に関してだけは家臣の忠告を頑として聞き入れなかった。

孝文帝は何を守ろうとしたのか。

帝は、のちの洛陽遷都にあたって見られるように、世論操作に長けた皇帝であった。しかも権力は太后の手にあり、いつ気分が変わって寝首をかかれるかもしれない状況にあった。それだけに帝は太后に対しては自己防衛のための服従の姿勢を見せていたにちがいない。太后の死の翌年、都の東、方山《ほうざん》山頂に太后の永固陵《えいこりょう》に並べてみずからの寿陵《じゅりょう》（生前に作る陵墓）を建立させたことも、孝—儒教信奉の姿勢を世に示すための帝のスタンドプレイであったかとさえ思われる。

孝文帝（四六七年生）即位直後の主な行動を列挙すると——

太和三年（四七九）七月、方山《ほうざん》に幸し、思遠仏寺を起つ。

太和四年（四八〇）春、鷹鷂《おうよう》（狩猟用の鷹）を畜する所を罷《や》め、その地をもって報徳仏寺と為す。

太和六年（四八二）三月、武州山石窟寺《ぶしゅうさんせっくつじ》に幸《みゆき》し、貧老者に衣服を賜う。

（『魏書』帝紀第七・高祖紀上）

即位後十年あまりは政情不穏であった。塞外の騎馬民族は侵略と朝貢を繰り返し、国内でも土豪の反乱があいついだ。しかしながら帝はこの間、戦いの場に赴くこともなく、もっぱら仏寺を造営していたのである。あわせて武州石窟寺、現在の雲岡石窟への参詣を繰りかえした。

うち、太和六年、十六歳の帝が雲岡に参詣したとき、貧老者に衣服を賜った事績について仏教学者

雲岡第５窟大仏

常盤大定《ときわだいじょう》（元東京大学教授）は、

その精神が追善供養にある事明白なり。これ豈《あに》父献文帝に対する造象の為の幸ならずや。

（常盤大定・関野貞『支那仏教史跡評解』第二集）

と述べ、雲岡第五窟を孝文帝によって造営された石窟とする。確かに、雲岡で七体を数える大仏で皇帝に比定されているのは曇曜五窟の五体、第四代皇帝までであった。残る第五、第十三窟の大仏については明快な見解は中国でもない。常盤が第五代献文帝に比定した第五窟主尊は、高さ十七メートルの坐仏、雲岡石窟で最大の石彫仏像である。

蓋《けだ》し、雲岡石仏中最大の者にして、亦《また》現存支那石仏中、殆ど之に比肩すべき者無し。此の石窟は前既に論ぜしが如く、恐らくは孝文帝が、其の父献文帝の為に開鑿《かいさく》せし者ならん。其れ宏壮偉《こうそうい》麗《れい》、以て北魏芸術の最高潮に達せし時に成りしを知るべし。

（常盤大定・関野貞『支那仏教史跡評解』第二集）

敬虔な仏教徒でもあった孝文帝が、父のため過去をうわまわる大仏造営を発願したという推測はおおいにありうるであろう。

常盤は残る十三窟内の高さ約五十尺（約十二メートル）の交脚弥勒大仏については、献文帝が父・文成帝のために造営したものとする。雲岡でも最古の様式とされる仏像である。

（帝）、雅にして読書を好み、手、巻を釈かず。《五経《ごきょう》》の義、之を覧《み》るに便ち講ず。学、師受せざるに、その精奥を探《きわ》む。史伝百家、該渉《がいしょう》（広く通じる）せざる無し。善く《荘（子）》、《老（子）》

を談じ、尤も釈義に精し。才藻富贍《さいそうふせん》（才能豊か）にして、好く文章を為し、詩に銘頌《めいしょう》を賦し、興に任せて作る。（『魏書』高祖紀下）

孝文帝は読書を好み、儒教経典の『五経』を深く理解していたが、ただの脆弱な皇帝ではなかった。狩猟の腕にも秀でたものがあったが、十五歳以降、殺生を避けるため狩猟をやめた、と『魏書』は伝える。

それでは、若き孝文帝は、いつ政治の実権を握ったのか。その時期を推測させる記録がある。

大いに文筆あり、馬上に口授して、それ成るに及び、一字も改めず。太和十年より已（以）後の詔冊《しょうさつ》、皆帝の文なり。（『魏書』高祖紀下）

この記録によれば、帝は太和十年（四八六）、二十歳前から親政をはじめたということになる。その政治はどのようなものであったのか。

幼少期においては、馮太皇太后の執政により大胆な改革が次々と実行に移された。『通鑑』泰始六年の条によれば、即位前年、皇興四年（四七〇）時点で「是時、魏百官不給祿」とある。官吏に給料が払われていなかった、というより給与制度がなかったのである。

太和元年（四七七）九月に「詔群臣定律令于太華殿」、群臣に律令を定めさせ、同八年（四八四）には「俸制已立、宜時班行、其以十月爲首、毎季一請」（高祖紀上）という詔が発せられた。中央と地方の官僚に俸禄を給することにしたのである。

俸給制度だけでも、王朝の開祖となった太祖の「計口授田」制度以来の革新的な改革であった。さらに太和九年（四八五）、下に詔して均しく天下の民に田を給す、諸男夫十五以上、露田四十畝を受く…

（『魏書』志第十五　食貨）

均田制である。さらに翌十年（四八六）には、

初めて党・里・鄰《りん》三長を立て、民の戸籍を定む。

（『魏書』帝紀第七下　高祖紀）

これを三長制《さんちょうせい》という。『魏書』食貨志によれば、三長制とは五家を一鄰長、五鄰を一里長、五里を一党長として人民を管理し、かつ賦役の不公平を解消し、貧富の差を少なくしようとする制度である。従来遊牧民族は十進法を用いていたが、五進法を採用したことにも制度の中原化、旧来の部族制度破壊への意図がうかがえるという指摘がある。

均田制は伝統王朝が伝えてきた土地公有の思想であった、と岡崎文夫（一八八八―一九五〇　元東北大学教授　東洋史）はいう。その大要は、人頭税の対象となる十五歳以上のもの、男一人に露田（公田）四十畝、女一人に二十畝を与える。この土地は死亡とともに朝廷に返還する。これとは別に、桑《くわ》・楡《にれ》・棗《なつめ》を植える土地を男一人当たり二十畝ずつ支給する。これは家の土地、すなわち私有地と見なし、死んでも返還の要はない。奴隷や耕牛を持つ家には、その数に応じて田地を支給する。

これらの新制度は、農耕を中心とする中原の伝統王朝への転換をより決定的にする改革であった。岡崎文夫の明快な評価がある。

三長なる機関が新設せらるるとなれば、同時に地方の戸籍も明白となり、県宰が直ちにこの機関を通して賦役を徴収し得らるるのである。かつ戸籍すでに明白とならば、地方強豪の徒もそれ以後は国家の戸籍を侵すことができなくなる。

（岡崎文夫『魏晋南北朝通史』）

発案したのは、太皇太后お気に入りの李冲《りちゅう》という官僚であった。孝文帝の廃位をたくらんだ太皇太后を翻意させた男である。

李冲、隴西《ろうせい》（甘粛省臨洮《りんとう》）の出身の漢人、敦煌公宝の子であった。西涼を建国した李暠《りこう》の曾孫にあたる。李暠は前漢武帝の時代、西域を転戦した将軍李広《りこう》十六世の子孫という名門貴族であった。

この時代に涼州で名を残す五胡の覇王の事績はすべて、一時代前の史書『晋書』載記《さいき》にまとめられていた。しかし李暠は前涼を建国した漢人・張軌とともに載記ではなく列伝に、それぞれ「張軌」（列伝五十六）、「涼昭武王《りょうしょうぶおう》」（列伝五十七）としてまとめられている。

初代涼昭武王李暠以降、わずか三代で滅びた西涼の血脈。東晋の冊封を受けていたとはいえ中央政界に何の関連もなかった一地方の、しかもわずか二十年余りで滅んだ一族に対する正史の扱いとしては異例といえるであろう。

なぜか。

『旧唐書』によれば、李暠こそ唐の先祖であった。李暠の子・第二代国王李歆《りきん》、その弟で西涼最後の王李恂《りじゅん》、この兄弟の末裔が唐建国の李氏ということになる。

『晋書』は唐太宗勅撰とされる。実際の編者は太宗の股肱の臣房玄令《ぼうげんれい》であった。房玄令は、李暠を特別扱いしたとも見える。太宗の時代に編纂された正史に関してはこうした意図的な資料操作が行われたようである。李一族との関係については、のちに検証する。

『晋書』は、李歆の弟・李恂《りじゅん》の庶子・翻《ほん》の子に宝《ほう》という男がいたと記す。

蒙遜、翻の子宝等を姑臧に徙《うつ》す。
（『晋書』第五十七　涼昭武王）

宝は、太武帝の時代に敦煌から都に至り、高宗の時代に鎮北将軍に任じられた。幼いころに父を亡くした李冲は、兄の栄陽太守承に育てられた。やがて学問で頭角を現し、皇太后の側近となった。孝文帝時代の初期に秘書中散（宮中の図書管理役）から秘書令（長官）に、ついには中書令（詔書を管轄する中書省の長官）に任じられている。孝文帝の信頼もきわめて篤く、いつも名前ではなく「中書」と呼んで傍に置いていた。後年、帝が重要な案件を委ねるのは、つねにこの李冲であった。

若き孝文帝の改革、漢化にむけての取り組みは馮皇太后の晩年、親政初期からはじまっていた。主なものを高祖紀と『通鑑』に見る。

十年春正月、帝、始めて兗冕《えんめん》（天子の礼装用の服と冠）を服し、万国と朝饗す。
夏四月、始めて五等公服を制す。
（『魏書』高祖紀下）

九月、魏、明堂《めいどう》（政教の場）、辟雍《へきよう》（大学）を作る。
（『通鑑』永明四年）

太和十三年七月、孔子廟を京師に立つ。
（『魏書』高祖紀下）

帝が詔書を作成するとき、漢人官僚任せではなかった。『通監』建武二年（四九五）の条に、「在輿、拠鞍、不忘講道、善属文、多於馬上口占、既成、不更一字」とある。「学びて師を受けず」というから誰といって高名な師につくこともなかったのに、馬上で口述したことば―漢語がそのまま成文になったというから大した才能というべきであろう。

選者司馬光は帝と幕僚の雰囲気を「太平の風有り」と評している。その筆致も、孝文帝には好意的であるように見える。この時代、皇帝はふたり存在した。司馬光はそれぞれの記述の主体を明確にするため、南朝では「帝」と、北朝では「魏主」と表記している。しかしそれは冒頭だけで、続く内容ではどちらも「帝」である。南朝を正統としているということであるが、北を偽とはせず、二帝併存状況を認めているのである。

「歴代の帝王中にても最優秀なる統治者のひとり」と岡崎文夫が評する若き皇帝孝文帝が全権を掌握した。まもなく、北魏という騎馬遊牧民王朝の黄金時代がおとずれる。

二、夷狄《いてき》は応《まさ》に和《やわら》ぐべし

太祖の時代に遊牧民の伝統的な髪型であった弁髪《べんぱつ》を改めて束髪《そくはつ》加帽《かぼう》を採用するなど、中原の伝統的風習を積極的に取り入れた。それから孝文帝の時代まで、ほぼ百年の歳月が流れた。

この間、拓跋の名族は漢人の名家の娘を後宮に入れ、漢人官僚には鮮卑族の娘をめあわせた。漢と鮮卑拓跋の混交が劇的に進行した。

『魏書』皇后列伝に記された歴代皇帝の皇后の出自は、以下のとおり。

昭成（什翼犍）皇后慕容氏（生献明帝・鮮卑）
献明（太子寔）皇后賀氏（生太祖道武帝・鮮卑）
道武皇后劉氏（生太宗明元帝・鮮卑）

明元皇后杜氏（生世祖太武帝・漢）
太武敬哀皇后賀氏（生恭宗景穆太子・鮮卑）
景穆恭皇后郁久閭氏（生高宗文成帝・蠕蠕）
文成元皇后李氏（生顕祖献文帝・漢）
献文思皇后李氏（生高祖孝文帝・漢）
孝文文昭皇后高氏（生世宗宣武帝・漢）
宣武帝霊皇后胡氏（生粛宗孝明帝・漢）

北魏皇帝のなかの鮮卑の血は、時代を追って希薄になっていった。

北魏王朝血統の鮮卑度　（即位年齢）

1）太祖道武帝珪（十四歳）＝＝劉皇后（鮮卑）
←2）太宗明元帝嗣（十七歳）＝＝杜皇后（漢）
←3）世祖太武帝燾（十五歳）＝＝賀皇后（鮮卑）
←（二分の一）

景穆太子晃＝＝郁氏（蠕蠕）
（四分の三）←4）高宗文成帝濬（十三歳）＝＝李皇后（漢）
（八分の三）←5）顕祖献文帝弘（十二歳）＝＝李皇后（漢）
（一六分の三）←6）高祖孝文帝宏（五歳）＝＝高皇后皇（漢）
（三十二分の三）←7）世宗宣武帝恪（十七歳）
（六十四分の三）

血脈に関しては、孝文帝まで六世代のうち半数が漢人の女性を母としていることが目につく。また高宗文成帝の母（孝文帝の曾祖母）は北魏に降った騎馬民族蠕蠕《ぜんぜん》の女であった。単純に計算しても、孝文帝の受け継いだ鮮卑拓跋の血はわずか三十二分の三、およそ九パーセントにすぎず、蠕蠕が三十二分の四、したがって八〇パーセントは漢人の血脈であったことになる。

北魏の王朝のごときも、血統のうえからいえば、ほとんど中国化しきっていたといってもよい。
（宮崎市定『大唐帝国』）

孝文帝は馮皇太后から、仏教とともに漢的な教育・教養を教え込まれた。幼帝が育った後宮での会話はもっぱら漢語で、いわば漢人として純粋培養されたようなものであった。血脈的にも、人格形成期のありようからしても、遊牧民族国家の皇帝でありながら、ものの見方・考え方は中原伝統王朝の皇帝たちにかぎりなく近かった。こうした情況も、この国のその後の運命を左右する大きな要素となってくる。

孝文帝の時代、漢人官僚に高閭《こうりょ》という男がいた。西晋につかえた先祖を持つ名族に生まれたが幼くして孤児となり、崔浩《さいこう》にその学識を見出されて中書博士（顧問）となった。高宗文成帝が崩じたのち、宮廷を牛耳った乙渾《いつこん》を誅伐せんとした皇太后のもとで政治をつかさどった。皇太后が発した詔令の類一切の文章を手がけたのも高閭であった。

その高閭が、北方の要衝であった六鎮の北に長城を建設するよう、孝文帝に上表を献じた。太宗の時代に造営した長城が劣化していたのであろう。建設の理由として、かれは言った。

北狄《ほくてき》は悍愚《かんぐ》にして、禽獣に同じ、長とするところの者は野戦、短とするところの者は攻城なり。もし狄の短とするところを以て、その長とするところを奪えば、則ち衆と雖《いえど》も患を成すあたわず、来たると雖も内逼するあたわず。また狄、野沢に散居し、水草に随遂し、戦わばすなわち家業と並至し、奔《はし》ればすなわち畜牧と倶《とも》に逃れる。（中略）今、宜しく（秦・漢の）故に依りて六鎮の北に長城を築き、以て北虜を御すべし。

（『魏書』列伝第四十二　高閭）

十万の労働力があれば一か月で長城を築くことができるという、きわめて具体的な進言であったが、なぜか取りあげられることはなかった。

しかし、ここで注目したいのはそういうことではない。問題は、「狄《てき》」ということばに関する認識である。「禽獣に同じ」、「野沢に散居し、水草に随走し」などという文言は、かつての鮮卑族の日常そのものでもあった。とすれば、鮮卑を淮夷《わいい》（淮水《わいすい》流域にあった野蛮人）と同一視した漢人官僚崔逞《さいてい》を断罪した太武帝のような意識が孝文帝にあれば、極刑に処せられる怖れさえあったはずである。しかしここでは、北狄への備えを進言するほうも、受ける皇帝も、当り前のように受けとっている。

一方で、孝文帝は、自身の出自が胡族＝鮮卑（索虜《さくりょ》）であることを常に意識していた。帝があるとき漢人官僚薛聡《せつそう》に、先祖が南遷しているから出自は漢ではなく蜀ではないのかと問うた。当時、蜀は非漢人の住む蛮族の地域とされていた。

聡対《こた》えて曰く、臣の遠祖広徳、世に漢朝に仕う、時の人呼んで漢と為し、臣九世の祖永、劉備に随いて蜀に入る、時の人呼んで蜀と為す。臣は今陛下に事《つか》え、是れ虜《りょ》にして蜀《しょく》に非ざるなり。帝掌を撫して笑いて曰く、卿、幸にして自ら蜀に非らざるを明らかにすべし、何ぞ乃ち遂に複《ま》た朕を苦しめんや。

（『北史』巻三十六　列伝第二十四　薛聡）

薛聡に、かつては漢であったが、いまでは索虜（鮮卑族の蔑称）に仕えて虜となったと切り返されたのである。「卿は蜀でないことを明らかにできるのに、どうして朕を苦しめるのか」、さらには「薛聡、酔ったな」ということばで白けた場を収めたことにも、みずからが虜の頭目としか見られないことへの微妙な感情がうかがえる。同時に、からかったはずの帝が逆にやりこめられるという、当時の宮廷のおおらかな雰囲気をもうかがわせる。

成長しても孝文帝は、ひきつづき心優しい為政者であった。淮河の南、敵地に出兵するにあたっても兵士が畑を踏みにじることを禁じ、民間の樹木を伐採したら絹で支払うよう命じた。あるいは橋梁を補修するにあたっても車馬が通れればいい、あえて草を刈って平らにすることはないと役人に告げるなど、随所にこまやかな配慮を見せた。『通鑑』（巻百四十二）の伝えるところである。

北魏の朝廷には毎年、周辺の異民族使節が朝貢に現われていた。高句麗《こうくり》、百済《くだら》、吐谷渾《とよくこん》、契丹《きったん》、蠕蠕《ぜんぜん》（柔然）、さらには亀茲など西域の国ぐに…。都には帰服した異民族のための館が整備されていた。

伊洛の間、御道を夾《はさ》んで東に四夷館《しいかん》あり。一に曰く金陵《きんりょう》、二に曰く燕然《えんぜん》、三に曰く扶桑《ふそう》、四に曰く崦嵫《えんし》。道の西に四夷里《しいり》あり。一に曰く帰正、二に曰く帰徳、三に曰く慕化、四に曰く慕義。呉人にして国に投ぜし者、金陵館に処す。三年巳後、宅を帰正に賜う。

（『洛陽伽藍記』巻三　城南　龍華寺）

四夷館筆頭金陵《きんりょうかく》閣は、呉＝南方からの帰順者のためのものであった。気分はすでに中国の正統王朝、といったところであろうか。

北魏王朝の皇帝は、胡でありながら夷華混一の中原王朝に連なるものという意識を確立するに至った。

太和十四年九月、太皇太后馮氏崩ず。（享年四十九）

（『魏書』高祖紀下）

馮氏という重圧が消えて以降、二十四歳の青年皇帝の下で制度と意識の改革が深化していく。鮮卑族だけでなく漢人をも対象にした意識改革、さらにはその実体化であった。

太和十五年（四九二）四月、一つの詔を発した。

詔して曰く、…宜しく祖宗の号を制し、将来の法を定《さだめ》べし。烈祖《れっそ》（道武帝）に創基の功あり、世祖（太武帝）に開拓の徳あり。宜しく祖宗となし、百世遷さざるべし。而るに遠祖平文（郁律）

の功、未だ昭成（什翼犍）より多からざるに、然も廟号は太祖なり。道武建業の功、平文より高く、廟号は烈祖なり。功を比べ徳を校《くら》ぶるに、以為《おもえ》らく未だ充《あた》らず。朕、今道武を奉尊して太祖と為し、顕祖と二祧《にちょう》たらしめ、余の者は次を以て遷さん。

（『魏書』礼志一）

ついで、より大きな狙いを秘めた翌太和十六年（四九二）正月の詔。

詔して行次を定め、水を以て金を承ける。

（『魏書』高祖紀下）

最初の詔は、先祖の尊号を大きく改変したことを意味している。かつて道武帝（烈祖）は力微《りきび》の子・沙漠汗《さばくかん》を始祖とし、力微から数えて第四世代、第八代皇帝となった平文帝郁律《へいぶんていいくりつ》を太祖、みずからの祖父・昭成帝什翼犍《しょうせいていじゅうよくけん》を高祖とした。それを、平文帝は昭成帝より功績が少なく、これを太祖とすることは道義に合わないとして、改めるというのである。

新旧の王統を次に示す。

北魏（拓跋氏）旧王統（遊牧時代）　【新王統】（平城時代以降）

神元帝力微

沙漠汗（始祖）　1）太祖道武帝珪（旧・烈祖）

思帝弗
平文帝郁律（太祖）
昭成帝什翼犍（高祖）
献明帝寔
2）太宗明元帝嗣
3）世祖太武帝燾
景穆帝晃（即位せず）
4）高宗文成帝濬
5）顕祖献文帝弘
6）高祖孝文帝宏
7）世宗宣武帝恪
以下略

注：この系統のうち「遊牧時代」について、『魏書』には十二代の皇帝の名が記されているが、兄弟や叔父世代が継承することも多く、極めて煩雑なものになるため、道武帝が始祖とした沙漠汗の血統のみを記した。沙漠汗と献明帝は皇帝になっていない。

この詔の狙いはただ一点、平城に都を築いた道武帝拓跋珪を太祖とすることであった。王統のはじまりを都城を構えた時とすることで、それまでの「随遂水草」の遊牧時代の歴史をないものとし、鮮卑族王朝が中原の正統王朝と同質であることを主張しようとしたものと考えられる。
第二の、判じ物のような詔はより大きな意味をもっている。金徳を受けて、北魏の王朝の行次を水徳とする、という意味である。道武帝の時代に、黄帝の子孫であるとして土徳と定められたことは、すでに述べた。

この変更の詔に至るまでに、孝文帝は漢人官僚たちに鮮卑族王朝の歴史的位置づけについて議論させている。主題は、太祖の時代に拓跋氏を五行の土徳と決定したことを是とするかどうかであった。まず中書監の高閭は、

> 晋は魏を承《う》けて金となし、趙は晋を承けて水となし、燕は趙を承けて木となし、秦は燕を承けて火となす。秦すでに滅び、魏すなわち玄朔を称制す…かつ魏の姓を得るに、軒轅《けんえん》（黄帝）に出ず。臣、愚にして以為《おもえ》らく宜しく土徳と為すべし、と。
> （『通鑑』巻百三十七　永明十年の条）

いままでどおり、土徳とするよう主張した。ここには五胡十六国時代の異民族王朝のあとを受けたという認識が見られる。

ついで秘書丞《ひしょじょう》（典籍を管轄し、文書を起草する官）李彪《りひょう》、著作郎《ちょさくろう》（中書省で国史編纂責任者）崔光たちの反論。

> 神元（力微）は晋武（西晋武帝）と好を通じて往来し、桓《かん》・穆《ぼく》（帝）に至り、志して晋室を輔《たす》け、これ則ち司馬郟鄏《こうじょく》（古代周・成王の都、河南省洛陽県西部）の祚《くらい》終わり、拓跋雲代《うんだい》に受命す。昔、秦は天下を並するも、漢なおこれを共工《きょうこう》（伏羲・女媧以前の神）に比し、卒《つい》に周を継いで火徳と為す…況《いわん》や劉（前趙）・石（後趙）・苻（前秦）氏、地褊《せま》く世促《みじか》く、魏はその弊を承く、晋を舍《すて》いて土と為すべきや。
> （『通鑑』巻百三十七　永明十年の条）

李彪たちの提言は、司馬氏の晋を受け継ぐ水徳説であった。曹氏の魏（土徳）、司馬氏の晋（金徳）を受け継ぐとすると、金から生じる水としなければならないという主旨であった。

この行次の変更にかかわる議論のなかで、北魏の宮廷に初めて「中華」が登場する。

下りて魏・晋・趙・秦・二燕まで、地は中華に據《よ》るといえども徳祚《とくそ》（徳の位）微浅《びせん》なり。並びに推叙を獲《え》るも、理に於いて未だ愜《よ》からず。…いま、彪等の議する所に従わんと欲し、宜しく晋を受けて水徳と為すべし。

（『魏書』志十　礼二）

太和十六年（四九二）正月の詔にかかわる記録「礼志」に見られる帝への上申のことばである。この上表には、「晋既に滅亡、天命我にあり」という発言もあった。南朝東晋の正統性を否定し、さらに趙・秦・二燕といった五胡十六国時代の胡族王朝を、「中華」―中原にあったとしても「徳祚微浅」と斬って捨てている。

漢がみずからの王朝を火徳と定めるにあたって、始皇帝の秦の存在を神話の世界でも忘れられた神になぞらえてなきものとし、周王朝の木徳を受けたことにならったものであった。

帝は西晋王朝の金徳を受けて、北魏の配行を水徳に変更することに決した。黄帝に繋がることよりも、正統たる漢王朝の系譜―魏晋を受け継ぐことを内外に示したかったのであろう。受け継ぐのは西晋であった。南遷した亡命王朝・東晋は、孝文帝にとって滅ぼすべき相手でしかなかったということになる。

こうしたやりとりが漢人官僚の間でおこなわれたことの意味は大きい。かつて太武帝が、廃仏の詔に「鮮卑、胡ならず」という思いを込めた時には、漢人官僚は明確な反応を示さなかった。おそらく孝文帝はかれらのなかに、南にあった正統王朝を気遣う穏健派と、自分たちの仕える胡族王朝を積極的に正統王朝の歴史に位置づけしたいと願う積極派があることを察していた。そこで議論させたうえで、帝の狙いと合致する積極論を、漢人官僚からの提案として採択したということになる。

川本芳昭（九州大学教授　東洋史）は、その著『魏晋南北朝の民族問題』において、帝のこれら一連の改革を、「北魏朝が五胡の諸国といわば袂を分かつ決定は、太武帝による華北再統一の流れの延長線上にある」ものと位置づけている。

いずれにせよ、孝文帝の詔は、五胡の一つ鮮卑族の国・北魏が、いまや皇帝の徳で国家をまとめ、中華に君臨する正統王朝となったことを南朝側に宣言するものであった。

それは、礼というものに親しむ者であればすべての民族を包含する夷華混一の世界、「中華」という概念の成立に向けての橋頭堡を築くものでもあった。


孝文帝の想いは、意識改革のための具体的な新制度の確立、さらには漢帝国の領域を復活させての統一王朝の実現、そのための南朝攻略、南伐という、二つの方向に絞り込まれていく。太宗の時代から北魏王朝にとって最大の懸案は、全土統一のための南伐であった。かつて涼州を抑え、「東南一隅」を最終ターゲットとした前秦苻堅の構想の再現であった。その意味では、孝文帝は苻堅と同じ夢を見ていた。

「胡漢統一」という理想の実現のためには洛陽遷都が不可欠と、孝文帝は考えていた。平城の地は土地が貧しいうえに六月でも雪が降り、颪に黄塵が舞う厳しい環境にあったため、毎年のように飢饉となった。太和年間でも飢饉が続き、「民飢え、開倉賑恤《しんじゅつ》」——倉を開いて飢えた民にふるまったという記述が『魏書』には毎年のように見られる。それに引き換え、黄河と支流の伊水や洛水に望む中原は、北の胡族にとって豊かなる大地であった。川勝義雄（元京都大学人文科学研究所教授　東洋史）の評がある。

かれの国家改造に対する熱意は、たんに、かれ個人の好みからきたのではないだろう。平城を中心とする畿内での鮮卑貴族の腐敗と、そのような辺鄙な地域から少数の鮮卑族によって広大な華北を統治せねばならぬ困難とを思うとき、乾坤一擲《けんこんいってき》の打開策をうちだす必要が感じられたにちがいない。

（川勝義雄『魏晋南北朝』）

孝文帝は鮮卑族の悲願を達成すべく動いた。

高祖、外に南討を示す、意は遷（都）を謀るにあり。

（『魏書』列伝第七中　景穆十二王・任城王）

太和十七年（四九三）八月、帝は百万の軍勢を従えて南伐に出立した。

己丑、車駕京師を発す、南伐、歩騎百万余。洛陽に幸し、故宮の基址を周巡す。（帝）、戎服《じゅうふく》（軍装）に鞭を執り、馬を御して出る。群臣、馬前に稽顙《けいそう》（額をぬかづける）し南伐を停せんことを請う。帝、乃ち止む。よりて遷都の計を定む。

（『魏書』高祖紀下）

帝は、洛陽に入り漢魏の宮殿跡、太学（漢・魏・晋代の学問所）に巡幸したあと、全軍に出発を命じた。軍装の帝が馬を御して出たところ、群臣が馬前で南伐を思いとどまるよう訴えた。

李冲伝では、遷都に関して賛成の者は左に、反対の者は右にと即断を迫ったと伝える。大軍を発しながら、中止の決定がいかにも早い。

　帝、乃ち止む。仍ち遷都の計を定む。

交換条件のように遷都の計である。前年の冬、平城の都で太祖以来の宮殿太華殿《たいかでん》に代えて新しい太極殿《たいごくでん》が完成し祝典をおこなったばかりであることを併せ考えれば、いかにも唐突ではあった。しかし、二十七歳の青年皇帝の迫力に押し切られた。

秦漢以来の歴史を伝える古都洛陽に都することは、孝文帝にとって、文化の正統性を奪取することでもあった。

これ以前、帝は、密かな想いを堂叔《どうしゅく》（父の年若いいとこ）・任城王澄《にんじょうおうちょう》（四六七年生）にだけは打ち明けていた。同い年の任城王は、帝が「わが子房《しぼう》（漢の高祖劉邦の軍師張良《ちょうりょう》のこと）」と頼む親族であった。帝は問うた。

　国家北土より興り、平城に徙居し、四海に富むといえども、文軌一ならず、この間用武の地にして、文治すべからず、風を移し俗を易《かえ》るは、信じて甚だ難《かた》きと為す。崤函《こうかん》（崤と函谷関《かんこくかん》、いずれも河南省洛寧《らくねい》県北西の要害の地）は帝宅にして、河洛は王里なり、よりてここに大挙し、中原に光宅（徳が天下に満ちるさま）せんとす。任城王の意、もって如何と為すか。

（『魏書』景穆十二王・任城王）

王の答えは、
　伊洛中区《いらくちゅうく》（伊水と洛水の中、すなわち洛陽）、天下を均しく据える所。陛下、華夏を制御し、九服を輯平《しゅうへい》（和らげ平らげる）せんとす、蒼生《そうせい》（万民）これを聞かば、まさに大いに慶ぶべし。

さらに、

北人、本《もと》を恋い、忽ち将に移らんとするを聞かば、驚擾《きょうじょう》（驚き騒ぐ）せざるあたわず。（同）

北の六鎮の動向を懸念する帝に、非常のことゆえ誰にも漏らさず帝の聖懐として決するように進言したのも、南伐を思いとどまるよう泣いて諫める役割を担ったのも、任城王であった。（同）

馬上の即断は、抵抗する群臣たちにまずは遷都を認めさせるため、任城王とともに演じた大芝居、目くらましであったのである。

この任城王のことばからも、すでに北魏には「華夏を制御」した中原の覇者という意識がうかがえる。

遷都──新しい都の造営を委ねられたのは、またもや李冲であった。

太和十七年（四九三）十月、北は黄河と邙山《ぼうざん》に依り、南は黄河の支流伊《い》・洛河《らくか》に通じる地、洛陽で都造りがはじまった。

近年、北魏洛陽城で発掘調査が行われてきた。劉精誠《りゅうせいせい》『魏孝文帝伝』によれば、洛陽城は内城と外郭城からなっていた。内城は後漢や魏晋時代の基礎の上に建てられ、外郭城が新築であったとする。外郭城は「東西二十里、南北十五里」（『洛陽伽藍記』）という広さであった。この時代の一里は三百六十歩、約五〇二・二一メートルとされるから、大雑把にいって周囲三十五キロメートルというこ

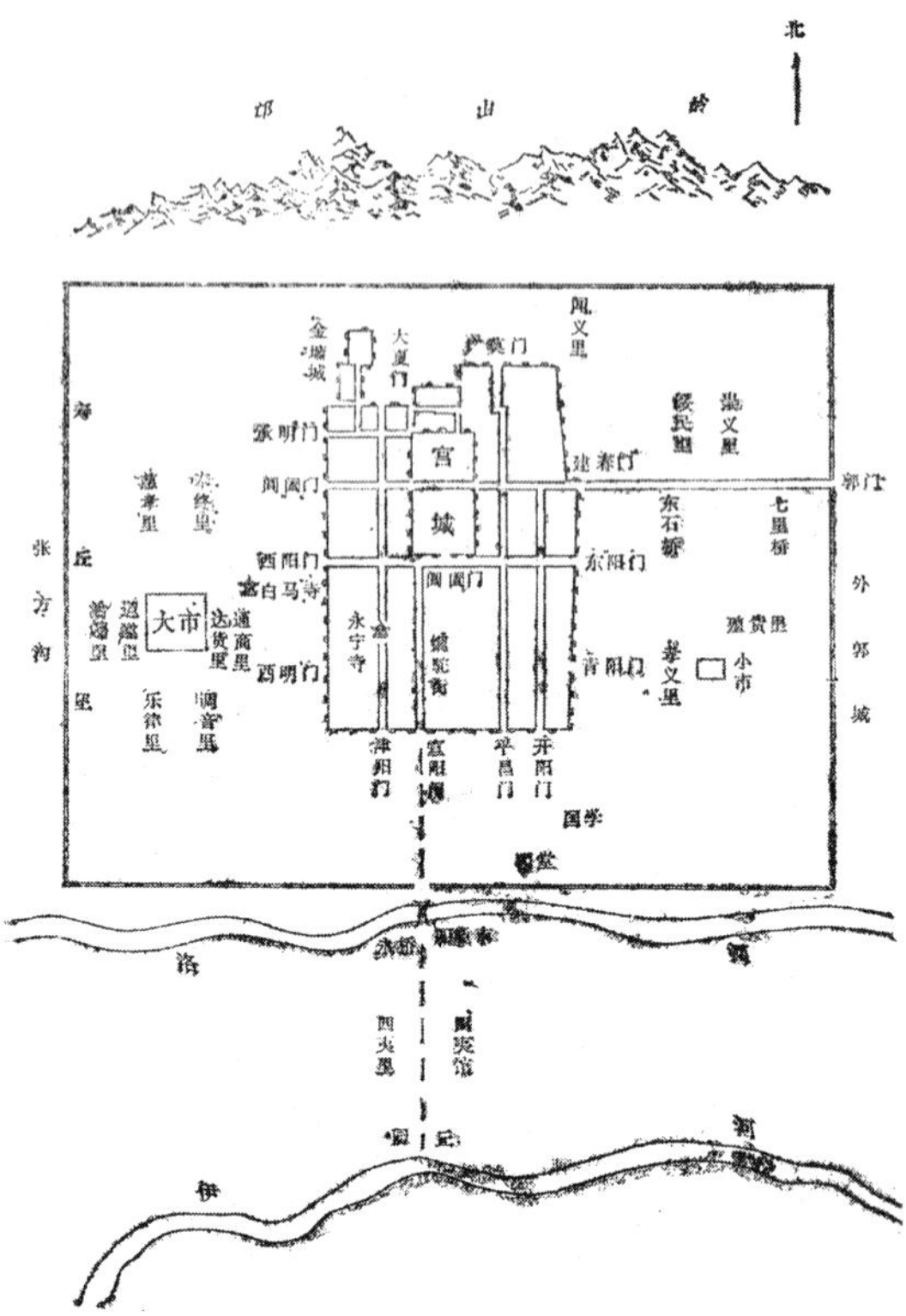

北魏洛陽発掘宮殿図

とになる。

発掘の結果、内城は周囲およそ十四キロ、幅四十メートルの東西大街で南北に分かたれ、北部には都の中心であった宮城（南北約千三百九十八メートル、東西約六百六十メートル）が位置している。南北に長い矩形で、大小二三十の建物跡が確認された。南部には大きな通りをはさんで中央官庁や貴族の住宅があった。外郭城には里坊、寺、市、などが建ちならんでいた。西は平城から移ってきた皇室貴族や鮮卑大官、官僚の居住区で、中央市場や豪奢な寺院もあった。東は漢人官僚や身分の低い役人、庶民の居住区で、このほかに南朝や蠕蠕《ぜんぜん》及び東北・西北の各民族の降伏してきた者、あるいは西域商人の居住区もあった。

北魏洛陽城の規模は、過去のどの都城より、また隋唐の長安城よりも大きいものであったようだ。

劉精誠は、隋唐の長安城は、その長方形の形、さらには設計や宮殿配置まで北魏洛陽城を踏襲したものだとしている。

三、拓跋《たくばつ》、鮮卑《せんぴ》胡ならず——民族改造計画

孝文帝は古来中原にあった先賢たちの旧跡に、ことあるごとに訪れている。まずは孔子。遷都前の太和十三年、都平城に孔子廟を建立、孔子と北魏の先祖のための祭祀を行った。太和十六年には、尭・舜・禹・周文王を、それぞれが都したと思われる地で祀り、廟を修復している。太和十九年、南巡で魯城を訪れたときには、孔子廟で祭祀を主宰し、庭園などを整備させた。尭舜など、伝説の古代の王たちをも手厚く祀っている。

こうした儒教を重視する姿勢は、中原王朝を受け継ぐ帝王の証であった。

しかし、現実の鮮卑の民の知的レベルは、まったく別の次元にあった。

雲魏氏《うんぎし》遷洛するも、未だ華語達《とお》らず。孝文帝、侯伏侯可悉陵《こうふくこうかしつりょう》に命じ、夷言《いげん》を以て孝經の旨を訳して国人に教えしむ。之を国語孝経《こくごこうきょう》と謂《い》う。

（『隋書』第二十七　経籍志一経　国語）

儒教教育のためには、まず原典を鮮卑語に翻訳しなければならなかったのである。鮮卑語しか理解できない家臣団、そして漢文化に精通した皇帝。三十歳を目前にした孝文帝は、一代で胡漢融合を成し遂げんとする使命感に燃えていた。

やがて帝は、民族の矛盾を解消するため、大胆な施策をうち出した。

十八年十二月、衣服の制を革《あらた》む。

（『魏書』高祖紀下）

十九年六月、詔して朝廷に北俗の語言を以てするを得ざらしめ、違えるあらば居る所の官を免ず。詔して遷洛の民、死して河南に葬り、北に還るを得ざらしむ。ここに代人の南遷する者、悉《ことごと》く河南洛陽の人となる。

（『魏書』高祖紀下）

太和十八年（四九四）には、衣服の制度を改め、胡服—筒袖の遊牧民族の衣装を禁じて漢人の服制を採用した。ついで「北族の語言」—民族のことばであった鮮卑語の宮廷での使用を禁じ、族人の本籍を河南に移して、死者を故地に葬ることさえ禁じた。

八月、魏、金墉城《きんようじょう》成り、国子・大学・四門小学を洛陽に立つ。

（『通鑑』巻百四十　建武二年の条）

九月、六宮及び尽《ことごと》く洛陽に遷る。

（『魏書』高祖紀下）

新都造営の詔から二年後の太和十九年九月、中心の宮殿となる金墉城《きんようじょう》が完成しただけの新都に文武百官が平城から移った。しかし、洛陽三百三十三坊（一坊は方三百歩）の完成は、孝文帝の死から三年後、第七代世宗宣武帝の時代のこととなる。孝文帝は豪壮な新都の全貌を知ることはなかった。

太和二十年（四九六）、拓跋という民族固有の姓を捨てた。

二十年正月、詔して改姓して元《げん》氏と為す。

（『魏書』高祖紀下）

春、正月、魏主（孝文帝）詔を下し、北人、土を謂いて拓と為し、のちに跋と為す。魏の先は黄帝に出ず、以て土徳の王とし、故に拓跋氏と為す。それ土は黄口の色にして万物の元なり…宜しく姓を元と改めるべし。諸功臣旧族の代より来たれる者、姓或いは重複、皆これを改めよ。

（『通鑑』巻百四十　建武三年の条）

土が万物の根元であるとして、鮮卑語で土を表す拓跋という姓を、漢語の元と置き換えるというのである。同時に部族連盟を構成していた八部族、すなわち紇奚《きっけい》、丘穆陵《きゅうぼくりょう》、歩六孤《ふろくこ》、賀頼《がらい》、独孤《どくこ》、賀楼《がろう》、勿忸于《こくじつう》、尉遅《うっち》の八姓をそれぞれ稽《けい》、穆《ぼく》、陸《りく》、賀《が》、劉《りゅう》、楼《ろう》、于《う》、尉《い》と改め、鮮卑の第一級貴族とした。また鮮卑族が陰山近郊に移住して以降、部族連盟に参加した七十五の部族や、道武帝の北魏建国時に支配下に入った主要部族の姓をも変えた。基本的には、漢人風の一字姓への改姓であった。

帝三十歳を迎えた年、「姓族の分定」、漢人の格付けが行われた。

太和二十年（四九六）正月。魏主、門族を雅重し、范陽《はんよう》の盧敏《ろびん》・清河《せいか》の崔宗伯《さいそうはく》・榮陽《えいよう》の鄭羲《ていぎ》、太原《たいげん》の王瓊《おうけい》の四姓を以て衣冠推すところ、その女を咸《み》な納め、以て後宮に充《あ》つ。隴西李冲、才識を以て任をみる、当朝貴重にして、姻姻結ぶところ、清望にあらざるなし。

（『通鑑』巻百四十　建武三年の条）

高祖、初めて《周礼《しゅうらい》》に依り、夫（人）、（貴）嬪の列を置き、（李）冲の女《むすめ》を夫人と為す。

（『魏書』列伝第四十一・李冲）

孝文帝は、漢人世家から范陽盧氏、清河崔氏、榮陽鄭氏、太原王氏の四姓を、筆頭名門と決めた。加えて五番目の姓に選ばれたのが隴西李氏、あの寵臣李冲の血脈であった。後宮に入れるのはこの五姓だけとして、その尊卑を明らかにしたのである。帝が迎えたのは、李冲の娘であった。

それは、鮮卑族の同族結婚を排し、后《きさき》は漢人の名門貴族から迎えるようにとの指示でもあった。詔はただちに実行に移され、帝の六人の弟たちはそれぞれ漢人官僚の娘を正室として迎え入れることとなった。すでに同族女性を娶っていたものは、位を媵妾《ようしょう》（こしもと）に降格させるという強引さであった。

然らばすなわち婚なる者は、二姓の好を合わせ、他族の親を結び、上は以て宗廟に事え、下は以て後世に継ぎ、必ず重正を敬い慎み後にこれを親しむ。夫婦すでに親しみ、しかるのちに父子君臣、礼義忠孝、これに備わる。（『魏書』列伝第九上　献文六王・咸陽王）

この、きわめて儒教的な詔にも帝が、鮮卑と漢、二つの民族の名族を対等に位置づけし、両民族の結合によって、漢でもない、鮮卑でもない、新しい支配階級を形成し、門閥によって王朝の安寧秩序を維持しようとした意図がうかがえる。こうした異民族間の通婚への考え方は、のちの唐王朝にもみえる。新興勢力吐蕃《とばん》王からの皇女降嫁要請に対しての太宗の詔《みことのり》も似たようなものであった。

しかしながら改革は、孝文帝が懸念したとおり、鮮卑族の間に大きな亀裂を生むこととなった。改革が、北の六鎮にあった鮮卑族を無視したものであったからである。鮮卑という民族は、南の上流貴族、いわば改革派と、遊牧の伝統にこだわる北の士庶階層、いわば守旧派に分断され、やがて差別された六鎮が王朝を大きく揺るがすことになる。

ところで、孝文帝は、北魏という国家の根幹にあった仏教とどう関わったか。

平城時代、若き孝文帝の姿が伝えられている。

承明元年（四七六）八月、高祖、永寧寺《えいねいじ》において太法供を設く。良家男女、度（仏門に入る）し僧尼となる者百有余人、帝、剃髪をなし、僧服を以て施し、道戒を修せ占め、顕祖の（追）福に資せしむ。

（『魏書』釈老志）

この法要は、文明皇太后馮氏に毒殺された父帝を弔うものであった。高さ三百余尺（およそ二百メートル）、七級（七重）の仏塔を構える永寧寺は、孝文帝が生まれたときに建立された「天下第一」の寺であった。即位して五年、齢十歳あまりの幼き孝文帝が得度を願う衆生にみずから剃髪を施したのも、この寺であった。これは「皇帝即如来」の思想の反映と思われるが、青年時代になって以降は、この思想にこだわった形跡は見られないし、これ以降、衆生に剃髪を施したという記録もない。さらに、帝は太祖以来の「皇帝即如来」思想を放棄していた。仏教に頼って帝位を権威つける考えがなかったのである。のちに詳述するが、具体例が帝ゆかりの石窟寺院に残されている。

とはいえ帝も熱心な仏教徒であった。

時に沙門道登、雅にして義業あり、高祖眷賞《けんしょう》（目をかける）を為す。恆《つね》に侍して講論す。曾《かつ》て禁内において帝と夜談す。

（『魏書』釈老志）

道登が講じたのは鳩摩羅什の訳した成実論《じょうじつろん》（仏教教理を論述したもの。一切皆空を説く）であった。太和二十年、道登が亡くなった時には帝は喪にさえ伏している。道登は白塔寺《はくとうじ》で僧淵《そうえん》から教えを受けた。

曇度《どんど》・慧記《けいき》・道登《どうと》並びて僧淵に業を受く。慧記は数論に通じ、道登は涅槃と法華を善くし、并《あわ》せて魏主の重んじるところとなり、名を魏国に馳せる。

（『高僧伝』巻八　義解五）

太和十九年、南伐で徐州《じょしゅう》寿春《じゅしゅん》に侵攻した折には道登の案内で白塔寺に詣でている。

この寺、近きは名僧崇法師《すうほうし》あり。成実論を羅什に受け、崇法師に授け、ここに在りて流通す。のち、淵《えん》法師に授け、淵法師、登・紀二法師に授く。朕、毎《つね》に成実論を翫《がん》し、以て人の染情（煩悩）を釈する可《べ》くなり。故にこの寺に至る。

（『魏書』釈老志）

唐・釈道世《どうせい》の撰になる『法苑珠林《ほうえんしゅりん》』、仏教に関する情報をまとめた書物がある。そこに北魏から西魏に至る百七十年の間の状況が簡潔にまとめられている。曰く——

国家大寺四十七所…、王公等寺八百三十九所、百姓所造寺者三万余所、捴度僧尼二百四万、訳経四十九部、仏教東流此れ焉《なんぞ》盛んなる。

（『法苑珠林』伝記編興福部）

国家による大寺の数もさることながら、百姓とは、百官（官僚）のこと、その造寺三万余所というスケールに驚きを禁じ得ない。流沙を渡って中原に至った仏教が深く浸透し、史上空前の盛り上がりをみせたのが、北魏時代であった。

太和二十年（四九六）九月、孝文帝は小平津《しょうへいしん》で部隊を閲兵、翌年四月には龍門《りゅうもん》を訪れている。古来、洛陽防衛上の重要な拠点として、「八関」があった。函谷関《かんこくかん》、伊闕《いけつ》（龍門）などと並んで小平津の名がある。小平津と伊闕、いずれも黄河と伊水の渡し場、いわば洛陽の喉首に当たる。

どちらの地にも、孝文帝ゆかりの仏教石窟がある。鞏県《きょうけん》石窟と龍門《りゅうもん》石窟である。

洛陽の南十四キロの地、伊水西岸の岩肌にほぼ一キロにわたって穿たれた大小さまざまの仏龕《ぶつがん》がある。石窟の密集ぶりは、蜂の巣にも似た威容である。仏龕は、南から北に流れる伊水の両岸に穿たれている。敦煌、雲岡と並ぶ中国三大石窟の一つ、龍門石窟である。現存する石窟は千三百五十二、仏龕は七百八十五、総計二千百三十七を数える。

龍門は洛陽遷都の四九四年から、唐代までほぼ四百年にわたって開鑿され、全体の三分の一が北魏代の、残る三分の二が唐代の造営になる。

石窟造営は、第七代世宗宣武帝《せそうせんぶてい》（在位五〇〇―五一五）の発願で、高祖孝文帝と皇后を供養するためのものであった。北魏窟の中で唯一皇帝の発願になる勅願窟である。

景明（五〇〇～五〇三）初め、世宗、大長秋卿《だいちょうしゅうきょう》（宮中事務担当官）白整《はくせい》に詔して、代京（大同）霊巌寺《れいげんじ》（雲岡）石窟に準じ、洛南の伊闕山《いけつさん》（龍門）に高祖と文昭皇太后のために石窟二所を造営せしむ。これを建てはじめ、窟頂の地を去ること三百一十尺。正始二年（五〇五）中に至り、はじめて山二十三丈（八十六・八メートル）を斬出《きりだ》す。…永平中（五〇八～五一二）、中尹《ちゅういん》（宮内庁長官）劉騰《りゅうとう》奏して世宗のために復た石窟一を造り、およそ三所となす。景明元年より正光四年六月に至る前、用いし功八十万二千三百六十六人。（『魏書』釈老志）

難工事であった。正光四年（五二三）まで、二十年以上の歳月と巨費を投じたものの、完成したのは三洞のうち中洞一窟だけであった。南北二洞は途中で放棄され、完成をみるのは唐代のこととなる。三つの石窟は、いま賓陽三洞《ひんようさんどう》（南、北、中の三洞）と呼ばれている。

賓陽三洞は、山を南北に切り開いた東向きの崖にある。入口が煉瓦でアーチ形にかためられているのは近年の補修によるもの。奥行き十メートル、幅十一メートルほど、馬蹄形の窟で、十メートル近い高さの天井の中央には蓮華のレリーフ、楽を奏でる飛天の姿がわずかに残っている。中央に高さ八・四メートルの釈迦牟尼坐像、左右に二弟子二菩薩を配した五尊形式、南北の壁にはそれぞれ一仏二菩薩、計十一体の巨像が見る者を圧倒する。全体で三世仏を表し、中央の本尊は現在の釈迦仏、左側は過去仏の阿弥陀仏、右側は未来仏の弥勒仏とされる。台座の上に衣が垂れ下がる、いわゆる裳掛座《もかけざ》に結跏趺坐《けっかふざ》する釈迦像は細長い顔、不釣り合いに長い耳、大きく弧を描く眉、目尻がやや垂れ下がりぎみの細い眼、薄く唇を開いて微笑みを浮かべている。鼻翼の広がっているのが特に目につく。

龍門全景

賓陽中洞本尊

「皇帝即如来」の思想の下、皇帝の姿を写して仏を彫るのが北魏の伝統であったとすれば、孝文帝のために開かれた賓陽中洞の本尊こそ、帝のありし日の姿を写したものなのかもしれない。

帝は、仏教への考えを旗幟鮮明にしていた。王朝を支えてきた「皇帝即如来」という思想を否定した証が、皇帝勅願の賓陽洞に刻まれた「帝后礼仏図《ていごうらいぶつず》」である。孝文帝と皇后が君臣や貴嬪を従えて優雅に仏を礼拝する姿を描いた大型の浮彫であった。二十世紀初めに剝がされて、現在はアメリカのニューヨーク市立美術館とカンサス・ネルソン美術館に収蔵されている。

龍門の石彫は失われたが、同じ図像が小平津《しょうへいしん》に開かれた鞏県石窟《きょうけんせっくつ》に残されている。

小平津は、洛陽からおよそ六十キロ、鞏県の目と鼻の先にある。小平津—鞏県は、黄河の舟運を押える軍事上の拠点であった。

鞏県の町から東北に九キロ、黄河との合流点近く、南に伊洛水を望んで鞏県石窟がある。石窟が穿たれた大力山は黄土高原が形成した角ばった山で、岩石層の上に五メートル近い黄土が一山をなしている。石窟はその下部二十メートルにわたって露出した岩々に南向きに並んでいる。窟の数は五つ、こぢんまりした石窟である。石窟と三尊摩崖大像が北魏期のもの、後代のものとして千仏龕と三百二十八にのぼる小さな仏龕が刻まれ、全体でおよそ千七百体の仏像があるという。

後魏宣《こうぎ》（武）帝の景明の間より、石を鑿《うが》ちて窟と為し、仏を刻すこと千万像…。

（『重脩石窟寺碑記』）

石窟に残された銘文から、造営が宣武帝の時代にはじまったことがわかる。ほぼ同時期に龍門と鞏

帝后礼仏図　鞏県石窟

県で石窟が造営されたことになる。ただ、孝文帝が希玄寺という寺を造ったと、この地で出土した碑文に記されていることから、地元では鞏県石窟は孝文帝の時代にはじまると言い伝えている。

第一窟の入口には、摩崖の三尊と力士の仏龕が刻まれている。三尊の本尊は高さ五メートル余りの立像、龍門賓陽中洞の本尊と同じように頭には肉髻《にくけい》をもち、服制もいわゆる褒衣博帯《ほういはくたい》である。

「帝后礼仏図」のレリーフは、入口の壁の両側に三段にわたって刻まれていた。左（東側）のものは皇帝が率いる供養者群像であり、右（西側）のそれは皇后の率いる女性の供養者群像である。一番先頭、ひときわ大きく刻まれているのが皇帝であろう。樹下に立つ僧と女性に導かれてゆったりと進む皇帝。頭に通天冠《つうてんかん》を戴き、うしろから従者が羽葆《うほう》（鳥の羽をつづった扇）を差し掛けている。「儀態雍容《ぎたいようよう》（ゆったりとした姿）」、鮮卑貴族の姿を形容することばさながらの、悠揚迫らぬ気品を漂わせた王者の風格を感じさせる。一方、皇后のほうも僧に先導されて傘の下を六人の侍女を従えてゆったりと歩む。

「帝后礼仏図」は、ここ鞏県では未完成の第二窟を除くすべての石窟に刻まれている。しかも窟はきわめて小さい。このことから鞏県石窟は高貴な、ごく少数の人びとのために穿たれたのではないか。具体的にいえば、北魏王室専用の寺と考えられている。

「帝后礼仏図」という造形は北魏で生まれ、北魏でしか制作されなかった。

孝文帝は、「皇帝即如来」思想、国家仏教を否定し、仏教を本来の姿に戻そうとしていたのであろう。その父の思いを受け継いだ宣武帝によって、衆生と同じように仏に帰依する皇帝の姿が刻まれたのである。

この礼仏図の世界は、「皇帝即如来」の思想とは無縁のものである。孝文帝の思いのなかでは、仏教はもはや多民族統合のための、征服者の宗教ではなかった。

言いかえれば孝文帝は、儒教的な思想や儀礼でまとまった鮮卑人と漢人からなる貴族集団のうえに安定した統治システムができたと確信していたのであろう。

四、大逆転——孝文帝の中華帝国

孝文帝の宮廷で、「中華」が使われていた。『魏書』に五つの用例がある。

『魏書』は、南朝の『宋書』『南斉書』に少し遅れて、五六〇年ころに成立した。ここに五つの用例が見える。なお、◎は「詔、あるいは上表」、▼は「会話」、▽は「地の文章」を表わしている。

一、◎（顕宗上書）また曰く、南（朝）偽りて相承してより、淮北《わいほく》を竊有《せつゆう》（盗み取る）するありて、

中華の称を擅《せん》（占有）せんとす。　（列伝第四十八　韓麒麟）

二、◎（彪表）唯だ我が皇魏の中華を奄有《えんゆう》し、歳百齢を越え、年幾十紀。太祖違を弗《はら》うを以て開基し、武皇時を奉じて以て業を拓く。　（列伝第五十　李彪）

三、◎嘗て五言詩を賦して曰く、嶧山万丈の樹　雕鏤《ちょうろう》して琵琶を作る　此材高遠により　弦の響きは**中華**に靄《たなび》く。　（列伝第六十七　鹿悆）

四、▽宕昌羌《ごしょうきょう》（甘粛省にあった異民族）なる者、その先、蓋し三苗《さんびょう》の胤《たね》なるべし。周の時、庸・蜀・微・盧等八国とともに武王に従い商を滅す。漢に先零《せんれい》、焼當《しょうとう》（ともに羌族）等あり、世に辺患をなす。その地、東は**中華**に接し、西は西域に通ず。　（列伝第八十九　宕昌）

五、◎臣等謹共参論し、伏して皇魏世王の玄朔《げんさく》を惟《おも》うに、下は魏・晋・趙・秦・二燕、地は**中華**に據《よ》るといえども、徳祚微浅にして、並びて推敘を獲《え》るも、理において未だ愜《み》たず。　（第十　礼四之一礼志）

一、韓麒麟《かんきりん》伝の文は、孝文帝の時代（大和初年）に、淮河の北の地を奪還せんがため南朝こそ中華であると主張しているという意味。ここでの中華は、従来の観念を引き継いでいる。

ここから急激な転換が起こる。

二は、孝文帝の死後、李彪《りひょう》が世宗宣武帝に国家の基本的な考えに関して出した上表である。ここに見えるのが、「唯だ我が皇魏の中華を奄有《えんゆう》（おおように残らず我がものにする）し、歳百齢を越え、年幾十紀」という一文である。中華を占有してすでに百年になるという文言からは、すでに「わが北魏こそ中華」、中華はわがものという意識がうかがえる。

さらに第四例の中華も、明らかに北魏の領土を意味している。

五例目の礼志の条は太和十六年（四九二）正月の運次変更の詔にかかわるもので、この発言はその前年の議論のなかに登場する。この中華も孝文帝の宮廷で使用されていたものと理解してよい。

中華の概念が孝文帝の宮廷で「中華＝漢」から「中華＝鮮卑拓跋族」へと大逆転を遂げたことが、この二つの上表（天子、帝に提出する文書）で明らかになる。

本論とは関係ないが、三は、宣武帝時代の詩である。嶧山とは、五岳と称される聖地の筆頭、中原の鎮《しず》めとされる嵩山《すうざん》（中岳）のこと。嵩山の万丈の巨木を彫って琵琶を作れば、この材が高遠（気高い）ゆえ、その弦の音は中華にたなびき響く、といったくらいの詩意であろう。

中華の用例が孝文帝と子の宣武帝の時代に集中していることに注目しておきたい。帝が、かれ自身の時代に「北魏＝中華」と主張するに到ったのである。「中華」の大転換が孝文帝の意向を反映したものであることには疑問の余地はない。それだけ帝が中華ということばを意識していたのであった。

第三代世祖太武帝の太平真君十一年（四五〇）、南朝に侵攻した北魏は「索虜拓跋」、弁髪の異民族と軽んじられ、あまつさえ東晋の使者から「尚《なお》中華聞くべからず」と愚弄された。以来、拓跋の歴代皇帝は「中華」を漢の文化の象徴として意識されてきた。

孝文帝は、その中華をみずからの支配の文脈に取りこんだ。それは拓跋族王朝積年の悲願であったといえるのかもしれない。

四五二年に世を去った太武帝の時代から、わずか二十年余での大逆転であった。この時代、東晋すでになく、対峙していたのは劉裕《りゅうゆう》の宋（四二〇—四七九）、ついで蕭道成《しょうどうせい》の斉（四七九—五〇二）であった。

孝文帝が我がものとした中華は、新たなる支配者北魏＝鮮卑拓跋族の領域という意味を持っている。「我が皇魏の中華を奄有」という文言、そして「東は中華に接し」の中華は、いずれも現実の北魏、あるいは北魏の領土を意味している。その領域は中原から西、河西回廊・涼州にいたる広大なものとなっていた。

この時点での中華の本家は、北魏、そして孝文帝に移った。

「中華」出現当時と比較してみたい。『晋書』に最初に現れたのは西晋時代の末期、ここでは確かに中原にあった西晋という帝国を意味するものであった。鮮卑をはじめとする五胡は夷であり戎であった。以降、南朝にあっては「失われた中原」、すでに失った西晋とその領土、あるいは精神文化を表わすものとなった。そして孝文帝の中華は、現実の北魏領を表わしている。「華夷」という対立軸の「華」に鮮卑が転移した。同時に、「中華」が、「国の領土」を表わす概念として史上初めて位置づけされたともいえよう。

かくして「拡大する中華」は第二段階に入った。中原という枠を離れて新たなる展開がはじまったのである。

『魏書』はいう。

晋室喪乱、中原蕩然《とうぜん》（跡形もなくなる）す。魏氏百王の末を承け、属（属兵）崩散の後、典刑（旧来の刑法）泯棄《ひんき》（滅びる）し、礼俗澆薄《ぎょうはく》（人情が薄い）す。太祖乱を撥《おさ》めてより、華夏を蕩滌《とうでき》（洗い清める）す。太和に至り、然る後、吏（役人）清く政《まつりごと》平《たいら》かに断獄（裁判）省簡、所謂《いわゆる》百年にして後、残（残虐な者）を勝《しの》ぎ、殺（死刑）を去る。（『魏書』志十六　刑罰）

魏晋の王朝の混乱をおさめて華夏を洗い清めた北魏では、孝文帝の太和年間に確たる「中華王朝」を築き上げた。その、自信にあふれた一文である。

ここに、騎馬民族王朝による最初の「中華帝国」が出現した。ただし、「中華帝国」というのは本稿での便宜的な呼称でしかない。「帝国」という概念は近代のもので、当時には存在していなかったからである。

こうしてみれば、孝文帝の一連の民族改造をともなった大改革は、「中華」概念の大逆転によって完成したともいえよう。それは、鮮卑拓跋族が「五胡」の範疇から抜け出したことを内外に明らかにした歴史的な大変革であったし、あとに続くいわゆる「鮮卑拓跋王朝」―隋唐帝国にとっても大きな遺産となった。先回りして言うならば、孝文帝の中華を受け継いだのが、唐の太宗であった。

悲願であった南伐の顛末について晩年の記録をたどる。南伐は、孝文帝が亡くなる太和二十三年（四九九）まで、三回行われた。

第一次南伐は、太和十八年（四九四）十二月から翌年三月までの四か月。大軍を動員して襄陽《じょうよう》・義《ぎ》陽《よう》（河南省南信陽北）・鐘離《しょうり》（安徽《あんき》省鳳陽臨淮関《ほうようりんわいかん》）など、四か所を攻めた。このとき北魏軍は淮河を渡り、南斉軍の防衛線を突破、帝も鐘離にまで至った。しかし、斉の水軍が淮河で北魏の補給路を絶つ作戦に出たため、水軍の数で劣勢であった北魏軍は兵を引いた。

都に戻った帝は李冲に命じて洛水から南、汴《べん》水を経て淮水に至る溝渠《こうきょ》の建設を命じた。船で兵を送り淮河を渡ったところで敵に陸戦を仕掛けようと考えたのである。孝文帝が軍略家としてもすぐれた大局観を持っていたことがうかがえる。しかしこのころ、北の六鎮勢力と親しかった太子恂《じゅん》の謀反の企てが露見した。皇太子廃嫡という事件に連座して李冲が職を辞したためにこの工事は沙汰やみとなってしまった。もし実現していれば、隋の煬帝《ようだい》の揚州までの大運河開鑿という大事業に先鞭をつけるものとなったはずである。

二〇年十二月、皇太子恂《じゅん》を廃して庶人と為す。

二一年正月、皇子恪《かく》を立てて皇太子と為す。

六月、冀・定・瀛《よう》・相・済五州に詔して卒二十万を発せしめ、将に以て南伐せんとす。

（『魏書』高祖紀下）

第二次南伐は、帝が三十をこえたばかりの太和二十一年（四九七）六月にはじまった。冀州《きしゅう》（河北山西二省南部、河南省北部）はじめ五州から二十万を動員、七月には帝も出陣した。西部戦線に兵を集中して荊州《けいしゅう》（湖北・湖南地方）を攻略し、そこから東に戦線を拡大するという戦略であった。

北魏軍はまず南斉の宛城《えんじょう》（河南省南陽）を攻めた。この戦いを咸陽王《かんようおう》禧《き》に委ねた帝は、戦いの山場となる新野城《しんやじょう》（河南省南新野）に向かった。新野は、宛城から樊城《はんじょう》（湖北省襄樊《じょうはん》市）に通じる。樊城は、南朝にとって最大の防御陣であった襄陽の北の守りとなる要衝であった。後年、南宋を滅亡させた五年におよぶ襄陽包囲戦のおり、蒙古軍が拠点を築いたのも樊城であった。

新野が戦いの帰趨を決する地になるとして北魏軍は四方から一斉攻撃をおこなった。さらに漢水（陝西省に源を発し湖北省漢口で長江に注ぐ）の上流沔《べん》水では斉軍を大破、敵将を捕虜とした。漢水を南下すると揚子江に出て鄂州（現・武漢）にいたる。進軍する北魏軍に、南斉の前軍将軍・後軍将軍など十五名の大将が降服、孤立した新野城は翌太和二十二年（四九八）正月に陥落、やがて宛城も陥ちた。三月、帝は五州の軍兵二十万に、八月を期してこの地に集結せよとの詔を発した。東から一気に斉都建康（現・南京）を攻略しようとしたのである。

七月、国内の高車族が反乱を起した。孝文帝はやむなく南伐を中断して洛陽に戻った。

こうして第二次南伐は終わった。

高車の反乱を鎮圧したころ、南斉が失地回復のため攻勢をかけ、北魏軍の駐屯地馬圏城《ばけんじょう》（河南省南陽市西）を攻め落とした。翌太和二十三年（四九九）三月、孝文帝は三度の南伐に出た。激戦の末、馬圏城を奪還した北魏軍は、夜陰に乗じて逃走する敵の大将を追って漢水に至った。結果、南斉軍の十分の九が殺され、あるいは溺死したという。

兵力を集中し、複数の方向から軍を展開し、あるいは敵軍の退路を断つ戦術など、軍略化としての孝文帝の評価は高い。王朝海（寧夏大学講師）『北魏政権正統之争研究』は、孝文帝の活躍により北朝の政治的・軍事的実力が南朝を凌駕したという。

ここで北魏にとって悲劇が起きた。

二三年四月一日、帝、谷塘原《こくとうげん》（河南省淅川《せきせん》県北部）の行宮にて崩ず。時に歳三十三。

（『魏書』高祖紀下）

一年前から帝は病んでいた。勝利を目前にしながら病状が回復することなく、西暦四九九年四月二十六日、三十三歳の若さで孝文帝は世を去った。追撃を怖れた北魏軍は喪を秘して軍を引き、戦いは決着を見ることなく終息した。遺骸が魯陽《ろよう》（河南省魯山県）に戻ったところで、駆け付けた皇太子元恪《げんかく》が世宗宣武帝として即位した。二か月後、遺骸は都の郊外に葬られた。洛陽旧城の西北孟津《もうしん》県官庄村に、文昭皇后陵と並んで残る長陵である。

それでは、南朝諸国はどういう状況にあったのか。

動乱の時代を迎えていた。

孝文帝即位の八年後、太和三年（四七九）には宋が建国六十年にして滅亡、高帝蕭道成《しょうどうせい》が斉《せい》（四七九—五〇二）を建国する。それも二十年あまりで武帝蕭衍《しょうはん》の梁《りょう》（五〇二—五五七）、そして南朝最後の王朝、武帝陳覇先《ちんはせん》の陳《ちん》（五五七—五八九）と、百十年のあいだに四つの王朝が興亡することになる。

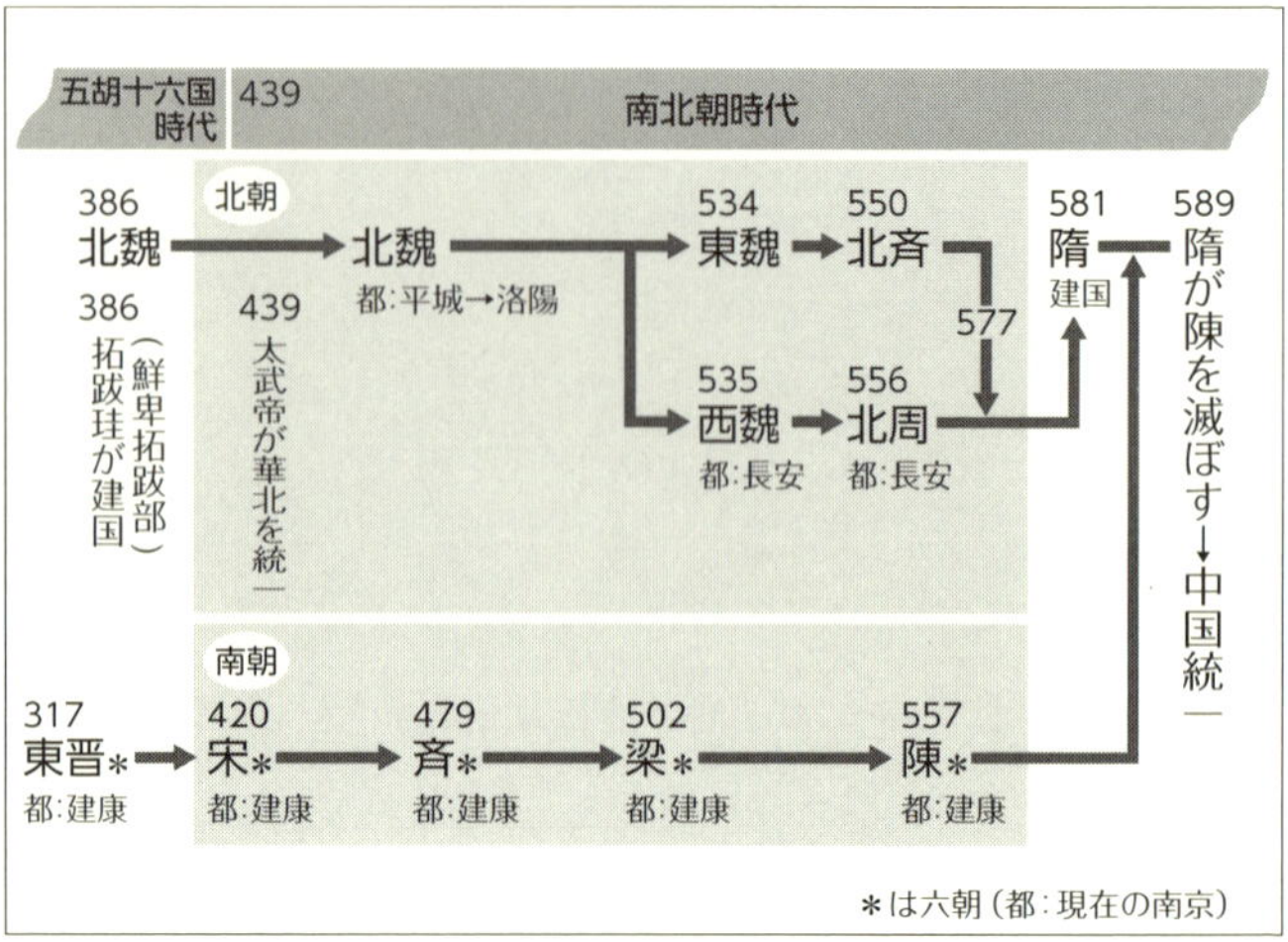

南北朝王朝の変遷

当然のことながら『魏書』においては、南朝はまとめて非正統、蛮族扱いされ、列伝末尾、匈奴など胡族のあとに記されている。曰く、僭晋司馬叡《せんしんしばえい》（列伝第八十四）、島夷桓玄《とういかんげん》・海夷馮跋《かいいふうばつ》・島夷劉裕《りゅうゆう》（列伝第八十五）、島夷蕭道成《しょうどうせい》・島夷蕭衍《しょうはん》（列伝第八十六）などなど。

その内容は、たとえば僭晋司馬叡（東晋初代元帝）の場合、

漢末大乱、孫権遂に劉備と呉蜀を分拠す。権、長江に阻《よ》る。殆ど以て天地を内外に限る所なり。（司馬）叡、擾乱に因り、跨《また》いで之を有す。中原の冠帯、江東これ人を呼んで、皆貉子《かくし》（むじな）と為し、狐貉《こかく》の類の若《ごと》きを云う。巴《は》・蜀《しょく》・獠《りょう》・溪《けい》・俚《り》・楚《そ》・越《えつ》、鳥声禽呼《ちょうせいきんこ》す、言語同じからず、猴《こう》蛇魚鼈《だぎょべつ》、嗜欲は皆異る。江山遼闊《こうざんりょうかつ》、将に数千里ならんとす。叡、羈縻《きび》する而已《のみ》、未だ其の民を制服する能わず。

（『魏書』列伝第八十四　僭晋司馬叡）

三国時代の呉や蜀の地、なかでも東晋の都する長江以南を島と見立て、禽獣のような言語を話す異境、中原とは文化の異なる夷狄の地とする。東晋を侮蔑した表現で、中原の正統王朝ではないことを強調している。これも、北魏の中華意識の表出であろう。

これら諸王朝の正史では『宋書』『南斉書《なんせいしょ》』に「中華」が見える。

南朝前半の『宋書』『南斉書』はどちらも南朝・梁代（五〇二―五五七）の成立で、『宋書』は沈約《しんやく》（四四一―五一三）の撰、『南斉書』は王族に連なる蕭子顕《しょうしけん》の撰である。沈約は南朝梁の尚書令を務めた文人であった。一方、南斉を建国した蕭道成《しょうどうせい》は漢の宰相蕭何《しょうか》二十四世の孫というから、出自は明らかに中原、いわゆる漢人である。『宋書』『南斉書』とも、梁が西暦五五七年に滅亡しているから、それ以

前、六世紀前半には完成していた。

『宋書』の「中華」は五例。前例にならい◎は「詔、あるいは上表」、▼は「会話」、▽は「地の文章」を表わす。

一、◎ 清河人李遼また上表して曰く、**中華**湮没《いんぼつ》より、闕《けつ》（宮城）裏荒毀、先王の澤（恩恵）寝《すた》れ、聖賢の風絶ゆ。此より今まで将に百年に及ぶ。（志第四　礼一）

二、▽ 衡する所の造渾儀、伝わりて魏晋に至り、**中華**覆敗、戎虜に沈没す。（志第十三　天文一）

三、▼ 孝伯曰く、…君の此の称、尚**中華**聞くべからず、況や諸王の貴あり、而して猶鄰国の君の邪を曰うがごとし。（列伝第十九　張暢）

四、◎ 臣、以て之を謂うを請う。臣、本**中華**の高族、亡曽祖晋氏喪乱、涼土に播遷す。（列伝第二十五　杜驥）

五、◎ 中華、それ左衽《さじん》を免るるも、江表《こうひょう》（宮廷）焉《なん》ぞ帯を緩めるか…（列伝第二十七　謝霊運）

礼志と張暢伝については先述した。天文志の「中華覆敗」の「中華」は五胡に席巻され、沈没した魏晋王朝を指す。ついで「臣、本《もと》**中華**の高族」の言。祖父の代に西晋が滅んだことにより涼州に移った杜驥《とき》一族のいう中華も、すでに失われたものにこだわる後ろ向きの目線を感じさせる。南遷後の五世紀半ば、宋第三代文帝劉義隆の時代、皇帝への官僚の発言である。謝霊運《しゃれいうん》伝は左衽《さじん》—騎馬遊牧民の服装に席巻されることを免れた現状を嘆くもの。左衽は亡国と同意。詩人として知られる謝霊運が、長安奪回のため出陣した高祖に献上した長文の「選征賦」のなかの一節である。

南朝に見られる中華には、回復すべき故地——漢族の中原への想いがこめられている。それは、幻想のテリトリーといってもいい。

ついで『南斉書』には「中華」は一例しかない。

方《まさ》に中原を克期せんと欲す、天罰を龔行《きょうぎょう》し、治兵繕甲《ちへいぜんこう》、時を俟《ま》ちて大挙せん。…中華を光復し、永く鄰好《りんこう》を敦《あつ》くし、斉・魯の蹤《あと》（春秋時代、同盟して宋を討とうとした）を侔《ひと》しくせん。

（列伝第四十　芮芮虜《ぜいぜいりょ》）

この文書は南斉王朝が発したものではない。夷狄・芮芮虜こと、騎馬民族蠕蠕《ぜんぜん》の国相が斉に送った表（公式文書）の一節である。

斉建国早々の建元元年（四七九）、北魏では孝文帝太和三年、斉は遊牧系の蠕蠕に「克期共伐魏虜」、共同して魏虜——北魏を討って中華を復興しようと呼びかけた。これに応えて蠕蠕は兵三十万を北魏平城近郊に送った。『南斉書』の上表は、動きの鈍い斉に対して蠕蠕が抗議の意を表したものであった。北辺にあった騎馬民族にまで中華ということばが伝わっていたことがわかる。

ここでの中華も「奪還すべき中原」を意味している。したがって『宋書』や『南斉書』での中華には漢人が騎馬民族に追われる前、西晋の時代——失われた中原を追憶する思いという意味あいが濃厚である。

南斉以降まともな王朝はなかったといってもいい。西暦五〇〇年、暴虐のかぎりをつくした廃帝《はいてい》

（東昏侯《とうこんこう》）に対し雍州《ようしゅう》（湖北省襄陽《じょうよう》）の軍団長であった蕭衍《しょうえん》が反旗を翻し、二年後には梁を建国した。五十年の長きにわたって皇帝の座にあった武帝である。建国初期には仏教を熱烈に信仰し、それなりの安定と文化爛熟の社会を創出した。付記すれば武帝の治世の五三四年、北魏は東西に分裂、五五七年には梁滅亡、武帝も、東魏からの降将侯景に殺されて、陳建国となる。

いずれにせよ、この梁・陳二王朝は北方の鮮卑軍団の勢力に押され、すでに中原奪回、復興中華の雰囲気は皆無であった。したがって正史『梁書』と『陳書』には「中華」の用例も「華夏」の用例もまったくない。

六世紀以降、南朝では中華という概念は消滅した。

正史での中華、中国、華夏の使用例からも、そのことがうかがえる。◎は、詔《みことのり》あるいは臣下の皇帝への上表を示す。

	（中国）	（華夏）	（中華—◎）	滅亡年
『晋書』	九十一	十三	八—四	四二〇年
『宋書』	二十一	四	五—三	四七九年
『南斉書』	九	四	二—一	五〇二年
『梁書』	二十五	○	○—○	五五七年

『陳書』	四	○	○—○	五八九年
『魏書』	五十三	七	五—四	五三四年年分裂

北魏建国当初、鮮卑拓跋族は騎馬遊牧の民、五胡の一つとされていた。その騎馬民族が、建国早々の太祖の時代に仏教—「皇帝即如来」という思想の下、多民族国家をまとめあげることに成功した。孝文帝の時代になって遊牧時代の歴史を切り捨てた。また、三長制など、制度改革によって国家経済の基本を遊牧経済から農本主義に変革、古代王朝周を理想とする漢人官僚の提起に従って国家のありようをあらためた。さらに氏族分定により漢人の名家の女性を娶り、鮮卑拓跋族を漢と対等の民族と位置づけた。こうした改革のうえに、排行《はいこう》の改変などによって拓跋を五胡の概念からはずすことに成功した。苻堅の「氏、胡ならず」という想いを受けた「鮮卑拓跋、胡ならず」というメッセージを現実のものとしたのである。

一方で、龍門石窟に刻まれた「皇帝礼仏図」によって、皇帝が「皇帝即如来」という聖俗合わせた存在であることをも否定した。多民族国家をまとめあげてきた原理としての仏教はもはや必要なくなった。自分たちが仕える異民族王朝を正統王朝の歴史に位置づけたいという漢人官僚たちの野望とあいまって、中原に覇を唱えた伝統王朝の継承者と自他ともに見なすにいたったといえよう。

一九六五年、大同市郊外石家寨《せっかさい》で、献文・孝文二帝に仕えた亡命漢人官僚、司馬金龍《しばきんりゅう》の墓が発見された。墓碑銘に山東省の琅耶《ろうや》出身と記される司馬金龍、没年は太和八年（四六四）である。先祖は、西晋宣帝司馬懿《しばい》にまでさかのぼる名門貴族であった。司馬懿の弟から数えて九代目にあたる父・楚之《そし》は東晋に仕えていた。しかし宋を建国した劉裕《りゅうゆう》（武帝）に疎まれ、太宗明元帝のころ、父子は北魏に降った。父は使持節・征南将軍・荊州刺史に、さらにその人望厚きをもって使持節・安南大将軍・琅邪王に封じられた。太武帝の初め、南から侵攻する北伐軍を大破して認められ、涼州遠征や蠕蠕討伐など辺境の戦いで活躍した。その父と北魏皇族の娘・河内公主《かないこうしゅ》との間に生まれたのが司馬金龍であった。東宮時代の献文帝の寵愛を受け、侍中・鎮西大将軍・開府・雲中鎮大将・朔州刺史を拝し、最後には吏部尚書に任じられた。妻はふたり、最初の妻は北魏の高官隴西王源賀の娘、ふたりめは北涼王・沮《そ》渠牧犍《きょぼくけん》（蒙遜の子・茂虔《もけん》ともいう）の娘、娘の母は北魏世祖の妹・武威公主であった。漢、鮮卑さらには匈奴、この時代によく見られる政略結婚の典型のような相関図である。こうして北魏ではさまざまな民族が混交し、新たな、さらにいえば複雑な血脈が出現していたのである。

　司馬金龍墓には人身位を極めた人物の墓だけに盗掘にあってもなお武士俑や楽女俑など四百五十点にのぼる副葬品が残されていた。俑の多くは騎馬民族風の装いであった。一方で、みずからは訪れることのかなわぬ父祖の地―江南への思いをうかがわせる、朱色も鮮やかな五幅の漆画屏風《しつがびょうぶ》があった。伝説の皇帝たちの故事を描いた屏風の画風は、現存する史上最古の絵画の一つ、顧愷之《こがいし》の「洛神賦《らくしんふ》図《ず》」（北京・故宮博物院蔵）の筆致に似通ったものであった。顧愷之の作品が、後世の模写という指摘もある現在、この屏風は中国絵画史の初期の貴重な遺産であろう。と同時に、北魏での漢文化のありようを伝える遺品でもある。

　南朝からの人士を積極的に誘引した北魏では、南朝出身の漢人官僚が優遇されていた。一方、南朝人士の北魏―五胡蔑視の姿勢は変わることがなかった。

孝文帝の時代から三十年がたった第九代孝荘帝の永安二年（五二九）、梁の初代皇帝武帝（蕭衍《しょうえん》）が侍中陳慶之《ちんけいし》を使節として北魏に送った。南朝時代の知人で、北魏に帰順し車騎将軍となっていた男が歓迎の宴を催した。友人の酒席ということで気を許し酔った慶之が本音を言ってしまった。

魏朝それ盛んなれど猶お曰く五胡、正朔《せいさく》（正式の暦）相承、当《まさ》に江左《こうさ》（南朝・長江下流域）に在り。秦朝玉璽《ぎょくじ》いま梁朝に在り。

『洛陽伽藍記』巻二

北魏は中原に覇を唱えてお盛んなようですが、しょせんは五胡じゃありませんか。正統王朝の証となる暦も、秦の始皇帝以来の伝国の玉璽も梁にあるんですよ。

同席していた「中原士族」が色をなして反論した。

江左（長江河畔の都）は仮息（仮の休息所）、一隅に僻居す。地多く湿蟄《しつじゅく》、蟲蟻《ちゅうぎ》を攢育《ざんいく》（集まり育つ）し、疆土瘴癘《しょうれい》、蛙黽《けいぼう》共穴し、人鳥同羣《どうぐん》（同居）す。短髪の君、杼首《ちょしゅ》（頑丈）の貌無く、文身の民、蕞陋《さいろう》（小さく弱い）の質稟《りん》す。…我が魏、籙《ろく》を膺《う》け図を受け、鼎を嵩洛《すうらく》（嵩山と洛河）に定め、五山を鎮（護）と為し、四海を家と為す。

『洛陽伽藍記』巻二

江南の片隅でかりそめの安定を得て、虫けらが群がり人と鳥が同居し瘴気が立ちこめる風土で、ざんばら髪の君には長老の相もなく、入墨《いれずみ》の民は貧相な顔つき…。南朝を悪しざまに罵られて慶之は返すことばもなかった。

とはいえ、苻堅にはじまり孝文帝に引き継がれた「氐・鮮卑、胡ならず」という想いも、「胡漢融合」に向けてのさまざまな試みも、南方に逃れたいわゆる漢人王朝にとっては笑止千万といったところであったのかもしれない。
南朝を制圧しなければ蔑視の根を絶つことはできない——それが現実のものとなるのが、やがて来る隋王朝の時代であった。隋と唐、いずれも「拓跋国家」の系譜に連なる鮮卑系王朝である。

史書に見るかぎり、孝文帝はみずからの恣意でひとを殺していない。戦乱と殺戮の血腥《ちなまぐさ》い時代にあって、それは稀有のことであった。

司馬光は孝文帝に三回の評を付している。ひとりの皇帝への論賛としては苻堅の四回に次ぐ。『通鑑』でこのふたりに匹敵する論評が見えるのは唐太宗の四回のみである。南朝では東晋を滅ぼした劉裕（二回）以外とりたてて注目された皇帝はいない。

孝文帝への評価には注文がついている。

永明十一年（四九三）の条。盗みをはたらいた兵士を処刑しようとした将軍を押しとどめた行為に対して、法を枉《ま》げることは人君のなすべきことではないと断じたうえで「惜也。孝文、魏之賢君、而猶有是乎」、賢君孝文帝でもこういう過ちを犯すのか、と嘆く。

建武三年（四九六）の条では、この年に実施された「姓族の分定」、貴族の格付けに関して、「門地を先にして賢才を後にする」ことの弊害はすでに明らかであるのに、帝が門族（名門貴族）を重んじすぎたとして、「魏孝文の賢と雖も、猶お斯《こ》の蔽《へい》を免れざるか」、賢明なる孝文にしてなお門閥制の弊害を逃れられなかったのか、とまたもや歎じている。いずれも、もっと秀でた業績を残す可能性があったのではないかという、司馬光の失望感がうかがえる。

孝文帝の死に際しては『魏書』の総括を引用するのみで司馬光自身の評はない。

凡《およ》そ人君となるに、均《ひと》しからざるを患《うれ》い、物を御して誠を推《もと》めあたわず。苟《いや》しくも均誠を能くするに、胡・越の人また兄弟の如く親しむべし。（『魏書』高祖紀下）

君主となるからには不公平であることを憂う。「胡越の人また兄弟の如く親しむべし」、公平で忠実であるからには異民族であっても兄弟のように親しくしなければならない。帝がつねづね周囲に語っていたという。つづけて帝が近習《きんじゅう》や民にやさしく接した事例をそのまま採録している。司馬光も『晋書』撰者に同感であったのであろう。

王者にして仏教者孝文帝、その心のなかには漢も鮮卑も、胡も越もなかった。民族の壁を超えて夷華混一の理想の国づくりを目指した、たぐいまれな存在であった。「夷狄《いてき》は応《まさ》に和《やわら》ぐべし」、漢帝国の再来をめざした前秦符堅を彷彿とさせる。混乱の五胡十六国時代から北魏へ、隋唐帝国出現の礎となった二つの時代、その時代を彩ったのはふたりの若者、苻堅と孝文帝であった。かれらを傑出した王者として評価する司馬光の見識はいまも輝きを失っていない。

孝文帝の築き上げた中華帝国は半世紀もたたぬうちに崩壊してしまう。帝の死後、六代三十五年にして北魏は東西に分裂してしまったのである。同族間の争いがきっかけであった。帝の抱いた理想は、北魏王族共有のものとはならなかったのである。

前秦苻堅から百十五年、西域をおさえ南を目指した騎馬民族の野望はふたたび挫折した。理想を求めつづけて生じた現実との齟齬とでもいおうか。

草原に発した二度目の虹は、ここで消える。

歴史を巨視的に見るならば、孝文帝の改革により「中華」への道の第一段階が終了したともいえよう。足りないのは統一国家の樹立と、悪弊である門閥制度を打破する公平な人材選抜制度、皇帝による中央集権を保障する制度――科挙であった。

次なる「中華帝国」に向けて、新たなるステージがはじまる。

第六章

周隋唐、武川に出ず

――拓跋国家の系譜

［武］

一、六鎮《りくちん》からの下剋上

第六代孝文帝から東西に分裂するまでに六人の皇帝が立った。各々の即位時の年齢・在位期間は、

第七代　世宗宣武帝元恪《げんかく》：十七歳で即位、在位十七年（四九九―五一五）
第八代　粛宗《しゅくそう》孝明帝元詡《げんく》：四歳で即位、在位十四年（五一五―五二八）
第九代　敬宗孝荘帝元子攸《げんしゆう》：二十二歳で即位、在位三年（五二八―五三〇）
第十代　節閔帝元恭《せつびんていげんきょう》：三十五歳で即位、在位一年（五三一）
第十一代　廃帝元朗《はいていげんろう》：十九歳で即位、在位二年（五三一―五三二）
第十二代　孝武帝元修《げんしゅう》：二十三歳で即位、在位三年（五三二―五三四）

北魏の混乱は孝文帝の孫、第八代粛宗の時代にはじまった。帝の死からわずか二十五年、正光五年（五二四）三月、北魏を崩壊へと追い込む内乱、六鎮《りくちん》の乱が北辺で起こる。

当時六鎮人中には、洛陽を中心とする漢蛮権力者に対する反感の情烈しかった上に、たまたま柔然《じゅうぜん》阿那瓌《あなかい》の事変に際し之が討伐にさしむけられた魏の軍隊の風紀全く乱れ、十五万の衆沙漠を渡り、日ならずして還った有様を目撃して一般に魏国を軽侮する感情を惹起し、遂に破六韓《はりくかん》がその先頭を切ったものである。（岡崎文夫『魏晋南北朝通史』）

黄河の支流・北河の北、六鎮の一つ沃野鎮《よくやちん》で匈奴の末裔とされる破六韓抜陵《はりくかんばつりょう》が叛乱を起し武川《ぶせん》・懐朔《かいさく》の二鎮に迫った。やがて高平鎮（寧夏《ねいか》）にあったトルコ系の勅勒《ちょくろく》族が呼応して叛乱軍に合流、武川・懐朔の二鎮は陥落した。ついで柔玄《じゅうげん》鎮で民衆が決起するころには、六鎮ことごとくが叛乱軍の支配下に入った。

北魏末、短命の皇帝がつづく混乱の十年が経過した。永熙三年（五三四）七月、最後の皇帝となった第十二代孝武帝は、武川鎮出身の武将宇文泰《うぶんたい》を頼って西の長安に逃れた。都では新たに皇帝が立てられた。道武帝による建国以来およそ百五十年、孝文帝の死から三十五年、ここで北魏は滅亡、二帝が並立することとなった。前者を西魏、後者を東魏という。

東魏孝静帝《こうせいてい》は鄴《ぎょう》を都とした。結果、現在の陝西・甘粛二省を地盤とする西魏（都・長安）、山西・河北二省を地盤とする東魏（都・鄴）、さらに長江流域、江南にあった南朝の梁（都・建康）と、三国が鼎立する状況となった。

洛陽も戦塵に覆われた。

洛陽を重覧するに、城郭は崩毀《ほうき》、宮室は傾覆、寺観は灰燼、廟塔は丘墟《きゅうきょ》、牆《かき》は蒿艾《よもぎ》に被《おおわ》れ、巷羅《こうら》は荊棘《けいきょく》、野獣は荒階に穴し、山鳥は庭樹に巣くい、京城表裏、凡そ一千寺有るも、今日寂寥《せきりょう》、鐘を聞くこと罕《まれ》なり。

（楊衒之撰『洛陽伽藍記』序）

高さ四十丈、九重の塔を持ち壮麗無比と称された永寧寺《えいねいじ》はじめ、豪壮な寺院が甍を連ねた都は見る影もない廃墟となっていた。遷都からわずか十四年後の悲惨な状況である。

六鎮の乱については、あまりに性急な漢化政策に対して伝統的な鮮卑族が抵抗した、という解釈が一般的である。しかし谷川道雄（京都大学名誉教授　東洋史）は、北族系軍士の反乱を、従来説明されているように華化に対する鮮卑族の反動的行為と見ることができるかどうかと疑問を呈している。もう一つ、社会の構造に関わる根本的な契機があったとするのである。

孝文帝の政策以来北魏国家がとってきた漢化の方針を、単に種族問題という一面からのみみるならば、そのような解釈も可能であろう。しかし、漢化政策のなかには、門閥主義という北魏国家にとってあらたな社会組織原理が貫徹しているのであって、したがって反乱もまた、このような原理への反逆として受け取ることが可能である。北魏末の反乱は、単なる「六鎮の乱」ではない。自由民が自己の賤民化に向かってなしたところの抵抗運動という一般性が、その根底にある。

（谷川道雄『隋唐帝国形成史論』）

洛陽遷都によって、いわば北辺に置き去りにされ立身の可能性を絶たれたも同然の六鎮にあった鮮卑人や漢人の賤民化、地位の低下が顕著であった、ということであろう。

北魏は歴代皇帝が十代で即位するという若者たちの王朝であった。「野蛮なる民族」と宮崎市定が評する鮮卑拓跋王朝は、おしなべて一途な王朝でもあった。一途さはみずからの民族の文化の遅れを克服するためにひたすら漢文化と同化することに注力された。その果ての国家分裂であった。

しかし、その一途さは、中国史のなかでも特筆すべき稀有なものであった。

東魏の実質的な支配者となった高歓《こうかん》（諡《おくりな》は北斉・神武皇帝）は懐朔鎮《かいさくちん》、一方の西魏の実権を握った宇文泰《うぶんたい》（諡は北周・文帝）は武川鎮、いずれも六鎮勢力を基盤として世に出た。高歓の勢力は懐朔鎮の中下級軍官と河北にあった漢人世家《せいか》から成っていた。一方、宇文泰の勢力は武川鎮の鮮卑・漢集団と関隴《かんろう》集団や河東の漢人世家から成っていた。関隴集団とは、関隴地域（長安周辺の関中から西方の甘粛隴山一帯）にあった胡と漢の勢力をいう。また世家とは、代々官吏として俸禄を受け継いでいる家柄、名家という意味である。
高歓（四九六年生）は、漢人で渤海蓚《ぼっかいしゅう》の出身と自称しているが、字が賀六渾《がりくこん》、鮮卑族の可能性が強い。先祖は六代前から三代前まで鮮卑・慕容宝に仕えた。宝が敗れたとき北魏に降って仕官した。祖父の代に罪を得て懐朔鎮に送られ、高歓もここで生まれた。母方の鎮獄隊尉に養われたが、「北辺に世を累《かさ》ね、故にその俗に習い、遂に鮮卑と同じ」であったというもの言いが、どうもいいわけがましい。
さらに『北斉書』高昂《こうこう》伝には、
時に鮮卑共に中華の朝士を軽んず、唯だ昂を憚《はばか》り服するのみ。高祖（高歓）、令を三軍に申《の》ぶる毎に、常には鮮卑語なるも、昂もし列に在らば、則ち華言を為す。

（『北斉書』列伝第十三・高昂）

とある。この昂の姓も高、高昂の一族は勇猛豪侠で知られた渤海蓨の漢人であった。父・翼は北魏末の内乱のころ渤海太守、歴戦の勇士で四十八歳のとき西魏文帝との戦いで戦死している。その三男が高昂であった。

出身地が同じで、しかも同姓であるのに高歓《こうかん》と親族関係にあった気配はない。さらに軍令を発するのも鮮卑語であった。これらのことからも、高歓が非漢人—鮮卑族であったという推測が成り立つ。

南部に住む鮮卑人はたえず漢化していったが、北部六鎮では反対に強烈な鮮卑化の傾向を呈し、鮮卑語や鮮卑の風俗習慣が盛んになった。「鮮卑、胡ならず」という認識を漢と鮮卑共通のものとするための漢化政策に対して、六鎮は抵抗勢力であった。高歓はその典型であったようだ。さらには、孝文帝の時代に成立した「北魏こそ中華」という想いとも無縁であった。

「時に鮮卑ともに**中華**の朝士を軽んず。」

高歓の言動には、鮮卑は中華ではないという意識が明らかである。

東魏武定五年（五四七）、高歓が病死した。同八年（五五〇）、子の高洋が東魏最後の孝静帝元《こうせいていげん》（拓跋）善見《ぜんけん》から禅譲を受けて（北）斉を建国、文宣帝《ぶんせんてい》（在位五五〇—五五九）を名のった。五七七年、北周に併合されるまでの短命の王朝である。

『魏書』は、この文宣帝の時代に編纂された。ここに「中華」の用例が見られた。しかしながら「史臣曰」ではじまる文末の撰者魏収《ぎしゅう》のことばには「中華」はまったく見られない。「中原」（列伝十九）、「中国」（列伝二十四・八十三・八十八）、さらには「混一戎華」（帝紀四下）という文言が見えるだけである。「中華を軽んじた」高歓を憚《はばか》ったのであろうか。

一方の宇文泰（五〇六年生）は北魏の武川鎮出身。字は黒獺《こくだつ》、「黒いかわうそ」という意味である。『魏書』はその出自を匈奴とするが、岡崎文夫（東洋史）は「宇文は天子という意味で、鮮卑を后土《こうど》と解する説明に通じる」（『魏晋南北朝通史』）として、おそらくは鮮卑の系統であったとしている。

南徙以前は陰山の北、ドロンノールからシラムレン河上流の草原にあった。宇文氏の南遷ののち、この草原に入ったのが北魏末の騒乱時に活躍する爾朱《じしゅ》氏の奚《けい》族と、のちに遼を建国する契丹《きったん》族であった。

宇文氏は五代前に慕容氏に降って燕に仕え、道武帝が中山を攻めて慕容宝を破ったときに北魏に帰順した。初代道武帝の天興年間、豪傑を平城に移した時に武川鎮に配された。父は六鎮の乱で戦没している。

宇文泰、「身長八尺、鬚髯《しゅぜん》美しく、髪は長くして地に委ね、手は垂れて膝を過ぎ、面に紫光あり」（『北周書』文帝紀）と記されている。かつての五胡の英雄豪傑の描写に同じである。二メートルという長身、眼に紫光ありとは、コーカソイド系であったということか。若いころから賢士大夫と交わりを結んだというから、高歓が妻の財産をもとに出世の糸口をつかんだ成り上がり者であったことに比べれば、はるかに恵まれた出自であった。

杜士鐸主編『北魏史』によれば、宇文泰は西魏の政権のなかで武川鎮集団と関隴《かんろう》・河東の漢人世家をうまく結合させて改革と建設を実施した。具体的には府兵制、六官の制であり、均田制の再調整であった。こうした政策の結果、政権中枢に強力な統治の核ができた、としている。

南朝は、宋・斉のあとを受けた梁《りょう》朝（五〇二―五五七）の初代、武帝蕭衍《しょうえん》（在位五〇二―五四九）の時代であった。東魏との戦いは続いていた。高歓の死の翌五四七年、東魏の河南大将軍・兼司徒として黄河以南防衛の総大将であった漢人・侯景《こうけい》（五〇三年生）が十万の将兵を率いて梁に奔《はし》った。統治していた十四州の割譲を申し出た侯景を、梁の武帝は河南王・大将軍として迎え入れた。侯景も北鎮出身で、北魏末の内乱時に東魏に降った。時の宰相が高歓であった。

王在らば、吾敢えて異あらず、王無ければ、吾、鮮卑小児と事を共にするあたわず。

（『北斉書』帝紀第二　神武下）

高歓のいない国に仕える気はない、これが寝返った理由であった。鮮卑小児（鮮卑のこわっぱ）、馬鹿にした捨て台詞である。

梁の将として侯景は東魏と戦うことになった。長社《ちょうしゃ》（河南省長葛県東北）で東魏軍に包囲されると、西魏の宇文泰に河南領の譲渡を条件として援軍を求めた。結果、西魏は労せずして侯景治下の七州十二鎮を占拠した。

西魏大統十五年（五四九）、侯景は武帝を裏切って決起した。この内乱に乗じて西魏・開府儀同三《かいふぎどうさん》司《じ》（三公と同格の将軍）楊忠《ようちゅう》（五〇七年生）が隋郡（湖北省隋州市）に出兵、あしかけ三年におよぶ戦いでこの地域を制圧している。この隋という地名が、やがて国号となる。

ここで、史上初めて楊一族の登場となる。宇文泰の下で戦火をくぐって次第に頭角を現してきたようだ。楊忠の子が楊堅《ようけん》（五四一年生）、隋国公楊堅が隋を建国して文帝となるのは三十年余りのち、西暦五八一年のことである。


十五年五月、侯景、梁の武帝を殺す。（『北史』巻五　魏本紀第五）

ほぼ半世紀にわたって南朝に君臨した武帝は、八十六歳の高齢で生涯を閉じた。食事もまともに与えられず、侯景の横暴に耐えかねての憂悶のあまりの死であったという。


大統十六年（五五〇）、楊忠は軍を南に進めて南朝第二の都市江陵《こうりょう》（安徽省和県東北）に迫った。

この年、西魏では宇文泰が八柱国《はっちゅうこく》・十二大将軍という官職を設けている。八柱国は武人の最高位、元帥にあたる。筆頭は宇文泰、諸軍事を総督する最高統帥であった。ついで元欣《げんきん》、西魏の宗室であるが実権を持たない虚官である。あとの六名が実際の兵権を掌握する。六名とは李弼《りひつ》、李虎《りこ》・独孤信《どっこしん》・趙貴《ちょうき》・于謹《うきん》・侯莫陳崇《こうばくちんすう》。漢人と鮮卑の混成であった。うち李虎の孫が李淵《りえん》、唐を建国した高祖である。楊一族はこの時点では一段格下、十二将軍のひとりにすぎない。

大統十七年（五五一）、西魏の文帝が死に、廃帝元欽《げんきん》（在位五五一―五五四）が立った。

この年、北方でも異変が起こった。


鉄勒将《てつろくまさ》に柔然を伐《か》らんとし、突厥酋長土門《とっけつ》《チュメン》激しく撃ち、之を破り、その衆五万余落を盡《ことごと》く降す。土門、その強盛を恃《たの》み、柔然《じゅうぜん》に求婚するも、柔然頭兵可汗《とうへいかかん》大いに怒り、人を使わして之を詈辱《りじょく》（ののしりさげすむ）して曰く、「爾《なんじ》、我が鍛奴《たんど》なり、何ぞ敢えてこの言を発するか！」土門また怒りて、その使者を殺し、遂に之と与《くみ》するを絶ち、而して魏に求婚す。魏の丞相泰《たい》、長楽公主を以て之に妻《めあわ》す。

（『通鑑』巻百六十四　大宝二年の条）

北魏を悩ませていた北辺の騎馬民族の主役交代を記す記録であるが、なかで柔然可汗の怒りのことばが興味深い。突厥、その驥下《きか》にあった鉄勒、ともにトルコ系の遊牧騎馬民族であるが、かつては柔然の鍛奴―鉄器を造る奴隷であったというのである。紀元前千二百年ころ、現在のトルコ、アナトリア高原にあったヒッタイト帝国が滅んだ。ヒッタイトで生まれ、他民族には伝えられることのなかった製鉄の秘伝が流出してユーラシアに広まったとされる。それが、千五百年余ののちには奴隷の仕事にまで貶められていたのである。

それはともかく、この突厥が通婚によって北朝と誼を通じ、服従と侵略を繰り返しながら勢力を拡大し、やがてはユーラシアに広がる広大な遊牧帝国を築き、隋唐帝国と対峙することになる。

二、朕は五胡《ごこ》に非《あら》ざれば　北周・武帝

西魏廃帝の在位は四年と短く、最後の皇帝恭帝《きょうてい》（在位五五四―五五六）が即位する。実権を握った宇文泰は古代の周に倣った六官制度を採用した。「周礼《しゅらい》」にこだわったのである。

（魏・恭帝）三年（五五六）春正月、初めて周礼を行い、六官を建つ。太祖（宇文泰）を以て太師《たいし》（三公の一つ、帝の補佐）・大冢宰《だいちょうさい》（百官を統括、首相）と為し、柱国李弼《りひつ》を太傅《たいでん》（三公の一つ、太師の

補佐）と為し、大司徒《だいしと》（民事統括）趙貴を太保《たいほ》（三公の最下位）と為し、大宗伯《だいそうはく》（国家祭事統括）独孤信《どっこしん》を以て大司馬《だいしば》（軍事統括）と為し、于謹《うきん》を以て大司寇《たいしこう》（法務大臣）と為し、侯莫陳崇《こうばくちんすう》を以て大司空《だいしくう》（総務統括）と為す。

（『周書』巻二 文帝下）

六官の名称は周代にはじまるという。選ばれた人びとは六名の柱国大将軍の名と重なる。政権のなかでの地位を反映するものであろう。

宇文泰は、皇帝の臣下であり、同時に軍団の最高総師、さらには大冢宰として行政官を統率した。

西魏では、これを『周礼』の古制と北族的部族連合の形をないまぜながら、たくみに制度化したということができる。復古調のヴェールのもとに、現実の勢力を生かす原理と制度が、ここに新しく作りだされたのである。

（川勝義雄『魏晋南北朝』）

こうした復古主義的改革の狙いは、中原正統王朝の継承者であることを内外に印象付け、あわせて漢と鮮卑などからなる複数の集団を統一し、宇文一族が主導する政権の絶対的権威を確立することにあったといえよう。狙いはもとより新王朝樹立であった。

同年十月、宇文泰が死に十五歳の第三子・覚《かく》があとを継いだ。十二月、覚は古代周の故地であった岐陽《きよう》（陝西省岐山《きざん》県）の地を与えられて周公に封じられた。まもなく一族を牛耳る叔父・宇文護《うぶんご》が恭帝に禅譲をせまり、翌年、周公覚を即位させて（北）周を建国した。その、初代皇帝孝閔帝《こうびんてい》覚（在位五五七）は、翌年には宇文護に殺害された。護は六官のひとり、柱国大将軍・大司馬であった独孤信にも迫って自死させている。それだけ独孤一族が侮りがたい力をもっていたということであろう。匈奴系とされる独孤信は、宇文泰と同じく武川鎮出身、宇文泰の盟友であった。しかし歴史は皮肉なもので、この独狐信の娘たちが歴代騎馬民族王朝で后となり、隋唐の王朝に大きく関わっていくことになる。

宇文護は孝閔帝の長子・毓《いく》を擁立した。第二代明帝《めいてい》（在位五五七―五六〇）である。この明帝も在位四年、食中毒がもとで二十七歳で病死した。

この時代に、楊忠は大将軍から柱国に抜擢され、さらに隋国公に封じられている。

北周武成二年（五六〇）、第三代皇帝として宇文泰の第四子・邕《よう》が十六歳で即位した。北周でもっとも長く、十九年にわたって君臨した武帝（在位五六〇―五七八）である。

武帝は、突厥と共同して南朝（斉）を攻撃した。その先頭に立っていた柱国・隋国公楊忠が死んだのは天和三年（五六八）七月のことであった。

建徳元年（五七二）、武帝は宇文護とその一族を抹殺した。同五年（五七六）、武帝は討斉の大詔を発し、本格的に東伐―北斉攻撃に乗り出した。この時、右翼の第三総管として楊忠の子、隋国公楊堅《ようけん》の名が初めて登場する。

翌五七七年、北周軍は北斉の鄴都《ぎょう》を攻略、後主高緯《こうい》を殺した。北斉は二十七年にして滅亡、北周は久方ぶりに華北を統一した。この時、五十五州、百六十二郡、三百八十五県、三百三十三万二千五百二十戸、二千万六千六百八十六の人口があらたに北周に帰属することとなった。

以降、五八九年の隋による全土統一までの動乱の時代は、胡族勢力による全土統一への準備期間でもあった。

名君といわれる北周武帝宇文邕《うぶんよう》こそ、北魏の孝文帝の思想を隋唐に繋いだ皇帝であった。一方で武帝は、北魏の道武帝に続いて史上二回目の廃仏―仏教弾圧で知られる。建徳二年（五七三）、武帝は群臣や沙門・道士などを集めて、みずから三教の先後を弁釈し、儒教を先、道教を次、仏教は後とした。

武帝は鋭意富国強兵をはかり、国家財政の見地から非生産的な仏教、道教を禁止し、僧尼を還俗させて産業につかせるという荒療治さえ行った。（宮崎市定『大唐帝国』）

正史には廃仏の経緯について何も記されていない。ただ、唐の僧・道宣《どうせん》の撰になる『広弘明集《こうぐみょうしゅう》』に、その実情が記されている。

建徳三年五月、初めて仏道を断じ、両教の沙門道士並びて還俗せしめ、三宝の福財を臣下に散給す。寺観塔廟は王公に賜給す。（「周滅仏法道俗議事」『広弘明集』弁惑篇）

結果、四万の寺廟が王公の第宅《ていたく》（やしき、邸宅）となり、三百万の沙門たちが還俗させられて軍民に復し、仏像は熔かされ経典は焼かれた。

同六年（五七七）、華北を再統一した武帝は、廃仏の理由を明らかにする詔を発した。

詔して曰く、仏は西域に生じ、東夏に寄伝す。その風教を原《たず》ぬるに、殊に中国と乖《たが》う。漢魏晋の世、有るに似たるも無きが如し。五胡治を乱し、風化まさに盛んなり。朕は五胡に非《あら》ざれば、心より敬事すること無し。既に正教に非ず。之を廃する所以なり。（「有前僧道林上表請聞法事」『広弘明集』弁惑篇）

注目されるのは「五胡《ごこ》治を乱し」そして「朕は五胡に非《あら》ざれば」という発言である。

これこそ武帝が北魏孝文帝の思いを継承した証であった。

さらに、

帝王即ちこれ如来なるを知れば、宜しく丈六を停し、王公即ちこれ菩薩なれば、文殊に事《つか》えることを省け。

（「有前僧道林上表請聞法事」『広弘明集』弁惑篇）

ともいう。「皇帝即如来」の思想を逆手にとって仏を拝することを止めるという論理は、史上初の廃仏を行った道武帝の思想そのものであった。

「北周の国是とも云うべき富国強兵に基づく国家の統一を最厳格に遂行するをもってその使命となした一個模範的の専制君主」（岡崎文夫『魏晋南北朝通史』）とも評される武帝であったから、寺社の財産や田畑を取り上げ、僧を兵士に戻すこともその戦略の一つであったと考えられる。

しかしながら宣政元年（五七八）五月、北方への軍を率いて出発した武帝はにわかに病に倒れ、翌六月急死した。三十六歳であった。その遺詔が残されている。

将に六合《りくごう》（天地四方）を包挙して、文軌を混同（一つにする）せんとす。今、疾《やまい》に遘《あ》いて大漸《たいぜん》（天子の病が悪化すること）、稍《や》や微《おとろ》え、志あれども申さず、此れを以て嘆息す。天下事重く、万機易《やす》からず。王公以下、爰《ここ》に庶僚《しょりょう》（全官僚）に及び、宜しく太子を輔導し、朕の遺志に副《そ》え。

（『周書』帝紀第六　武帝下）

天下統一への想い、中原の覇者たらんとした想いを太子に託した悲痛な遺言であった。

太子贇《いん》が即位した。暴君・愚帝として名を遺す第四代宣帝（在位五七八―五八〇）である。即位して半年、宣帝は辺境で侵攻を続ける突厥可汗に対し趙王招《ちょうおうしょう》の娘を千金公主《せんきんこうしゅ》（のち、隋代・義成公主《ぎせいこうしゅ》）

として降嫁させている。この千金公主が、唐の太宗の時代まで続く突厥との抗争に大きな役割を果たすことになる。

宣帝の皇后は楊堅の娘・楽平公主麗華《れいか》であった。楊一族は皇帝の外戚となり、楊堅はこの年のうちに上柱国大司馬に栄進した。

『周書』皇后列伝によれば宣帝に五人の皇后があった。楊皇后・朱皇后・陳皇后・元皇后・尉遅《うっち》皇后の五人。伝統王朝では皇后は当然一人であった。複数の皇后を持ったことにも遊牧民族の血筋がうかがえよう。うち朱氏満月は呉のひと、陳氏月儀は潁川《えいせん》のひと、いずれも漢人であるが、残る三人の出自が興味深い。楊皇后麗華（五六一年生）は楊堅の長女、元皇后楽尚《らくしょう》（五六五年生）は拓跋氏、そして尉遅皇后（五六六年生）は尉遅迥《うっちけい》の孫娘であった。いずれも十代半ばで宮中に入ったようだ。

尉遅迥は代のひと、西域の于闐王家に繋がる家系であった。それが華北に移住して鮮卑と交わって「魏の別種、号尉遅部」（『周書』列伝第十三・尉遅迥伝）とされるに至った。エキゾチックな表情を持った美男美女の一族であったにちがいない。

尉遅迥は、北周の太祖宇文泰の姉・昌楽大長公主《しょうらくだいちょうこうしゅ》を母とし、西魏文帝の娘・金明公主《きんめいこうしゅ》を妻とした。南朝との戦いで活躍した名将であり、柱国大将軍にも任じられている。孝閔帝の時代に蜀（四川省成都）攻めを進言、みずから出陣して蜀を降し、蜀国公となった。

こうしてみると、宣帝の後宮は北周政権の勢力構図を直接反映していたことがわかる。

宣帝時代の檄文《げきぶん》に「中華」が登場している。北宋建国早々の十世紀後半、太宗の勅命で李昉《りほう》らによって編纂された詩文集『文苑英華《ぶんえんえいか》』に採録されているもの、正史『周書』には見えない。北周が南朝・陳領であった淮南に侵攻した時に、韋孝寛《いこうかん》という元帥に代わって、おそらくは漢人官僚がものしたもの。時期は即位の翌年、大象元年（五七九）。この年、宣帝は朱皇后が生んだ八歳の宇文衍《えん》に譲位、天元皇帝《てんげんこうてい》を名乗った。宇文衍、北周最後の皇帝静帝（在位五八〇―五八一）である。

為行軍元帥鄖国公《うんこくこう》韋孝寛檄文陳文

天元皇帝、四聖の休烈（功績）を負い、千載の昌期（盛時）に協《あ》う。…東のかた海外を窮め、西のかた河源（黄河源）を極め、邛管《きょうかん》（四川省にあった異民族）夜郎《やろう》（貴州省、漢代に野郎国があった）の所、冒頓呼厨《ぼくとつこちゅう》（匈奴）の類、膝を屈し稽顙《けいそう》し、水に泛《うか》び山に梯《よ》り、**華夏**の仁風を被り、**中国**の聖道を仰がざる莫《な》し。（中略）偽公卿巳下、或は**中華**の冠帯《かんたい》江淮に流寓し、或は東南の儁楚《しゅんそ》（優れた人）、世に名位を載す。…

（『文苑英華』）

この檄文は、四方にあった夷狄でさえ天元皇帝にひれ伏しているのになぜ陳は服従しないのかと陳を夷狄扱いしたうえで、江南の支配階級はもともと中華人士であったのであるからと、陳の百官に北周への帰属を呼びかけている。

ここには「華夏」・「中国」、そして「中華」と、キーワードがちりばめられている。なかで中華は中原に同じ、「中華の冠帯」とは西晋末に中原から江南に移り住んだ貴族を指している。この中華は北魏孝文帝の中華ではなく、南朝で使用された概念に近い。その意味では北斉・北周とも、孝文帝の中華を継承していない。武川鎮勢力が支配する北周にあっては、北斉と同様、皇帝たちにはみずからを中華とする意識はなかったように見える。

孝文帝の死からわずか八十年のあいだに、「鮮卑、胡ならず」という認識は定着したものの、鮮卑族は「中華」ということばを忘れてしまったかのようである。

このころ北周は、北方にあった遊牧騎馬民族国家突厥《とっけつ》の侵攻に手を焼いていた。実力を蓄えた突厥が柔然王に王女を嫁に欲しいと申し入れ、奴隷の分際でと拒否されたことはすでにふれた。怒った突厥が柔然を滅ぼし、初代突厥王伊利《イリ》可汗《かがん》の下、自立した。二十年にわたる第三代木杆《ムカン》可汗（在位五五三―五七二）の治世の間に、モンゴル高原を支配した。第四代佗鉢《タスパル》可汗（在位五七二―五八一）のときには、突厥は西域からモンゴル高原に広がる強大な遊牧帝国となっていた。

突厥の風俗は六世紀にあっても、まさに騎馬遊牧民族そのものであった。

其の俗は被髪左衽《ひはつさじん》（髪を振り乱し、着物を左前に着る）、穹廬氈帳《きゅうろせんちょう》（遊牧民の円型天幕）、水草に随逐して遷徙し、畜牧射獵《ちくぼくしゃりょう》を以て事と為し、肉を食し酪《らく》（家畜の乳）を飲み、身に裘褐《きゅうかつ》（皮衣と粗い織維の着物）を衣《き》る。老を賤しみ壮を貴び、廉恥《れんち》寡《すくな》く、礼義無く、猶《な》お古《いにしえ》の匈奴の如《ごと》し。

（『北史』列伝第八十七　突厥鉄勒）

突厥の勢力は強大で、北周は礼を尽くして対応にあたった。

突厥の京師に在る者、又優礼を以て待し、衣錦食肉、常に千数を以てす。斉人其の寇掠を懼れ、また府藏を傾けて以て之に給す。他鉢、彌《いよいよ》復《また》驕傲《きょうごう》にして、仍ち其の徒属に令して曰く、但《わず》かに我をして南の両個の孝順の児あらしめば、何ぞ物無きを憂えんや？

（『北史』突厥鉄勒）

佗鉢《タスパル》可汗がいう「南の孝順なるふたりの子」とは北周と北斉、二国の皇帝のこと。両国は突厥の侵略を怖れ、それぞれ「府蔵を傾けて」豪華な贈り物を届けていたのである。

俟斤《しきん》（木杆可汗）より以来、その国の富強なること、中夏の志を凌轢《りょうれき》する有り。（北周）朝廷既に之と和親し、絵絮《かいしょ》、錦彩《きんさい》十万段を歳給す。（『北史』突厥鉄勒）

「中夏の志」を凌駕せんばかりの突厥の勢いであった。なお俟斤は突厥の族長の号。

佗鉢可汗は支配地を東西に分け、東面可汗と西面可汗に任せる体制をとった。

（可汗）、攝図《せつと》（沙鉢略《イシバラ》可汗）を以て爾伏《ニワル》可汗と為し、その東面を統《す》べしめ…またその弟褥但《じょくたん》可汗を以て歩離《プリ》可汗と為し、西方に居らしむ。（『北史』突厥鉄勒）

西面可汗こと歩離可汗（在位？—五七六）は、烏孫《うそん》の故地であったイリ盆地からソグディアナに達する広大な土地をわがものとし、シルクロードの交易を支配していた。歩離可汗、またの名を室点蜜《イステミ》可汗という。東ローマの歴史家メナンドロスの記録にはデイサプロス（シルジプロス）の名で登場している。この王は、ササン朝ペルシャの妨害にもかかわらず、東ローマに使節を送って絹の交易路を確保した。

注：なお突厥王の系譜及び読み方については護雅夫《もりまさお》（東京大学名誉教授　内陸アジア史）著『古代遊牧帝国』によった。

北周は北斉討伐のため、時として突厥の支援を得ていた。背景に政略結婚があった。武帝宇文邕は、佗鉢可汗の父・第三代木杆可汗（在位五五三—五七二）の娘を妻としていた。また、東面可汗沙鉢略（在位五八一—五八七）の妻は周室宇文招の娘・千金公主であった。

隋文帝（楊堅）

当時の都の雰囲気を伝える遺物がある。二〇〇〇年夏、西安郊外の大明宮《だいめいきゅう》遺跡の北で発掘された安迦《あんか》墓出土の石棺床屏《せっかんしょうびょう》風《ぶ》（陝西省歴史考古研究所蔵）である。安迦は姑臧のひとで、同州の薩保《サッポウ》（ソグド社会の長官）であった。安国（ブハラ）出身のソグド人である。床屏風に刻まれているのは皇帝像、さらには突厥人と宴会するソグド人の墓主、ゾロアスター教（拝火教）の拝火壇など。拝火壇の上の空間には仏教図像の緊那羅《キンナラ》や飛天も刻まれている。すでに国際色豊かな社会が出現していたのである。

大象二年（五八〇）五月、二十二歳の天元皇帝こと宣帝は病に倒れた。このとき楊堅《ようけん》に近い家臣たちが、隋国公楊堅に政《まつりごと》を補佐させるとの偽の詔を作成した。楊堅は、仮黄鉞《かこうえつ》（最高位の大臣の出征時の称号）・左大丞相《さだいじょうしょう》（百官の長）に、ついで都督内外諸軍事（軍事長官）となって兵馬の大権を掌握した。これに反発し決起したのが長江と淮河の間を地盤とする蜀国公尉遅迥《うっちけい》であった。双方十数万の兵を動員した戦いで尉遅迥軍は破れ、鄴《ぎょう》にあった尉遅迥は自死、一か月を経ずして乱は終息した。楊堅は、最大の敵を葬ったのである。

六月、廃仏は取りやめとなり、還俗させられていた沙門や道士が寺社に戻った。

十二月、楊堅は隋国公から十国を支配する隋王となり、翌年二月、静帝から禅譲を受けて帝位についた。隋初代皇帝文帝（在位五八一―六〇四）である。齢四十、謀略の限りを尽くしての王朝簒奪であった。

華北の再統一者、北周の武帝が死んでから、僅かに三年目、北周政権はあれよあれよとみる間に、隋王朝の手に移ったのである。（宮崎市定『中国史』）

ここに北周は滅び、隋帝国がはじまった。西暦五八一年、年号も開皇と改まった。猜疑心の強かった楊堅は、北周王朝の復活を恐れて宇文氏一族を殺し尽した。この迫害に対する娘・楊皇太后の怒りには閉口したようで、彼女を改めて公主に封じようとして拒否されている。楊皇太后はなかなか活発な女性で、大業五年（六〇九）、四十九歳の時、煬帝の西域行に同行して張掖《ちょうえき》を訪れ、河西回廊で亡くなっている。

開皇元年（五八一）に建国した隋は、高宗文帝（楊堅）の仁寿四年（六〇四）までの二十四年、ついで第二代煬帝《ようだい》（楊広《ようこう》）の皇泰元年（六一八）までの十五年、あしかけ三十九年の短命王朝であった。楊堅の生れは西魏大統七年（五四一）であった。父・楊忠に普六茹《ふりくじょ》なる鮮卑姓を与えたのは北周太祖宇文泰であった。五五四年のことである。さかのぼれば北魏第六代孝文帝の太和二十年（四九六）、これとは逆に諸部九十九姓を改めて大半の部族に漢人風の一字姓を与えた。当時、帝室は十姓、なかで二字姓は長孫氏と叔孫氏だけであった。さらに神元皇帝以来従ってきた七十五族も、吐谷渾など二氏を除いてすべて一字姓に改めた。このときの記録に普陋茹《ふろうじょ》という名があるが、普六茹という姓は見あたらない。アーサー・F・ライト『隋代史』は、普六茹をモンゴル語のブルスカン（柳の一種＝楊）から転じたものとするが、典拠は明らかではない。

北周末の大定元年（五八一）、楊堅は楊姓に戻した。北朝のリーダーとして南朝を降し全土統一を

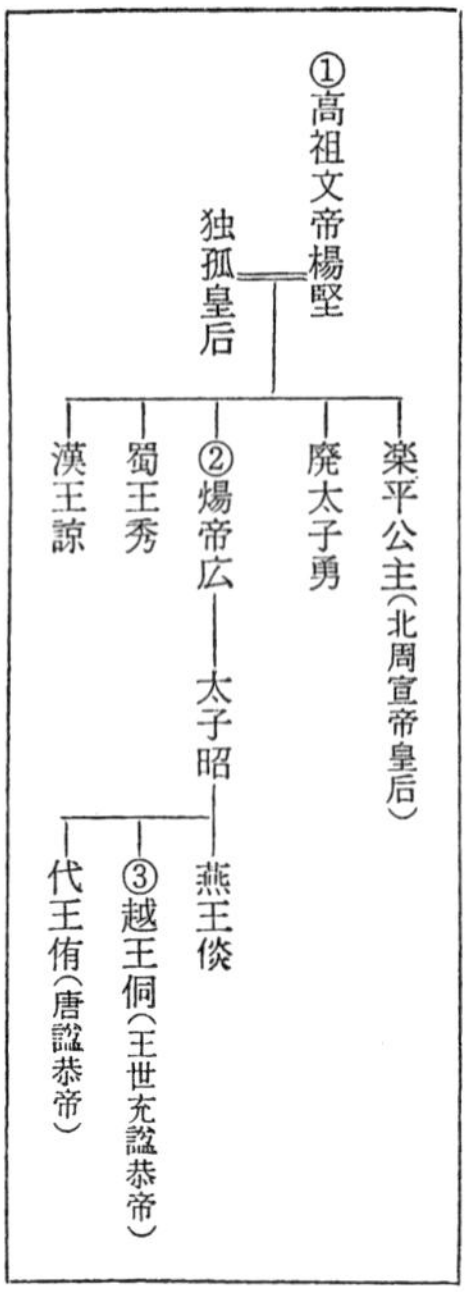

隋王朝系図

狙う楊堅にとって鮮卑姓ではいかにも不都合、漢人風の一字姓であることが必要だったのであろう。同じころ唐王朝の太祖となる李淵も、大野《だいや》という胡姓から李姓に戻している。

楊堅は十四歳から四十歳まで、人生の大半を胡姓で過ごしていたことになる。楊一族とは、いかなる人たちであったのか。『隋書』高祖紀はいう。

漢の大尉震《しん》八代の孫鉉《げん》、燕に仕えて北平太守となる。鉉、元寿《げんじゅ》を生む。後魏（北魏）代に武川鎮司馬（掌軍事）となる。子孫よりて家と為す。元寿、大原太守恵嘏《けいか》を生む。嘏、平原太守烈《れつ》を生む。烈、寧遠将軍禎《ねいえんしょうぐんてい》を生む。禎、忠を生む。忠即ち皇考（亡父）なり。皇考、周太祖に従い関西に義（軍）を起こし、姓普六茹氏を賜り、位は柱国・大司空・隋国公に至る。

（『隋書』帝紀第一　高祖上）

先行する『周書』列伝第十一楊忠では、北魏の初めに祖父・烈が武川鎮司馬となったこと、さらに楊忠の父・禎が建遠将軍として戦死したことを記すのみである。烈以前の先祖に関しては裏付けに乏しい。北魏時代に太守や将軍に任じられたとされる楊一族であるが、『魏書』に伝はない。

楊一族の遠祖は燕に仕えたという。それまでの歴史で燕を国号とした国は四つある。最初の燕は『三国志』の時代、現在の遼寧省から遼東半島にかけての北辺を支配していた漢人公孫淵《こうそんえん》が西暦二三七年に建国したもの。この国は短命で、翌年には魏の司馬懿《しばい》によって滅ぼされた。三三三年、鮮卑族の慕《ぼ》容皝《ようこう》が前燕を建国（三七〇年滅亡）、さらに三八四年には慕容垂が後燕を建国（四〇九年滅亡）している。最後に燕を名乗ったのは、四〇九年に漢人馮跋《ふうばつ》が建国した北燕であった。子の楊元寿が北魏に仕えたということは、楊鉉の仕えたのは前燕もしくは後燕であったろう。

燕の地は農耕地帯ではなく、狩猟・漁撈そして遊牧の世界であった。楊一族は四世紀以降に燕の地から武川鎮に入った。朝鮮半島では、現在の吉林省集安あたりから移動した騎馬民族国家高句麗が最盛期を迎えようとしていたころである。

文帝即位の翌月には、北辺の長城修築が始まった。突厥の侵寇が続いていたのである。紀元前から続く北と南、草原の民と農耕の民との戦いの歴史に新しい幕が開いた。今回の主役は騎馬民族国家突厥が「夷」、騎馬民族から変身した隋唐帝国が「華」であった。

隋開皇二年（五八二）五月、佗鉢可汗《タスパル》（在位五七二―五八一）のあとを受けた沙鉢略可汗《イシバラ》（在位五八一―五八七）率いる突厥軍四十万が、営州《えいしゅう》和龍《わりゅう》（遼寧省《りょうねい》朝陽県《ちょうよう》）で起こった叛乱に乗じて長城を越えた。北は武威、天水（甘粛省天水市）、金城（同・蘭州市）から東して延安（陝西省延安市）などを攻略、家畜がことごとく略奪された。

翌開皇三年（五八三）四月、文帝はようやく反撃に転じた。朔方に出陣した隋軍は白道《はくどう》（内モンゴル・フフホト市西北）、さらに涼州でも突厥軍を大破した。結果、突厥の結束は乱れ、モンゴル高原を拠点とする東突厥と、中央アジアを支配する西突厥に分裂した。沙鉢略可汗は翌年、朝貢に訪れ、隋に臣従する形をとることになる。こうして小康を得た隋は、国内の整備にとりかかった。
開皇元年二月、楊堅は后の独狐伽羅《どっこきゃら》（五五三年生）を皇后に、皇后の生んだ五男のうち長子・勇《ゆう》（五六四年生？）を皇太子に、当時十三歳であった次男・広《こう》（煬帝《ようだい》・五六九年生）を晋王に封じ、残る三人の男子もそれぞれ秦・蜀・漢の王に封じた。

文帝の時代、隋の宮廷で、楽器ごとに定められた衣装をまとって晴れやかに演じられる礼楽のなかに、民族の出自につながる楽曲があった。

> 大角、第一曲起捉馬、第二曲被馬、第三曲騎馬、第四曲行、第五曲入陣、第六曲収軍、第七曲下営。皆三通を以て一曲と為す。其の辞併せて鮮卑を本とす。（『隋書』志第十　音楽下）

大角とは、角笛、大型ホルンのこと。古代中国の礼楽とは異質の遊牧民の楽器である。角笛の奏でる曲目は第一曲起捉馬以下、「併せて鮮卑を本とす」、まさに騎馬遊牧の民のリズムであった。隋は鮮卑拓跋の風習を基本として儀礼を作ったのである。

渡辺信一郎『中国古代の楽制と国家〜日本雅楽の源流』によれば、この内容は、「①馬を補足し、②装備を施し、③④騎馬軍団を編成し、⑤出陣・⑥凱旋したのち、⑦軍営に戻ることを歌うものである。この大角七曲は、唐代には府兵衛士ならびに金吾衛《きんごえい》角手によって伝承されたという。

文帝の時代の宮廷楽について、渡辺の結論を借りる。

> これらのことどもは、隋文帝の天下統一が、漢代以来の伝統的王朝権力＝古典的国制への復古的な回帰ではなく、また単純な胡漢融合の政権でもなかったことを示している。府兵が日常的に

「簸邏迴歌《はらかいか》」系軍楽を高唱したことを基礎に、北狄楽《ほくてきがく》を中核として鼓吹楽・雅楽・燕楽を再編することは、西魏・北周の権力基盤を継承し、権力のはるかな根源が鮮卑・北魏に由来することを意図的に歌いあげ、その政治文化を権力中枢に位置づけるものである。

（渡辺信一郎『中国古代の楽制と国家〜日本雅楽の源流』）

拓跋の風俗を堂々と王朝儀礼のなかに取り込んだ文帝、「権力のはるかな根源」と渡辺のいう北魏孝文帝の鮮卑拓跋・漢一体化政策は着実に実を結んでいたといえよう。

南朝で興亡した短命の諸王朝は、魏晋時代の統治システムをそのまま援用できた。一方、胡漢入り乱れて成立した華北の王朝は漢人官僚の知恵と経験を導入し、一方で胡族の伝統を慮《おもんぱか》りながら中原の統治方法を模索しなければならなかった。北魏から斉・周分裂時代に均田制などの土地制度の下、中央集権的な統治制度がようやく確立した。あわせて「鮮卑、胡ならず」――鮮卑拓跋族を漢人と対等とする認識が漢人の間にも浸透してきた。隋はその成果を継承した。

文帝の国内での施策は初めから具体的なものであった。隋代の歴史的なビッグイベントは三つ、文帝の時代に南朝最後の王朝となった陳国を滅ぼしたこと、そして文帝と煬帝、二代の皇帝による長城建設、さらに長安から江都（揚州）に至る大運河の開鑿であった。後者は、おそらく北魏孝文帝の企図した事業に想を得たものであろう。

開皇四年（五八四）六月、渠《きょ》を開き、渭《い》（河）より（黄）河に達し、以て運漕通ず。

開皇六年二月、丁男十一万を（徴）発して長城を修築す、二旬（二十日）にして罷む。

開皇七年二月、丁男十万余を発して長城を修築す、二旬にして罷む。

四月、揚州に山陽瀆《さんようとく》を開き、以て運漕通ず。（以上、『隋書』帝紀第一　高祖上）

開皇八年十月、将《まさ》に陳を伐《か》らんとして、太廟に事あり。晋王広、秦王俊、清河公楊素《せいかこうようそ》に命じて並びて行軍元帥となし以て陳を伐らんとす。…合わせて総管九十、兵五十一万八千、みな晋王の節度を受く。

開皇九年（五八九）正月、陳国を平らげ、州三十、郡一百、県四百を合わす。（以上、『隋書』帝紀第二　高祖下）

開皇九年、南朝を滅ぼしたことにより全土が統一された。さらに運河網によって南北が一体化され、江南で収穫された穀物が都を支えることとなる。

歴代騎馬遊牧国家の悲願であった統一国家が誕生した。三一六年、西晋滅亡以来、およそ二百七十年ぶりのこととなる。

以降、新たなる国家経営の方針が策定されることになる。それは文帝楊堅と煬帝楊広による、いわば新たなる発想による起業であった。

三、起業家王朝二代――文帝と煬帝《ようだい》

文帝、煬帝とも菩薩戒《ぼさつかい》を受けていることから明らかなように、隋においても仏教は国家の基本にあった。しかしながら『隋書』帝紀には、仏教に関する記録はきわめて少ない。

隋の翻経学士《ほんきょうがくし》費長房《ひちょうほう》が撰した仏教関係の記録『歴代三宝紀《れきだいさんぽうき》』全十五巻が残されている。皇帝のために仏教の歴史や、伝承され、あるいは新たに伝来した経典などをまとめたもので、完成は開皇十七年（五九七）であった。そこに文帝の仏教政策に関わる詔勅が細かに記されている。

まず建国の翌月――

開皇元年閏三月に至り、詔して曰く、…その五嶽の下、宜しく各（々）僧寺一所を置くべし。…帝王紀事由来尚ぶべし。それ襄陽隋郡江陵晋陽、並びて宜しく寺一所を立て碑を建てて徳を頌《ほ》むべし。…毎年国の忌日に至れば、務めを廃し斎を設け造像行道《ぞうぞうぎょうどう》すべし。

（『歴代三宝紀』巻十二）

何とも大胆な施策であった。古来聖地とされてきた五岳（東岳泰山《たいざん》・西岳華山《かざん》・南岳衡山《こうざん》・北岳恒山《こうざん》・中岳嵩山《すうざん》）に仏教寺院を造営させたのである。

建国早々の隋では寺院の造営ラッシュが続いた。襄陽、隋州、江陵、晋陽など拠点となる都市に詔勅による仏寺を建立させ、ついで尉遅迥が戦死した相州《そうしゅう》（河北省）に、また北斉の都であった鄴《ぎょう》にも戦没者の慰霊のために一寺を建立させている。

開皇二年、勇躍、新都造営の詔が発せられた。

五月　詔して左僕射《さぼくや》（尚書省次官）高熲《こうけい》、将作大匠《しょうさくたいしょう》（宮殿建築の長）劉巨鹿《りゅうきょろく》、郡公賀婁子《がろうし》幹《かん》、太府少卿《たいふしょうきょう》（財政担当官）高叉《こうさ》等に詔して新都を創造せしむ。

（『隋書』帝紀第一高祖紀上）

二年正月、城曰く大興城《たいこうじょう》、殿曰く大興殿、門曰く大興門、県曰く大興県、園曰く大興園、寺

曰く大興善寺《たいこうぜんじ》。（『歴代三宝紀』巻十二）

新都、隋唐時代に世界の中心となった長安城である。現在の西安に残る唐の都城遺跡の基本は隋の大興城であった。『隋書』地理志によれば、外郭城の規模は東西一十八里一百十五歩、南北一十五里一百七十五歩であった。遺構の実測では東西九千七百二十一メートル、南北八千六百五十一メートル、周囲三十六・七キロメートルであったから、ほぼ当時の姿が残されているとみていい。

宮城は東西二千八百二十メートル、南北千四百九十二メートル、周囲八・六キロメートル、大興宮・東宮・掖庭宮《えきていきゅう》の三大宮殿、官僚組織のための皇城、そして朱雀大街《すざくたいがい》を中軸とする東西対称の里坊（大路で囲まれた街区）からなっていた。

七世紀半ば、唐・道世《どうせい》の撰になる仏教典籍『法苑珠林《ほうえんじゅりん》』には信じられない情報が伝えられている。

右、隋代二君四十七年、寺は三千九百八十五所あり。度（得度）せし僧尼二十三万六千二百人、訳経八十二部。（『法苑珠林』巻百・伝記篇）

寺は三千九百八十五か所にのぼる。北魏時代に国家と王公、在家の造営した寺の数は三万を超えた。それに比べると大した数ではないようにみえるが、廃仏が行われた北周時代の寺の数が千足らずであったことを考慮すれば、隋二代五十年ほどの間の造寺の数としては異様といってもいい。短期間に膨大な数の寺院が出現したのである。

『歴代三宝紀』によれば、都の大興善寺《たいこうぜんじ》には西域から渡来した僧たちで溢れ、訳経や写経が盛んに行われたという。と同時に、この寺は国家宗教政策の根本寺院でもあった。文帝は北魏滅亡後の戦乱にすさんだ人心を再び仏教によってまとめようとしたのである。

妹尾達彦《せおたつひこ》（中央大学教授　中国史）は、新都は仏教の都であったという。

中国外部から来た仏教に格別の地位が与えられたのも、非漢族の政権の正統化に外来宗教が利用されたという側面に加え、多種族が錯綜し人災と天災を絶えずこうむる当時の社会において、地域と種族を超越する世界宗教としての仏教が、多くの人々の心に求められたから…。

（妹尾達彦「宇宙の都から生活の都へ」）

軍事力によって中国を再統一する鮮卑系の地方政権を宇宙の都という象徴性によって中国の正統王権に変換する仕掛けであった、としている。

しかしながら、「地域と種族を超越する世界宗教」という認識はすでに五胡の時代に定着していた。あわせて孝文帝の時代には「中華帝国」という意識さえ持っていたのである。中華は、隋には継承されなかったのであろうか。

同じ開皇三年（五八三）、再び崇仏に関する詔勅が下った。

開皇三年、勅旨を降して云う、生を好み殺を悪《にく》むは王政の本なり。仏道は教えを垂《た》れて善業に憑《よ》るべし。…それ京城及び諸州の官立寺の所、毎年正月五月九月、恒に八日より十五日に至りて、まさに寺を行道すべし。その行道の日、遠近の民庶、およそこれ生有るの類、悉く殺すを得ず。

（『歴代三宝紀』巻十二）

「王政の本なり」とした「生を好み殺を悪む」との考えは仏教の精神そのものといえる。それを実践する行事を全国に建立した官立の寺で行わせたのである。行道は本尊、あるいは堂塔の周囲を旋行して恭敬尊重の意を表す儀礼で、その中心となるものによって繞仏《にょうふつ》、繞堂《にょうどう》、繞塔《にょうとう》という。都での行道には十万の人が集まった。

ようやく政情が落ち着いた開皇十三年（五九三）十二月八日、文帝は北周武帝による廃仏の罪を改めて懺悔した。

今、三宝の前に悉く懺悔の発露をなす。敬いて一切の毀廃《きはい》せし経像に絹十二万匹を施す。皇后また敬いて絹十二万匹を施す。王公已（以）下、爰に黔黎《きんれい》（南方の住民）に至る、また人敬いて銭百万を施す。

（『歴代三宝紀』巻十二）

さらに仁寿元年（六〇一）六月、

これに国子学唯学生七十を留め、太学・四門及び州県学並びて廃す。その日、舎利を諸州に頒《わか》つ。

（『隋書』高祖紀下）

太学《たいがく》など学問所を閉鎖、舎利塔建立の勅命が下った。儒学を軽視して仏教を重視する詔である。この勅命が後世に与えた影響は少なくない。鎌田茂雄（中国仏教史）の総括を借りる。

文帝の開皇十三年（五九三）の廃仏への懺悔、その思いの具現としての仁寿年間の舎利塔建立は、仏教の布施の理想に基づいて皇室・国民すべてがその功徳を受けるために企てられたものである。そのため建立の費用は個人の財物の布施に依った。文帝が舎利塔を全国各地の寺院に建立したことは唐朝において継承され、高宗は天下の諸州に一寺一観を設け、則天武后は天下の諸州に大雲寺を、玄宗は開元、竜興の二寺を諸州に建立させたのであった。（鎌田茂雄『中国仏教史』）

ところで、帝国統治のソフトウェアとして重要なものに官僚を選抜するための科挙《かきょ》制度がある。この科挙も文帝の時代にはじまったようである。ようである、としかいえないのは正史である『隋書』に科挙に関する記述が皆無であるためである。『旧唐書』にも、隋代に関する情報はない。

宮崎市定はいう。

文帝の政治は周囲の反対を意に介しない自信の下に遂行され、そこから新しい方針が打ち出された。従来の九品官人法を廃して、科挙《かきょ》によって官吏を採用する試みのごときはその最たるものであった。もともと九品官人法は個人の才徳を評価して適当な地位に適当な人才をつけるのが目的であったが、しだいにその運営が貴族化して、貴族の既得権益を擁護する制度に堕落してしまった。（中略）（文帝は）中央政府で試験を行ない、及第者にさまざまな秀才、明経《めいけい》、進士《しんし》などの肩書を許し、高等官となる資格を与えた。これがその後千三百余年にわたって行なわれた科挙の起源である（五八七）。（宮崎市定『大唐帝国』）

引用文末の五八七という数字は年号で、文帝の開皇七年にあたる。こうした判断の根拠として宮崎は、「開皇三年、州郡の僚属を悉く中央より派遣することに改め、従来の中正を含む土着官の職務を停止して、これを郷官と称した」（宮崎市定『科挙史』）ことをあげている。この時点で、地方官の内中を廃して独自に厳重な試験制度によって官吏候補者に臨むことになったと解しているのである。九品官人法の時代には「上品に寒門なく、下品の勢族なし」といわれた。生まれた家によって官僚としての人生が決まってしまったのである。門閥社会の閉塞状況を打開したのが、科挙制度であった。あわせて実施されたのが律令《りつりょう》制度である。律とは刑罰を定めて犯罪を防ぐ刑法であり、令とは政治の運営を定める行政法とされる。隋にはじまるこの制度は、唐に引き継がれた。

秦漢時代にはじまる度量衡や文字の統一、南北朝時代に始まった均田制と土地税制、さらに府兵制、隋にはじまる科挙制度と律令制度、これらが出そろって国家運営のソフトウェアが完成した。さらに新たなる起業として大運河と長城というハードウェア建設事業がはじまる。農民の大量動員という国家にとっての不確定要因を拡大しつつではあったが、ともかくそれは順調に進捗していた。文帝の時代に出現した国家運営のためのソフトウェア、そしてハードウェアもそのまま唐王朝に引き継がれる。


国内整備のめどがたったころ、文帝の胸中に大帝国への野望が蠢《うごめ》き出した。東の大国高句麗、さらに北辺で強大な遊牧帝国となった突厥がターゲットであった。

文帝の末期になって、高麗《こうらい》（高句麗《こうくり》）制圧のための戦いが始まった。

開皇十八年二月、漢王諒《りょう》（楊諒、文帝の五男）を以て行軍総管（軍事責任者）と為し、水陸三十万高麗を伐る。（『隋書』帝紀第一　高祖上）

遠征はさしたる成果もないままに終息した。事業は文帝の次男、第二代皇帝煬帝に受け継がれた。

煬帝《ようだい》の皇帝への道は、同じ母から生まれた五歳年上の兄を排除してしか実現しえないものであった。陳国攻めで五十万の兵団を指揮する行軍元帥として活躍したことで、それまで皇太子楊勇《ようゆう》の影に隠れていた楊広《ようこう》の存在が次第に大きくなってきていた。楊広は開皇十年（五九〇）、二十三歳で揚州総管となって江都《こうと》（揚州）に鎮することになった。数年後、突厥が侵寇してきたときには、再度行軍総管に任じられて霊武《れいぶ》（甘粛省霊武県）に出兵した。開皇二十年（六〇〇）四月、突厥の西面可汗が霊州に侵寇してきたときにも行軍総管として出陣、突厥を撃破している。この年、皇太子との関係が逆転する。

開皇二十年十月、皇太子勇及び諸子を並びて廃し庶人と為す。

十一月、晋王広を以て皇太子と為す。

（『隋書』帝紀第二　高祖下）

この年、晋王広三十歳、実の兄弟の間で何が起こったのか。

『隋書』后妃列伝、独孤皇后伝にその経緯が記されている。皇后の人となりから話をはじめよう。

独孤皇后伽羅は、宇文護に自死させられた北周の大司馬独孤信（五〇二―五五七）の七女であった。長姉は北周第二代皇帝明帝の后となり、四女は北周建国以来の八柱国であった李昞《りへい》（高祖李淵の父、のちに諡号されて世祖）に嫁いだ。四女が李氏に、七女が楊氏に、これも当時の門閥の上下関係を反映しているのであろう。匈奴系とされる独孤氏によって宇文・楊そして李一族と、三代の王朝が繋がっていた。隋の煬帝と唐の高祖李淵は鮮卑の血をともにする従兄弟同士であった。杉山正明（京都大学教授　モンゴル史・ユーラシア史）のいう「拓跋国家」の同族である。

十四歳で楊堅に嫁いだ独孤皇后は、五人の男子を産んだ。彼女は文帝楊堅に「異生の子」、自身が生む子以外はほかに子を作らないことを約束させた。複数の貴嬪を持つことが当たり前であった当時においてきわめて異例のことであった。明晰かつ強靭な精神を持った女性であったようで、『隋書』后妃伝は、

后、毎《つね》に上と言いて政事に及び、往々にして意合う、宮中称して二聖と為す。

と評している。

独孤皇后は、楊堅が尉遅迥《うっちけい》の孫娘の女色に溺れかけたときには密かにこれを殺させるという激しさを持っていた。そうした皇后にとって多くの内寵《ないちょう》の女性を持っていた太子勇が次第に好ましい存在でなくなってきた。揚州総管であった次男・広も、太子に疎まれて生命の危険さえ覚えると皇后に偽りの讒訴《ざんそ》をしている。折から太子の后が突然亡くなった。皇后は太子周辺の仕業と考えて、文帝に太子の廃嫡を勧めたのであった。太子が文帝の嫌った軽佻な俗謡を好んでいたこともあって、文帝は皇后の進言に従った。

仁寿二年（六〇二）七月、

太子勇、讒《ざん》を以て廃されるに及び、晋王広、太子となる。（蜀王）秀、意甚だ不平を為す。太子、秀の終《つい》には後の患いとならんことを恐れ、陰に楊素《ようそ》に令してその罪を求めて之を譖《しん》（訴える）す。

（『通鑑』巻百七十九　仁壽二年の条）

この事件の背後に太子広がいたことはいうまでもない。広は、のちに参謀となる上柱国楊素に命じて異を唱える蜀王秀を排除した。

翌八月、独孤皇后が五十歳で亡くなった。皇后の束縛から解放された文帝は南朝最後の陳国皇帝宣帝の娘・宣華夫人陳氏と、陳国出身の容華夫人蔡氏《さいし》を寵愛した。当時文帝は都の西北、岐州にあった仁寿宮《じんじゅきゅう》にしばしば行幸した。陳を滅ぼしたあと造営された豪壮な離宮である。

上、疾甚《やまい》しきを以て仁寿宮に臥《ふ》す。百僚と辞訣《じけつ》、歔欷《きょき》並びに握手す。丁未、大宝殿で崩ず。時に年六十四。

（『隋書』帝紀第二　高祖下）

仁寿四年（六〇四）四月、仁寿宮で病に倒れた文帝は、七月には百官に別れを告げ一同歔欷（すすり泣き）のうちに重臣たちの手を握り、六十四歳で世を去った。ここには異変の気配はない。

しかし『隋書』皇后列伝の記録は、文帝の死の前後の異様な様相を伝えている。病床にあった高祖をよそに、皇太子広と陳夫人の間で事件が起こった。文帝に終日付き添っていた陳夫人が衣装を改めるために部屋を出たところで太子に関係を迫られた。血相を変えて寝所に戻った夫人は「太子無礼」と帝に訴えた。「独孤、誠に我を誤まれり」、亡き皇后の判断が間違っていたことに気づいて激怒した文帝は「廃太子勇を呼べ」と側近に命じた。太子広を廃嫡し廃太子勇を復活させようとしたのである。それを聞きつけた広は病室に駆けつけ夫人たちを別室に追い払った。

五百年を経て、司馬光が高祖紀の記述に「異論あり」と声をあげている。

にわかにして上崩ず。故に中外しきりに頗《すこぶ》る異論あり。

（『通鑑』巻百八十　仁寿四年）

楊広の父殺しを暗示するような記述である。隋では歴代王朝にならって創業以来、皇帝の日々の記録—起居注の担当官僚を置いていた。高祖紀、煬帝紀はそれぞれの起居注を元に起草されたはずである。しかしながら、司馬光の時代になっても別の記録が伝えられていたのであろう。しかも、事件はこれだけでは終わらなかった。

その夜、太子（宣華夫人を）烝《じょう》す。

（『隋書』列伝第一　后妃）

「烝」とは自分より身分の高い女性と私通すること。つまり父の後宮の女性を我がものとしたということである。さらに容華夫人の伝にも「また煬帝の烝するところとなる」と記されている。

この「烝」という単語は騎馬民族王朝において帝位継承の際に散見される。たとえば四世紀前半、

前趙・匈奴の劉聡が死んだ時、子の劉粲《りゅうさん》が即位し義母にあたる靳《きん》皇后や貴妃に皇太后などの尊号を贈った。そして、

靳等、年みな二十に満たず、并《なら》びて国色なり、（劉）粲、晨夜《しんや》、内にて烝淫《じょういん》す。

（『晋書』載記第二　劉聡）

レビレイト、父の死後に跡取りが実母以外の女性を妻妾とするという婚姻形態である。騎馬遊牧民族にとって厳しい環境で生きるための習俗であったが、儒教的な倫理観・感性とは全く相容れない野蛮なもの、漢人にとっては野獣の行為に等しい、唾棄すべき風習であった。

こうした事象も楊一族が漢人ではなく遊牧民族に出自を持つことの有力な傍証となる。なお、「烝」されたふたりの女性が江南出身であったことに、楊州総管として赴任した北方の荒ぶる若者に、華やかな文化に彩られた江南が与えた大きな影響がうかがえるのかもしれぬ。

さらに、『隋書』に見逃せない情報が見える。

『隋書』列伝　文四子によれば、「文帝暴崩」の四か月後の十一月、庶人におとされていた廃太子勇が死を賜っている。文帝の遺命と伝えられるが、後顧の憂いをなくすため煬帝が勅書を偽造したのであろう。

四、みたびの虹　ユーラシア大帝国出現

事件の翌日、楊広は皇帝の喪を公表し、仁寿宮で即位した。三十五歳、壮年の皇帝であった。

年が改まって大業と改元された西暦六〇五年、煬帝は文帝の遺産ともいうべきハードウェアの整備を再開した。すなわち洛陽での豪壮な宮城造営、南方からの豊かな物資の輸送を確実なものにする大運河開鑿と、北方の騎馬民族突厥の侵略に備える長城修築――文帝の事業を受け継ぎ、それをさらに雄大に拡大する、文字通りの大業がはじまった。

大業元年三月、楊素と納言《のうげん》（宰相）楊達《ようたつ》・将作大匠宇文愷《うぶんがい》に詔して、東京《とうけい》（洛陽）を営建せしむ。毎月、役丁二百万人。　（『通鑑』巻百八十、大業元年・六〇五の条）

河南諸郡男女百余万を（徴）発し、通済渠《つうさいきょ》を開き、西谷より谷を引き、洛水（黄）河に達す。　（『隋書』帝紀第三　煬帝上）

また、板渚《ばんちょ》より（黄）河を引きて栄沢を歴《へ》て汴《べん》（河）に入る。また、大梁の東より汴水を引きて泗《し》（州）に入り、淮《わい》（河）に達す。また淮南民十余万を発して邗溝《かんこう》を開き、山陽より楊子《ようす》に至りて（長）江に入る。渠の幅四十歩、渠の傍らにみな禦道《ぎょどう》を築き、柳を以て樹す。長安より江都（揚州）に至るに、離宮四十余か所を置く。　（『通鑑』巻百八十　大業元年の条）

すでに文帝の時に漢代の古い運河を整備して黄河と都を直結させる広通渠《こうつうきょ》が完成していた。煬帝の時代になると板渚（河南省河陰県《かいんけん》）から黄河の水を東南に引き、汴州《べんしゅう》（河南省開封市《かいふうし》）から泗州《ししゅう》（江蘇省宿遷県《しゅくせんけん》）に至って淮河《わいが》に入る通済渠《つうさいきょ》が開かれた。さらにかつての邗溝（春秋時代に呉王夫差が開いた運河）を改修して淮河と揚子江を繋げた。このプランは、かつて北魏孝文帝が構想した洛陽を流れる洛河から汴河を経て淮河に至る水運と重なる。

大業元年八月。煬帝は、江南で造らせた御座船「竜舟《りゅうしゅう》」の前後を衛兵に守らせ、文武百官を引き連れて、開通したばかりの大運河を江都揚州へ向かった。大船団の長さは二百里に及ぶ大デレゲイションであった。なかで最大の船が竜舟であった。

上、竜舟に御して江都に幸《みゆき》す。……竜船四重、高さ四十五十尺、長さ二百丈。上に重ねて正殿、内殿、東西朝堂あり、中は二重にして百二十房あり。みな金玉で以て飾る、下の重内侍之に処る。

（『通鑑』巻百八十　大業元年の条）

全長およそ六百メートル、高さおよそ十四メートル、上甲板には天子＝煬帝の御座所や朝堂（議場）などがあり、二重になった中甲板には後宮・百官のための百二十の部屋、最下層には調理場や貯蔵所という巨大な船であった。同行する数千のきらびやかな舟には後宮・諸王・公主・百官・僧侶や蕃客などの姿があった。舟を引く人夫の数は八万余、さらに兵員や武器を乗せた舟数千隻が付き従ったという。

運河の広さは六十メートル、運河には数万の船が浮かんだ。揚州に至る柳並木の運河沿いには四十にのぼる離宮が築かれた。

満を持して、堰を切ったような展開であった。

後世、遊興好みの煬帝を象徴するものとされる大船団による南巡であるが、それだけではあるまい。軽侮されてきた北方民族が支配者として江南の漢人貴族階級にまみえるためには、支配者として圧倒的な権勢を示すことが必要と考えたのであろう。そのためには、この世のものとも思えないほどのきらびやかさ、そしてスケールが必要であった。

一方、東京《とうけい》洛陽城の造営は、二百万人を動員して一年後の二月に完成した。城はかつての北魏洛陽故城の西十二キロの地に築かれた。すでに天下の富商数万家が移されていた。この都が唐代に引き継がれた東都洛陽である。

大業二年三月、煬帝は江都を発ち、陸路を新都洛陽に向かった。

大業二年十月、洛口倉《らくこうそう》を鞏東《きょうとう》南原上に置き、倉城を築き、周回二十余里、三千窖《こう》（穴倉）を穿《うが》つ。窖（容）八千石、監官吏並びに鎮兵千人を置く。

十二月、回洛倉《かいらくそう》を洛陽北七里に置き、倉城の周回十里、三百窖を穿つ。

（『通鑑』巻百八十　大業二年の条）

わずか十五年前、開皇十五年（五九六）には「粮一升已（以）上の盗、みな斬る」との詔勅が出されている。たかが一升の糧食を盗んでも死刑という極刑とされたことからも、当時食料が逼迫し、きわめて高価であったことが推測できる。

運河開鑿によって肥沃な米作地帯である江南から洛陽に運ばれる糧食の量は飛躍的に増加した。洛陽近郊には貯蔵用の窖《あなぐら》が大量に出現した。これらの倉庫には、一説には二千六百万余石（一石はおよそ八〇キログラム）の米が蓄えられていたという。ここで、飢饉に苦しめられてきた都の食糧事情は大きく好転、飢饉も水害も恐れるに足らずといわれた。現在残る遺跡としては、洛陽市街の含嘉倉《がんかそう》がある。口径十～十六メートル、逆円錐形の穴倉で、深さは七～九メートル。この蔵一つで百万の人口を一年半支えられるという。

大業六年（六一〇）には山陽瀆《とく》（淮河と長江を結ぶ運河、瀆は溝）の起点となる揚子県（江蘇省儀徴《ぎちょう》

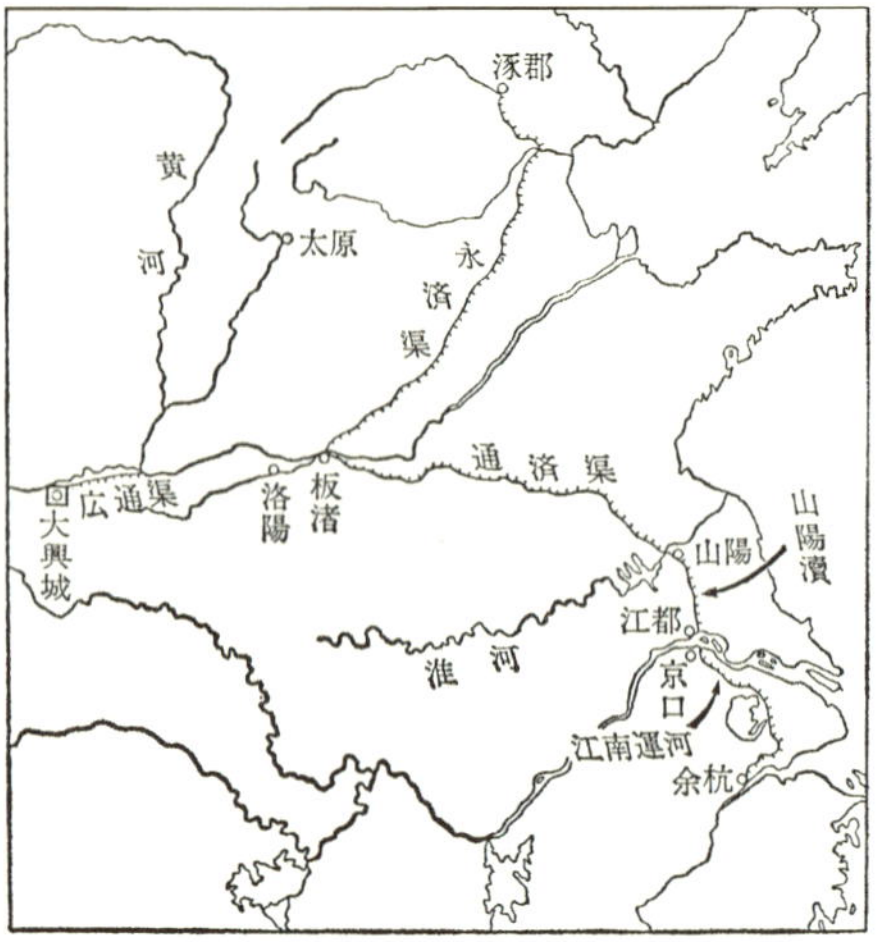

隋代の大運河図

県《けん》）京口から南の蘇州《そしゅう》を経て余杭《よこう》（浙江省杭州市）・銭塘江《せんとうこう》に至る江南河が開かれた。結果、長江（揚子江）・淮河・黄河の三大河、さらに北は涿州の白河、南の銭塘江を繋ぐ総延長千八百キロメートルにおよぶ大運河が完成、江南・淮河地域と関中が一つの水路で結ばれた。

（大運河の開鑿は）政治的に見ても、北朝の出である隋が、南朝数百年の基地である江南地方を併せ、南北渾然たる融合にもって行かねばならぬ絶対的要請に応えたものである。

（星斌夫《ほしあやお》『大運河～中国の漕運』）

宮崎市定は、この運河開鑿の歴史的な重要性に言及している。

大運河の北端、白河との交差点に近く幽州（北京）が栄え、金・元・明・清四代の国都となった。次に運河が黄河を横断する地点に汴州（開封）があり、付近の古都洛陽の繁栄を奪い、唐が滅びると五代北宋の国都として用いられ、金も一時ここに遷都した。大運河が揚子江に出るところに揚州があり、東は揚子江口にも近く海に通じ、西は厖大な揚子江水系を控えて四通八達、交通の要衝に位置し、唐代にはとくには繁栄をきわめ、なにごとも揚州の事物が天下第一の名をとり揚一とよばれた。

（宮崎市定「アジア諸民族の相互的交渉」『アジア史概説』所収）

煬帝の朝政に参掌した人材は多彩であった。その出自には三種あった。武川鎮以来の北魏・西魏・北周出身者、次いで東魏・北斉系、そして南朝・陳から加わったひとたちである。北周時代から文帝に臣従した蘇威《そい》・宇文述《うぶんじゅつ》・牛弘《ぎゅうこう》、北斉からは遺臣裴矩《はいく》、そして南朝陳の遺臣裴蘊《はいうん》・張瑾《ちょうきん》・虞世基《ぐせいき》。この七名を時のひとは「選曹《せんそう》の七貴《しちき》」といった。北周の軍事、北斉の制度、陳の文化と、それぞれの王朝のいいとこ取りをした人材登用という見方もある。

うち宇文述は北周皇族宇文氏と同姓、鮮卑族であるが、もとの姓は破野頭《はやとう》、宇文の姓は主君からもらったものであった。のちに煬帝を弑逆《しいぎゃく》（主君を殺す）することになる宇文化及はその息子である。

こうした官僚とは別に、煬帝はまったく違った人材を抱えていた。なかに柳䛒《りゅうげん》という書の達人がいた。先祖は河東出身であったが、西晋滅亡時に江南の襄陽に移った。祖父の代から南朝の重臣であったが、国が滅んで野にあったときに晋王広に出会い諮議参軍《しぎさんぐん》（軍事顧問）となった。夜ごと宮殿に参上して酒を酌み交わす風雅の交わりが常であった。その伝にいう。

　王、文雅を好み、才学の士、諸葛潁《しょかつえい》、虞世南《ぐせいなん》、王胄《おうちゅう》、朱瑒《しゅちょう》等百人を招引し、以て学士に充《あ》つ。而して䛒を之の冠と為す。（『隋書』列伝第二十三　明克譲）

煬帝は、皇太子になる前、二十代の若者でありながら南朝系の人材を大量に抱えていたのである。学士長であった柳䛒の名が台北の故宮博物院収蔵の書に見える。書聖王羲之《おうぎし》の書「平安何如奉橘《へいあんかじょほうきつ》帖《じょう》」（模本）、この書の末尾に開皇十八年三月二十七日という日付とともに記された署名がそれである。開皇十八年（五九八）といえば皇太子になる二年前、煬帝は江南にあって、文人の嗜みとされた書の蒐集をはじめていたようである。それほどまでに南朝の文化に親しんでいたということであろう。

学士のなかに、これも書の達人とされた虞世南《ぐせいなん》の名がある。虞世南は書聖王羲之の子孫であった僧智永に書を学んだ文人で、のちに唐の太宗の書の師となり、それぱかりか唐初の政治の決定に関わる重臣となった。晋王の学士サロンのレベルもなかなかのものであったことがうかがえる。

大業三年（六〇七）三月、車駕、京師に還る。（『隋書』帝紀第三　煬帝上）

話を、煬帝がようやく長安に帰還した大業三年にもどす。いよいよ世界帝国実現のための動きが本格化する。煬帝は北辺を、西域を、そして江南を休むことなく巡った。文帝から引き継いだターゲットは高句麗と突厥である。

突厥については、すでに大業元年四月に煬帝は北辺の楡林《ゆりん》（陝西省楡林県）の行宮で啓民可汗と妻・千金公主と会見、突厥は馬三千匹を献じて一応の友好関係は築かれていた。

千金公主は遊牧騎馬民族に嫁いだ女性の典型であった。北周の皇族宇文招の娘として生まれ、政略結婚で第十代啓民（突利）可汗（在位五九九？―六〇九）に嫁いだ。啓民の死後、「突厥の婚俗」（レビレイト婚）により子の始畢（在位六〇九―六一九）の妻となった。隋建国後、文帝は公主にみずからの楊姓と義成公主の名を与え、あらためて突厥と舅と婿の関係を結んでいる。唐の武徳年間に始畢が死ぬと、公主は弟の処羅《しょら》可汗（在位六一九―六二〇）の妻となり、翌年処羅が死ぬと唐太宗と戦うことになる末弟の頡利可汗《イルリグ》（在位六二〇―六三〇）に嫁した。太宗の代まで続いた戦いの背後には、つねに突厥四代の王の妻となったこの女性があった。

大業三年五月、煬帝はふたたび北に向かった。

六月、丁男百余万を発して長城を築く。西は楡林を距《へだ》て東は紫河に至る。一旬《いちじゅん》（十日）にして罷む。死者十のうち五・六。（『隋書』帝紀第三　煬帝上）

長城建設は死亡率五、六割という過酷な労働で民を苦しめた。長城建設はあっけなく挫折した。

二か月後、煬帝は北辺の要塞楡林に突厥啓民可汗の帳（天幕）を訪ねた。

八月、車駕楡林を発す。啓民、盧《ろ》（仮の宿）を飾り道を清め、もって乗輿《じょうよ》（天子の輿《こし》）を候《ま》つ。帝、その帳《ちょう》に幸《みゆき》す…上、高麗使者に曰く、帰りて爾《なんじ》の王に語《つげ》よ、まさに早く来たりて朝見せよと。然らざれば吾と啓民、彼の土に巡らん。（『隋書』煬帝上）

この時たまたま高麗（高句麗）の使者が可汗を訪問していた。煬帝は使者に「朝見するよう王に告げよ」といった。さもなくば討伐軍を送るという強硬策は、官僚裴矩《はいく》の考えであった。これを無視されたことが亡国の引き金となった高麗遠征につながる。

さらに、大業四年、

正月、詔して河北諸郡男女百余万を（徴）発して永済渠《えいさいきょ》を開き、沁水《しんすい》を引き、南は河に達し、北は涿郡《たくぐん》に通ず。（『隋書』煬帝上）

七月、丁男二十余万を発し長城を築き、楡林より東す。（『隋書』煬帝上）

高句麗討伐軍の兵站確保のため、河南省から北京の西南に達する永済渠が開かれた。

煬帝のさらなる事業が、西域経営であった。

南と北への巡幸が文帝の思いを引き継ぐものであったのに対し、西域経営は煬帝独自の、ユーラシア全域を視野に入れた壮大な事業であった。

この事業を託されたのが北斉の遺臣、漢人官僚裴矩《はいく》（五五七—六二七）であった。裴矩は北魏に仕えた祖父を持ち、みずからは父とともに北斉に仕え、北斉滅亡後は北周に、さらには文帝に見いだされて隋に仕えた。どの王朝にあっても高級官僚として遇されるという、不思議な経歴の男であった。

煬帝の命を受けて大業年間の初めから西域に旅し、風土や風俗、物産の情況を見聞して『西域図《せいいきず》記《き》』三巻を著して煬帝に献上した。五十歳過ぎての異域への旅はどのようなものであったのか。大いに悦んだ煬帝は毎日のように裴矩を召して西域の様子を聞いた。

（大業初め）西域諸胡多く張掖《ちょうえき》に至りて交市す。帝、吏部侍郎《りぶじろう》（吏部は、尚書省六部の一つ、文官を管轄する。侍郎は次官）裴矩を使わして之を掌す。突厥・吐渾《とこん》、羌・胡の地を分領し、その壅遏《ようあつ》（さえぎりとどめる）を為し、故に朝貢通じず。…若し服してこれを撫《ぶ》せば、務めて安輯《あんしゅう》（穏やか）に存し、皇華の使いを遣わすに兵車を動かすことなし。諸蕃すでに従う。渾《こん》・厥《けつ》、滅ぼすべし、戎《じゅう》夏混一《かこんいつ》、それここに有り！　（『隋書』煬帝上）

「渾・厥滅ぼすべし、戎夏混一、それここに有り！」——吐谷渾《とよくこん》と突厥を駆逐し強力な異民族がいなくなったところで、夏＝華と戎狄を同じ国家の枠組みに、シルクロードにまで広がる巨大帝国の版図に位置づける。これが煬帝に説いた裴矩の基本的な新国家構想であった。

漢代儒学が生んだ華夷混一思想が復活した。

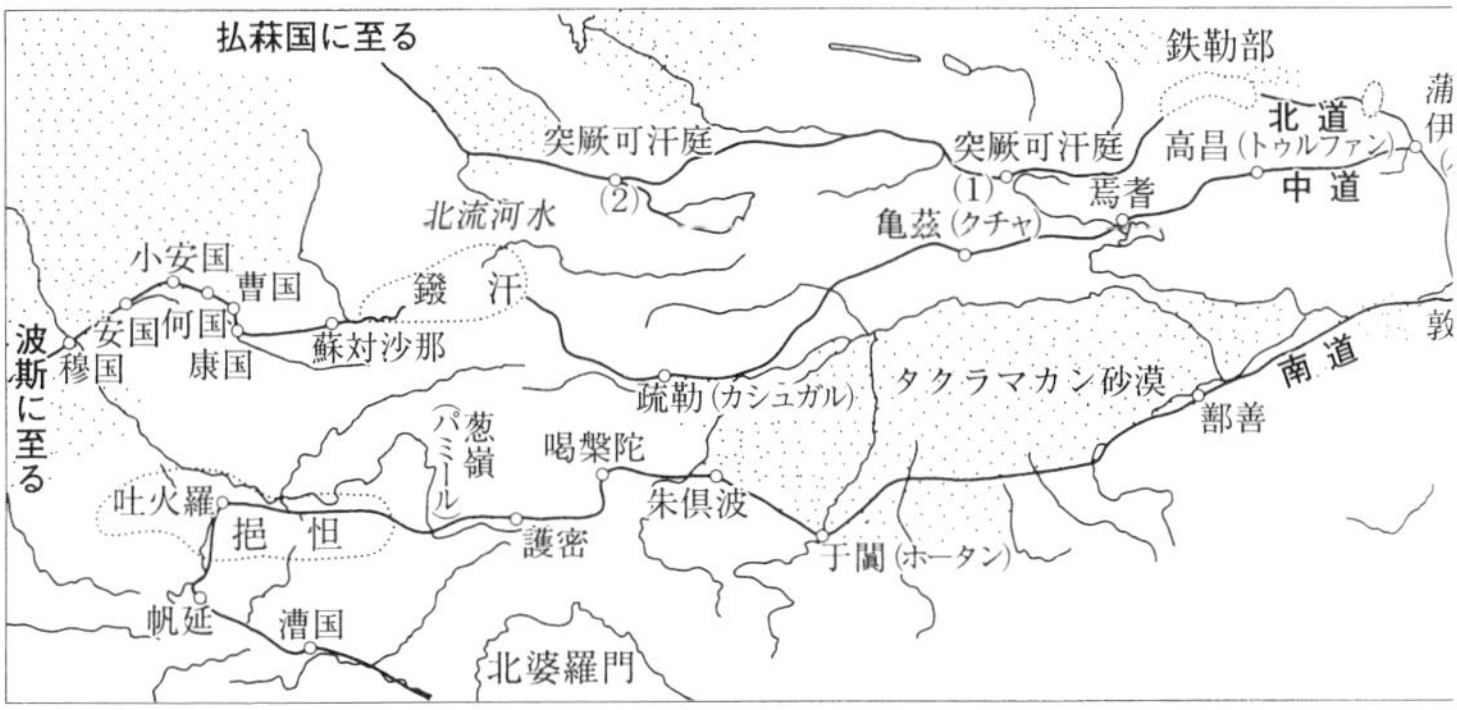

西域三道地図（裴矩『西域図記』より復元）（図注の（1）（2）は移動地点）
（氣賀澤保規編『遣隋使がみた風景』八木書店より）

煬帝は裴矩の言説を採用して「ユーラシアの帝王」を目指した。「隋＝正統王朝＝夏（華）」が前提であったことはいうまでもない。

なお、渾（吐谷渾）は鮮卑慕容氏の一支族である。名称は父祖の名にちなむもの。慕容吐谷渾は西晋時代、鮮卑単于慕《ぼ》容渉帰《ようしょうき》の庶子であった。西暦二八三年、父の死をうけて正嫡の弟・慕容廆《ぼようかい》（前燕初代皇帝慕容皝《ぼようこう》の父、娘は代王什翼犍《じゅうよくけん》に嫁した）が単于《ぜんう》となった。その単于に追われた吐谷渾は牧民を率いて西遷、青海・四川で勢力を貯え、三二九年に建国、吐谷渾を部族名とし、さらには国号とした。やがて西域南道にも進出し、シルクロードの交易を支配した。仏教を信奉していたため、一時は西域へのメイン・ルートとなり、六世紀、『宋雲行記《そううんこうき》』を著した北魏の僧宋雲もこの地から西域に赴いている。六六三年、新興の吐蕃《とばん》王国（チベット）に滅ぼされた。

西域遠征は大業五年（六〇九）にはじまった。六月、煬帝は河西回廊の要衝張掖を訪れた。海抜の高い祁連山《きれんざん》の風雪に苦しみ、青海では吐谷渾と戦いながらの、半年におよぶ苦難の旅であった。

張掖に次《やど》す…高昌王麹伯雅《きくはくが》来朝、伊吾吐屯設《いごととんせつ》等西域数千里の地を献ず。上、大いに悦ぶ。西海《せいかい》・河源《かげん》・鄯善《ぜんぜん》・且末《しょまつ》等四郡を置く。帝、西巡に及び燕支山《えんきさん》（甘粛省永昌《えいしょう》・民楽《みんらく》二県の間）に次《やど》す。高昌王・伊吾設《いごせつ》（王）等及び西蕃胡二十七国、道左に謁す（服従を表わす儀礼）。皆令して金玉を佩し、錦罽《きんけい》（錦の毛織物）を被《き》、香を焚き楽を奏し、歌舞喧噪たり。また武威・張掖の士女に令して盛飾縦観せしめ、騎乗塡咽《てんいん》（ひしめく）、周は数十裏（里）に亙《わた》り、以て中国の盛んを示す。帝、見て大いに悦ぶ。竟《つい》に吐谷渾を破り、地数千里を拓き、並んで兵戍《へいしゅ》之を遣わす。毎年巨億万計を委輸《いゆ》し、諸蕃慴懼《しょうく》（恐れる）し、朝貢相継ぐ。

（『隋書』煬帝上）

きらびやかに着飾った西域の王侯子女に迎えられた煬帝。新たに西海・河源・鄯善・且末等四郡はじめ西域数千里の地が献上された。さらには吐谷渾を破ってタクラマカン砂漠南縁部、シルクロード西域南道を制してシルクロード全域を支配することとなった。

司馬光はいう。

この時、天下凡《およ》そ郡一百九十、県一千二百五十五有り、戸八百九十万奇《やど》る有り。東西九千三百里、南北万四千八百一十五里。隋氏の盛ん、ここに極まれり。もって西域の道通ず。

（『通鑑』巻百八十一　大業五年）

西域から西に広がった通商路はかつて漢の武帝が築き上げたそれを凌ぐ広大なものとなり、東西交流は一気に発展した。

煬帝が都に戻ったのは九月。翌年冬には朝貢に訪れた諸蕃のために東都洛陽で大戯（雑技《サーカス》など）や四方の奇芸異芸の大会を催している。きらびやかに着飾ったもの十数万を数える、国際都市洛陽ならではの一大イベントであった。

かくして隋は鮮卑系の王朝としては北魏を上回る規模、歴代王朝の中で漢王朝に並ぶ広大な版図を有するにいたった。まさに「隋氏の盛ん、ここに極まれり」であった。

この時煬帝の脳裏に孝文帝の「中華」が浮かばなかったのかどうか。唐太宗側近の魏徴と長孫無忌が撰した『隋書』には見えない。北周における鮮卑族意識を受け継いで、南朝を中華とする認識が一般的であったのかもしれない。あるいは中華を太宗のものとするために、意図的に使用を避けたのか。

孝文帝の「中華」は、この時点では忘れられた概念であった。

五、滅亡への坂道――悲しき暴君煬帝《ようだい》

煬帝の野望はいまだ未完であった。残された目標は遼東半島から朝鮮半島北部を支配していた騎馬民族国家高句麗であった。

大業七年二月、上、江都より竜舟に御して通済渠《つうさいきょ》に入り遂に涿郡《たくぐん》（北京近郊）に幸《みゆき》す。

大業八年正月、大軍、涿郡に集う…総一百一十三万三千八百、二百万と号す。その餽運《おくうん》（食料運送）の者これに倍す。…第一軍発し、四十日に終わり、引師（軍）乃ち尽き、旌旗《せいき》千里に亘る。近古の出師《すいし》（出兵）の盛んなること、未だこれ有らざるなり。

（『隋書』帝紀第四　煬帝下）

遠征は、大業八年（六一二）に現実のものとなった。二百万という大軍を投入したが、伸びきった

兵站線は混乱、隋軍は敗走を続け、死者三十万、なんら成果を挙げることはないまま失敗に終わった。ここから隋、そして煬帝の凋落がはじまる。

煬帝はなおも高句麗遠征にこだわった。

大業九年の親征は、国内で礼部尚書（官吏登用試験や祭祀を管轄する省の長官）が叛乱を起こして洛陽に迫り、さらには一部の将軍が高句麗に亡命するなど、事件が続発したため中止になった。

翌十年（六一四）、三度目の遠征では高句麗も長年の戦いに疲労困憊して降伏することになったが、王が朝貢に訪れることはついになかった。

遠征による国力の疲弊を見すかしたように、北方に退いていた突厥の攻勢が活発になってきた。大業十一年（六一五）八月、北方に巡幸した煬帝を突厥軍が襲った。

八月、北塞《ほくさい》を巡る。突厥始畢《しひつ》可汗、騎数十万を率《ひき》い、乗輿を襲わんと謀る。義成公主、使いを遣わして変を告ぐ。…車駕、雁門《がんもん》に馳幸《ちこう》す。突厥、城を囲み、頻《しばしば》戦いて利あらず。上、大いに惧れ精騎を率いて囲みを潰して出でんと欲す、民部尚書固く諌めて乃ち止む。…天下に詔して諸郡に兵を募る。

（『隋書』煬帝下）

初代伊利（プミン）可汗（在位五五二―五五三）から数えて十代目にあたる啓民可汗（在位五九九―六〇九）は大業四年に病死し、子が立って始畢可汗（在位六〇九―六一九）を名乗った。可汗は西域、かつての烏孫《うそん》の地を本拠としていたが、中原をにらんで定襄城《ていじょうじょう》（山西省大同市の西南）にも拠点を置いていた。城は隋の文帝が築き与えたものであった。

突厥の動きの背景には裴矩の突厥勢力の分断を狙った策動があった。始畢可汗の勢力を割こうと考えた裴矩は、始畢の弟に近づき隋の公主降嫁をエサにして南面可汗として自立するよう誘った。受けないとわかると次には始畢の寵臣を誘い出して殺してしまった。隋に内通したため殺したと始畢に告げたが、真相を見破られた。怒った始畢は避暑のため汾陽宮《ふんようきゅう》（山西省静楽県東北）にあった煬帝を襲うため十万の兵を動かした。この計画を密かに煬帝に告げた義成公主（元・千金公主）は、当時、始畢の妻となっていた。

おかげで煬帝は雁門（山西省代県）の城砦に逃げ込むことができた。しかしながら雁門郡にあった四十一の城のうち三十九まで突厥に攻略されていた。昼夜を分たぬ戦いに、恩賞を乱発しても死者が増えるばかりであった。切迫する状況に高句麗遠征どころではなくなった煬帝は天下に救援の兵馬を求めた。ここで唐公李淵《りえん》（唐太祖）の次男・李世民《りせいみん》（太宗・五九六年生）が登場する。

煬帝、圍中より木繫詔書《もくけいしょうしょ》を以て、汾水《ふんすい》（山西省の大河・黄河の支流）に投げて下し、兵を募りて援に赴かせんとす。太宗時《とき》に年十六、募に応じて往き、将軍雲定興《うんていこう》に隷《したが》い、定興に謂いて曰く、虜敢えて吾が天子を圍むは、以て援なしとなすが故なり。今宜しく先後吾軍を数十里と為し、それ昼は旌旗《せいき》を見せしめ、夜は鉦鼓《しょうこ》を聞かしめれば、以て大いに（援軍）至ると為し、則ち撃たざるべくして之を走らす。

（『新唐書』本紀第二　太宗）

汾水に流した木繫詔書による煬帝の要請に応えた李世民の作戦はきわめて明快なものであった。昼には敵前に大量の軍旗を並べ、夜にはカネや太鼓を打ち鳴らし、大規模な援軍が到来したように見せかけたのである。十六歳の若者にしては機略に満ちた陽動作戦であった。それでも圧倒的な突厥軍に対し苦戦が続いた。

煬帝は密使を義成公主のもとへ送り、助けを求めた。一か月後の九月、突厥は突然包囲を解いた。公主が可汗に使いを遣わして「北辺に急あり」と知らせたからであった。公主の内通に気づかぬまま始畢は急遽草原に戻り、大魚を逸することとなった。

こののち突厥の朝貢は途絶え、騎馬軍団はふたたび馬邑《ばゆう》（山西省朔県《さくけん》）に侵寇した。圧倒的な勢力を誇示する突厥を滅ぼさねば「混一華戎」は実現しえないという認識は、隋から唐に至るまで変わることはなかった。

煬帝が東都洛陽に戻ったころから亡国を予告するように全土で叛乱が相次ぐことになる。全国四十五の地域で地方の雄が兵を擁して決起した（『新唐書』高祖紀）。皇帝や王を名乗った者も少なくない。それほどまでに、長城建設や大運河開鑿のための強制労働により、怨嗟の声は野に満ち満ちていたということなのであろう。

高句麗遠征時に反乱軍と通じていた上柱国大将軍李密《りみつ》もこのころ決起して魏公を称している。群盗あがりの将軍竇建徳《とうけんとく》は長楽王を称した。

王朝の危機を察知した宇文述は煬帝に江南行きを勧めた。江都揚州なら、最悪の場合でも王朝を維持できると考えたのであろう。大業十二年（六一六）七月、亡き廃太子勇の次男・越王侗《えつおうどう》を洛陽の留守居役に残して、煬帝は江都宮に向かった。巡幸を諫める家臣を次々に斬り捨てての狂気の旅立ちであった。宮崎市定『隋の煬帝』は、煬帝を重度のノイローゼであったとしている。それが事実かどうか、雁門でも無謀にも少数の騎馬で突厥の包囲網から逃れようとしているから、大きな事業の構想力、実行力にはすぐれていても攻められる状況、逆境に耐える胆力がなかったことは確かであろう。起業家一族としてみれば二代目の脆弱さ、脇の甘さ、危機的情況への理解が足りなかったと言ってもいい。

大業十三年（六一七）二月、李密が率いる叛乱軍が洛陽の洛河と興洛倉（黄河の交差する地にあった）を襲った。越王侗が送った討伐軍は半数が戦死という惨敗を喫し、東都洛陽は壊滅的な被害を蒙った。李密の陣営には隋の降将たちも合流して熾烈な戦いが続いた。

太原留守《たいげんりゅうしゅ》李淵《りえん》は、なお迷っていた。

猜疑心が強かった煬帝は些細なことで大臣たちを殺した。かつて病の床にあった李淵は、その死を望むがごとき煬帝の発言を聞き、おびえて酒びたりとなり、さらには賄賂をとる腐敗官僚を装って韜晦を図ったことさえあった。ために煬帝も心許して李淵を北の要衝の責任者に任じたのである。

煬帝は北周天和四年（五六九）に、李淵は天和元年（五六六）に生まれている。三歳ちがいであった。いとこ同士の間に相当の対抗心があったことは想像に難くない。

史書は煬帝の母・独狐皇后が李淵を可愛がったと伝える。李淵はたびたび叔母のもとを訪れた。皇后からも、皇后の姉に当たる母からも、隋の宮廷の情況は李淵に伝わっていた。しかし、李淵は元来臆病な性格、機を見ても動かなかった。

大業十二年（六一七）、その李淵を隋の離宮晋陽宮《しんようきゅう》の副監裴寂《はいじゃく》が宴に誘った。身分を秘した宮女が李淵の相手をした。宴半ばで裴寂が宴席の女性の正体を明らかにし、「事、発すれば当《まさ》に誅さるべし」と告げた。皇帝の私物に手を出したうえはと脅かして決断を促したのである。裴寂は、のちに高祖李淵の股肱の臣となる男である。ただ、この時裴寂は李世民の指示を受けていた。のっぴきならない所へ李淵を追い詰めて、隋に叛旗を翻さざるをえない情況をでっちあげたのである。世民は父をも欺く大胆さと、理詰めの冷静さを合わせ持っていた。

五月、退路を断たれた李淵がようやく決起した。翌月、三万の軍団が京師長安に向かった。ところが折からの長雨で食料が尽きたため、弱気になった李淵は太原に戻ろうとした。これに対し李世民は「義勇軍が天下のために決起した。すぐに咸陽《かんよう》に入って天下に号令すべきである。いま還って一城を守ったとしても賊軍になるだけである」――いま撤退すると天下を取る機会は永久に去ってしまう、と泣いて父を諫め、ついに

起事者汝也、成敗惟汝。（『新唐書』本紀第二　太宗）

事を起せしは汝なり。成敗汝が惟《おも》うがままに、と事を託された。決起の背景にある親子の関係をうかがわせる。

同年六月、隋軍を霍邑《かくゆう》（山西省霍州市）で破ったところ、突厥の援軍が来た。

龍門に至り、突厥始畢可汗、康稍利《こうしょうり》を遣わし、兵五百人・馬二千匹を率い、劉文靜《りゅうぶんせい》と麾下に会せしむ。（『旧唐書』本紀第一　高祖）

李淵と突厥との関係は屈辱的なものであった。後年、父を評した太宗李世民のことばがある。

往者《かつて》国家の草創、突厥強梁《きょうりょう》（凶暴）、太上皇帝百姓《ひゃくせい》の故を以て、頡利《きつり》に臣を称す。（唐・呉兢《ごきょう》撰『貞観政要《じょうがんせいよう》』巻二　論任賢）

当時の東突厥は強大であった。騎兵百余万を擁し、中国東北部では契丹《きったん》（女真《じょしん》、のちの遼《りょう》帝国）・室《しっ》

韋《い》（丁零《ていれい》の末裔か）、西域では吐谷渾《とよくこん》（鮮卑慕容氏）・高昌など諸国が臣従していた。「おそらく、成立当初の唐朝は、ふたたび強力となった東突厥の属国であった。」（杉山正明『遊牧民から見た世界史』）という指摘もある。

頡利可汗（在位六一九―六三〇）は始畢《しひつ》可汗の二代あとの王であった。常に優位にあった突厥、始畢の援軍派遣も李淵を利用して中原制覇を狙ったものであろう。

半年後の十一月、突厥騎馬軍団の援軍もあって、李淵軍は干戈を交えることなく長安に入った。

西魏から北周、隋とつづいた三代の都であった長安には、有形無形の貴重な蓄積がある。府庫には財貨、食料、武器の貯蔵があり、朝廷にはほぼ完全な官僚陣、戦闘部隊がそなわり、それらはただちに利用動員することが可能である。（宮崎市定『大唐帝国』）

ここで李淵は煬帝を太上皇とし、早逝した元徳太子の次男・十三歳の代王侑《ゆう》を恭帝として大興殿で即位させた。年号も義寧《ぎねい》と改まった。ただ後世の史家はなお煬帝を正統とし、新帝を認めていない。なぜこのような強引な交代劇を強行したのか。宮崎は「一度崩壊した武川鎮軍閥再生の宣言」（前掲書）というべきものであった、とする。隋八柱国のひとり李密をはじめとする武川鎮出身の軍閥は壊滅状態にあった。李淵は長安にあった武川鎮残存勢力をいま一度統合しようとしたということであろう。

大業十四年（六一八年）三月、煬帝はすでに北に還る気持ちをなくし酒色に溺れる暮らしを送っていた。兵士の多くは関中《かんちゅう》の出身であった。かれらは、長引く戦乱で都にあった家族との音信も絶え、食料も尽きて苛立っていた。こうした不満を焚きつけて側近宇文化及などの家臣が決起した。煬帝は縊《くび》り殺され、五十年の波乱の生涯を閉じた。宇文化及も竇建徳《とうけんとく》に破れ、竇は皇帝を称し国号を夏とした。

恭帝楊侑は祖父・楊広（煬帝）に世祖明皇帝との諡号《しごう》（おくりな）を贈った。文帝と煬帝を追悼する文言が残されている。

高祖文皇帝、聖略神功、載造区夏

世祖明皇帝、則天法地、混一華戎

（『隋書』列伝第二十四　煬三子）

文帝には「聖略は神功にして、区夏を載造す」——夏の天下を安んじたと評し、明帝（煬帝）には「天に則り地に法り、華戎《かじゅう》を混一す」と評している。なかで、「混一華戎」ということばこそ、煬帝の事業を象徴するキーワードと認識されていたのであろう。

煬帝という諡号は唐代、高祖即位直後の武徳元年九月に追諡《ついし》されたものである。明は「四方を照らし臨んだ者」を意味し、煬は「天に逆らい民を虐げた者」を意味する。明と煬、あまりにも対照的な諡号である。しかし、唐王朝の思惑どおり、儒教的な立場から煬帝を否定的にみる歴史観はその後もつづいた。

西域から江南にまで広がる世界帝国を短期間とはいえ現実のものとし、漢帝国を受け継ぐ領域を明確なものにしたのは、文帝・明帝（煬帝）の隋二代であった。しかしこの帝国は、西域制圧からわずか九年にして、煬帝の死とともに消滅する。

過去、漢帝国に匹敵する夷華混一の巨大帝国樹立を目指したのが前秦の符堅であり、北魏孝文帝であった。その意味では煬帝によって騎馬民族国家の皇帝たちの積年の悲願が、きわめて短い時間であったが、達成されたといえよう。

草原に現出した、みたびの虹であった。

大業十四年（六一八）五月、唐国公李淵が恭帝に迫って禅譲を受け、唐を建国した。洛陽はじめ各地に将軍たちの国が乱立するなかで、新しい国家がはじまった。

唐王朝、メインテーマは、ひきつづき胡漢融合、華戎混一であった。

六、騎馬民族王朝　大唐帝国

隋の煬帝と唐の高祖（李淵）は、どちらも北魏六鎮の一つ、内モンゴル武川鎮の出身であった。

その七世の祖暠《こう》、当に晋末に秦・涼に拠り以てみずから王となる、これ涼武昭王《りょうのぶしょうおう》なり。暠、歆《きん》を生む。歆、沮渠蒙遜《そきょもうそん》がために滅する所となる。歆、重耳《ちょうじ》を生む。魏弘農太守《こうのうたいしゅ》なり。重耳、熙《き》を生む。金門鎮将、武川に戍《しゅ》し、因りて家に留まる。熙、天賜《てんし》を生む。天賜、虎を生む。西魏の時、大野氏の姓を賜わる。官は大尉に至る。李弼《りひつ》等八人と、周を佐《たす》け魏に代わるに功あり。皆柱国となり、「八柱国家《はっちゅうこっか》」と号す。周閔帝《びんてい》、魏の禅を受ける。虎、已に卒す。乃ちその功を追録し、唐国公に封じ、諡《おくりな》して襄《じょう》と曰う。襄公、昞《へい》を生む。襲って唐公に封じらる。周の安州総管・柱国大将軍、卒して諡を仁と曰う。仁公、高祖を長安に生む。襲って唐公に封ぜらる。

（『新唐書』本紀第一　高祖）

李淵七代前の先祖は五胡十六国時代の後涼王李暠《りこう》であったという。後涼は、子の李歆《りきん》（士業）のとき北涼の沮渠蒙遜に滅ぼされた。北魏孝文帝の寵臣李沖《りちゅう》は李歆の弟・李翻《りほん》の孫にあたる。歆の子の重《ちょう》耳《じ》については『晋書』涼昭武王列伝の最後に消息が短く記されている。

士業の子重耳、身を脱して江左（南朝）に奔《はし》り、宋に仕え、のち魏に帰し、恒農太守となる。

（『晋書』列伝第五十七　涼昭武王）

しかし重耳の名は『宋書』『魏書』には見えない。したがって重耳の子熙《き》以降、子孫の存在を記す記録は唐代の史書のみということになる。唐・李延寿《りえんじゅ》撰『北史』の巻末巻第百に李氏の伝があるが、ここには重耳について、

世子重耳奔于江左、遂仕于宋。後帰魏、位恆農太守、即皇室七廟之始也。

とあるが、そのあと熙・天賜についてはまったく記録がない。北魏の重臣李沖の系譜が中心で、李虎に至る七代についても情報はない。

李淵の祖父・李虎については『北史』列伝第五十三　赫連達《かくれんたつ》のなかで、

魏永熙三年十一月、儀同（儀式が三公と同じ扱いの高位の将軍）李虎と李弼・趙貴等を遣わし曹泥《そうでい》を霊州に討たしむ。虎、河を引きて之を灌漑す。

とあるくらいで、単独の伝はない。永熙三年（五三四）といえば十二代皇帝孝武帝が死去、北魏が東西に分裂した年である。『通鑑』にも、孝武帝の時代に武川鎮で頭角を現し、やがて宇文泰の陣営

に入ったとしか言及はない。史家が李淵の系図は創作の可能性が強いとする所以である。

宮崎市定は、煬帝や唐の高宗の女性関係などから、その出自を「異民族気質を濃厚に受けた、いわゆる漢胡混淆の血統であって、或いは異民族そのものではなかったかとさえいわれている」（『中国史』第二篇　中世史）とする。

李熙の時代に漠北に移住した一族が北魏時代に武川鎮で軍閥化し、西魏時代には李虎が大尉（軍事長官）となり大野という鮮卑姓を賜った、と『新唐書』は記す。やがて北周建国の功労者として柱国・唐国公に封じられた。隋文帝の先祖を漢人とする記述が怪しいとすれば、この李一族の出自についても同じこと。さらに「区区一弾丸」と形容される狭い城塞で鮮卑族と雑居してきたのである。たとえ李一族が漢人であったとしても五世代も経ると純粋に漢の血脈を保つなどということは考えにくい。六鎮の住民は鮮卑系漢人や漢人系鮮卑族が圧倒的に増えてきたにちがいない。しかもその両者は時とともに同質のものに近づいていった。宮崎の直截なもの言いがある。

　唐王朝なるものが抑《そもそ》も華北に侵入した異民族軍閥勢力の集大成したものに他ならぬ事実…

（宮崎市定「世界史序説」）

中国の著名な歴史学者陳寅恪《ちんいんかく》（一八九〇―一九六九）の見解では、

　漢人と胡人の分別は、北朝時代にあっては文化が血統より重きをなした。およそ漢化したものは漢人と目され、胡化したものは胡人と目され、その血統の如何は論じられなかった。

（陳寅恪『唐代政治史述論考』）

陳寅恪は同論考において、李一族の系譜を捏造と断じている。その根拠の一つが先祖の墓の所在地である。

献《けん》祖宣皇帝諱煕　咸亨《かんこう》五年八月十五日、追尊宣皇帝、廟号献祖。葬建初陵。

懿《い》祖光皇帝諱天賜　咸亨五年八月十五日、追尊懿皇帝、廟号懿祖。葬啓運陵。

（『唐会要』巻一　帝号上）

『唐会要』は、十世紀半ばに北宋で編纂された唐王朝一代の制度・地理・風俗などを収録した歴史書である。注釈によれば、この二つの陵墓はいずれも高宗の咸亨五年（六七四）、趙州昭慶県界に営まれた。当時の鉅鹿県、現在の河北省刑台市付近である。このことから陳寅恪は、李氏の出自は河北省であり、涼州李氏の末裔説を否定する。

李煕の父・重耳の名は『唐会要』本文にも見えない。これについても陳寅恪は、その存在さえ怪しいとする。


既に述べたように隋と唐は同じ血縁で結ばれていた。

仁公（李昞）、高祖（李淵）を長安において生む。襲って唐公に封じらる。隋文帝独狐皇后、高祖の従母なり。以て文帝と高祖あい親愛す。（隋）文帝、周に相たり。高祖の姓、李氏に復す。

（『新唐書』本紀第一　高祖）

鮮卑族の独狐信の四女が李淵の母、七女が文帝の皇后、すなわち煬帝の母であった。李淵と煬帝は母系を通じての従兄弟同士ということになる。鮮卑姓を一字姓に戻した経緯も同じである。

一族はまたことごとく鮮卑族の女を妻としている。李昞の妻は独狐氏、高祖李淵の妻は竇《とう》氏、太宗皇后は長孫氏であった。したがって三代の配偶者はみな遊牧系であった。さきに見たように北魏の孝文帝に流れる鮮卑族の血はわずかに三十二分の三、九パーセント余であった。これとは逆によしんば四代前の李虎が、百パーセント漢の血脈だったとしても、太宗に流れる漢の血は最大で八分の一、十二・五パーセントでしかない。さらに大唐の繁栄が頂点に達した高宗の場合は十六分の一、六パーセント強、現実にはもっと低かったであろう。

隋唐を騎馬遊牧民族系の王朝とする所以である。

唐王朝の初期の動きを史書で辿ると大半が各地で決起した軍閥との戦いの記録で、王朝の体制作りに関わるものは極めて少ない。

武徳元年（六一八）李淵が即位した。

五月、隋恭帝、唐に禅位し、代邸に遜居《そんきょ》す。甲子、唐王大極殿で皇帝位に付く、刑部尚書蕭造《しゅくぞう》を遣わし南郊に告天す。大赦、改元。…五運を推して土徳と為し、色は黄を尚《たっと》ぶ。

（『通鑑』巻百八十五　武徳元年）

裴寂・劉文静等に命じて律令を制定せしむ。

（『新唐書』本紀第二　太宗）

実際のところ建国後の数年間の唐は、長安を都とする一地方政権に過ぎなかった。周囲を敵に囲まれていたため、国内の体制整備も手につかなかったのである。西には甘粛省の要衝金城郡（蘭州）に薛挙《せっきょ》一族が秦国という独立政権を樹立していたし、洛陽には李密《りみつ》の軍勢を駆逐して王世充《おうせいじゅう》が鄭国《ていこく》を建国していた。さらに山西省の北部には、突厥に下った隋の将軍劉武周《りゅうぶしゅう》が皇帝を称していた。河北には夏王を名乗る竇建徳《とうけんとく》もいた。

だれが覇者となるのか、この混沌たる状況で名を挙げたのはまたも李淵の次男李世民であった。まず秦を滅ぼし、北に転進して劉武周を突厥陣営に追い、最後に洛陽に向かい、王世充を破った。王世充は敵対していた竇建徳に援軍を乞うた。洛陽を狙って南下してきた竇建徳は李世民の軍略に翻弄されたあげく戦い敗れて捕虜となった。結果王世充も李世民の軍門に下って、唐は中原を統一することとなった。その後、揚子江流域―江南を平定して、ようやく唐は新たなる王朝の体制を固める。

武徳四年（六二一）六月、凱旋、太宗金甲を被り、鉄騎一万を陳《つら》ね、十三万を介し、前後鼓吹し、俘（虜）を太廟に献ず。

（『新唐書』本紀第二　太宗）

金甲を被った秦王李世民は鉄騎万余、王世充・竇建徳を捕虜とし鼓吹隊を従えて華々しく都に凱旋した。十月、李世民は功により天策上将《てんさくじょうしょう》（王公の上の位）に任じられた。名実ともに国家の大黒柱と認められたことになる。

同じ年十二月七日、洛陽宮が焼かれた。

行台僕射《こうだいぼくや》（尚書省臨時出張所次官）屈突通《くつとつつう》を使わして乾元殿《かんげんでん》・応天門《おうてんもん》・紫微観《しびかん》を、その太奢《たいしゃ》（豪華すぎる）を以て焚《や》く。貞観三年に至り、太宗、洛陽宮を修す。

（宋王溥撰『唐会要』巻三十　洛陽宮）

長い戦乱ののちのこととて隋代から比べれば全土の戸数は半減していた。経済は活気を失い、農民は衣食にもこと欠くありさまで子どもや娘を売る者さえいた。そういった状況のなかで豪壮な構えを見せる煬帝の洛陽宮を焼くことは一種のデモンストレーションであり、同時に煬帝への複雑な思いを反映したものでもあった。

初唐の社会状況は悲惨なものであった。王朝は血を流すことなく占拠した隋の王城をそのまま使用した。

武徳元年五月二十一日、隋大興城を改め太極殿《だいごくでん》となし、隋昭陽門を改め順天門となす。
（『唐会要』巻三十　大内）

高祖や李世民の住まいもなかなか安定しなかったようである。

五年七月五日、宏義宮《こうぎきゅう》を営む。初め秦王、宮中の承乾殿《しょうけんでん》に居す。高祖、秦王まさに克ちて天下を定むるに功有るを以て殊に礼を降し別にこの宮を建つ。以てここに居す。
（『唐会要』巻三十　宏義宮）

王朝の都が栄華の姿を見せるのは貞観八年（六三四）、大明宮《だいめいきゅう》（旧永安宮）の造営、かつての大明宮を修復して蓬莱宮《ほうらいきゅう》とし、あるいは紫宸殿《ししんでん》などが造営されて以降のこととなる。

唐は大運河や長城など、隋が巨大事業によって築いたハードウェアをことごとく継承している。文帝楊堅の発想を飛躍的に拡大させた煬帝楊広の構想力と実行力には刮目すべきものがあったといってもいいであろう。隋から唐への流れを総括すると、創業二代目の経営者が足元の（人民の）苦しみや動揺を軽んじたため経営破綻、代わった唐王朝は商売道具とビジネスノウハウをそのままに居抜きで店舗を受け継いだようなものといえばあまりに卑近に過ぎようか。

星斌夫《ほしあやお》はいう。

（大運河は）南北を固く結び中国にひとつの有機的な機能を与えるための歴史的産物であったとはみられないであろうか。しかもこれを露骨に見せて南朝勢力の反発を強めることを避けるために、煬帝はみずから六朝文化に陶酔する態度を装おうとしたのであろう。そこには大運河があたかも帝ひとりの遊蕩施設であるかのようにみえる振舞があったかもしれない。しかし、後世、むしろそのことだけが強調されたのは、かれが、父・文帝を殺してみずから帝位についた親殺しの事実や、度重なる大遠征や大土木事業に多くの農民を駆り出して生活苦に陥れた事実などをもからめて、儒教的批判が加えられたためであろう。しかし、かれの大運河建設という大事業は、政治・経済上きわめて偉大な歴史的意義をもつことに疑いはなく、それが、ともすれば儒教的倫理観の中に埋没される危険は戒められるべきであろう。（星斌夫『大運河～中国の漕運』）

実際、大運河は唐代においても国家管理の穀物輸送の生命線となった。唐が三百年の長きにわたって政権を維持できた最大の理由として星は、「隋代の大運河という大きな遺産を極度に利用し、江南の豊穣な経済力を活力化することに成功した」（『大運河発展史～長江から黄河へ』）ことを指摘している。同じことがソフトウェアについてもいえる。武徳七年、官僚制度が改まった。続いて律令制・府兵制・均田制さらには科挙など、隋の制度がわずかな修整を加えただけで継承された。

建国当初の混乱のなかで新たに兄・皇太子李建成と九歳年下の弟・秦王李世民の抗争が勃発した。戦いにおいて世民は圧倒的な戦功をあげつづけた。一方皇太子は父を補佐するために行動が制約されたこともあって、はかばかしい勲功を挙げられずにいた。みずからの地位が危うくなったと感じた太子建成は、三男の斉王李元吉と組んで李世民を亡き者にしようとした。皇太子の側には魏徴《ぎちょう》、李世民の側には房玄令《ぼうげんれい》と杜如晦《とじょかい》という知恵者が、それぞれいた。

皇太子のあせりは相当のものであった。『通鑑』（巻百九十一　武徳八年）によれば、武徳八年六月のある夜、世民を館に招いて毒酒（鴆毒《ちんどく》）を飲ませた。血を吐いて昏倒した世民を見舞った高祖が「酒を呑めないのになぜ」といぶかったという。そしていよいよ対決の時がくる。

武徳九年（六二六）六月初め、突厥の数万騎が河南《かなん》（甘粛省西南部黄河以南の地域）に侵入、烏城《うじょう》（同・臨潭県境《りんたんけん》）を包囲した。皇太子は斉王元吉に討伐軍を指揮させるよう帝に勧めた。さらに、軍を強化するという名目で秦王李世民率いる勇将精兵を動員することを認めさせた。李世民と配下の軍団を分断しようとしたのである。秦王の部隊が出兵している間に、皇太子が秦王暗殺を決行する計画であった。しかしその企ては密告により世民に伝わった。長孫無忌《ちょうそんむき》は機先を制して決起することを世民に勧めた。対する答え。

骨肉あい残《そこな》うは古今の大悪なり。吾、誠に禍は朝夕にあるを知る、その発するを俟《ま》たんと欲す。然る後に義を以て之を討たん、亦可ならずや。

――後年編纂された史書のなかの太宗、余裕たっぷりの言動である。

結局、斉王が背いて太子の陰謀は未発に終った。しかし、秦王は、家臣たちの「社稷を守るために」ということばに決起を決めた。玄武門の変である。『旧唐書《くとうじょ》』に事態の進展を見る。

武徳九年六月、皇太子建成、斉王元吉《げんきつ》、謀りて太宗を害さんとす。六月四日、太宗、長孫無忌・

唐太宗（李世民）

尉遅敬徳《うっちけいとく》・房玄令・杜如晦《とじょかい》・宇文士及《うぶんしきゅう》等、玄武門《げんぶもん》に之を誅す。立てて皇太子と為し、庶政皆決を断ず。八月、高祖、位を皇太子に伝う。太宗東宮顕徳殿で即位す。

（『旧唐書』本紀第二　太宗上）

李世民は、皇太子建成を射殺した。斉王も殺された。結果、高祖の子は秦王一人となり、内紛の芽は消えた。二か月後には、高祖が退位してあわただしく太宗李世民が即位した。おそらくは迫られての譲位であったろう。

六十一歳の父から二十九歳の青年皇帝への世代交代であった。奇しくも帝位継承における争いは、隋と同様な展開となった。しかし、太宗の場合は自己防衛の行為として、みごとに正当化されている。

儒教的な道徳観から見れば煬帝や太宗の兄弟殺しは忌まわしいことに違いない。次男の武力による奪権、長子相続の否定も許しがたいことであろう。しかし遊牧の伝統からいえばチンギス・カンの死後、その財産を相続したのが四男のトルイ（元を建国したフビライの父）であったように、正統なる継承者は末子であった。ただトルイは大カンに推戴されたとき、その位を兄・オゴテイに譲っている。またチンギスは長子であったが、父親が死亡した時、成人に達した子がいない場合の特例として家督を相続した。末の弟の名はテムゲ・オッテギン。オッテギンとは「火の王子（炉の番人）」、神聖な家の火を守り受け継ぐという遊牧民の伝統がうかがえる。こうした遊牧の伝統とけっして無縁ではなかったはずの煬帝と太宗。長子が無条件で後継者に選任される儒教的なやりかたへの微妙な抵抗感を、二人は共有していたと言えるのかもしれない。

第七章　虹よ、永久《とわ》に
――志を継ぐもの

［天］

一、天才将軍　李世民《りせいみん》

それにしても皇太子として実権を掌握しながら、李世民はなぜあわただしく即位したのか。高祖が世民暗殺の計画を聞き及んでいた気配もある。

森安孝夫（大阪大学名誉教授　古代ウイグル史）は、高祖李淵と皇太子建成は連携して李世民を遠ざけたという。その証が、武徳八年に再設置された関中十二軍で、その十二名の軍将はすべて高祖配下で、李世民派は完全に排除されていた（森安孝夫『シルクロードと唐帝国』）。

兄殺しの事変は、はじめから王朝簒奪を視野に入れていたということになる。

さらにいえば高祖の時代、兵力的に劣っていた唐は突厥に屈辱的な臣下の礼をとっていた。突厥の勢力を殺ぐことは王朝の存亡に関わる喫緊の課題であった。みずから先頭に立って対処しなければならないほど突厥との関係が緊迫していたということであろう。

それは、建国当初からつづく危機であった。

武徳元年三月、突厥頡利《イルリグ》可汗《かかん》、父兄の資を承《う》け、士馬雄盛にして、中国を凭陵《ひょうりょう》（侵略）せんとの志あり。

（『旧唐書』本紀第一高祖）

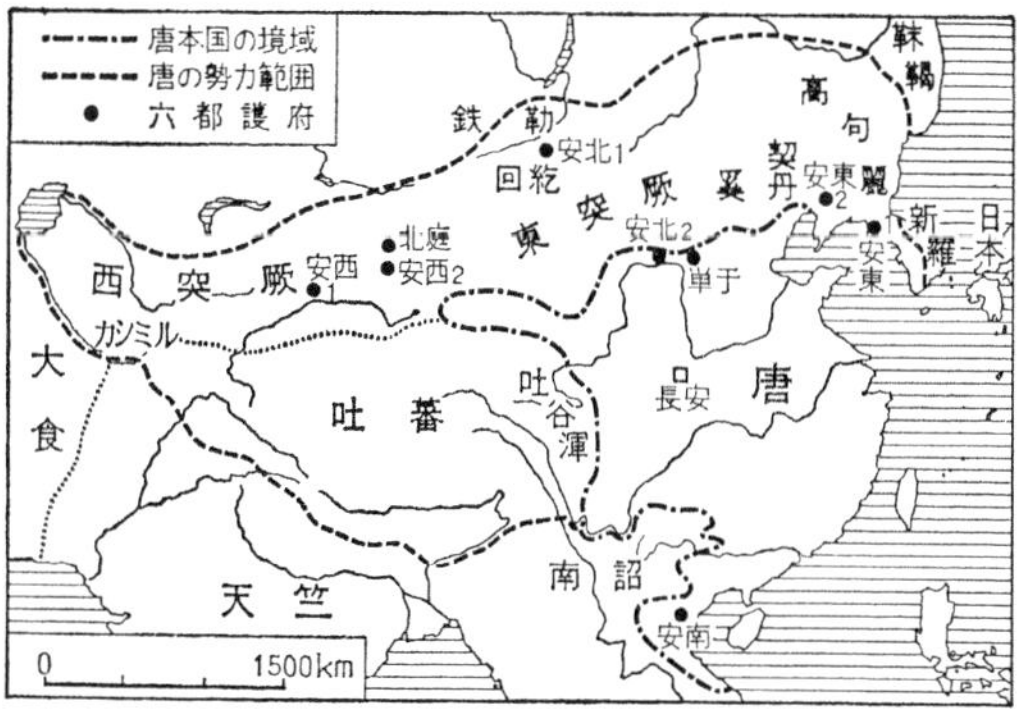

唐初の情況

武徳七年（六二四）七月、宮廷で信じがたい議論が行われている。突厥が攻め込んでくるのは長安という場所に「子女玉帛《しじょぎょくはく》」が集中しているからであり、都を焼き払って南山（秦嶺山脈）を越えて鄧《とう》（湖北省）あたりへ遷都してはどうか、というのである。西晋時代には戎狄《じゅうてき》を都から遠ざける『徙戎論《しじゅうろん》』があったが、このたびは遷都論議であった。皇太子建成以下多くが賛同するなか、ひとり異を唱えたのが秦王世民であった。曰く

戎狄の患いを為すは古より之あり。陛下聖武龍興を以て中夏に光宅し、精兵百万、征する所敵なく、いずくんぞ胡寇を以て擾辺《じょうへん》（辺境を患う）せんか、遷都に拠りて以て之を避けるは四海の羞《はじ》を貽《のこ》し百世の笑いとならん。

（『通鑑』巻百九十一　武徳七年）

いまにはじまったわけでもない戎狄の侵略に怯えて都を遷すがごとき弱腰の対応は万世の恥となるぞ、頡利《イルリグ》可汗《かかん》の首を取ればすむ話ではないか、と秦王は怒った。この時、太宗の意識は「中夏に光宅」であって、いまだ中華は登場してこない。

状況は逼迫していた。議論の翌八月、

突厥辺を寇《こう》す（注　侵入）。太宗、ともに豳州《ひんしゅう》（陝西省邠県《ひんけん》）で遇す。百騎を従え可汗と語り、乃《すなわ》ち盟して去る。　（『新唐書』本紀第二　太宗）

太宗は頡利可汗（在位六一九―六三〇）と盟約を結ぶことによって危機を回避した。莫大な貢物を約したのであろう。しかし、東突厥の侵略は武徳八年（六二五）だけを見ても、六月に二回、八月一回、十月に二回を数えた。盟約を結んだにもかかわらず年をおって攻勢が勢いを増してきた。武徳九年二月には原州《げんしゅう》（寧夏回族自治区固原県《こげんけん》）、三月には霊州《れいしゅう》（寧夏・霊武県《れいぶけん》）と涼州（甘粛省武威市）、四月には朔州《さくしゅう》（山西省朔州市）、五月には秦州《しんしゅう》（甘粛省天水市《てんすいし》）・蘭州（甘粛省蘭州市）に侵寇している。六月には玄武門の変のきっかけとなった河南（甘粛省西南部・黄河以南の地域）への侵略があった。

一方、西突厥は別の動きをしていた。武徳八年四月、

西突厥葉護《ヤブグ》可汗、使いを遣わして婚を請う、上（高祖）裴矩《はいく》に謂《い》いて曰く、西突厥道遠く、緩急に相助けることあたわず、いま婚を求むる、如何？　対《こた》えて曰く、今、北寇方《まさ》に強く、国家今日の計をなすに、かつまさに遠きと交わり近きを攻めるべし。臣謂う、宜しくその婚を許し、以て頡利（可汗）を威《おど》すべし。　（『通鑑』巻百九十一　武徳八年）

「遠きと交わり近きを攻めるべし」と進言したのは煬帝の黄門侍郎であった裴矩《はいく》である。趣旨は、

遠くの西突厥を懐柔して脅威をなくしておいて近くで絶えず侵略を続ける東突厥と対決すべきということであった。西突厥への公主降嫁は東突厥の横槍で実現しなかったが、裴矩の東・西突厥分断作戦がやがて実を結ぶ。

武徳七年に西突厥の和親使節として入朝したのが貞観七年（六三三）、太宗に冊立されて西突厥咄《とっ》陸《りく》可汗（大渡可汗・在位六三三―六三四）となる突利可汗《とつりかかん》である。『旧唐書』突厥伝によれば、秦王時代の太宗は請われてこの男と義兄弟の契りを結んだ。族長として焉耆《えんき》（カラシャール）に戻ったのちも太宗に情報を届けていたという。太宗は独自の情報ルートを持っていたのである。

こうしたことを考え合わせると、太宗は、東突厥との戦いに決着をつけるためにも弱腰の高祖を切り捨ててみずから帝位につくべきと考えたのであろう。

太宗の自負をうかがわせることばがある。

貞観十年、太宗、房玄令に謂いて曰く、朕、前代撥乱《はつらん》創業の主を歴観するに、人間《じんかん》に成長し、みな情偽を識達し、敗亡すること罕至《かんし》（まれ）なり。継世守成の君に逮《およ》ぶに、生にして富貴、疾苦を知らず、動いて夷滅《いめつ》（平らげ滅ぼす）に至る。朕、小小以来、経営多難、天下のことを備知するも猶逮《なおおよ》ばざる所あるを恐れる。

（『貞観政要』巻四　教誨太子諸王）

若いころから建国の事業に携わってきた太宗は、次世代を経験不足と心配する一方で、自身を創業主と見なしていたのであろう。

長を以て嫡《ちゃく》を立てるは礼の正なり。然るに高祖の天下を有する所以《ゆえん》は、みな太宗の功なり。

（『通鑑』巻一九一　武徳九年）

司馬光の見解である。兄を追い落として帝位についたことを、礼に反するといいながらも太宗の行動を肯定している。

武徳九年（六二六）六月、玄武門の変、八月の太宗即位。混乱を見透かしたように、東突厥が南下してきた。

突厥、武功《ぶこう》（陝西省武功県）に進寇し、京師戒厳。突厥頡利《きつり》、渭水便橋《いすいべんきょう》の北に至り、その酋師《しゅうし》執《しゅう》失思力《しつしりき》を遣わし覘《うかが》うために入朝し自ら形勢を張《うかが》わしむ。太宗命じて之を囚《とら》う。親しく玄武門を出て、六騎を馳せて渭水《いすい》の上に幸《ほとり》し、頡利と津を隔てて語り、約に負くを責《そむ》む。俄《にわ》かにして衆軍継至し、頡利、軍容既に盛んなるを見、また思力の拘《こう》に就くを知り、之により大いに惧れ、遂に和を請うに、詔して許す。…また便橋《べんきょう》に幸し、頡利と白馬を刑《くびきっ》て盟を設け、突厥引退す。

（『旧唐書』本紀第二　太宗上）

頡利可汗は便橋に迫った。便橋は、都長安の北を流れる渭水《いすい》（黄河の支流）に掛かる橋で、北から来る敵に対する都の最後の防衛線であった。前回は百騎を率いて突厥の頡利可汗と対した太宗は、今回はわずか六騎で立ち向かって盟約を破った非をなじった。可汗は唐の軍勢の盛んなさまを怖れて和を請うた、と『旧唐書』はいう。太宗の度胸のよさがうかがえるが、彼我の勢力関係に変化はなく、事件は太宗にとって父にひきつづいての屈辱でしかなかった。

この便橋対決の様子を描いた絵画が残されている。陳及之《ちんきゅうし》筆「便橋会盟図《べんきょうかいめいず》」（北京・故宮博物館蔵）である。橋の左端、都の側には騎馬の太宗が、橋の右側の斜面に騎馬の可汗一行六人が描かれている。

強大な突厥軍に対し一歩も引かなかった太宗の威風堂々たる姿を記録させたのであろう。

太宗即位とともに年号は貞観《じょうがん》と改まった。二十三年におよぶ泰平の世、「貞観《じょうがん》の治《ち》」のはじまりである。

貞観二年、太宗は儒教尊重の姿勢を明らかにした。

> 始めて国学に孔子廟堂を建て、旧典を稽式《けいしき》し、仲尼《ちゅうに》（孔子）を以て先聖となし、顔子《がんし》（顔回《がんかい》、孔子の高弟）を以て先師となし…是年、大いに天下の儒士を収め、帛を賜い伝を給し、令して京師《けいし》に詣でしむ。…而して吐蕃および高昌、高麗、新羅等諸夷酋長、また子弟を遣わして学に入るを請う、百数を以てす。　（『貞観政要』巻七　崇儒学）

道徳的修養と徳によって治める政治を目指す儒教は漢の時代に国の教えとなった。太宗はその政治倫理思想を新しい国の根幹としたのである。学問所には周辺諸民族の子弟の姿もあった。挫折した過去の騎馬民族王朝の支配者たち、前秦・符堅、北魏・孝文帝と同じように、太宗は儒教の徳治主義によって多民族を統治しようとしたのである。

『貞観政要《じょうがんせいよう》』は、太宗と側近家臣団の対話の記録をまとめたものである。撰者の呉兢《ごきょう》（六六九―七四九）は、則天武后の時代に史館に入り、起居郎《ききょろう》（天子の左に控えて、その行動を記録する係）を歴任した。武后が寵愛した張易之《ちょうえきし》監修のもと国史編纂にあたった史官でもある。慮《おもんぱか》りと粉飾に満ちた国史に不満を抱き、のちに『唐春秋』（散逸して伝わらず）を私撰している。

『貞観政要』の完成はその晩年、第六代玄宗の時代であったから、太宗の時代から七、八十年のちのことであった。素材は太宗の日々の言動を記録した「起居注」と「太宗実録」であるが、いま一つ太宗の時代には「時政記」という記録もあった。太宗と宰相・重臣たちとの政治にかかわる審議の経緯を起居郎が逐次記録したものである。こうした多彩な記録をもとに二十三年におよぶ貞観時代の宮廷での議論のさまを忠実に再現したのが『貞観政要』である。この書は帝王学の教科書として、宋以降もモンゴル族の王朝・元をはじめ歴代王朝の皇帝たちに読み継がれていくことになる。

後世、文武の徳を兼ね備えた史上数少ない名君とされる太宗。かれを支えたのも豊富な人材であった。まず股肱の臣として長孫無忌《ちょうそんむき》と高士廉《こうしれん》がいた。

長孫無忌は北魏の献文帝の末孫、鮮卑のひとである。北魏孝文帝が定めた「宗室十姓」に数えられる鮮卑族の名族の出であった。拓跋氏から跋氏と改め、さらに宗族の長という意味で長孫氏という姓を与えられたという。太宗の妃・文徳皇后の兄で、太宗の信任最も篤く、戦いの場では常に太宗の近辺にあった。高士廉も同じく鮮卑のひと、その妹が長孫無忌の母で、無忌の父が早世したのち兄妹を養育した。太宗にとって無忌は義理の兄、士廉は義理の伯父にあたる。

これとは別に武徳年間、天策上将となったころ、秦王李世民は四方から文学の士を集めた。杜如《とじょ》晦《かい》・房玄令《ぼうげんれい》・虞世南《ぐせいなん》・褚亮《ちょりょう》・姚思廉《ようしれん》・孔穎達《くえいたつ》など十八名。十八学士と号した。みな漢人である。工部尚書という大官でありながら宮廷画家としても知られた閻立本《えんりっぽん》が命を受けて「十八学士図」を描いた。この絵画はすでに失われたが、その画風をしのばせる名画が残されている。隋の煬帝などを描いた閻立本画「歴代帝王図」（ボストン美術館蔵）である。重厚な色調の絵画で、敦煌莫高窟第二八五窟の「維摩詰《ゆいまきつ》」図の下辺に描かれた帝王図とも相通じる。なお都の郊外、秦嶺山麓《しんれいさんろく》にあった太宗お気に入りの避暑行宮《あんぐう》、翠微宮《すいびきゅう》の将作大匠《しょうさくだいしょう》（建設責任者）は、これも画人として知られる兄の閻立徳《えんりっとく》であった。後年、太宗はこの行宮で死んだ。

十八学士のなかで房玄齢・杜如晦・虞世南・孔潁達などは秦王府に属する李世民子飼いの官僚であった。玄武門での決起を進言した杜如晦と房玄令、かたや決断力にかたや構想力に秀で、対照的な役割を担って太宗を支えた。「良相を談《かた》る者、いまに至るまで房杜と称す」と評されている。李世民が全権を掌握した武徳九年六月に、それぞれ兵部尚書《ひょうぶしょうしょ》（軍長官）、中書令《ちゅうしょれい》（詔勅をつかさどる省の長官）という重要閣僚に任じられた。

虞世南は、越州（浙江省紹興市）余姚《よよう》のひと、煬帝の寵臣であった兄・虞世基とともに隋に仕え、煬帝の死後、竇建徳《とうけんとく》に黄門侍郎として迎えられ、唐王朝では李世民の秦府参軍となった。太宗の書の師でもある。

孔潁達は冀州衡水《きしゅうこうすい》のひと、煬帝時代の科挙の進士で、秦王が王世充を降したころに秦府文学館学士となった。

太宗は即位直後に宮殿正殿の左に弘文館《こうぶんかん》を置き、ここに十八学士はじめ名だたる学者を集めて弘文館学士の称号を与えた。学士は三班に分かれて交代で当直を勤めた。太宗は朝政のあいまに呼び寄せては古代の典籍や史書について議論を交わし、政策を練った。また弘文館を訪れて夜が更ければそのまま泊り込むこともあった。

学士たちとの議論では武帝など漢王朝はじめ歴代王朝の皇帝たちの事績の評価など、治世の要点が多く取り上げられた。相当内容の深い、絞り込んだ内容であったようだ。十八学士の歴史的な成果として『五経正義《ごきょうせいぎ》』百八十巻がある。貞観十二年（六三八年）、太宗は孔穎達や顔師古《がんしこ》などに五経の解釈を統一する作業を命じ、四年後に完成した。太宗は、この大著を科挙試験の基本とした。

学士たちは官僚の採否にも関わった。お眼鏡にかなって選ばれた者は「瀛州《ようしゅう》に登る」と言われた。瀛州とは伝説の三神山の一つ、東方の海中にあって神仙の棲む山のことである。

十八学士の経歴を見ると多くは隋で知られた人びとであった。人材の面でも太宗は文帝と煬帝に負うところが多かったといえよう。しかし、太宗はそれを認めなかった。太宗は言う。

隋煬帝、賢良（優秀な人材）を精選するを解さず。辺境を鎮撫するに、惟《ただ》遠く長城を築くのみ…。

（『貞観政要』巻二　直諫）

『旧唐書』は、太宗がことあるごとに「煬帝無道」などと煬帝を厳しく批判したことを伝えている。また『貞観政要』も「隋主残暴、身は匹夫の手に死す」「煬帝暴虐」「護短拒諫《ごたんきょけん》（諫言拒否）」などという太宗のことばを伝えている。太宗は、煬帝の外征もおのれの物質的欲望を満たすためのものにすぎなかった、とさえ言う。

それにしてもなぜ唐王朝は死後の諡号《しごう》を明帝から煬帝《ようだい》に代えてまで楊広《ようこう》を貶めなければならなかったのか。煬帝が国家建設に必要なハードウェアやソフトウェアについて直感的で的確な判断力を持っていたことは確かである。

太宗は、隋の開皇十八年（五九八）年生まれであるから、煬帝即位の時には七歳であった。皇帝楊広しか知らないといってもいい。煬帝と同年代の父を持つ太宗にとって、その廟号を貶め、ことごとに暗愚扱いをせざるをえぬほど、その才能はまぶしく妬ましいものであったのではないかと思われる。

「煬帝を否定しながら、新たな国家体制を実現させようとすると、結局は煬帝と同じ路線にたどりつく、そこに太宗のディレンマがあり、逆に煬帝の大きさを意識させる」、とする氣賀澤保規《けがさわやすのり》（明治大学名誉教授　東洋史）は、次のような指摘をしている。

こうして（太宗が）たどりついた先の制度は、じつはかなりの部分が煬帝時のものと重なっていた。その典型は、国家を軍事面から支える柱である府兵制にうかがうことができる。唐の府兵制は、まず隋初にみえた驃騎府とよばれる軍府の制度として出発し、貞観律令の発布される前年の貞観十年に、折衝府を軍府とする形で決着をみた。この折衝府制は名称こそ違え、煬帝が確立した鷹揚府制の再現に他ならなかった。（氣賀澤保規『絢爛たる世界帝国～隋唐時代』）

隋の国家体制は、北魏以降の歴代王朝の営みを吸収継承して確立された。さらに、起業王朝を特徴づける巨大事業によって隋は国家安定のシステムを構築した。唐は、その隋の体制と事業をもあわせて引き継いだ。それゆえにこそ、隋煬帝の功績を否定しなければならなかった唐王朝のありようが、煬帝の諡号改竄に象徴的に表れているのである。

二、天可汗《てんかかん》太宗　ユーラシアを制す

唐王朝の実態が「拓跋国家」であったという認識は、周辺遊牧国家で一般的であった王朝の呼称からもうかがえる。以下、古代ウイグル史を専門とする森安孝夫（大阪大学名誉教授）による。

突厥第二帝国のオルホン碑文やウイグル帝国のシネウス碑文などの古代トルコ語諸史料より中

央ユーラシア東部のトルコ系諸民族が唐王朝・唐帝国のことをタブガチと称したことが明らかとなっている。このタブガチとは、…本来は拓跋＝タクバツという名称が訛ったものなのである。

（森安孝夫『シルクロードと唐帝国』）

突厥をはじめとする中央アジアの諸族は、唐を拓跋王朝と認識していたということになる。

太宗即位当初、帝国の状況はあいかわらず逼迫していた。

貞観初め、戸は三百万に及ばず、絹一匹を易《かえ》るに米一斗。四年に至り、米（一）斗四五銭、外戸閉めざる者数月、馬牛野を被《おお》い、人行くこと数千里、（食）粮を賷《あたえ》ず、民物蕃息《はんそく》（大いに増える）し、四夷降附するもの百二十万人。この年、天下の断獄（裁判）、死罪の者二十九人、号して太平と称す。

（『新唐書』志第四十一　食貨）

貞観元年には関中《かんちゅう》が飢饉、米一斗が絹一匹という高騰ぶりであった。二年は全国的に蝗《いなご》の害に苦しみ、三年には大水害に見舞われた。ようやく四年目の豊作で米一斗はわずか三、四銭となり、食いつめて家を離れていたものがみな郷里に帰った。死刑になったものはわずか三十人たらず、犯罪も激減して、全国で家に戸締りするものもなくなった、と『通鑑』貞観四年の条も記す。太宗と家臣たちは農民を憐れみ努めて施しを行う一方、倹約に努めた。いわば、漢の武帝にならう「無為《むい》の政治」、―民を休める政治を行うことによって、貞観四年（六三〇）、わずか四年にして天下泰平を謳うまでに復活したのである。

貞観六年十二月、死罪の判決を受けた囚人二百九十八人を一年間故郷に戻ることを許したところ、翌年秋には一人も欠けることなく獄舎に戻ったという信じがたいエピソードが『旧唐書』本紀第三太宗下に見える。この年、党項羌《タングート》（羌《きょう》族）三十万口も内属している。同じ年、家臣たちが太宗に天下の主となったことを天に報告する泰山《たいざん》での封禅《ほうぜん》の儀を執り行うよう進言したが、魏徴《ぎちょう》の諫言もあって太宗は取り合わなかった。

外征、とりわけ突厥に関して、太宗は便橋の屈辱を三年後にはらすことになる。貞観三年（六二九）八月、太宗は兵部尚書（陸軍大臣）李靖《りせい》を行軍総管に任じた。このころ漠北では数年来の飢饉に加えて冬に入って大雪が降り数尺の積雪で家畜が数多く死ぬなど、突厥の国情は厳しさを増していた。従属していた諸部族でも頡利《イルリグ》可汗《かかん》からの献上要求に応えきれず反旗を翻して唐に投降するものが相次いでいた。

十一月、李靖《りせい》など四人の総管が十万余の軍を率いて東突厥討伐に出陣していった。年が明けた三月、李靖は陰山で霧に乗じて陣営の整わない突厥軍を大破、万余の首印をあげた。

軍、霧に乗じて行くこと、その牙帳《がちょう》（本営）を去ること七里、頡利初めて覚《さと》るも、列兵未だ陣を為すに及ばず、単馬軽走、虜衆因りて潰散《かいさん》、万余級を斬り、その妻義成公主を殺す。俘（虜）男女十余万、土界《どかい》（域内）陰山より大漠に至るを斥《ひら》く。遂にその国を滅す。

（『貞観政要』巻二　論任賢）

政略に翻弄された宇文氏の娘・義成公主（元・千金公主）は、ここで命を落とした。やがて、単騎逃れた可汗も捕えられた。

三月、李靖、突厥頡利可汗を俘《とら》えて以て献ず。

（『新唐書』本紀第二　太宗）

太宗の、そして唐王朝の悲願、突厥討伐が初めてなった。太宗は言った。

往者《かつて》、国家の草創（のころ）、突厥強梁《きょうりょう》、太上皇帝（太祖）百姓《ひゃくせい》の故を以て、頡利に臣を称す。朕未だ嘗て痛心病首せざるなく、匈奴を滅するを志とし、坐して席休まらず、食して味を甘《たの》しむことなし。今者、暫《ようや》く偏師《へんし》（一部の軍）を動かし、往きて捷《か》たざるなく、単于《ぜんう》（匈奴の王）稽顙《けいそう》（頭を地面に打ちつける礼）す。恥、それ雪《そそ》ぐか！

（『貞観政要』巻二　論任賢）

太宗の言に、居並ぶ群臣が万歳を唱えた。

ここに東突厥は滅亡。「便橋の恥」はようやく雪がれたのである。

そして、翌四月。

四夷の君長、闕《けつ》に詣で上の天可汗《てんかかん》とならんことを請う。上曰く、我、大唐の天子となる。又下りて可汗の事を行わんか。群臣及び四夷皆万歳を称す。この後、璽書《じしょ》を以て西北君長に賜《たま》い、みな天可汗と称す。

（『通鑑』巻百九十三　貞観四年）

太宗は、中原世界の皇帝であると同時に、草原の覇者である天可汗《てんかかん》（テングリ・カン）であることを天下に宣言した。〝下りて〟という表現に、遊牧系の王朝でありながら、すでに中原を上位に、遊牧を下位に置かんとする太宗の意識が表れている。

杉山正明（モンゴル史・中央ユーラシア史）は、唐朝初期における草原世界への大発展には、「拓跋国家」の特徴が有利にはたらいたとして、次のようにいう。

簡単にいえば、多分に遊牧民の匂いをのこす軍事組織と騎馬戦力を根幹においていたこと、そして鮮卑から匈奴に遡る牧民の伝統と血の意識である（じつは、北魏王室や唐王室が属していた拓跋部だけでなく、拓跋連合体の有力集団のひとつで、北周王室となる宇文氏も、もともとは匈奴帝国のれっきとした一員であった)。これらが、支配する唐朝にも、支配される君長・住民たちにも、唐の間接支配を意外なほど無理なく実現せしめたひとつの要因だろう。

(杉山正明『遊牧民から見た世界史〜民族も国境もこえて』)

太宗にとって記念すべき年となった貞観四年(六三〇)、太宗の宮廷で「中華」が、初めて使われている。

北狄《ほくてき》人面獣心、以て徳懐するは難く、以て威服するは易し。今令してその部落を河南に処せば、中華に逼近し、久しく患いとならん。雁門《がんもん》の役が如きに至りては、これ突厥の恩に背くと雖も、おのずから隋主(煬帝)の無道に由《よ》る。中国以て之《これ》葬乱、豈《あに》興復亡国以て此れ禍に致すと云うを得んや。

(『貞観政要』巻九　議安辺)

巻九のタイトル「議安辺――安辺《あんへん》を議す」とは、辺境・国境の安寧を議論する、という意味。ここでは突厥が降伏してきたとき、かれらをどこに住まわせるかが宮廷で議論となった。この一文は、都の近郊に住居を与えることに反対した給事中(門下省に属し、皇帝の意向に異をはさむ役職)杜楚客《とそきゃく》(杜如晦の弟)の発言である。このなかに中華、そして中国というキーワードがある。中国は、「歴史的に続いてきた国家」と解することができる。そして中華は、「唐の領域」という意味であろう。

貞観四年という年は、唐という国家にとって二重の意味で危機を脱した年、巨大帝国への足掛かりを得て大きな転機となった年であった。

一つは「便橋の恥」を雪ぎ、現在の内モンゴル陰山山脈から西域・新疆の砂漠に至る広大な版図を確保したこと。いま一つは、三年来の飢饉のあと、久方ぶりの豊作で民心がようやく安定したことである。この安定も煬帝の時代に完成した大運河によってもたらされたといっても過言ではなかろう。

貞観の治の初期、太宗は宮廷の儀礼音楽を整備した。

貞観二年、太常少卿《たいじょうしょうきょう》（郊廟社稷の礼楽を管轄する役所太常寺の次官）祖孝孫《そこうそん》既に雅楽を定む。冬至祀昊天鉛圓丘楽章八首《とうじしこうてんえんえんえんきゅう》。貞観六年、褚亮・虞世南・魏徵等、此の詩を作る、今に行用す。降神用「豫和」…皇帝行用「太和」…登歌奠玉帛用「粛和」…、武舞作用「凱安」、送神用「豫和」。

（『旧唐書』志第十　音楽三）

貞観二年に定めた「大唐雅楽」は、南北の音楽を斟酌し、古代の儀礼音楽を考慮してつくったものであった。『周礼《しゅらい》』に記されてはいるものの永く途絶えていた郊廟《こうびょう》の祭祀のための舞楽を復活させたのである。しかし貞観二年の段階では舞だけで、詩が賦されていなかった。貞観六年、太宗は冬至祀昊天八首の舞に詩を賦すよう命じた。作成したのは詩作に秀でた褚亮・虞世南・魏徵などであった。

冬至祀昊天とは冬至の日に郊廟で天を祀る儀礼である。天命を受けた天子が王朝を維持すると考えられてきた古代中国において、天を祀る儀礼—祭天は天子がおこなうもっとも重要なものの一つであった。

なかで「凱安《がいあん》」の舞は武舞《ぶぶ》、送神用「豫和《よわ》」すなわち降りた神を送りかえす文舞《ぶんぶ》の前に奉納されるものであった。文舞は笛と雉の羽を持って舞い、武舞は武器を持って舞う。その「凱安」に中華が見える。全文を掲げる。

　昔炎仕運終、中華乱無象。酆郊赤烏見、邙山黒雲上。

　大賚下周車、禁暴開殷網。幽明同葉贊、鼎祚斉天壌。

　伝説の帝王炎帝《えんてい》の命運が尽きたとき、中華は乱れて形もなかった…とはじまり、暴虐の殷王朝を打破して周王朝がはじまった、とつづく。理想の王朝・周を讃える詩といえよう。この詩が郊廟の祭祀で歌い舞われたのである。失われた「中華」を激しい戦いの末に現実のものとした太宗の誇らしげな想いが重なる。公式の式典での「中華」は、唐という王朝の国家意識の表象といってもいいであろう。孝文帝の「中華」が、北魏滅亡後ほぼ百年を経て、拓跋王朝の宮廷によみがえったのである。

　　鼓吹楽についていえば、唐にいたって、漢魏以来の鼓吹楽と隋の新鼓吹楽とが結合され、さらに南朝清商楽を組み入れることによって集大成され、ここに「天下大同」の楽が完成したといえる。しかしそれは、鮮卑系胡歌の衰退を代償とするものであった。

（渡辺信一郎『中国古代の楽聖と国家〜日本雅楽の源流』）

という評価を見ると、楽制の面では洗練される形で鮮卑色が薄まったようだ。ここにも、夷華混一の世界帝国を意識した太宗の想いがうかがえる。

　太宗が、ようやくくつろいだ姿を垣間見せたのは貞観七年のことであった。

　遂に華夏安寧にして、遠戎賓服《えんじゅうひんぷく》するを得たり。突厥は古より以来、常に中国の勍敵《けいてき》（強敵）たり。

　今、酋長並びに刀を帯びて宿衛し、部落みな衣冠を襲《かさ》ぬ。我をして干戈《かんか》を動かさずして数年の間に遂に此れに至らしめしは、みな魏徴《ぎちょう》の力なり。

（『貞観政要』第二　政体）

かつて強敵であった突厥の酋長たちが、いまでは戎服を捨てて衣冠を装い宮中の警護についている。ここに至りえたのは西域の事情に通じていた魏徴の功績だと、太宗は褒め称えた。魏徴という男、かつて皇太子建成の側近であり、玄武門の変ののち、李世民の追及に主君に対する節を守っただけと開き直った豪胆さが認められて太宗の幕下に入り、知恵者裴矩が死んだ貞観元年、そのあとを襲って諫《かん》議《ぎ》大《た》夫《ゆう》に登用されている。

諫議大夫という役職は唐独特のもので、政策決定の過程を公に明らかにする機能を果たした。唐の政治制度では、天子と政策決定にあずかる中書省、その決定を実行する尚書省、さらにその間にその政策を審議する門下省の三省があった。最大の特色は門下省の侍中（長官）の次に諫議大夫を置いたことであった。天子の詔勅が中書省で決定されても、諫議大夫には「封駁《ほうばく》」と称する拒否権があり、宮崎市定はこの制度が「唐王朝の命脈をして当時としてはめずらしいながさを保たしめた一つの原因」（宮崎市定『大唐帝国』）であったとする。

「唐太宗納諫図《とうたいそうのうかんず》」（台北・故宮博物院蔵）という絵画が残されている。魏徴が太宗に諫言する情景を描いたものである。太宗は、諫言をして罰されることを怖れる官僚たちへのメッセージとして描かせた。惜しいことに絵画は両断されており、魏徴の姿は伝わらない。

描いたのは、太宗お気に入りの宮廷画家閻立本《えんりっぽん》であった。

これらの絵画は、中国歴代王朝のなかで太宗の特異さを示すものの一つである。特異さとは、皇帝の事績や功臣の姿を絵画にして残したこと。「十八学士図」は失われたが、「歴代帝王図」「便橋会盟図」、さらに吐蕃の使節と対面する場を描いた「歩輦図《ほれんず》」、書聖王羲之の「蘭亭序」をだまし取らせたエピソードを描いた「画蕭翼賺蘭亭図《がしょうよくたんらんていず》」が伝世している。「便橋会盟図」（陳及之画）以外はすべて閻立本の手になるものである。太宗はことあるごとに閻立本を呼び出して、その場で描かせたという。

皇帝の肖像画はのちの時代に数多く残されているが、一つの出来事や事件を描いた絵画はほかには見られない。唯一、元世祖フビライ・カンの「世祖出猟図」があるが、これは皇帝の狩りの一般的な情景を描いたもので、事件の現場ではない。

このことからも、太宗が後世での評価、歴史を強烈に意識していた、たぐいまれな皇帝であったことがわかる。

三、よみがえった「中華」

皇帝にして天可汗――史上初めて草原と農耕、夷（胡）と華、二つの世界（領域）に君臨することとなった太宗。その領域こそ、かつて漢の武帝の獲得した領土、騎馬民族の皇帝たちが夢見た巨大帝国であった。氐族苻堅《ていぞくふけん》の前秦、鮮卑族孝文帝の北魏。どちらも南伐という最後の関門で挫折して消えた、草原の虹のごとき覇王の夢、そして野望。

煬帝の隋帝国も、はかなく消えた。

騎馬民族の、そして「拓跋国家」の積年の想い、それを受けての唐帝国であった。

帝国の領域はかつての漢帝国を凌ぐほどのスケールとなった。史上初めて実現した夷華混一の広大な世界帝国を何と呼ぶか。中夏や夏華・中国では旧態依然である。新しい領域にふさわしい概念を創造することが、太宗と官僚たちにとって大きな課題となった。

ヒントは隋唐王朝の母胎となった北魏の正史『魏書』にあったにちがいない。そこで注目されたことばが、孝文帝の時代の「中華」であった。

唯だ我が皇魏の**中華**を奄有《えんゆう》（残らずわが物とする）するなり。（『魏書』列伝第五十　李彪）

北魏において「中華」は、獲得した領域を表現することば、伝統王朝の継承を宣言するものであった。

太宗は大変な読書家でもあった。その一端が『貞観政要』に見える。

朕、前代讒佞《ざんねい》（心邪悪で口先巧み）の徒を観るに、みな国の蟊賊《ぼうぞく》（血を吸う盗賊）なり。（巻六論奢縦　貞観初）

朕、比《これら》の経史を尋討するに、明王聖帝　曷《いずくんぞ》嘗て師伝無きや。（巻四論尊敬師伝　貞観六年）

朕、書を読みて前王の善事をみるに、みな力行して倦《う》まず。（巻十論慎終　貞観十二年）

朕、听《きん》朝（政務）の間、前史を看る。…（巻八禁末作附　貞観十五年）

太宗は伝来する諸王朝の正史を繰り返し読んでいた。前秦符堅についての言及もある。しかしながら、不思議なことに『魏書』に関する言及は皆無である。北魏という国を無視しているかのごとくである。そこに何らかの意図があったのかどうか。

太宗とそのブレーンたちは、北魏が「中華を奄有《えんゆう》」していたとする孝文帝時代の記録を認識していたはずである。結果、北魏を継承して、太宗の「華戎《かじゅう》混一の新世界」を表現する概念として「中華」

が選ばれた。北魏滅亡後歴史から消えていただけに、「孝文帝の中華」は太宗にとって魅力的な概念であったのではないか。

「中華」が、どのような意味で使われ、どのような民族を構成員として考えられていたのか。歴史的な経緯をたどることで、太宗の想いを探っていくこととする。

太宗の時代は正史編纂の時代でもあった。

太宗の「歴史への関心と記録への執着には、なにかしら異常の影がつきまとう」と、氣賀澤保規《けがさわやすのり》（明治大学名誉教授　中国史）はいう。前代の正史編纂と、みずからの事績を描かせたことを指しているのであろう。

> その一つの理由は、体に流れる非漢族の血にある。すでに何代かの漢化の過程をへて、風俗習慣もことばも、そして教養も漢風となっている。しかしそれでもってすべて鮮卑的遊牧的気風から脱しえたかといえば、一抹の不安がのこる。何よりもその血統が、顔つき体つきが、鮮卑北族そのものであった。
> （氣賀澤保規『則天武后』）

そうした鬱屈した感情が太宗をして正史編纂に向かわせたのであろう。狙いは、みずからの王朝の正統性をあきらかにすることであった。

『後漢書』以降正史としては、すでに北朝で『魏書』（北斉・魏収《ぎしゅう》撰）、南朝で『宋書』（南斉・沈約《しんやく》撰）、『南斉書』（梁・蕭子顕《しょうしけん》撰）の二書、計三代の王朝史が編纂されていた。

これ以降の正史編纂については唐建国直後の武徳年間（六二一）に提起されていた。

徳棻《とくふん》嘗て従容として高祖に言いて曰く、竊《ひそか》に近代已来《いらい》をみるに多く正史無し。梁・陳及び斉、猶《な》お文籍有り。周・隋大業の離乱に遭い、多く遺闕《いけつ》（欠落）有り。（中略）陛下既に隋に受禅《じゅぜん》、復た周氏の歴数を承《う》く。国家二祖の功業、並びに周時に有り。文史存せざるが如きは、何ぞ以て今古を鑑《かがみ》とせんか。臣の愚見の如きは、並びて之を修せんことを請う。

（『旧唐書』列伝第二十三　令狐徳棻伝）

令狐徳棻《れいことくふん》は、唐王朝は北周を受けて成立したとして、北周と、つづく隋の正史編纂を訴えたのである。北周と隋を継承したことを明らかにしておくことは王朝の正統性を裏づけるために必要不可欠の作業であった。

徳棻は一代で成り上がった人物のようで、『旧唐書』列伝にも父が隋で官僚であったと記すのみ。敦煌から河西にあった一族とされるが、いかなる系譜の人物かは明らかではない。歴史に詳しいことで知られ、高祖李淵の時に起居舎人、ついで秘書丞（国家の典籍図書管理にあたる秘書省の幹部）に取りたてられた。このころ詩文に関する百科事典ともされる『芸文類聚《げいもんるいじゅう》』編纂にもあたっている。のち戦乱で散逸した経籍の購入を高祖に進言、そのうえでの五代史編纂提起であった。

武徳已来、修撰の源を創るは、徳棻よりはじまるなり。

（『旧唐書』列伝第二十三　令狐徳棻伝）

高祖の詔によって北周・北斉・梁・陳・隋の五代の正史編纂が開始された。『周書』の撰者は令狐徳棻であった。しかし進捗がはかばかしくないため、数年後には事業は取りやめとなった。

貞観三年（六二八年）、太宗は尚書左僕射《しょうしょさぼくや》房玄令を総監修として、南朝の『梁書』（著作郎姚思廉《ようしれん》撰）・

『陳書』（姚思廉撰）・北朝の『斉書（北斉書）』（中書舎人李百薬《りひゃくやく》撰）・『周書』（秘書丞令狐徳棻撰）・『隋書』（秘書監魏徴撰）、この五代の王朝史をあらためて編纂するよう命じた。『周書』撰者はひきつづき仕掛け人、徳棻であった。南朝の二史を任された姚思廉は、父の代からの史官一族で、陳と隋に仕えた父はすでにこの二史編纂を手がけていた。姚思廉にとって正史編纂はいわば家学であった。李百薬も同じような境遇で、父のあとを受けて『斉書』の編纂にあたっている。

太宗の詔から八年が経過した。

貞観十年（六三六年）春正月、尚書左僕射（宰相）房玄令・侍中（門下省長官）魏徴、梁・陳・斉・周・隋の五代史を上し、詔して秘閣に蔵す。（『旧唐書』本紀第三　太宗下）

五代の王朝史が、そろって完成した。ところが不思議な記述が『貞観政要』にある。

頃《このごろ》、周・斉史を読む、末代亡国の主、悪を為すは多く相類す。（巻六　貞観九年）

命じた正史編纂が完成する前年に、太宗は北周・北斉の史書を読んでいたのである。これは何を意味しているのであろうか。太宗は北周天元皇帝と北斉後主、亡国の皇帝二人のどちらがより悪いのかと魏徴に問うている。太宗が読んだ史書の可能性は二つ。一つは先行する史書がすでに何らかの形で存在していたのか、あるいは編纂過程のものに目を通したのか。

『旧唐書』経籍志は、玄宗皇帝の開元年間に、建国以来内庫に伝えられた書籍を初めて大々的に整理した時の目録である。ここに『北斉未修書』李徳林撰（第二十六経籍上）の名がある。しかし北周の史書はない。さらに皇帝の日常を記録した起居注についても、後魏（北魏）二百七十六巻はあるが、以降の北周・北斉はない。北周・隋・唐はいずれも長安を都としていた。王朝交代時にも戦火は都におよんでいなかった。したがって、徳棻《とくふん》が「周・隋大業の離乱に遭い、多く遺闕《いけつ》（欠落）有り」とはいうものの関連資料は残っていたはずである。それらは玄宗までの時の流れのなかで紛失してしまったということであろう。太宗が読んだ「劉聡伝」（『貞観政要』巻第六　論倹約）の名も経籍志にはない。

ここであらためて「中華」の用例を、唐までの正史の流れのなかで再確認すると――

（なお、◎は詔か上表）

	（中国）	（華夏）	（中華―◎）	撰者	滅亡年
『史記』			○	漢・司馬遷	
『漢書』			○	後漢・班固他	
『後漢書』			○	宋・范曄	
『三国志』			○	西晋・陳寿	
『晋書』	九十一	十三	八―四	唐・房玄令他	四二〇年
『宋書』	二十一	四	五―三	南斉・沈約	四七九年
『南斉書』	九	四	二―一	梁・蒋子顕	五〇二年
『梁書』	二十五	○	○―○	唐・姚思廉	五五七年
『陳書』	四	○	○―○	唐・姚思廉	五八九年

『魏書』	五十三	七	五―四	北斉・魏収	五三四年年分裂
『北斉書』	三	○	一―○	唐・姚思廉	五七七年
『周書』	九	八	一―○	唐・令弧徳棻《とくふん》	五八一年
『隋書』	五十一	十六	一―○	唐・魏徴	六一八年
『旧唐書』	百七十	十三	十二―八	五代後晋・劉昫《りゅうく》撰	
『新唐書』	二百	二	二―○	北宋・欧陽脩《おうようしゅう》撰	

晋以降六代の正史の大半が太宗の時代に編纂されている。なかで「中華」は、二十三例を数える。ただ、その用例は『晋書』と『宋書』『魏書』の三史で突出している。太宗が編纂させた『晋書』の八例、隋以前に編纂されていた『宋書』『魏書』のそれぞれ五例である。このほか、唐滅亡後の五代に編纂された『旧唐書』の十二例も目につく。南朝の梁・陳では、中華は皆無であった。

それ以外の用例は北朝の斉・周そして隋で、それぞれ以下の各一例、計三例のみとなる。

時に鮮卑共に中華の朝士を軽んず、唯だ昂に憚服《たんふく》す。高祖（高歓）、三軍に申令する毎に、常には鮮卑語なるも、昂もし列に在るときは、則ち華言をなす。（『北斉書』列伝第十三　高昂）

宕昌羌《ごしょうきょう》なる者、…漢に先零《せんれい》、焼當《しょうとう》等（ともに羌族）あり、世に辺患をなす。その地、東は中華に接し、西は西域に通ず。（『周書』列伝第四十一　異域下宕昌）

然るに伯雅《はくが》、先に鉄勒《てつろく》に臣し、鉄勒、恒《つね》に重臣を遣わして高昌国に在り、商胡の往来する者在らば、則ち税して之を鉄勒に送る。此の令、中華を取悦するところ有りといえども、然るに竟《つい》に鉄勒を畏れて敢えて改めず。

（『隋書』列伝第四十八　西域高昌）

『北斉書』（李百薬撰）の「中華」は明らかに「中華≠鮮卑」（鮮卑は中華ではない）であった。太宗の中華とは相いれない。『隋書』列伝第七李徳林伝に、「勅撰『斉史』未成」とある。『斉史』は隋代に勅命を受けた李徳林の手で編纂がはじまっていたのである。太宗は『斉史』の完成をその子・李百薬に引き継がせたのであった。百薬は父の資料や草稿をそのまま使用した。紀八巻、列伝四十二巻からなる全五十巻のうち、二十七巻は父が撰していたものという。あるいは『北斉書』の中華は、李徳林が撰したものをそのまま採録したということかもしれない。

『周書』は、『魏書』を撰した北周・魏収の表現を踏襲したもの。『隋書』は西域の状況についてのものであった。いずれも撰者の文章である。撰者は令狐徳棻と魏徴。太宗側近の手になるものであるから、この二例は太宗の「中華」と理解していい。

したがって、周・隋代での宮廷における「中華」の用例も皆無となる。

『史記』や『漢書』など歴代の正史は、史官の地位にあった士大夫たちが勅命を受けて前王朝の資料をも駆使して畢生の著作として編纂したものであった。使用した資料には皇帝たちの日常を記した起居注はじめ、人事や租税などにかかわる細かなデータが含まれていた。ところが太宗は、王朝の一大事業として多人数を動員して五代の正史を短期間に編纂させた。そのため粗漏や不統一のそしりを受けることにもなる。

梁・陳已降《いこう》、隋・周に往《いた》る、諸史皆貞観年中群公の撰するところ、近古悉く易く情偽求むべし。朝廷の貴臣のごときは、必ず父祖に伝有るも、その行事（事実）を考えるに、皆子孫の為すところ、而《しこう》して彼の流俗《りゅうぞく》（世間）を訪ぬれば、諸故老を詢《はずか》しめ、事同じからざる有り、言多く実に爽《たが》う。

（唐・劉《りゅう》機《き》知《ち》撰　清・浦《ほ》起《き》龍《りゅう》釈『史通通釈《しつうつうしゃく》』巻七　曲筆第二十五）

皇家五代史を修す。館中（史館）墜稿《ついこう》（採用されなかった原稿）仍《な》お存す、皆彼の旧事に因りて、定めて新史と為す。その朱墨の図するところを観るに、鉛黄（鉛粉と雌黄、校正の跡）払うところ、猶お識るべき者有り。或いは実を以て虚と為し、非を以って是と為す。

（『史通通釈』巻十七　雑説中北斉諸史）

五代史に記された事実関係はもとより、当代貴人の父祖にかかわる伝を取り上げた列伝人選の当否に至るまで厳しい評価を下したのは、少しのちの宮廷史官・起居郎劉機知であった。則天武后の時代から二十余年にわたって国史編纂にかかわったが、歴史の家に育った知見を反映する文章を修正させられた憤懣を私撰『史通』全二十巻に吐露したという。曲筆《きょくひつ》（事実を曲げて書く）という項目を設けていることにも、撰者の不満がうかがえる。とはいえ、『史通』は、唐代までの正史を冷静に論評した、史上初めての史論の書とされている。成立は第九代玄宗皇帝即位の二年前、景龍四年（七一〇）というから五代の正史完成から七十余年のちのことであった。

劉機知の鋭い舌鋒はとりわけ『周書』に向かう。

いま俗に行われる周史、是《これ》令狐徳棻等の撰するところなり。其の書文不実にして、雅にして検（調査）無く、真蹟甚だ寡《すくな》く、客気《かっき》（血気）尤《もっと》も煩わし。…遂に周氏一代の史にして、多くは実録に

非ざる者なり。（『史通通釈』巻十七　雑説中周書）

『周書』の特徴は、李一族だけではなく唐王朝の功臣たちが先祖までさかのぼって顕彰されていることであろう。それが、劉機知が不実と批判するところである。その根拠――史官劉機知は関連する史料の存在を知っていたにちがいない。意図的な歴史改竄を伴う編纂、皮肉な見方をすればそれこそが『周書』編纂にこだわった令狐徳棻の、さらにいえば太宗の狙いであった。令狐徳棻は捏造史家であったのか。

ところで、「中華」が最初に出現する『晋書』では、西晋と東晋で意味が異なっていた。

いま辺陲豫儲の備えなく、中華《ちゅうか》杼軸《ちょじく》の困あり、（『晋書』劉喬伝）

強胡陵暴より、中華蕩覆《とうふく》、狼狽、據《よりどころ》を失い…（同　桓温伝）

劉喬伝での中華は、西晋滅亡のころには「晋という国家」と同義語として使われていた。一方東晋・桓温伝の中華は、南遷する前の時代、西晋を指すものであった。「中原にあった国家」、「失われた中原」を意味している。

歴史的経過をふりかえると、まず中原にあった西晋で地上の宮殿として「中華門」が登場した。おそらく、それ以前に天界に「中華門」があるという知識は広まっていた。

西晋武帝以降、「中華門」の造営は歴代王朝にひきつがれていく。『晋書』以降のもっとも早い記録は、六世紀前半に完成した南朝の『宋書』である。以降唐代までの正史で、建物の名としての中華は

十二例を数える。内訳は、
『晋書』――【三例】東・西中華門、雲龍中華門（礼志）、西中華門（載記石季龍伝）
『宋書』――【四例】西中華門、東中華門、東中華雲竜門（礼志）、中華門（二凶伝）
『南斉書』――【二例】中華門（劉悛伝）
『魏書』――なし
『北斉書』――なし
『周書』――【一例】中華門（宗室伝）
『隋書』――【三例】中華門（音楽志）東、西中華門（百官志）。
『旧唐書』――【一例】中華殿（令狐徳棻伝）
『新唐書』――【一例】中華殿（令狐徳棻伝）

「還りて雲竜中華門より入りて謁す」（『宋書』）、「太祖、中華門に集議す」（『南斉書』）などとある。宋でも第三代文帝の時代に、中華門があったことが確認できる。

『宋書』、『南斉書』に用例が複数見られるのに、『魏書』『北斉書』に用例がなく、また『周書』に一例しかないことを考え合わせると、天宮の門の名を現実の宮殿に付与する習わしは、西晋ではじまり南朝に受け継がれたものの北魏には伝わらなかったのか、採用されなかったのであろう。北周時代に初めて伝わったとも考えられる。

ただ一例、中華殿という建物が唐代に出現している。

時に高宗初めて位を嗣ぎ、政道に心を留め、嘗《こころ》みに宰臣及び弘文学士を中華殿に召して問うて曰く、何者を王道、覇道と為すや。また孰《いず》れを先後と為すや。

（『旧唐書』列伝第十三　令狐徳棻）

中華殿、太宗のあとを受けた高宗の即位当初、臣下との謁見が行われた宮殿である。記録にはないが、太宗の時代に建立されたものであろう。中華門ではなく、中華殿という独立した建物が出現する例は史上ほかにない。太宗の「中華」ということばへの思い入れの深さをうかがわせる。

西晋時代、王朝の代名詞としての夷狄に対するに「華」という表現が生まれ、そこから「中華」という概念が生まれた。中原を追われた南朝、東晋から宋代には「幻想の中原」─失われた世界を象徴するものとなった。ここまでは南朝で展開した事象。その後、北朝の北魏に伝わって、現実の支配領域を示す西晋時代の「中華」が復活した。留意すべきは中華を構成する民族も、それぞれに異なっていたことである。ただ『北斉書』の内容は、鮮卑族皇帝が中華を軽視していたというものであった。ここでは考察から除外する。

「中華」が、鮮卑系王朝唐の宮廷で、遊牧と農耕、二つの世界を抱合する新世界を現す新しい概念となった。その典拠の一つが、重撰『晋書』天文志ということになる。

「中華」出現の経緯を時代順に整理すると、以下のようになる。★は、太宗代の編纂。

一、中華門＝天空の建物の名称　『晋書★』

二、中華門＝地上の建物の名称　『晋書★』『宋書』『南斉書』『隋書★』（中華殿『旧唐書』）
三、中華＝地上の現実の皇帝支配領域①　『晋書★』
四、中華＝地上の幻想領域、失われた中原　『晋書★』『宋書』『南斉書』
五、中華＝地上の現実の皇帝支配領域②　『魏書』『周書★』『隋書★』『旧唐書』『新唐書』

四、重撰『晋書』――載記《さいき》に秘めた狙い

「中華」の用例が八例と突出して多い『晋書』は、五代史完成の八年後、太宗が房玄令や令狐徳棻に、過去に編纂された史書群を改撰（重撰）—作り直しさせたものである。『晋書』全百三十巻は太宗の勅撰ともいわれる。太宗みずから宣・武二帝、陸機、王羲之の四伝を著したからである。

太宗の『修「晋書」詔』が、唐代の詔を採録した『唐大詔令集』に収録されている。

…栄緒《えいちょ》は煩にして要寡《すく》なく、労を思いて功少なく、叔寧《しゅくねい》課虚、滋味画餅に同じ…。金行曩志《どうし》（晋朝の先行史書）、美を驪騵《りげん》に継ぐを闕《か》く。遐想《かそう》して寂寥、深く嘆息をなす。宜しく国史所に令して更に『晋書』を修すべし、旧文を詮次し、義類を裁成し、俾夫湮落《ひふえんらく》の誥《こう》（下々の埋もれた戒め）、咸《み》な発明（明らかにする）せしめよ。…

（宋・宋敏求編『唐大詔令集』）

省略した詔の前段では孔子が編纂したという『春秋』にはじまり、『史記』から『三国志』にいた

る正史を列挙したあと、引用文がはじまる。当時、晋の記録としては太宗が筆頭に挙げた臧栄緒《ぞうえいしょ》の『晋史』のほか、叔寧《しゅくねい》（『晋書』）、蒋子雲《しょうしうん》（『晋書』）・王隠《おういん》（『晋史』）・干宝《かんぽう》（『晋紀』）・陸機《りくき》（『晋紀』）・裴《はい》松之《しょうし》（『晋紀』）など、二十篇にちかい史書が残されていた。撰者はみな東晋から南朝にかけての士大夫である。それらは唐代以降ことごとく失われたようである。なかで裴松之は、『三国志』の注釈で知られる。それをひとからげにして、晋の先行する歴史書はどれもよくないと、太宗は切って捨てた。

それでは『晋史』の撰者、臧栄緒とは何者か。

『南斉書』高逸列伝に名が見える。臧栄緒は南斉太祖に召されても出仕を断った隠遁の学者であった。五経に通じ、二隠と称された友人と古書を求めて『晋史』十帙《ちつ》を撰した。それ以前にも西・東晋の歴史を「紀・録・志・伝百十巻」にまとめたという。没年は西暦四八八年であったから、『晋史』は五世紀の末には知られていたことになる。ただ、これは在野の著であって、皇帝の命で作成されたものではなかった。

「更に『晋書』を修すべし」——太宗は、『晋書』が重撰になることを認識していた。この詔の日づけは貞観二十年閏四月。しかし貞観十五年（六四一年）、太宗は李淳風《りじゅんふう》に『晋書』の天文、律暦、五行志の預撰——前もって執筆するよう命じている。詔の五年も前に、太宗の『晋書』重撰の意思は固まっていたのである。

しかも、である。房玄令による重撰は太宗の詔よりも早く、天文志予撰の命から三年後の貞観十八年（六四四年）にはじまっている。おそらくこの年に李淳風の「天文志」ができあがったのであろう。さらに房玄令の上奏から、令狐徳棻が列伝十八名を中心にすでに予撰をはじめていたことがわかる。編纂を主導したのも令狐徳棻であった。

『晋書』編纂の経過について、『旧唐書』房玄令伝に言及がある。

尋ねて中書侍郎褚遂良と『晋書』重撰の詔を受け…、功を分けて撰録、臧栄緒の『晋書』を以て主と為し、諸家を参考とし、甚だしく詳洽《しょうこう》（あまねく詳しい）を為す。

太宗の意気込みとは裏腹に、完成した『晋書』は臧栄緒『晋史』の焼き直しであった。撰を担当した「史官の多くが文咏《ぶんえい》の士で…、評論するところ、綺絶《きぜつ》を競い、篤実を求めず」とあり、後世の史家の評判もあまり芳しくない。

唯、星歴に深明にして、著述に善し、修するところの「天文」「律暦」「五行」三志、最も観采すべし。（『旧唐書』列伝第十六　房玄令）

重撰『晋書』では、天文など三志だけは李淳風による新たに書き下ろし、いわば目玉であった。しかも『晋書』全巻のなかでもっとも優れていたという。志の項目は十を数えるから、残る七志は臧栄緒など先行史家の撰したものということであろう。

伝によれば太史丞《たいしじょう》（天文暦算と歴史を司る役所の次官）李淳風は岐州雍《ぎしゅうよう》（陝西省風翔県《ふうしょう》）のひと。父は一時隋に仕えたが、やがて道士となった変り種である。淳風は天文、暦算、陰陽の学に通じ、貞観の初め、二十代で太史局に任官、貞観七年（六三三年）には古代・周の天文機器・渾天儀《こんてんぎ》を復元して太宗の信任を得た。渾天儀は周末に失われ、以後漢魏を通じて復元しえなかったという。それを三十そこで完成させたのであるから、たいした才能であった。

「天文志」は確かに異彩を放っている。それまでの正史ではおおむね星座の運行に関連すると解釈された王朝内での出来事、事変の列挙が中心となっていた。一方『晋書』天文志では前半に「天体、儀象、天文経星、二十八舎、二十八宿外星、天漢起没、十二次度数」などと項目をあげて詳述している。つまり、古代・周の時代から蓄積された天文に関する情報を詳細に体系づけた、画期的な記述であった。

「天文志」は、天帝のいます天界に「中華門」という建物があったと述べている。

太微、天子の庭、五帝の坐なり。（中略）東蕃四星、南第一星曰く上相、その北、東太陽門…第二星曰く次相、その北、**中華東門**なり…

（『晋書』志第一　天文上）

太微は天帝の庭で、その東西に太陽門と中華門があると考えられていた。

これが「中華門」という構造物の初出となった。

ここで奇妙なことが明らかになる。西晋初代皇帝武帝の時代に「（雲龍）中華門」が初めて造営された。『晋書』全体から見れば、その「中華門」の根拠となるのが天文志であった。しかしながらその天文志が唐代に追加されたものということになると、武帝の「中華門」造営の根拠は何であったのかという疑問が生じる。天文志が李淳風による創作ということはありえない。とはいえ、『史記』天官書、『漢書』天文志をはじめとする先行史書に「天界の中華門」は見られないから、すでに失われた何らかの記録・伝承があったのであろう。

とすれば、「中華門」、さらには「中華」の由来・出自を時を遡ってでも明らかにしておきたいという太宗の想いが、『晋書』重撰の契機となったのかもしれない。天文志こそ、その狙いの一つであったのではないかという推理も成り立つ。

西晋武帝によって史上初めて造営された地上の「中華門」、その由来・根拠はいまも謎のままである。ただ、このころに「中華」ということばが宮廷に登場したのかもしれない。

この『晋書』の特徴が、「中華」の用例の多さにあることは、すでに指摘したとおりである。

『晋書』―【八例】劉喬伝、陶侃伝、陳頵伝、殷仲堪伝、桓温伝、載記序言、同劉曜伝、同慕容超伝。

そこに撰者たちの隠された意図、あるいは時代の雰囲気を読みとることができるのではないか。

つぎに紹介するのは杉山正明（モンゴル史・中央ユーラシア史）の指摘である。

唐王朝の正統史観が、『晋書』以下をつくった。そのなかで、唐王室は、自分たちが「異族」の鮮卑拓跋部の出であることを、なるべく薄らげようとした。その思惑と配慮は、大は正史そのものの構想から、小はいちいちの字句表現にまで及んだことだろう。

（杉山正明著『遊牧民から見た世界史～民族も国境もこえて』）

「中華」には、どの民族が含まれるのか。漢だけなのか、鮮卑も入るのか。この疑問を解決するヒントとなるのが、『晋書』載記《さいき》に見える三例の「中華」である。載記とは、一つの王朝の時代に、別に独立していた国々の記録の謂い。『晋書』載記では、五胡十六国時代に華北で興亡を繰り返した騎馬遊牧民族の国ぐに―漢（前趙）を興した匈奴劉淵に始まり、（前・後・南）燕の鮮卑慕容氏などの歴史が三十巻にまとめられている。

この載記に、太宗の『晋書』編纂の狙いがあった。この載記あってこそ、五胡十六国時代という時代区分が生まれた、と杉山はいう。

　その序において、房玄令たちは、この「時代」を総括し、劉淵が漢王国の樹立を宣言した永興元年（三〇四）から、戦国の世が一三六年つづいたという。これはあきらかに、甘粛に存在した匈奴系の微弱な政権の北涼が、ついに四三九年に断絶したことを踏まえる。しかも、まことに都合のよいことに、翌四四〇年から、ちょうど北魏の英主太武帝の盛時の年号である太平真君がはじまることにもとづく。（杉山正明『遊牧民から見た世界史～民族も国境もこえて』）

太宗の治世を中心に、歴史づくり、正統史観づくりが、皇帝じきじきの肝いりで、国家ぐるみでくわだてられた、と杉山はいう。杉山の考えにしたがえば、それだけ太宗がみずからの血脈につながる鮮卑族の国北魏を意識していたということになる。

載記の序に一回、伝に二回の「中華」が見える。

載記序冒頭、撰者房玄令は古代から説き起こす。

　古の帝王、乃ち奇類を生む、淳維《じゅんい》、伯禹《はくう》これ苗《びょう》（の末）裔《えい》、豈《あ》に異類ならんや？　反首皮衣、餐《さん》羶《せん》飲湩、而して中域を震驚させること、其れ遠より来たり…。（『晋書』載記上）

古代の帝王たちは奇類を生んだだけでなく苗蛮など夷狄の末裔であり、農耕民と異なる風習を持って中原を脅かしてきた、という。

さらに、

然らば則ち燕は造陽《ぞうよう》の郊を築き、秦は臨洮《りんとう》の険を塹《ほ》り、天山に登り、地脈を絶ち、玄菟《げんと》を苞《つと》に、黄河を款《かん》するは、夷狄の**中華**を乱すを防ぐ所以《ゆえん》なり、その備えは予め此の如し。

（『晋書』載記序）

とつづく。

載記序では、五胡（匈奴・鮮卑・羯・氐・羌）をすべて夷狄とする。ここでの「中華」は、夷狄―五胡と相対する存在である。ただし、載記には鮮卑族では慕容部をとりあげるのみで、拓跋部は入っていない。

強弱の算、兵権の妙、興衰の体、利害の知に至りては、我が**中華**未だ量るべからず。

（載記第三　劉曜伝）

（慕容）鎮出でて韓諄《かんしゃく》に謂いて曰く、主上既に苗を芟《か》りて険を守るあたわず、また人を徙《うつ》して寇《こう》を逃れるを肯《がえん》ぜず、劉璋《りゅうしょう》に酷似す。今年、国滅び、吾必ずこれに死なん。卿《けい》ら**中華**の士、また文《ぶん》身《しん》とならん。

（『晋書』載記第二十八　慕容超伝）

劉曜は匈奴で前趙皇帝、慕容超は鮮卑慕容部で南燕皇帝であった。劉曜伝での「中華」は史臣（撰者房玄令）の総括のなかに登場する。つづけて「終《つい》に夷狄《いてき》の放《くに》となる」という一文があるから、匈奴は夷狄と見なされている。また、慕容鎮も漢人官僚に「中華の士」と呼びかけている。南燕滅亡の前年、東晋義寧三年（四〇九）のことである。

載記では慕容一族が数多く取り上げられている。慕容垂や子の宝と戦ったのは太祖道武帝拓跋圭であったが、載記では魏、あるいは魏軍とするだけで、帝王の名はない。それだけではない。通常、戦いの記述では両軍の将の名が記されるが、載記において墓容一族との戦いでの魏側の固有名詞がまったく見られないのである。

『晋書』全体では「魏主拓跋珪」（列伝三十七、載記十八姚興）が二回登場するが、それ以前、そして以降の皇帝の名はまったく見えない。載記においては、できるだけ拓跋鮮卑の印象を薄めようとする意図さえうかがえる。

撰者房玄令は、当然のことながら鮮卑拓跋族を伝統王朝のなかに位置づけていた。「鮮卑拓跋（太宗の血脈）、胡ならず」である。

匈奴や鮮卑を夷狄とする西晋で生まれた「中華」の図式が改められ、「鮮卑拓跋、胡ならず」、「中華＝漢＋鮮卑拓跋」という概念は、次の正統王朝・北魏において提示されていた。それを受けての、重撰『晋書』載記であった。

この載記の狙いはいま一つ、北魏に先行する五胡の国ぐにをここにまとめることで、のちの世代の十六国個別の正史編纂の試みを封印することにあったと考えられる。

「拓跋王朝」という歴史の見方を提起する杉山正明の観点も、『晋書』に秘められた太宗の鮮卑という血への想い、さらには中国の歴史の流れの読み解き方を示唆するものであるといえよう。

五、拡大した中華　そして虹のゆくえ

もう少し太宗の思考に迫ってみる。

貞観十四年（六四〇）、吐蕃王《とばん》ソンツェンガンポが宰相を修好使節として唐の皇女の降嫁を求めてきた。北京の故宮博物院収蔵の『歩輦図《ほれんず》』は、使節として訪れた吐蕃宰相と接見する太宗を閻立本《えんりっぽん》が描いたものである。

これより数年前、チベット高原（西蔵）に彗星のごとく現れたソンツェンガンポが吐蕃王国を建国、吐谷渾を滅ぼして甘粛あたりにまで軍を進めるなど、新たなる脅威となっていた。

太宗は異域にある諸民族を服属させる有効な方法として、武力によるものと、姻戚関係を結んで懐柔するという、二つの方策があると考えていた。したがって武力で優れた新興の吐蕃王国が和親を願って婚姻を望めばためらうことはなかった。

貞観十六年、太宗侍臣に謂いて曰く、北狄、代《よ》乱を為す。…朕熟《つらつら》之を思うに、惟《た》だ二策有り。徒十万を選び、撃ちて之を虜にし、凶醜《きょうしゅう》を滌除《じょうじょ》（洗い流す）せば、百年患いなからん。これ一策なり。もし遂にそれ来たりて請わば、之と婚媾せん。朕、蒼生《そうせい》（万民）の父母たり、苟《まこと》に之を利すべくは、豈《あに》一女を惜しまんや。北狄の風俗は多く内政（実権を握る女性）に由る。亦たすでに子を生めば、則ち我が外孫なり。中国を侵《おか》さざらんこと断じて知るべし。此れを以ていうに、辺境三十年来無事を得るに足らん。

（『貞観政要』巻第九　議征伐第三十五）

周辺の遊牧騎馬民族に対する太宗の治世の要諦である。異民族と姻戚関係を持つことによって和を維持せんとする考えは、すでに北魏孝文帝が提示していたところである。

結果、貞観十五年（六四一）春、文成公主が金銀財宝とともに吐蕃王のもとへと旅立った。公主は吐蕃に中原の文化をもたらした。養蚕をはじめ中原の文化をチベットに伝えたその事蹟は、いまもチベット民謡となって歌い継がれている。

文成公主だけではない。『唐会要』によれば、太宗の時代には宏化公主（貞観十三年・吐欲渾）とあわせて二人であるが、次の高宗と皇后武則天《ぶそくてん》の時代以降、十一人の公主が吐蕃、突厥、契丹《きったん》、回鶻《ウイグル》などに降嫁している。

世は泰平の時代を迎えていた。

貞観十四年（六四〇）、高麗《こうらい》、新羅《しらぎ》、西突厥《にしとっけつ》、吐火羅《とから》、康国《こうこく》、安国《あんこく》、波斯《ペルシャ》、疏勒《そろく》、于闐《うてん》、焉耆《えんき》、高昌《こうしょう》、林邑《りんゆう》、昆明《こんめい》及び荒服蛮酋《こうふくばんしゅう》、相次いで使いを遣わして朝貢す。

（『旧唐書』本紀第三　太宗下）

朝貢使節の往来、あわせて太宗が仏教以外の宗教にも寛大な姿勢を見せたことが、やがて異国の人や物が溢れる華やかな国際都市・長安を出現させることとなった。想像をたくましくすれば、そうした各国使節に対しても「わが中華」ということばが使われたのであろう。

しかしながら周辺にあった騎馬遊牧民族の首領たちは、天可汗と仰ぐ太宗に対して服従の意を見せながらも、たえず辺境を侵略して略奪の機会をうかがっていた。

同年九月、太宗は西域にあった高昌王国を討って安西都護府を置いた。文明の大動脈シルクロード防衛の拠点が西域の入り口に初めて出現した。

この高昌を唐の一州に組み替えようとする太宗の方針に魏徴と黄門侍郎《こうもんじろう》褚遂良《ちょすいりょう》が異を唱えた。うち褚遂良の言に「中華」が登場する。

…此河西《これかせい》なる者、方《まさ》に今心服、彼高昌《かれこうしょう》なる者、他人の手足、豈《あに》**中華**を縻費《びひ》（浪費）するを得んや。以て無用の事とせんか。（『貞観政要』巻第九　議安辺第三十六」）

褚遂良は、高昌の地を版図に組み込んで軍備などに無用の出費をするよりは、突厥や吐谷渾の例に倣って君長を置いてそれぞれに統治させたほうが国のためになるのではないかと、太宗に諫言したのであった。太宗は却下した。

いま一度の用例は、さきに触れた北狄（突厥）に関する杜楚客の言である。

北狄人面獣心、以て徳懐するは難く、以て威服するは易し。今令してその部落を河南に処せば、**中華**に逼近し、久しく患いとならん。（『貞観政要』巻第九　議安辺第三十六）

中国社会科学出版社版の注釈では、褚遂良の言に「華夏」、杜楚客の言に「華夏中心」とある。中華は、華夏と同義語ということになる。

官僚の発言に見える中華は、太宗が諒としたものであった。そうした宮廷の雰囲気あっての褚遂良や杜楚客の発言と理解するのが自然であろう。

不思議なことに、中華は、巻九「議安辺第三十六」に二度登場するが、他の篇では一切見られない。太宗の「中華」の意味を類推させる史料がある。『漢書』顔師古《がんしこ》注（貞観十五年・六四一年完成）である。皇太子承乾《しょうけん》の命により撰述されたものであった。顔師古も隋に仕えていたが、李世民が長安に入ったとき秦王府を訪ねて家臣団の一員となった。王府では、機密を掌握する中書舎人（侍従）として制誥《せいこう》（皇帝の布告）執筆を委ねられ、太宗即位とともに中書侍郎（次官）に任じられた、太宗創業以来の側近のひとりである。

『漢書』巻六十四、厳助《げんじょ》列伝。漢の武帝の時代、南方にあった閩越《びんえつ》が挙兵したときのこと。配下の王の、「越は方外の地、劗髪文身《さんはつぶんしん》の民の土地、古来天子が兵を挙げて入ったことがないところ」という報告に関する顔師古の注釈に、

　師古曰く、**中華**に臣属せずをいう

とある。

顔注全体を通してただ一度見える「臣属」という単語が、妙に生々しい印象を与える。背景に、支配―被支配の関係、頂点にある皇帝の存在を意識させるのである。

とすれば、「中華」は、新しい概念、個人＝太宗にかかわる限られた世界、「太宗が確立した領域」を表わす語彙、であったのかもしれない。

この時代の正史でもっとも多く使われた語彙は中国であった。『貞観政要』でも中国が二十二回、華夏三回、中華が二回と、中国が圧倒的に多い。それらはすべて「国内」を意味している。「議安辺」での褚遂良の発言でも中国が二回、華夏が一回使われている。

　明王創制、必先華夏、而後夷狄、広諸徳化、不事遐荒。

始皇、遠塞、中国分離。

中国不擾、既富且寧。　（『貞観政要』巻第九　議安辺第三十六）

中国社会科学出版社版では華夏に注釈はなく、中国は前者を中原、後者を中国とする。

『貞観政要』の伝える太宗自身の発言には「中華」はない。太宗の発言では中国五回、華夏二回となる。

『貞観政要』には見られないが、じつは太宗はみずから中華を使っている。用例はさきの『通鑑』のほか、『唐大詔令集《とうたいしょうれいしゅう》』に二件、そして『文苑英華《ぶんえんえいか》』に詔が二件（貞観十一年、十八年）、詩賦一篇。さらに最晩年に皇太子に与えた遺言書『帝範《ていはん》』に一件、あわせて七篇確認できる。

まず、『唐大詔令集《とうたいしょうれいしゅう》』（宋・宋敏求編）に見える詔二例。宋敏求は『新唐書』編纂にもかかわった文人官僚であった。

「道士女冠在僧尼之上詔」　貞観十一年二月

仏法の興るごときに至りては、西域に基づき、爰《ここ》に東漢より、方《まさ》に中華を被《おお》う、神変の理《わざ》方多く、報応の縁一に匪《あら》ずや。　（『唐大詔令集』）

「討高麗詔」　貞観十八年十月

行師用兵は古の常道、取乱侮亡《しゅらんぶぼう》先哲の貴ぶところ、高麗莫支離蓋蘇文《ばくしりがいそぶん》、其の主を殺逆し、其の民を酷害し、竊《ひそか》に辺隅に據《よ》り、其の蜂蠆《ほうたい》（蜂と蠍）を肆《ほしいまま》にす。朕、君臣の義を以て情何をか忍ぶべく、若し遐穢《かあい》（遠くの異民族）を誅翦《ちゅうせん》（討ち滅ぼす）せざれば、何ぞ以て中華を懲粛《ちょうしゅく》（戒め導く）せんや。いま幽薊《ゆうそ》（河北省北部）に巡幸し、遼碣《りょうけつ》の罪を問わんと欲す。…　（『唐大詔令集』）

つぎにあげるのは、十世紀後半太平興国七年（九八二）から雍熙四年（九八七）にかけて宋太宗の勅命で作成された詩文集『文苑英華《ぶんえんえいか》』に採録された太宗の詩「臨層臺賦《りんそうだいふ》」である。制作年代は不明。

「臨層臺賦」

甘泉《かんせん》（始皇帝の造営した宮）始めて成り、三秦の壮麗を極む。…加るに長城地亘《めぐ》るを以て、絶昧遐荒《かこう》、畳鄣《じょうしょう》（連なる砦）漢（天）に峙《そば》だち、層簷英廊《そうえんえいろう》、是《これ》反して中華の弊《へい》（苦しみ）、翻《ひるがえ》って北狄の強きを資《たす》け、烽纔《ほうせん》（黒い烽火）、煙而已《のみ》備えて、河凍らんと欲して先に防がん。…

（『文苑英華』）

賦からは、楼台や長城の建設は、民の疲弊をまねくもので中華のためにならないとして、節約につとめんとする意思がうかがえる。

この三例、「道士女冠在僧尼之上詔」は異域から伝わった仏教に関するもの、「討高麗詔」と「臨層臺賦」はいずれも高句麗と北狄（突厥）、いわば「中華」のテリトリーの外、対外・敵対関係に関するものである。

ここに太宗の中華の用法の特徴があるのではないか。獲得した領域の名称を「中華」と呼ぶことが太宗の宮廷で定着していたのであろう。とすれば、外交関係で使用される「中華」は、対外的な国名であったといっていい。

太宗死去の前年、貞観二十二年（六四八）、皇太子すなわち、のちの高宗のために帝王道を説いた『帝範』を著している。全十二篇の第十篇「務農」に、ただ一度「中華」が見える。

黔黎《けんれい》（人民）を子育すること、唯威恵に資《よ》る。恵、懐《なつ》くべくんば、則ち殊《こと》に俗風に帰すること、霜を抜《ひら》いて春日を照らすがごとし。威、懼《おそ》るべくんば、則ち**中華**の軌（法《のり》）を慴《おびや》かすこと、刃を履《はり》いて雷霆《らいてい》（いかづち）を戴《いただ》くがごとし。（太宗撰『帝範』）

皇太子への遺言となったこの書で、太宗は中国、華夏は使っていない。『帝範』の中華は、対外関係とは無縁、皇太子に人民支配の要諦を教え諭すものである。ここでの中華は、「我が国」あるいは「皇帝の君臨する唐王朝」ととれる。

晩年の太宗からは、みずからの帝国を「中華」と称するという、かれの内なる意識がうかがえる。死の二年前、貞観二十一年（六四七）、太宗はいう。

自古皆貴**中華**、賤夷狄、朕独愛之如一、故其種落皆依朕如父母。

——古《いにしえ》よりみな中華を貴び、夷狄を賤しむ。朕独りこれを一の如く愛す。故に各種落みな朕を父母の如く依《たよ》る。

（司馬光『資治通鑑』巻一九八　貞観二十一年五月）

過去の皇帝たちは中夏を平定しても、戎狄を服従させることはできなかった。みずからがそれを成し得た理由を太宗は五つ挙げた。その五番目のことばである。

『帝範』の「中華」と共鳴するもの、それはまさに「夷華混一＝混一戎華《じゅうか》」の世界である。

かくして北魏孝文帝のあとを受けた太宗は、域外の諸国に対して「中華」と名乗った最初の皇帝となった。さらにいえば、その中華は、諸橋轍次『広漢和辞典』のいう「拡大する中華」の第三段階に位置づけられる。領域は中原と江南、さらには西域まで広がった。ただ、この時点で中華には含まれない地域があった。雲南・南詔王国、チベット・吐蕃王国・西域・西突厥王国などの独立王国である。

これらは唐から冊封《さくほう》（朝貢してきた国の首長に王の官位を与えること）を受けていた。

五代史編纂がおわった貞観十年（六三六）六月、外戚の弊害を避けるため政治の表舞台に出ることなく、太宗を支えてきた賢夫人、長孫皇后が三十六歳で亡くなった。その死の影響は大きく、それはやがて、弱冠二十歳であった皇太子承乾《しょうけん》（六一八—六四五）の狂気を誘発する。

この年、太宗は新しい事業をはじめている。書聖王羲之《おうぎし》など、過去の名だたる書人の書の蒐集である。氣賀澤保規《けがさわやすのり》（中国史）は太宗の「歴史への関心と記録への執着」を指摘しているが、筆者はいまひとつ、太宗の執着に文物蒐集を付け加えたい。故宮博物院につながる文物蒐集の歴史は南朝・梁の武帝のころにはじまり、太宗の時代に本格化、北宋・徽宗、さらには清朝・乾隆帝へと引き継がれた。その歴史のなかで、太宗の果たした役割はきわめて大きい。これについては旧著『ふたつの故宮』でそのありようを明らかにした。あらためて太宗の想いと事績を確認しておこう。

太宗、嘗て御府の金帛を出して王羲之の書迹を購求《こうきゅう》するに、天下争いて古書を齎《もたら》し闕《けつ》（皇城）に詣でてもって献ずるに、当時よくその真偽を弁ずるものなし。遂良、論を備えて出すところ、一に舛《せん》誤なし。（『旧唐書』褚遂良伝）

褚遂良伝の伝える書の購入は貞観十年のこと、さらに貞観十二年にも王羲之の書を広く天下に求める勅命を下している。これよりさき貞観六年に、すでに太宗は書の真蹟を併せて一千五百十巻入手していたという。貞観十二年の勅命に答えて王羲之の子孫、王方慶が家伝の書四十余巻を献上した。やがて太宗の王羲之コレクションは二千二百九十紙におよび、十三帙・百二十八巻にまとめられた。王羲之の書の蒐集で知られる梁の武帝のそれを上まわる空前の規模であった。これらの書は虞世南が、そしてかれ亡きあとは褚遂良が真贋の判定にあたり、本物と鑑定された書には「貞」「観」という小さな二つの印が紙縫、すなわち紙の合わせ目に押された。歴代王朝の内府収蔵の文物に収蔵印を押すことも、太宗の時代にはじまる。

書聖王羲之は、西晋の名門貴族、山東省琅耶《ろうや》王氏の出身であった。漢人が匈奴に中原を追われて江南に移り住んだ五胡十六国時代、幼くして故郷を離れた。先祖代々の墓も匈奴に蹂躙され、夷狄を駆逐して故地を奪還する北伐に情熱を燃やしたが、ついに果たすことはなかった。その無念の思いは「蘭亭序《らんていじょ》」という、王羲之畢生の書に記されている。

永和九年（三五三）、歳は癸丑《みずのとうし》にあり。暮春の初め、会稽山陰《かいけいさんいん》の蘭亭に会す。禊事《みそぎのこと》を修むるなり。

という格調高い文章ではじまり、全体で二十八行三百二十四文字からなる。王羲之は会稽内史（地方長官）として北伐軍の食糧調達にあたっていた。折から北伐は失敗し会稽は飢饉に見舞われ、絶望的な雰囲気が漂っていた。

三月上旬の巳（上巳）の日に、疫病や不祥を払うために水辺で禊をおこなう古くからの習わしがある。この日に曲水流觴《きょくすいりゅうしょう》、池亭に集った文人たちが即興の詩をつくり、流れてくる杯を取って詩を吟じるという風雅の催しが行われた。「蘭亭序」は、このとき宴で披露されたあまたの詩の冒頭に記された序文である。ここで王羲之はみずからの「幽情」、心の奥深くに秘めた思いを述べる。それは、祖先の眠る地の奪回もおぼつかない現状への絶望であり、同じ思いを持ち続けて欲しいという後世へのメッセージであった。

「蘭亭序」の出現によって、書は意思を伝達する記号という役割を超えて、漢と呼ばれる民族の心を代弁する芸術に昇華し、さらには「書は人なり」ということばで表わされるように、人格そのものの投影と見なされるに至った。

この「蘭亭序」への太宗の執念を伝える絵画が伝世している。「画蕭翼賺蘭亭図《がしょうよくたんらんていず》」、あの閻立本《えんりっぽん》の手になるもので、台北・故宮博物院の収蔵になる。太宗の命で描かれたものであろう。太宗が蕭翼という男に、巷間に秘蔵されていた「蘭亭序」を騙し取らせたエピソードが描かれている。

太宗は、書の巧みな虞世南や欧陽詢《おうようじゅん》などに模写をさせ、また趙模《ちょうも》、馮承素《ふうしょうそ》などに榻拓《とうたく》（布に写した模写）させ、さらに欧陽詢の模写を石に刻ませた。『太平広記』（北宋・李昉撰）によれば、太宗も政務の暇をみては王羲之真筆の草書帖を臨模し、皇族や官僚たちに分け与えた。

『晋書』王羲之伝は太宗が執筆した。その論賛で、太宗は王羲之の書を「盡善盡美《じんぜんじんび》」と評した。古の聖なる王・舜の作った韶《しょう》の礼楽を最高のものとした孔子の言「盡美矣、又盡善也」（『論語』）を典拠としている。最高権力者から美の極み、善の極みと讃えられた書。ために王羲之は書の世界の聖人、書聖と讃えられることとなった。

それにしても太宗の王羲之への異様なまでの執着は、何に起因するのか。そこにも、みずからの鮮卑的、騎馬民族的な血脈への意識があったのであろう。それゆえ中原の文化の粋ともいえる王羲之の書とその精神を我がものとすることは、胡漢混一の帝国の盟主として、伝統文化の頂点にあることの証となると考えたのではないだろうか。

太宗は、その治世の末期に高句麗に親征したが制圧にはほど遠く、やがて貞観十九年には外征をあきらめた。

齢五十になんなんとして、太宗の歴史への関心は深まっていった。

朕、前代史書をみる毎に、善を彰し悪を癉《たん》し、将来の規誡とす。古より当代の国史を知らずして、何ぞ帝王をして親しく自ら之を看せざるや？　（『貞観政要』巻第七　論文史第二十八）

太宗は房玄令に、帝王として過去の史書を紐解いて学んでいるのに、なぜ当代の国史を見られないのかと問うた。房玄令の答え——

国史は既に善悪必ず書し、人主の非法を為さざらんことを庶幾《こいねが》う。止《た》だ応に旨《まさ》に忤《さから》う有らんことを畏るべし。故にみるを得ざるなり。（『貞観政要』同）

皇帝の意思によって記録の真実性がゆがめられることを怖れるという史官の立場は理解するといいながら、太宗はよくないことでも記してあれば己の戒めとできるとして同時代史の編纂を命じた。房玄令などが編年体の国史、高祖・太宗実録を删略《さんりゃく》（削除編集）して著した。結果、『高祖実録』、『太宗実録』各二十巻が完成した。貞観十四年のことである。

本来『実録』は皇帝が亡くなったのちに「起居注」などの記録を総合して編纂されるものである。したがって皇帝の在位中に『実録』が編纂されるということは稀有のこと、それだけ後世どう評価されるかを気にしていたのである。

最大の関心事が、兄殺しの一件であった。『実録』では、そうとうぼかして記されていたようで、太宗は「国家の安泰と万民の暮らしの安定のための義挙」であったゆえ、ありのまま書くようにと修正を命じている。しかしながら実際の正史には、太宗は英明果断なリーダーとして、兄の皇太子建成《けんせい》と弟・元吉《げんきつ》は、いずれも悪役として記されている。太宗の言行を記すにしても、あるいは煬帝のことを記すにしても、官僚たちに客観的な描写などできるわけがなかった。

苻堅・孝文帝につづいて『通鑑』の論評が多い太宗であるが、この事件についての評価は太宗にとって口惜しいものであった。さきに紹介した「長を以て嫡を立てるは礼の正なり。然るに高祖の天下を有する所以《ゆえん》は、みな太宗の功なり。」という一文の後半、

既にして群下迫るところとなり、遂に禁門を血で蹀《ふ》むに至り、推刃同気《すいじんどうき》（刃傷沙汰そのもの）、千古に譏《そし》りを貽《のこ》す、惜しいかな！

（『通鑑』巻一九一　武徳九年）

太宗の狙いははずれた。ただ、司馬光は太宗を深謀などという表現で高く評価している。たとえば西域経営に貢献した裴矩に関して司馬光はいう。

裴矩《はいく》、隋に佞《おもね》り唐に忠たるは、その性の変有るに非《あら》ず。君その過《あやまち》を聞くを悪《にく》めば、則ち忠は化して佞となり、君、直言を聞くを楽しめば、則ち佞は化して忠となる。

（『通鑑』巻一九一　武徳九年）

司馬光は、裴矩が諂《へつら》いを好んだ煬帝に対しては佞臣《ねいしん》であったと手厳しい。対して、太宗が直言を好んだからこそ裴矩がよく仕えたというのである。苻堅に仕えた王猛への辛辣な評価とあわせて、興味深い人物評ではある。

『太宗実録』完成の二年後、貞観十六年、

朕、年将に五十、已に衰怠を覚ゆ。既に長子を以て東宮を守器せしめ、諸弟および庶子の数将に四十、心常に憂慮するは此れに在るのみ。
（『貞観政要』太子諸王定分第九）

心身の衰えを実感しはじめた太宗。すでに長子を跡継ぎと決めた。それらの将来だけが気がかりという太宗。しかしさすがの太宗も、母后という庇護者を失った皇太子が錯乱してクーデターを企てようとは夢にも思っていなかった。計画が露見するのは、この慨嘆の翌年のことであった。太子承乾は廃嫡され、三男の李治《りち》（高宗）が皇太子となった。

とはいえ貞観十六年の時点では、内紛の予感もなく、高昌はじめ西域をおさめ、脅威であった吐蕃とは義理の親子となって安定を得、ユーラシア最大の国家を築き上げていた。

当面国の行く末を思い煩うこともなくなった太宗の関心が後世の評価のほうに傾いたとしてもむりからぬことであったろう。

憶測をたくましくすれば、以下のようなことになる。

晋王朝で生まれた「中華＝漢」という概念は、北魏孝文帝の「中華」を劇的な展開点として、太宗の時代には「中華＝鮮卑拓跋＋漢」という概念が公認され、あわせて農耕と遊牧、二つの世界を包含する「太宗の中華」が誕生した。

すでに貞観十年（六三六）には、隋まで五代の正史編纂が完了している。しかしながら、西晋、そして北魏から唐へとつづく鮮卑拓跋系王朝の正統性を明らかなものにするために、「中華」の正確な意味づけが不可欠であった。そこで太宗が思いついた秘策、それが、『晋書』の重撰ではなかったか。

狙いは二つあった。一つは、五胡十六国の諸王朝を載記に封じ込めること、あわせて天文志で「中華」が天帝の宮殿に由来することを明示し、武帝が造営した「中華門」の存在を強調することであった。

孝文帝が大和十六年に北魏の排行を土徳から水徳に変更している。これは北魏が西晋を受け継ぐというメッセージであった。ゆえに北周は木徳、隋は火徳、そして唐は土徳と、改められた北魏の排行を受けている。晋以降の歴史でみれば、匈奴劉淵が建国した前趙以下、五胡十六国の遊牧騎馬民族王朝諸国は完全に無視された。太宗はすでに前趙の劉聡伝を眼にしている。漢王朝の再来をめざした五胡の諸国にもそれぞれの記録が残されていたはずで、太宗としてもそれらを無視することはできなかった。そこで、晋から北魏への継承を正当化するために、さらには五胡の国ぐにの個別の正史編纂の企画を無効とするためにも、『晋書』載記は編纂されなければならなかったのである。この点で、太宗は孝文帝の意図を正確に理解していたといえよう。

『晋書』百三十巻の編纂が終わったのは貞観二十年（六四六）。貞観三年（六二八）に始まった五代史の編纂に八年という歳月が必要であったことに比較すると、わずか二年足らず、きわめて短時間の作業であった。

結論として、遅くとも貞観四年（六三〇）には、太宗によって「中華」ということばに漢人と鮮卑拓跋族を包含した世界、皇帝の支配する領域という、新しい意味が与えられた。太宗の宮廷において「中華」は太宗の帝国を象徴することば、華戎《かじゅう》混一の世界を象徴する新しい概念として共通認識を得ていたと考えられる。

このとき太宗がみずからを任じていた「華」の実態は何であったのか。唯一それをうかがわせる記録が『貞観政要』にある。これも第三十六「議安辺」、対外関係に関する臣下との対話であるが、

伊吾已《すで》に臣附すと雖も、遠く藩（区域）は磧《せき》（砂漠）に在り、民は夏人《かじん》に非ず、地は沙鹹《しゃかん》（砂と塩）多し。

伊州（現在の新疆ハミ）の処遇についての涼州都督の上疏の一文であるが、ここでは異民族を「非夏人」と称している。とすれば、唐は秦の始皇帝以来の呼称であった。「夏」ということになる。唐を構成するのは、夏—中原を中心とする地域にある民族すべてを抱合するものであった。ただ、この時代に夏と同じ意味で「漢」そして「漢人」ということばが登場している。たとえば吐蕃の使者の上表に「若し漢人の来投するあらば、すなわち令して卻送《きゃくそう》（送り帰す）せしむ」（『旧唐書』列伝一百四十六　吐蕃上）とある。また、「これ蕃・漢の境を交えるなり」（同・下）ともある。この漢、および漢人は、かつての漢王朝とはかかわらない、新しい概念である。この漢の概念も宋以降、ひきつがれていくことになる。

最後の王朝、清での用例がある。

満州礼法で以て導き、漢習に染まる勿れ。皇太子すでに詩書を以て課し、兼ねて騎射を嫻習せしむ。…但し、満州もしこの業を廃さば即ち漢人となる、此れ豈国家の久遠を計る者ならんや。

（『康熙起居注』清・内院奉勅撰）

清朝拡大の礎を築いた第二代康熙帝が、息子たちの養育にあたる満州族官僚に命じたことばである。

「中華」＝「夏」＝「漢」。中華は、個々の民族の出自を問わないものであった。

さらに、『貞観政要』議安辺篇から類推すると、「中華」という新しい語彙は、孝文帝時代、宕昌《ごしょう》羌《きょう》（甘粛省にあった異民族）に対して「東は中華に接し、西は西域に通ず。（『魏書』列伝第八十九　宕昌）」を先例として、「異域にかかわるもの」あるいは「異民族とかかわる状況下でのみ使用される」という暗黙の了解があったかと考えられる。

「漢帝国の再来」ともいわれる唐王朝。その王朝で、漢の武帝を常に意識し、漢帝国の領域を確保した皇帝として、さらに武帝さえなしえなかった草原の覇者天可汗《てんかかん》として、華戎二つの世界にまたがる巨大な「中華帝国」に初めて君臨したのが太宗であった。

六、「中華」は消えず——武周革命の意味

ここで、唐代の「中華」の用例から「太宗の中華」を「対外的な国名」と見なす仮説、具体的には「異域にかかわるもの、あるいは異民族とかかわる状況下でのみ使用される」を検証してみる。『旧唐書』と『新唐書』、この両書における「中国」、「華夏」、「中華」の用例を検索すると——（◎は詔、あるいは上表）

	中国	華夏	中華—◎
『旧唐書』	百七十	十三	十二—八

『新唐書』　二百　二　二一〇

となる。

『旧唐書』―【十二例】武宗本紀、音楽、李林甫伝、王武俊伝、李全略伝、粛王詳伝、裴度伝、李載義伝、楊復恭伝、東夷伝（二例）、北狄伝。

『新唐書』―【二例】西域伝（二例）。

「中華」の使用頻度に関して、極端な違いが浮かび上がる。しかも『旧唐書』で八例を数える「詔、上表」は、『新唐書』では皆無である。

『新唐書』西域伝に見える「中華」二例のうち一文は『旧唐書』には採録されていない。ここから史料の選択によって「中華」の用例が増減したことがわかる。

同じ時代を扱った史書で、なぜこれだけの違いが生まれたのか。そこには両書の編纂の過程がかかわっている。

『旧唐書』は唐のあとを受けた五代十国時代、後晋出帝（在位九四二―九四六）の詔を受けて劉昫《りゅうく》の監修のもと編纂され、後晋滅亡寸前の開運二年（九四五）に完成した。唐末の戦乱で多くの資料が散逸し、とりわけ第十七代武宗以降六代の皇帝実録は失われていた。ために初唐に記述が偏るなど、後世の評価はあまり高くない。しかしながら、唐滅亡時にも被災を免れた実録などの原典をそのまま採用しているということで、史料的価値は高いとされる。

一方、『新唐書』は北宋建国後、世情が落ち着いて散逸していた史料が多く蒐集できたということで、第四代仁宗（一〇二二―六三）が翰林学士《かんりんがくし》（詔勅作成担当高官）欧陽脩《おうようしゅう》（一〇〇七―七二）に新たに編纂させたものである。完成は嘉佑六年（一〇六〇）であった。

ここで唐宋八大家のひとりとされる撰者によって史料に大きな修正が加えられた。唐代の記録、とりわけ皇帝の詔などは駢儷体《べんれいたい》という特殊な文体で作られていた。装飾的な修辞と対句を基本として六朝時代以降に盛んになったものである。古文を重んじた撰者の欧陽脩はこれを嫌った。そこで詔を、あるいは削除し、あるいは文章を書き改めた。列伝なども簡略なものにしてしまった。『新唐書』礼楽志には太宗の定めた「大唐雅楽」の八首の詩は一切採録されていない。原史料の採用という意味では価値は低いと言わざるをえない。同じ宋代の儒学者司馬光は、『資治通鑑』編纂（一〇八四年完成）にあたってもっぱら『旧唐書』を用い、『新唐書』はほとんど参照していないという。

結局、『新唐書』編纂過程で「中華」は消滅した。北宋では「中華」という概念はほとんど無視されていたのであろう。ことほどさように正史は、編纂にあたった撰者の考え、あるいは時代の雰囲気を微妙に反映している。

『旧唐書』に見える「中華」は十二例を数え、『明史』十六例、『清史稿』十九例には及ばぬものの、前後の時代で比べると群を抜いて多い。以下、主要部を列挙する。なお、◎は「詔、あるいは上表」、▼は「会話」、▽は「地の文章」である。

一、◎　貞観二年、太常少卿祖孝孫既に定雅樂を定む、至六年、褚亮・虞世南・魏徵等、この詩を作り、今行用す。降神用《豫和》：武舞作用《凱安》

昔宴財運終、**中華**乱無象、酆郊赤烏見、邙山黒雲上、大賚下周車、禁暴開殷網……

（志第十　音楽三）

二、◎かの高昌は他人の手足、豈**中華**を靡費《びひ》するを得んや、以て無用のこと…

（列伝第三十　褚遂良―二代・太宗）

三、◎九令こたえて曰く、臣は荒徼《こうきょう》微賤《びせん》、仙客は**中華**の士、しかるに陛下、臣の賤なるを台閣に践し、綸誥《かんこう》を掌どる、仙客もと河湟の一使典（役人）、目文字を識らず、もし之を大任すれば、臣宜しからざるを恐れる。

（列伝第五十六　李林甫―第八代・玄宗）

四、▼大夫は冀邦の豪族、謀りて**中華**に據るに合せず、且つ滔心幽険、…

（列伝第九十二　王武俊―第十代・代宗）

五、◎負海の陋《ろう》を抜き、これを**中華**に置く…

（列伝第九十三　李同捷―第十一代徳宗）

六、◎塔を起こすは天竺に始まり、名付けて浮図《ふと》という。これを**中華**に行うは、竊《ひそか》に礼ならざるを恐れる…

（列伝第百五十　徳宗順宗諸子―第十一代徳宗）

七、◎いまもし之を厳廊（厳しい環境）に置き、その参決を委ねれば、西夷北虜、未だ**中華**を測らず…

（列伝百二十　裴度―第十四代・穆宗）

八、▼可汗、将軍をして朝貢せしむるは、以て舅甥の好を固めるにあり、将軍をして**中華**を暴践せしむるべからず…

（列伝第百三十　李載義―第十六代・文宗）

九、◎況や我が高祖、太宗、武を以て禍乱を定め、以て華夏を文理す。…外国の教えを顕明し、大秦穆護《ぼくご》（回教）を勒《おさ》え、祆《けん》（教）三千余人還俗、**中華**の風に雑せず、於戯！

（本紀第十八　武宗―第十七代・武宗）

十、▽　その書籍に五経、子、史あり、また表疏（上表文や注釈）も並びて**中華**の法に依る。
（列伝第百四十九　東夷　百済国）

十一、◎　上、謂いて曰く、新羅は君子の国と号し、頗る書記（文字の用法）を知り、**中華**に類するあり…。
（列伝第百四十九　東夷　新羅国—第八代・玄宗）

十二、▽　史臣曰く、北狄は**中華**に密《ひそか》に邇《じ》し（近づき）、侵辺して之を蓋有す…。
（列伝第百四十九　北狄）

本紀では武宗の時代が最後で、唐代後半での用例は見えない。唐末の戦乱で実録が失われていたからである。それぞれの意味合いは——


一は、太宗が定めた宮廷儀礼の音楽の歌詞、《凱安》。

二は、太宗の高昌対応への褚遂良の諫言、同内容が『貞観政要』と『新唐書』に見える。

三は、朔方（内モンゴル・オルドス地方）の節度使牛仙客を朝廷に登用しようとした玄宗皇帝への宰相の諫言。張九令は、太宗の「貞観の治」に次いで繁栄の時代となった玄宗の「開元の治」を支えた。

四は、第十代代宗のとき、河南節度使の反乱軍にあった契丹出身の武将に寝返りを勧める書簡。

五は、第十一代徳宗の徳州（雲南省塩津県付近）での反乱に対する詔。

六は、仏教儀礼に対する徳宗への上申。

七は、ウイグルや吐蕃への対応に苦慮していた第十四代穆宗の宮廷での発言。

八は、同じくウイグルとの戦いが続いていた第十六代文宗の宮廷での発言。

九は、三武一宗の廃仏で知られる「廃仏の詔」。第十七代武宗、晩唐九世紀。

十一は、開元年間、新羅国についての第八代玄宗のことば。
十、十二は、五代時代の撰者の文章である。

十二例のうち五例は確実に唐代の記録、詔であり、家臣の上表である。さらに、儀礼楽と撰者の文章を除く九件の「中華」は、仏教への詔を含め、いずれも対外関係で使用されている。

武宗の廃仏の詔は、仏教を外来の文明、中華の対極にあるものとする意識がうかがえる。さらに、褚遂良伝や裴度伝での中華は高昌国やウイグル・吐蕃など敵対する異民族とのかかわりで使用されている。それも広大なテリトリーを擁する巨大国家の存亡の危機、国家の威信にかかわる状況にあるときに、である。その意味で、さきに述べたように、「中華」が唐という国家の対外的な名のりであったと確認できるのである。

十代から十七代にいたる皇帝たちも「太宗の中華」を引き継いでいた。なお、十二例では「史臣曰く」とあるから、五代後晋で『旧唐書』の撰にあたった劉昫たちも、唐の中華観を共有していたことがうかがえる。


さて、『新唐書』である。この二例とはどういうものか。一つは列伝西域上・高昌伝、『旧唐書』遂良伝とほぼ同文。いま一つは西域下　康・何伝。『旧唐書』に見られない情報である。
一、▼然らば則ち河西を我が腹心と為すも、高昌、他人の手足なり、何ぞ必ずしも中華を糜《び》費《ひ》するを得んや。事無用？
（西域伝・高昌）

二、▽　何《カ》、或いは曰く屈霜你迦《クシャニジャ》、曰く貴霜匿《クシャニ》、即ち康居《カンジュ》（西域サマルカンドにあった遊牧国家）小王附墨城《ふぼくじょう》故地、城左右重楼あり。北は中華古帝に絵し、東は突厥・波羅門《ばらもん》（インド）、西は波斯《はし》（ペルシャ）・払菻《ふつりん》（ビザンツ帝国）等諸王、その君且つ詣拝し、且つ退く。
（西域伝・何）

数は少ないが、本稿での「中華」を「対外的な国名」と見なす仮説、──「外敵あるいは異民族とかかわる状況下で、皇帝が支配する領域を表現することば」──から逸脱するものではない。

以上の検証から明らかになることが二つ、ある。

一つは、「鮮卑拓跋、胡ならず」という命題さえ、時の経過のなかで雲散霧消してしまった。漢と鮮卑を含む民族複合体としての唐王朝──「中華」の存在はゆるぎないものという状況に至っていたということである。

そしていま一つ、「中華」は、異国あるいは異域にかかわる時にのみ使用される国家意識の表出、みずからの国を「中華」という名で対外的にアピールするものであった、ということである。ただし、この中華の概念には領土的な意味合いや、特定の民族と関係づけるものではない。さきに紹介した司馬遼太郎の指摘を再掲する。

…「中華」は西洋概念における領土思想というより、中国だけがもっている文明主義のことばですね。ウイグル人も中華の礼教にやや浴した。漢文を知らんでも偉い人に頭を下げたらそれでいいんです。文明主義的な版図であることと、ヨーロッパ風の領土思想とは、歴史の性質がひじょうにちがうので、これは近代（清末）になってから、たいへんな混乱と相克を生む。

（司馬遼太郎―陳舜臣―金達寿《キムタルス》『歴史の交差路にて～日本・中国・朝鮮』）

西域や漠北などの遊牧世界では領土の境界線など意味を持たない。太宗の「中華」の意味する世界は、まさに仏教と儒教からの智恵を取り込んだ「文明主義的な版図」であった。

貞観二十三年（六四九）四月、長安の北にあった離宮翠微宮《すいびきゅう》含風殿《がんふうでん》で死の床にあった太宗は、皇太子治《ち》（のちの高宗・当時二十二歳）を呼び寄せ「蘭亭序」をともに葬るように指示したのち、後事を長孫無忌と褚遂良に託して息を引き取った。戦乱の時代を生き抜き、二十九歳で皇帝となり、二十三年の長きにわたって君臨して安定の時代を作り上げた一代の英雄太宗、享年五十二。

西安近郊にある太宗の墓昭陵《しょうりょう》は陵墓全体が大きな山であり、未発掘である。早逝した長孫皇后のために造営された陵墓に太宗は合葬された。中華文明のシンボルとなった書聖王羲之《おうぎし》の最高傑作「蘭亭序」とともに。

昭陵に関して森安孝夫（大阪大学名誉教授　中央ユーラシア史）に興味深い指摘がある。この陵墓を「突厥的な雰囲気を色濃く漂う」ものとし、「南面する中華の皇帝（天子）と、北面する天可汗との両方を象徴している」というのである。

昭陵では、南側にも門や献殿があり、多くの子や臣下の陪葬墓もすべて山稜の南側にあるが、重要な施設である北司馬門は山の北斜面中腹にあり、そこに太宗が唐建国のための軍事活動で苦労をともにした六匹の愛馬（いわゆる六駿）の石像が、太宗自身の命令により設置された。

（森安孝夫『シルクロードと唐帝国』）

さらに、十四体の君長像も北面して謁見する形になっているという。

十四人のうち、七体が遊牧国家ないし半農半牧国家のリーダーであり、四人が西域のオアシス都市国家の王である。…それらを制圧しての太宗の天可汗獲得であるから、北司馬門に居並ぶ蕃国の君長に対して北面するのが当然なのである。

（同）

太宗の「中華」は、北周以来の武川鎮系鮮卑血脈と漢族関隴集団によって支えられてきた。その帝国の変質のきっかけを作ったのも皮肉なことに唐の皇帝に流れる遊牧の血であった。太宗の後宮に武氏という美女がいた。父・武士彠《ぶしかく》は木材で財を、西で太原留守李淵に取り入り一時は工部尚書にも任じられた。その娘が太宗の後宮に入ったのは十四歳の時であった。のちの武則天《ぶそくてん》、則天武后《そくてんぶこう》である。帝の死後、出家して尼となった。

二十二歳で即位した若き高宗も武氏の美しさに魅せられ、後宮に迎え入れた。亡き父の側女に手を出すことも、騎馬民族の習わしとして自然の流れであったのかもしれない。しかしながら、儒教的倫理観からすれば唾棄すべき行為であった。

当時、高宗には皇后と寵妃、二人の女性がいた。武氏を皇后にしようという高宗のもくろみには、先帝の宮女を皇后にすることは倫理的にありえないとして、漢人官僚の褚遂良《ちょすいりょう》、さらには鮮卑名族の長孫無忌《ちょうそんむき》さえ異を唱えた。しかし高宗は皇后を廃して武氏を皇后とした。この経緯で名臣ふたりは

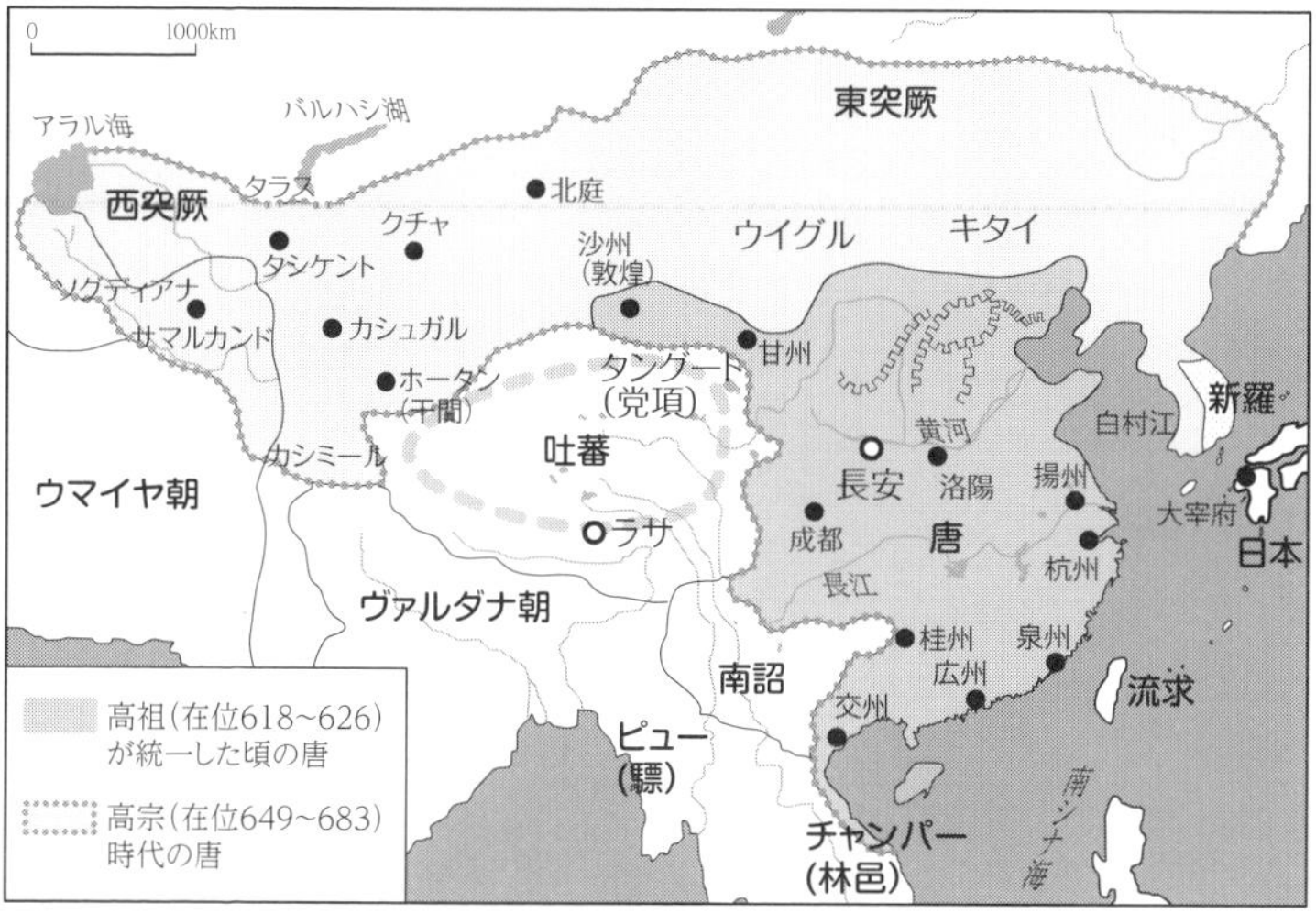

唐　太宗・高宗の版図

武后の恨みをかった。

やがて病弱の高宗に代わって実権を握った武后は、太宗が後事を託した褚遂良を潭州《たんしゅう》（湖南省）都督《ととく》に、のちには愛州《あいしゅう》（北ベトナム、ハノイの南）に放逐している。かれはこの地で六十三歳の生涯を閉じた。二年後の顕慶二年（六五七）には、太宗側近グループも、それぞれ瘴癘《しょうれい》の地に左遷されて都を追われた。ただひとり孤立したまま都にあった長孫無忌も、顕慶四年、讒言《ざんげん》により謀反の疑いを受け、地方に流される途中で自死している。

太宗の死から七年、顕慶三年（六五八）、唐は西域に遠征、西突厥を破って西走させ、安西都護府を高昌からさらに西の亀茲《きじ》（新疆クチャ）に置いた。唐の勢力は天山を越えて広がり、最大規模の版図を誇るに至った。

大唐三百年を通して見れば、三十五年におよんだ高宗の治世、そして王朝を乗っ取った則天武后の十五年、この混乱した時代が唐王朝の最盛期であった。

太宗の創出した「中華」の地平に出現した、国際的な「中華帝国」。

それは、もはや草原の虹ではなかった。

九世紀、第十八代宣宗の時代に国史編纂のメンバーのひとりであった史官張彦遠《ちょうげんえん》の撰した『歴代名画記』に、「中華の及ぶところにあらず」という記述がある。西域の絵師尉遅乙僧《うっちおつそう》の卓越した技法を称賛したものである。したがって中華ということばへの理解は唐末には知識人のあいだにも広まっていたのであろう。


都人は胡姫の胡旋舞《こせんぶ》や胡騰舞《ことうぶ》を見ながら西域特産の夜光杯でワインを楽しんだ。ふくよかな女性たちの額をシルクロードから伝わった花鈿《かでん》（ビューティ・スポット）が飾る。仏教や道教の寺院、ゾロアスター教、景教（キリスト教ネストリウス派）の教会など、人びとが信仰の自由を謳歌する、世界最大の国際都市が現出した。華やかな「大唐の春」であった。それもこれも、太宗の「中華」が意図した、中原と草原を一つのものとするおおらかな世界、内外に開かれた世界がもたらしたものであった。

太宗の時代に、鮮卑族王朝として中原王朝につらなるという「拓跋国家」の悲願は達成された。


やがて武后は、高宗を廃してみずからの王朝、周を開く。武周革命《ぶしゅうかくめい》である。騎馬民族の悲願、さらには「拓跋国家」は過去のものとなった。大唐の繁栄の基礎を築いた武川鎮・関隴《かんろう》グループは解体され、政治体制は一新された。

こうして鮮卑、遊牧系拓跋王朝の時代は終焉する。

則天大聖皇后、大享昊天楽章十二首禦撰
（『旧唐書』音楽志）

武后は郊廟の儀礼を改めた。太宗の定めた貞観楽、そして《凱安》の「中華」の文言も消え、二度と復活することはなかった。儀礼の改定は、太宗の構想の踏襲を拒否し、さらには「拓跋」族の呪縛を過去のものとする武后の意思の表れと読むこともできよう。

古代周の儀礼を重んじた漢人の武后にとって、鮮卑を無視し漢中心の国家観を称揚することは当然のことであった。鮮卑族の名は歴史から消えた。北魏の時代、それぞれに与えられた漢人風の一字姓を名乗って、この時代を生き延びたものも、民族の坩堝の中に吸収されてしまったということであろう。

お気に入りで周辺を固めた武后は、逆らうものはたとえ自分の子や孫であっても殺しつくした。皇太子であった章懐《しょうかい》太子（武后の実子）、そして第四代中宗の子・懿徳《いとく》太子（十八歳）、永泰公主《えいたいこうしゅ》（十五歳）兄妹はじめ、反乱を企てたとして多くの人命が失われた。

やがて中華はほころびはじめる。

武力と豪華な下賜品―アメとムチで帝国をつくりあげた唐ではあったが、北魏の孝文帝が国家仏教を放棄して以来、巨大帝国は周辺の異民族との共通の紐帯を確立しえなかった。その意識さえなかったのである。異民族は華やかな文明に吸い寄せられる存在、そして異国の文物をもたらす存在でしかなかった。

しかも、時代は動いていた。

太宗の死から二百五十年を経た天佑四年（九〇七年）、農民反乱を契機として起こった朱全忠（五代十国の後梁太祖）の乱により、ほぼ三百年にわたって繁栄を謳歌した大唐帝国は滅亡する。

それでも「中華」は消えなかった。中華という国家意識が唐代以降の皇帝たちに確実に受け継がれていった背景に、太宗の築いた基盤があり、それを具体的に示す『貞観政要』があった。

唐の歴代皇帝は『貞観政要』をたえず枕頭に置いていたというし、さらには屏風に仕立てた皇帝もいた。唐以降の歴代王朝の皇帝たちにとっても、『貞観政要』は座右の銘ともいえる重要な書物となった。さらに西夏、金、遼、元、清の王朝の帝王たちにもそれぞれの民族の言語に翻訳されて親しまれた。日本にも九世紀に伝わっている。一六一五年、徳川幕府が発した『禁中《きんちゅう》并《ならびに》公卿《くげ》諸法度《しょはっと》』では、『貞観政要』を最高統治者の必読書と定めている。

終章
亡国と革命
——歴史のなかの「中華」、そして現在

［華］

一、ひきつがれた「中華」——宋から明へ

「中華」という概念が確立する過程への探索は、ここで終わる。

最後に、太宗の「中華」がのちの時代、現在に至るまでにどう受け継がれたのか、あるいは受け継がれなかったのか、その後の展開を記す。

まず、唐以降の正史に見られる中華から、王朝ごとの中華の概念のありようを見る。

	中国	華夏	中華—◎	期間
『旧五代史』	三十九	四	四—三	五十四年
『宋史』	三百三十三	六	六—五	三十二年
『元史』	四十三	二	二—二	九十七年
『明史』	二百七十四	四	十六—八	二六九年
『清史稿』	千百五十九	○	十九—六	二六六年

興味深いことに「中華」の用例は、元朝を除いて、時代とともに増えていく。その内容はどうか。

まずは『旧五代史』（北宋・薛居正《せつきょせい》撰）。ここには四例ある。

（◎は「詔、あるいは上表（天子に提出する文書）」、▼は「会話」、▽は「地の文章」）

一、◎先に是、党項《タングート》諸蕃凡《およ》そ将《まさ》に馬到らんとするや、駑良《どりょう》（駄馬と駿馬）無く並び云いて上進し、国家その価を以てこれを給するを約すと雖も、その館穀錫賚《しらい》（たまもの）を計るに及び、所費勝紀《しょうき》（しるすこと）すべからず。計司《けいし》（担当役人）以為《おもえらく》**中華**を耗《みだ》すと、遂に之を止む。（明宗紀）

二、◎契丹《きったん》数年来、最も強盛にして、鄰国《りんこく》を侵伐《しんばつ》し、諸蕃を呑滅《どんめつ》す。…山後の名藩大郡、盡《ことごと》く封疆《ふうきょう》に入る。**中華**の精甲利兵、悉《ことごと》く廬帳《ろちょう》に帰す。（列伝四　桑維翰）

三、◎経難を累《かさ》ねて多福を獲る、曾て蕃に陥ちて**中華**に帰る、人の謀《はかりごと》にあらず、これ天祐《てんゆう》、六合の内幸有る者…（列伝六　馮道）

四、▽　次に曰く元帥太子、即ち徳光なり、幼にして曰く安端少君《あんたんしょうくん》、徳光の本名は耀窟濟《ようくつさい》、後に中華の文字を慕いて遂に改む。（外国列伝一　契丹）

一、明宗本紀は党項《タングート》諸蕃との馬の交易に関しての皇帝の決定の経緯。二の桑維翰《そういかん》伝は攻勢を強める契丹《きったん》との係争に関しての記録、そして三、馮道《ふうどう》の著した「長楽老自敍」の一節である。最後の契丹伝は契丹王族が中国風に改名した経緯である。

この四例はいずれも塞外《さいがい》の異民族関連、うち三例は確実に五代の記録であるから、用例は少ないが、「太宗の中華」を継承している。各地に諸国が乱立、興亡を繰り返した乱世にあったから領域的な意味あいはなく、我が国というくらいの意味であろう。

なお、五代については宋の欧陽脩《おうようしゅう》撰『新五代史』がある。『新唐書』を編纂した欧陽脩の私撰で、元の名称は『五代私記』、清の乾隆帝《けんりゅうてい》の時代に正史とされて名を改めた。ここには中華は一例もない。

ついで宋代。

西暦九六〇年、半世紀にわたる五代十国の混乱を収め、太祖趙匡胤《ちょうきょういん》が建国した（北）宋は、黄河畔の開封府《かいふうふ》（汴京《べんけい》）を都とする小さな国であった。久々の漢人王朝である。

北には契丹族の遼《りょう》、東には高麗《こうらい》、西には吐蕃《とばん》（チベット族）西夏《せいか》（タングート族）、南には雲南・大理王国《だいりおうこく》（白蛮、チベット・ビルマ語族、現在の白《ペー》族）があった。遊牧騎馬民族国家に囲まれていたともいえよう。遼の圧倒的な軍事力は、やがて北宋を弱体化させることになる。さらに遼の北には遼を滅ぼすことになる女真族の金、その金を滅ぼすモンゴル族（元）の跳梁が盛んになろうとする、動乱の予感を秘めた時代であった。

北宋、南宋あわせて二百二十年あまりの王朝の歴史を記すのが『宋史』である。元朝最後の皇帝となった第十一代順帝の、遼・宋・金三代の正史を編纂せよとの命を受けて脱脱《トクト》（托克托）が撰したもの。二年半という短い時間で完成したのであるが、それには背景があった。「国滅ぶべくも、史滅ぼすべからず（趙翼撰『廿二史劄記』巻二十三）」という官僚たちの判断で南宋の都臨安府《りんあんふ》（浙江省杭州市）にあった史館の記録はすべて都大都《だいと》（現在の北京）の国史院に移された。そして初代世祖フビライ・カンの時代に三朝の歴史は、元王朝に仕えた宋の旧臣たちによって国史として編纂されていたのである。したがって『宋史』はモンゴル族というより漢人官僚の手で編纂されたといっていい。

『宋史』では圧倒的に多いのが中国、中華は六例である。

一、◎繼と麵、奏して曰く、平涼（甘粛省平涼県）は旧地、山川は険阻にして、旁《かたわら》に夷落《いらく》（異民族の集落）を扼《おさ》え、**中華**の襟帯《きんたい》（要害の地）をなし、（築）城の便と為す。太宗乃ち許す。（列伝第十六　李継隆）

二、◎燾《とう》、笑いて答えて曰く、**中華**を尊し、大国に事《つか》えるは、礼の一なり、特に以て加うる有るは罕《まれ》なり。朝廷、遼国と通交して久し、豈《あ》に複《ふたたび》厚薄を比較せんか。（列伝第八十七　李安燾）

三、◎曾《かつ》て宗廟を思わずば則ち草莽《そうもう》（草むら）之を湮《ふさ》ぎ、陵闕《りょうけつ》則ち畚鍤《ほんそう》（もっこと鋤）之を驚かす。堂堂**中華**戎《じゅう》馬之を生じ、潜善《ぜんぜん》・伯彥《はくげん》、以て陛下を誤らせ、陵廟を陥《おと》し、土宇（領土）蹙《きわま》り、生霊を喪う、罪を勝《あげ》るべけんや。（列伝第一百九十四　儒林五　胡安国）

四、◎　太母《たいぼ》（皇太后＝徽宗《きそう》皇后）は天下の母、その縦釈《じゅうしゃく》（釈放）は乃ち金（女真）人に在り、此れ**中華**の大辱、臣子言を忍ばざる所なり。　（同）

五、▼　徽《き》（文王）、また自らいう、嘗て夢に**中華**に至る、詩を作りその事を紀《しる》すと。　（列伝第二百四十六　外国三　高麗）

六、◎　妄りに下根《げこん》の卑《ひ》を以て、適《たまたま》**中華**の盛んに詣《もうで》ず。（列伝第二百五十　外国三　日本国）

一は十世紀後半、第二代太宗の時代、西域の軍備の増強を奏上する武将の提言である。第三代真宗の時代には建国の覇気を失っていた。侵入した契丹族の遼《りょう》と澶淵《せんえん》の盟《めい》（一〇〇四）を結び、遼に歳幣を支払うことで和睦した。平和を金で贖ったのである。以降、両国は対等の国交を結んだ。意気のあがらない時代であった。

二は第六代神宗の時代、起居注を修した官僚李安燾《りあんとう》が使《つか》いした高麗宮廷での発言。この中華は自称である。

三・四は南宋時代、初代皇帝高宗への家臣の痛切なる忠言。これよりさき一一二六年、金が都開封を陥し徽宗《きそう》と欽宗《きんそう》の二帝と皇后たちを捉えて北方に連れ去った。いわゆる靖康《せいこう》の変である。金は、漠北上京会寧府《じょうきょうかいねいふ》（黒竜江省ハルピン市近郊）を都とする騎馬遊牧民族の国であった。結果、北宋は滅亡、残存部隊は高宗を擁して南の杭州（臨安府）に逃れた。南宋である。用例はこのころのもの。都を失い、太母、すなわち高宗の母（徽宗皇后）の帰還も金国次第という悲惨な状況をうかがわせる。

五は、中華にあこがれた高麗の文王のことば。

六は、太宗の時代に渡海した日本僧奝然《ふんぜん》が太宗に謁見、大蔵経を下賜されたことに対するお礼の文章である。

六例とも対外関係、うち五例は上表であり、皇帝使節の報告であるから宋代と見なせる。こうした用例から見れば、宋もまがりなりにも「太宗の中華」のイメージを継承していたといえよう。

北魏孝文帝、唐太宗の時代と拡大を続けてきた「中華」ではあるが、この時代は「縮小する中華」であった。周囲を騎馬民族国家に囲まれていた北宋は長城の内を維持することに汲々としていた。遼に代わった金（女真族《じょしん》）に中原を追われた南宋（都・杭州）の場合はもっとみじめで、長江流域にあって東晋と同程度の国土でしかなかった。

宋を滅ぼした騎馬民族モンゴル族の国、元王朝ではどうか。

『元史』は明・宋濂《そうれん》の撰。初代皇帝洪武帝《こうぶてい》の時代に編纂された。もともと元には起居注という制度がなく記録も整っていなかったようで、それを一年半という短期間でまとめたということで史書としての評判は芳しくない。不備を補うということで二十世紀、民国時代に『新元史』編纂された。

『元史』でももっぱら中国が使用され、中華の用例は、二例のみ。

一、◎　太祖第二室、奏《武成之曲》：無射宮

天扶昌運、混一**中華**、受有真人、奮起龍沙、際天開宇、亙海為家、肇修禋祇、万余無涯

……（志第二十　礼楽三　宗廟楽章）

二、◎　いま、乱を倡《そそのか》す者数人に止む。願くば乃ち盡《ことごと》く中華の民の畔逆《はんぎゃく》（叛逆）を為すと坐《つみ》するは、豈に以て人心を服するに足らんや。

（列伝第二十六　朶爾直班）

一、礼楽志の宗廟での儀礼の音楽に、隋の時代に多民族統一のために提唱された「混一中華」というフレーズが見えることが興味深い。

二は元末期、中華の文物を愛好蒐集した文宗の時代、河南での反乱に際し中華の民をすべて反逆者と見なしていいものかという元の高官の発言である。中華の民とは、元人・色目人・漢（北）人・南人と四つに区別された身分制度で最下位に置かれた南人を意味している。三番目に位置する漢人は、華北にいた漢・胡入りまじった住民のこと。この文脈で考えるなら礼楽の「中華」も「中華を征服して混一した」という意味、中華と元王朝は別の存在と理解したほうがいいのかもしれない。

ただ、唐が直接支配できなかった地域が軒並みモンゴル軍の侵攻を受けて滅亡し、元帝国の領土となっている。最初は西夏、一二二七年にチンギス・ハンに滅ぼされ、チベットは一二四〇年ころ、大理国は一二五四年ころ滅亡している。「拡大する中華」という点では、騎馬民族モンゴルがそれまでにない広大な領域を獲得したのである。拡大する中華の第四段階である。

もっともモンゴルは元帝国のほかに四つのハン国を樹立していた。ユーラシアを席巻した世界帝国モンゴルは、「中華」という統合概念、国家概念を必要としなかったのである。

ついで『明史』。清国建国早々、初代世祖順治帝《じゅんじてい》の順治二年（一六四五）に明史館が設置され、途中いくどかの中断をはさんで、第三代世宗雍正帝《ようせいてい》の雍正十三年（一七三五）にようやく完成した。じ

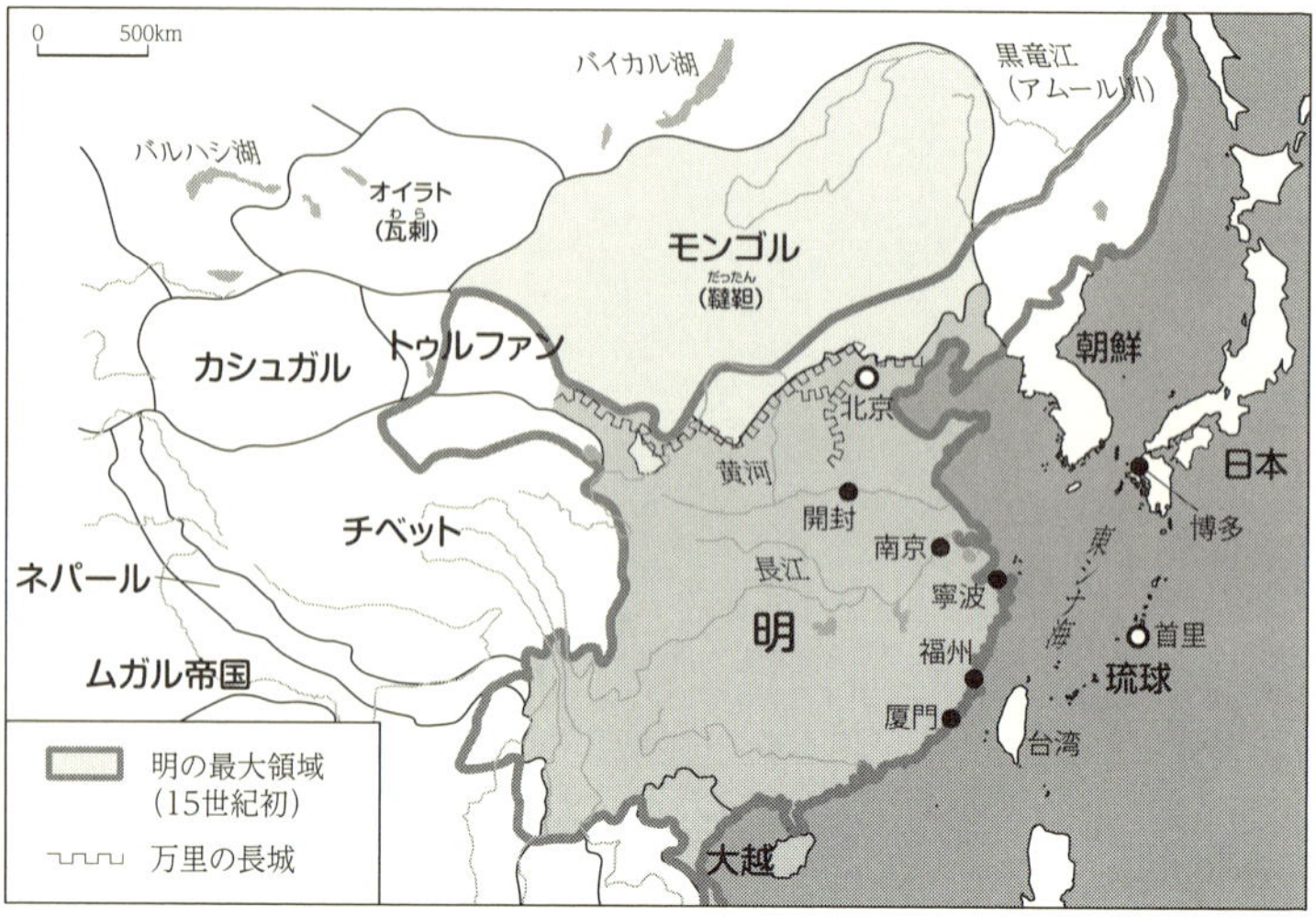

明の対外関係

つに九十年をかけての編纂であった。『二十二史箚記《さっき》』の撰者趙翼《ちょうよく》は『宋史』は「繁蕪《はんぶ》（雑で量が多い）」、『元史』は「草率《そうりつ》（ぞんざい）」と酷評しているが、『明史』は「未だ明史の如く完善なる者有らず」と高く評価している。

明の国土は、元時代から見ればモンゴル草原とチベットを欠いたものの、黄河と長江流域を確保していた。それでも史上もっとも拡大した元の中華と比べれば、縮小した中華であった。

元と清という異民族王朝の狭間にあって、北虜《ほくりょ》南倭《なんわ》（蒙古と倭寇）に苦しめられた明代では中国は二百七十四例を数えるが、一方中華の用例も十四項、十六例と、二十四史では『清史稿』についで多い。時代の特徴を表わす用例は三つ。いずれも儀礼用の詩であるので、原文のまま記す。

一、◎洪武三年定宴饗楽章。

一奏《起臨濠之曲》、名《飛龍引》：

千載**中華**生聖主、王気成龍虎。提剣

起淮西、将勇師雄、百戦收強虜。（志三十九　楽三楽章二　洪武三年定宴饗楽章）

二、◎民通和、楽太平。賛東宮仁孝賢明、秉鈞衡端正、順乾坤泰亨、坐**中華**万世昌寧。

（同　永楽間定東宮宴饗楽章）

三、◎朝會大楽九奏歌工：**中華**一統巾、紅羅生色大袖衫、画畫黄鶯、鸚鵡花様、紅生絹襯衫、

錦領、杏紅絹裙、白絹大口袴、青絲縧、白絹襪、茶褐鞋。（志四十三　輿服三）

初代洪武帝《こうぶてい》と二代永楽帝《えいらくてい》の宮廷儀礼音楽に「中華」が二例見られる。「千年以上もつづく中華に聖主が生まれ…」、そして「中華がいつまでも平和に栄えることを祝った」と詠う。「輿服志《よふくし》」の一文は朝会で演奏される詩曲である。「中華が一枚の布のように統一され…」と詠う。あとはすべて外国の情報を記したもの。ただ、次なる用例。

倭寇《わこう》の捕となる数十人ありて京に至る者、…**中華人**で被掠されし者、また令して（故郷に）送還せしむ。

（列伝第二百十　外国三　日本）

日本伝の詔に「**中華人**被掠者、亦令送還」とあることが目を引く。「中国人」という用例にならったのであろう、「中華」を用いた合成語が初めて出現したのである。

残る十三例については引用を略するが、すべて列伝、外国と西域に関するものである。うち、外国は日本・呂宋《ルソン》・爪哇《ジャワ》・和蘭《オランダ》・柯枝《コーチン》・忽魯謨斯《オルモス》・比剌《ブラワ》・意大里亜《イタリア》の八か国。西域伝では撒馬児罕《サマルカンド》・別失八里《ビシバリ》となる。オランダとイタリアを除いて、呂宋（フィリピン）・爪哇（インドネシア）以降、柯枝はインドのコーチン。忽魯謨斯は現在のイラク・ホルムズ海峡にあった港町。比剌はアフリカ東岸

ソマリア・モガジシオ近辺の港町であった。いずれも永楽帝《えいらくてい》の時代、鄭和《ていわ》の大船団が訪れた土地である。別失八里とは、突厥語で五つの城の意。新疆ジムサールにあった北庭故城《ほくていこじょう》（破城子）のこと。

ここでは元王朝の「中華」を無視する形で、ふたたび対外関係で使用する「太宗の中華」が復活している。洪武・永楽帝の礼楽、そして輿服志での「中華」は、唐太宗の「大唐雅楽・凱安」の「中華」と同じ思想の下にある。

二、最大版図「中華」——清朝

さて、最後の王朝、満州族の国・清である。満州族、かつて北宋を悩ませ、モンゴルに滅ぼされた騎馬遊牧民の国、金―女真族の再興である。

その正史『清史』は、いまだ新中国では編纂されていない。ただ、中華民国成立後に百人あまりの学者が編纂し、一九二七年ころ脱稿した未定稿『清史稿《しんしこう》』がある。これをもとに台湾では辛亥革命《しんがいかくめい》五十年にあたる一九六一年、国民党政府によって『清史』が編纂されている。一方、中国では二〇〇二年に一大国家プロジェクトとして国家清史編纂委員会が設立され、十年以内の完成を目指しているというが、まだ実現してはいない。

明末の一六四四年、陝西省北部から決起した李自成《りじせい》率いる農民反乱軍が紫禁城を制圧、毅宗《きそう》（在位一六二七―四四）は景山で自死、明は滅んだ。このとき長城の要衝山海関《さんかいかん》にあった呉三桂《ごさんけい》は清の摂政王多爾袞《ドルゴン》（太祖ヌルハチの子）と手を組み反乱鎮圧を図った。山海関を無血で通過した清軍は李自成

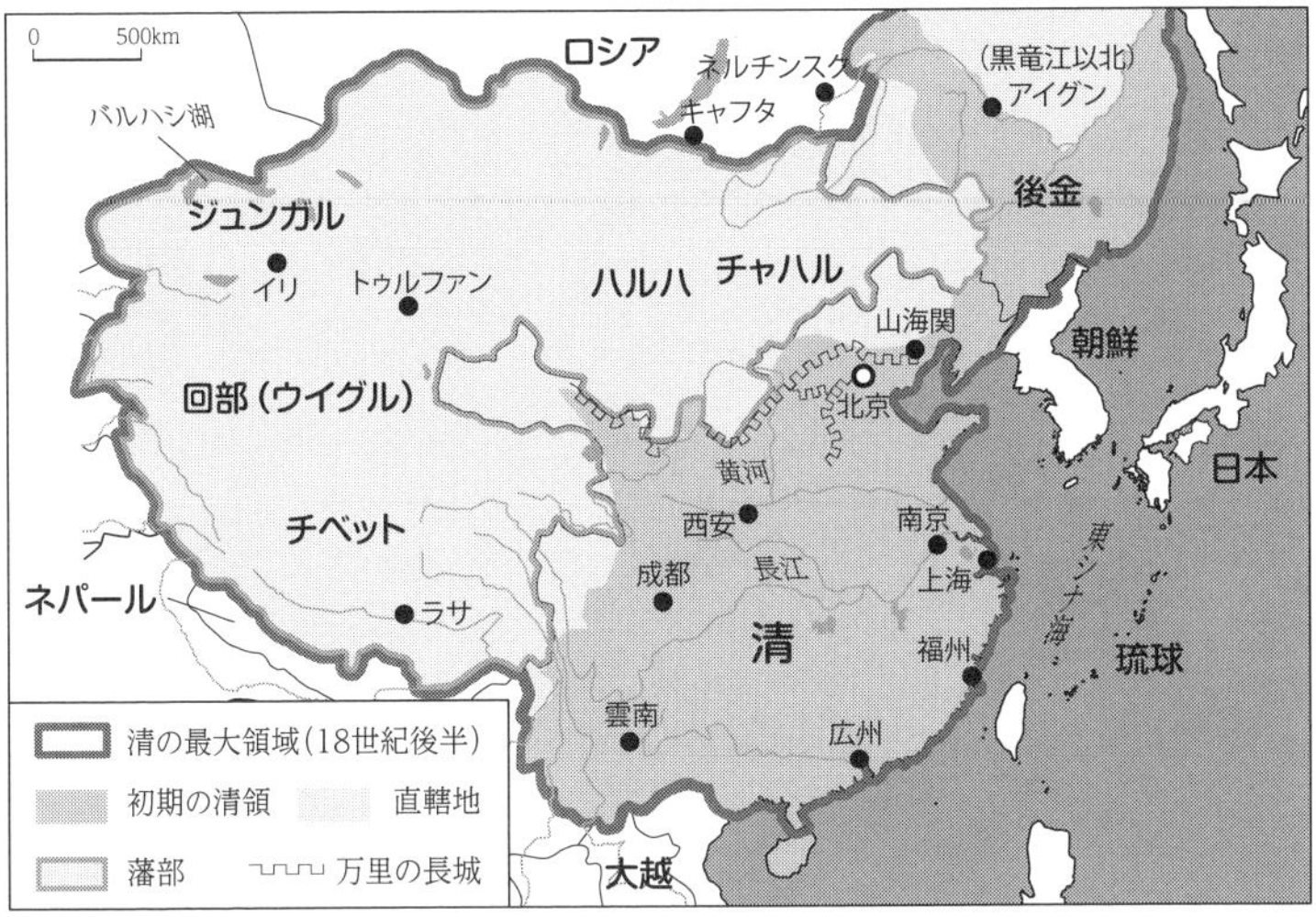

清の対外関係

軍を破って幼い順治帝（在位一六四三―六一）を擁して北京に入り、ここに清王朝がはじまる。

第二代聖祖《せいそ》康熙帝《こうきてい》（在位―一七二二）、第三代世《せい》祖《そ》雍正帝《ようせいてい》（―一七三五）、第四代高宗乾隆帝《こうそうけんりゅうてい》（―一七九五）、この三代の間に新疆（ジュンガル）や雲南を征服、王朝は最大版図を獲得した。雍正帝の時代には、新たに創設した軍機処により皇帝独裁、中央集権体制が確立され、満州族の支配がゆるぎないものとなった。

「拡大する中華」という点では、清王朝が第五段階、最終段階を迎える。領土は現在の中華人民共和国と一致している。新中国が、清の領域の継承を一方的に宣言したためである。

皇帝たちは、騎馬民族と農耕民族の支配・被支配の関係に敏感であった。

清朝建国初期から、満州族を夷狄と見なす被征服民族たる漢人学者の論考があいついで発表された。そこでは明王朝が「中華」とされていた。「中華＝漢」ということになる。こうした民族主義的著作に共鳴した漢人の間では叛乱計画まで論じられた。それらは未然に露見して多くの文人たちが逮捕された。これを「文字の獄」という。

それでは清朝を通じて「中華」への理解はどのようなものであったのか。

『清史稿』全編では中国の用例は千百五十九例にのぼる。一方、「中華」は十三項目・十九例。うち、重要な論旨は二件。初代世祖順治帝（在位一六四三—六一）、そして最後の皇帝第十代宣統帝溥儀《せんとうていふぎ》（在位一九〇八—一二）の発したものである。

諭に曰く、流賊李自成《りじせい》、君を刹し民を虐げ、神人共に怒る。朕天命を誕膺《たんよう》し、**中華**を撫定す。

（本紀第四　世祖本紀一）

（中華民国二）政府を南京に立て、定めて**中華民国**と号す…

仍ち満・蒙・漢・回・蔵五族を合わせ、領土を完全し一大**中華民国**となす…

（本紀第二十五　宣統皇帝本紀）

以降の用例は、交通志、邦交志（美利堅・義太利・日本）、列伝（文祥・呉可読）、文苑伝、芸術伝、属国（緬甸《ビルマ》）に見える。

清朝での用例十九例中、皇帝の詔や官僚の上表文は十六例にのぼる。世祖本紀は世祖順治帝の二年（一六四四）、明末・李自成の反乱を制圧したときの上喩。宣統本紀は宣統三年（一九一一）、隆裕皇太后の指示による宣統帝退位と中華民国成立の方針を明らかにしたものである。

いま一つ、第四代高宗乾隆帝の時代（乾隆四〇年）、黄河の源を星宿海《せいしゅくかい》とする河源探索使の報告を受けての上諭（皇帝が臣民にさとし告げる文）に中華が見える。

（乾隆四〇年）即ち黄河源は西塞外庫爾坤《クルクン》山の東に出るが如し。衆泉渙散して、燦として列星の如し。蒙古これを「鄂敦搭拉《オドンタラ》」と謂《い》い、西番これを「索裏瑪勒《ソルマラ》」と謂い、**中華**これを「星宿海」と謂う…

（列伝七十　舒蘭）

さらに興味深いのが滅亡した明の残党の領袖福王《ふくおう》が発した諭旨である。順治帝の伯父・摂政王多爾袞《ドルゴン》の伝に見える。

予（明・福王）は将に西行の鋭を簡《えら》び、旌《はた》を転じて東征し、且つ擬釈（許しを装う）して彼（清に寝返った呉三桂）を重ねて誅し、命じて前導と為す、夫れ**中華**の全力を以て、潢池《こうち》（狭い土地）を受制し、而して以て江左一隅を欲し、兼ねて大国を支えんと欲す…。

（列伝五　諸王四　太祖諸子三　睿忠親王多爾袞）

明滅亡後、南京には「南明」という亡命政権を樹立した福王（弘光帝）がいた。一文は福王が信頼する宰相史可法《しかほう》にあてた明再興の方途の相談の聖旨である。したがってこの中華は滅亡した明の意。これ以外の用例はほぼ外国との関係であり、従来の中華概念の範疇のなかにある。

ただ、明代以降、注目すべき変化が起こっている。たとえば、外交に関する記述、邦交志の美利堅《メリケン》（アメリカ）伝に見える上諭、

中華国家、美国の使を奉じて**中華**に駐紮《ちゅうさつ》する者…、今**中華**、貿易の盛ん…。中華会館を董立《とうりつ》するに由り、解紛を排難す。

（志一百三十一　邦交四　美利堅《メリケン》）

明代に初出の「中華人」につづいて、ここで「中華国家」「中華会館」という新たなる合成語が、さらに日本の条（志一百三十三邦交六）に「中華互市」ということばも初めて登場している。

元代まで中華という単語は前後に他の名詞を伴うことはなかった。『明史』で「中華人」という表現が登場した。さらに『清史稿』において、「中華民国」という国号、「中華国家」という名称が出現している。中華民国ということばは、少なくとも一九〇六年、革命派の章炳麟《しょうへいりん》の演説に登場している。これについては、のちにふれる。明・清時代になって、唐の太宗の想定した対外的関係において使用するという「中華」の概念の枠を超えて、合成語としての活用がはじまったのである。「中華民族」という用語もこの延長上にある。

ただし、特定の民族と直接結びつく属性は、まだ持っていない。

三、「中華」民国の欺瞞

一八九〇年代半ばに勃発した日清戦争の結果、中国は帝国主義諸国の草刈り場と化した。洋務運動（開明的な官僚たちが起こした近代化運動）が保守派に圧殺されたのち、租借という名での領土の略奪、西欧資本の進出などによって、中国はかつてない国家的な危機に瀕していた。

日清戦争で敗れ下関条約という屈辱的な条件を受け入れざるをえなかった時代にあって、条約を破棄しての徹底抗戦を訴えたのは科挙試験に合格したばかり、三十七歳の康有為《こうゆうい》であった。かれは同志の梁啓超《りょうけいちょう》たちとともに立憲君主制への移行を最終目標とする変法、政治改革を光緒帝《こうしょてい》（在位一八七五―一九〇八）に上奏している。「維新派《いしんは》」と呼ばれる集団である。

一八九八年六月、第十一代徳宗光緒帝は維新派に改革をゆだねた。戊戌《ぼじゅつ》の変法《へんぽう》である。この改革運動は西太后《せいたいごう》から「大逆不道、構煽陰謀《こうせんいんぼう》」として敵視され、わずか百日で覆された。これを戊戌の政変という。康有為たちは日本に亡命した。西太后は第十代穆宗同治帝の母であったが、帝が若くして急死したころから絶対的な権力者となっていた。

一九〇〇年、西太后の支持を得た義和団《ぎわだん》（清末に山東省から華北一体に広がった排外宗教運動）は、「扶清滅洋《ふしんめつよう》」の旗を掲げて外国人を襲い殺害した。清朝滅亡の契機となった義和団事件である。その後、英米日など八カ国連合軍の北京侵攻、紫禁城占領と続いて、事件は終息した。

翌年二月十四日、西太后から実権を取り戻した光緒帝が「量中華之物力、結与国之歓心」と題する上諭を発布している。光緒帝にとって満州族の王朝そのものが「中華」、「中華＝満＋漢」だったのである。

しかしながら、この中華は「太宗の中華」とはやや異なる。というのは十七世紀、康熙帝時代のネルチンスク条約、十八世紀、雍正帝《ようせいてい》時代のキャフタ条約、さらには一八八〇年、咸豊帝《かんぽうてい》の時代に締結された北京条約により、ロシアとの国境はおおよそのところが定められていた。したがって、「中華の物力を量る」という文言は、領土の範囲を意識した表現であったはずである。

なお、ロシアとの全境界線が決定したのは二〇〇四年のこと。この間、一九六九年には中ソ国境、ウスリー川のダマンスキー島（中国名・珍宝島）で軍事衝突が発生している。一九九〇年代後半になると、旧ソ連支配下から自立した中央アジア諸国との間で国境協定を締結していった。

それ以前から、中国軍の対外侵略は続いていた。一九六九年には国境を越えてベトナムに侵攻した。中越戦争である。両国の陸上国境が策定されたのは一九九九年のことであった。インドとの間でも、一九六〇年代にはカシミール地域で軍事衝突が発生している。いまもインドとの国境は確定していない。

ところで、現在につながる「中華」という概念が議論に登場するのは、辛亥革命より以前、二十世紀初頭のことであった。以下、台湾中央研究院近代史研究所・沈松橋《ちんしょうきょう》副研究員の論文「我以我血薦軒轅—黄帝神話與晩清的国族建構」を参考にして概観する。

日本でジャーナリストとして活動を始めた梁啓超《りょうけいちょう》（一八七三—一九二九　清末の学者、康有為の弟子）は、孫文《そんぶん》や宮崎滔天《みやざきとうてん》たちとの交流のなかで新しい国体を目指した。光緒二十七年（一九〇一）には、『中国史敍論』を発表した。

その一節——

吾人のもっとも慚愧《ざんき》するところは、わが国の国名無きがごとしという一事である。ふつうあるいは諸夏といい、あるいは漢人、あるいは唐人という。みな王朝の名前である。外人はあるいは震旦《しんたん》といい、あるいは支那という。みな我らがみずから命名したものではない。

（梁啓超『中国史敍論』）

この時代、Nation の訳語として「国族」ということばが考案された。ナショナリズム（国族主義）のたかまりのなか、いままで国名としていたのは王朝の名前に過ぎなかったとして、国民の立場から歴史を見直すことを訴えたのが梁啓超であった。この論考以降、新しい国史学への関心が急速に高まった。

この時点でまだ「中華民族」ということばも「漢族」ということばも出現していない。

　天下を以て自居するも、只朝号《ただちょうごう》有りて国号《こくごう》無し。

（康有為「海外亜美欧非澳五洲二百埠中華憲政会僑民公上嘆願書」）

まっとうな国家なら国名を持たないことなどありえない。そこで康有為は「中華国」という名称を提案した。あわせて満・漢・蒙古・回（イスラム教諸族）・蔵（チベット族）を中華の構成員と見なして五族共和を唱えたのである。「団和大群、以強中国」と訴え、かつ帝政維持を図った。沈松橋はその考えを「国民を一種の道徳的文化集団の集合体と見なす」ものであったとする。

一九〇五年、孫文たちが東京で中国同盟会を結成、清朝打倒運動が本格化する。「革命派」の誕生である。綱領は「駆逐韃虜《くちくだつりょ》（満州族）、恢復中華《かいふくちゅうか》、創立民国、平均地権」であった。

革命派の提案は、五族共和をまっこうから否定するものであった。

先鋒をきったのは、章炳麟《しょうへいりん》（一八六九―一九三六）であった。

　漢の名を建てて以て族となし、而して邦国の義ここに在し、華の名を建てて以て国となす、而して種族の義また在す。中国民族とは、一名漢族、中華人と自称し、または中国人という。

（章炳麟『中華民国解』）

中国大陸に住む漢語を母語とする集団を「中国民族」、「漢族」、「中華人」と総称するという提案であり、他の少数民族の存在を無視せんとする意思が、ここにある。

漢族という民族名が、史上初めて登場した。さらに、漢こそが中華と定義されたのである。大いなる歪曲というべきであろう。

章炳麟は、華・夏・漢などの名は黄帝以来の漢族が住んできた領域を意味し、夷狄とは異なると主張した。中国なるものはほとんど漢族を指すもの、「中国国族」とは漢族を主体とする、という。

そこで、中国の歴史を、伝説の時代の支配者黄帝《こうてい》にはじまるとして西暦から黄帝年紀への変更を主張した。民族のシンボルとしての黄帝が人びとの心をとらえはじめたのも、このころであった。

梁啓超を主筆とする変法派の機関紙「時務報」の記者であった章炳麟も、戊戌の変法で日本に亡命したひとりであった。その後革命派に転じて、清朝打倒、光復―漢人による民族革命を目指すことになる。翌一九〇六年十二月、東京神田で開かれた中国同盟会の機関紙『民報』の発刊一周年を記念する「紀十二月二日紀元節慶祝大会」で孫文に続いて登壇した章炳麟は、

今日以後、わが漢人兄弟は、どうか督撫に依頼するという一念を早急になくしてほしい。ただ兵になろうと思え、…この革命の大事業は必ず成就し、中華民国は必ず創立することができる。

（『章炳麟集』西順蔵他編訳）

と叫んで万雷の拍手を浴びた。

「漢族」につづき、「中華民国」という国名も、おそらくこの時初めて登場した。

章炳麟の主張をまとめたものが、「民報」主筆として発表した「中華民国解」（一九〇七年）である。まずは、民族名を「漢族」とする提案。ついで、「中華」の概念規定への提案がつづく。

いま、金鉄主義説を起さんとする者の曰く、中国というは中外の別・地域の遠近なり。中華というは華夷の別・文化の高下なり、と。即ちこの言を以てすれば、則ち中華の名詞、一地域の国

名に、また且つ一血脈の種名に僅《きん》（近い）するのみならず、乃ち一文化の族名なり。
（『中華民国解』）

金鉄主義とは立憲君主制をめざした学者が、ドイツの鉄血宰相ビスマルクの考えに共鳴して唱えた伝統的な民本思想のようである。清朝擁護派の論者は、全国民の平等を実現するためには「満漢平等、蒙回同化」が必要とし、満・蒙・回・蔵をつなぎとめるためには清朝皇帝が必要という論理を展開していた。この論説を逆用して章炳麟は「中華」とは一文化、すなわち漢族文化のことと定義づける。スローガンは「排満興漢《はいまんこうかん》」、「振興中華《しんこうちゅうか》」。

かくして「中華」の概念を新たに規定したうえで、章はいう。蔵・回・蒙の諸民族を中国に同化させようとするなら、ただ「設官興学、専意農耕」し、二十年の歳月をかければ内地と対等にできるだろう。その言語風俗を変えてようやく「以て其の族を我に醇化」することができる、と。つづけて章は、現状では西蔵・回部・蒙古など諸族は、学問を授け、遊牧から農耕に転換させ、言語風俗を漢族のそれに同化させなければ対等の民族として認められない、ともいう。

それが当時の、さらにいえばいまにつづく漢人の差別意識であった。

ベトナム・朝鮮二国は漢人と血統が相通じるから支援の必要があるとする一方、かれが「三荒服」とする西蔵・回部・蒙古は、血統も言語も異なるから、「任其去来」、それぞれの民族の去就は勝手に決めさせるとした。

神戸大学教授（中国近現代史）王柯《おうか》の分析によれば、

漢族＝中華であり、満州族＝中華でないという公式を社会の各方面に浸透させることは、革命派の「漢民族国家」建設の戦略であった。

（王柯『多民族国家　中国』）

五世紀後半、北魏孝文帝の時代に騎馬民族王朝のものとなり、八世紀、唐の太宗にひきつがれた「中華」。以降、歴代王朝に受け継がれてきたそれは、大きな転換点を迎えた。

国名に「中華」を冠することを提案した康有為と章炳麟、二者の大きな違い、沈松橋によれば、前者は西洋の歴史学者のいう「文化的国族主義（Cultural nationalism）」で、後者は「種族的国族主義（Racial nationalism）」と理解できるという。いいかえれば、康有為のいうところは相対的民族論であり、章炳麟のそれは漢人独善の露骨な差別的民族論であった。

康有為の考え方は太宗の「中華」に近い。一方、章炳麟の構想は太宗の「中華」とは別物、清朝時代の概念とも異なる。革命期の中国が生んだ独善である。

…文明主義的な版図であることと、ヨーロッパ風の領土思想とは、歴史の性質がひじょうにちがうので、これは近代（清末）になってからたいへんな混乱と相克を生む。

（司馬遼太郎―陳舜臣―金達寿『歴史の交差路にて～日本・中国・朝鮮』）

司馬遼太郎のいう「混乱と相克」が、ここからはじまった。

革命を目指す人びとも混乱のなかにあった。中華に関して統一した思想はまだ生まれていない。

この時代こそ、二つの「中華」観にとって重要な分岐点であった。

光緒帝は光緒三十四年（一九〇八）十月、西太后（享年七十四）と一日違い、三十七歳の若さで世を去った。毒殺であった。そして、ラストエンペラー宣統帝溥儀《せんとうていふぎ》即位。わずか二歳であった。

三年後の宣統三年（一九一一）、辛亥革命、第一次革命が勃興した。十二月、隆裕《りゅうゆう》皇太后の懿旨《いし》（皇后や皇太后のおおせ）を受けた袁世凱《えんせいがい》が内外に宣示した。曰く、

…即ち袁世凱に由り全権を以て臨時共和政府を組織し、民軍と統一弁法を協商せんとす。総じて人民の安堵、海宇義安を期す。仍ち満・蒙・漢・回・蔵の五族を合わせ領土を完全し、一大**中華民国**と為す。

各省代表十七人、選挙を開き、上海で臨時大総統選挙会に臨む。臨時大総統を挙げ、政府を南京に立て、号を**中華民国**と定む…。　（『清史稿』宣統本紀）

この宣統本紀《せんとうほんぎ》が、清朝における最後の「中華」の用例となった。それは、康有為らの提案する「五族共和」の国家構造をとることを宣言するものであり、章炳麟たちの「漢族＝中華」、「満州族≠中華」（満州族は中華にあらず）とする革命運動の否定であった。

一九一二年一月一日、溥儀が退位して清朝は滅亡、孫文を臨時大総統として中華民国建国が宣言された。

国家の本は人民に在り。漢・満・蒙・回・蔵の諸地を合わせて一国と為すは、漢・満蒙・回・蔵諸族を合わせて一人と為すが如く、これを民族の統一という。

孫文の「臨時大総統就職宣言」の一節である。

中華の名を関した新国家の領土は満・蒙・漢・回・蔵五族の土地とされた。清朝が獲得した最大版図を継承するという宣言である。この中華の概念には明確に五族が抱合されているということでもある。

辛亥革命直後から、国名と「中華」の定義への模索が続いた。

一九一二年七月、実力者であった北洋軍閥の領袖袁世凱を排斥せんとする企て（第二革命）に失敗し、孫文は日本に亡命し、一九一四年には日本で「中華革命党」を結成した。この年六月、第一次世界大戦が勃発、九月には日本軍が山東に出兵している。

高田時雄（京都大学名誉教授　中国文学）の指摘であるが、「中華帝国」ということばを初めて使用したのも章炳麟であったらしい。ある蔵書家の収集した『民報』に章炳麟のメモが添付してあり、そのなかに「中華帝国」の名称があるという。

動乱のなかで、章炳麟の描いた構図を選択し、現実のものにしたのが袁世凱であった。一九一五年一二月、臨時大総統袁世凱は民国革命を乗っ取って帝位についた。国名はそのものずばり、「中華帝国」であった。

ただちに帝政に反対する第三革命が起こった。一九一三年には帝政の取り消し、共和制が復活。袁世凱は失意のうちに病死した。

このころから軍閥戦争がはじまる。統一政府を持たない国内では、反日愛国運動や五・四運動が盛り上がる一方、満州では日本の関東軍の動きが活発になる時代であった。

四、孫文《そんぶん》と毛沢東《もうたくとう》の「中華」――虚構の五族協和

「中華」の概念規定において、最終的なキャスティング ボートを握っていたのも「革命の父」孫文であった。

一九一四年に孫文が日本で結成した中華革命党の結党宣言にいう。

満・蒙・漢・回・蔵五族の完全領土を合わせ、一大中華民国となす。

中華民国建国時、臨時大総統孫文は「五族共和」を唱えた。この時点での孫文の「中華」は、康有為の規定の延長線上にある。

清朝末期に初めて打ち出された「中華」は、清朝を打ち立てた満州族を中国から駆除し、漢族によって単独の民族国家を建設する正当性を訴えるシンボルであった。中華民国が樹立してからの「中華」は、満州族をはじめ「五族」を団結させた融和のシンボルである。

（王柯『多民族国家　中国』）

孫文は、一九一八年末、富国のため、さらには民族的自立のための方途を『建国方略』という著作にまとめた。この『建国方略』において、「中華民族」という用語が初めて出現した。『建国方略』は「心理建設」「物質建設」「社会建設」の三章からなる大著であるが、ここに孫文の民族主義の実態が示されている。というのは清朝時代に新たに領土となったモンゴルや新疆について記されているのは第二章第三部「蒙古、新疆の殖民」のみ、しかも鉄道建設に関連して漢人の殖民を

実施する方策であった。チベットを含め新疆やモンゴルに住んでいた非漢人はまったく無視されていたのである。

しかしながら、これも王柯（神戸大学教授　中国近現代史）の指摘するところであるが、「五族共和」とは五族が協力して新国家建設にあたることを、さらには参加者の同意・合意が必要となることを意味していた。言い換えれば非漢族の独立への要求を正当化しかねない、国家分裂の契機を内包するものであった。

そこで孫文は方針を大きく変えることになる。

一九一九年、中華革命党は中国国民党と改称。本拠地は広東であった。

一九二一年、中国共産党が結成され、民族主義を標榜する国民党は反共の姿勢をあらわにした。以降、国共合作と武力衝突、合従連衡を繰り返す混沌の時代がはじまる。

一九二四年、国民党第一回全国大会が開催された。その前年に発表された「国民党宣言」には、

　我が党の民族主義の目的は、消極的には民族間の不平等を除去し、積極的には国内各民族を団結させて一大中華民族に完成することにある。

と記されている。

これが、当時の孫文の少数民族への理解であった。この宣言最大のポイントは「国内各民族を団結させて一大中華民族に完成する」としたことにある。孫文の「中華民族」は未完成の架空の枠組み、将来的に形成されるはずの努力目標でしかなかった。

その努力目標に対して孫文がいかほどの責任を負う気でいたのかは疑問である。ここには、「五族共和」の文言はすでにない。それどころか、一九二四年の講演で孫文は言う。

中国の民族についていえば、総数は四億人、なかに混じるのは数百万の蒙古人、百万余の満州人、数百万の西蔵人、百数十万の回教の突厥（トルコ）人である。外来人の総数は一千万人にすぎない。したがって大多数からいえば、四億の中国人は完全に漢人だといえる。同一の血統、同一の言語文字、同一の宗教、同一の風俗習慣をもち、まったく一つの民族である。

（『三民主義』黄彦編　安藤彦太郎訳）

孫文の裏切りとも言えそうな路線変更であった。民族自決をともなう五族共和から、漢人を中心とする中華への転身であった。康有為の「中華―五族共存」から章炳麟の「中華―五族否定」、「大漢族主義」への、劇的な転換であったとも言えよう。それは、「四億のものを強固な一つの民族に結び付けなければ、中国には亡国滅種のおそれがある」という危機的な状況からくるものであった。危機を救う革命の担い手として、かれの脳裏にあったのはあくまで漢人であった。

孫文は強烈な民族主義者だった。かれの思想は、民族、民主、民権の三位一体からなる三民主義によって概括されている。これはかれ自身の説明によれば、「中国の国際的地位の平等、政治的地位の平等、経済的地位の平等」を意味する。体系全体として民族主義の色が濃いわけだが、なかんずく民族主義の章には、明白に近代的民族主義の主張を盛り込んである。つまり、対内的には国民的統一、対外的には国際的平等がその眼目である。（竹内好『身辺的現代中国論』）

竹内好（一九〇七―七七　中国文学）は、孫文の民族主義が「帝国主義がアジアへ侵入してきたときに、その侵入者に対する民族意識がそだった」という文脈の延長上にあるものとしている。一般論として言えば、新中国の知識人の民族問題にかかわる歴史理解は、残念ながら、過去の文人のそれより劣っていたのではないか。「周隋唐、武川に出ず」と喝破した清朝人の知見さえ、認識されていなかったように思える。

孫文の主張も、漢以外の諸民族の存在を無視しているがごときである。王柯は、孫文の至りついた国家論を、「融和」、「同化」の上にできる「中華民族国家」は名前こそ変えられているが、本質的には「漢民族国家」と変わらない、と断じている。

こうした流れのなか、概念操作のなかで、「中華＝漢」という構図が流布することになったのである。たかが百年ほどの過去にすぎない。「中華」にはそれ以前千五百年の歴史があった。

かくして章炳麟の論法、「漢族主義」は、孫文にひきつがれた。孫文は「中国では民族主義は国族主義である」と説いた。国族すなわち漢族である。その主張は、中国人は家族と宗教（家族主義と宗族主義）を共有する団体であるが民族的精神を持たないがゆえに世界の最貧国に落ちぶれているとして、民族主義（国族主義）を提唱し、民族精神によって国を救うという方向に向かう。

さきの「国民党宣言」では「積極的に国内各民族を団結させて一大中華民族に完成する」ことを目的としたのであったが、その運動の一方で、孫文の目指した民族国家は具体的な領土の確保という野望を持っていた。満州族の王朝が拡大確保したすべての版図を引き継ぐとしたのである。それは、千年来醸成されてきた「中華」概念との絶縁、根本的な変質というべき変化であった。司馬遼太郎のいう「ヨーロッパ風領土思想」そのもの、それは現在の領土ナショナリズムへとつながる。

こうして、太宗の構想した「中華」から、明清時代までは継承されてきた「文明主義的な版図」という意味あいは完全に消滅した。

漢族中心の「中華」のテリトリー、劇的な変容であった。

意味するところは近代西洋がもたらした具体的な国境意識を持つ中華＝漢族世界、「非漢族を漢文化に同化させて成立する世界」ということである。


一九二五年三月十二日、「革命尚未成功、同志仍須努力」との遺言を残して孫文は死去した。七月には、後継の汪兆銘《おうちょうめい》を主席とする国民政府（広東）が樹立された。北京には臨時執政段祺瑞《だんきずい》がいた。翌年には国民党の主導権を握った蒋介石《しょうかいせき》が北伐《ほくばつ》を開始、そして一九二七年には毛沢東《もうたくとう》が江西省井岡山《せいこうざん》に革命根拠地を確保する。

一九二八年、北伐が完了、南京を首都とする国民政府が樹立された。

一九三一年、国民政府は「中華民国訓政時期約法」（憲法）において、「中華民国の領土は各省及びモンゴル、チベットである」と宣言した。

この年、共産党は江西省に中華ソヴィエト共和国臨時政府を樹立している。

国共内戦が勃発、日中戦争をはさんで、一九四九年には中華人民共和国成立、四〇年になんなんとする長い動乱の時代は終わった。

注記すれば、「中華民国訓政時期約法」のいうチベットは、この時点で民国の領土ではなかった。

チベットでは、人民共和国建国から二年後に、人民解放軍が全土を制圧、聖俗両界の指導者であったダライ・ラマ十四世政権との間で十七条協定が結ばれて小康を得たが、一九五九年にはふたたび動乱が起こり、ダライ・ラマ十四世は北インドで亡命政府を樹立した。チベット自治区成立はそれ以降のことであった。さらに、一九四〇年代にソ連邦の支持のもと東トルキスタン共和国が樹立されていた新疆が中国に帰属するのは、一九四九年の中華人民共和国建国から六年後、一九五五年（ウイグル族自治区成立）のことである。

これらの地域で簡単に清王朝の版図を引き継げたわけではないし、地元から歓迎されて自治区政府を樹立したわけでもない。その不満の火種はいまだ消えていない。

章炳麟が提唱し、孫文が決定づけた「中華」概念を引き継いだのは、孫文を国父と仰ぐ国民党主席蔣介石《しょうかいせき》であったようだ。一九四三年に重慶で出版された『中国の運命』第一章　中華民族の成長と発達』で、以下のように述べている。

わが中華民族が国を亜洲大陸に建ててからもう五千年の久しきを経ている。…民族成長の歴史に就いていえば、中華民族は多数の宗教が融和して成ったものである。…彼等相互間に接触の機会が多く、往復運動が繁かったので、不断に融和して一個の民族となった。…五族の名称があるのは、決して人種・血統の違いによるのではなく、宗教および地理的環境の違いからきている。

（蔣介石『中国の運命』）

毛利和子（早稲田大学名誉教授　中国政治外交史）は、蔣介石の主張を、ナショナリズムを喚起する

ことで日中戦争に国民を動員せんとするものとしながら、

その意味では一種の「国民形成」の試みだが、孫文以来の大漢族主義的本質が赤裸々に表明されたものと言えよう。

（毛利和子『周縁からの中国　民族問題と国家』）

としている。

蒋介石の立論は「中国人は家族と宗教（家族主義と宗族主義）を共有する団体」とする孫文の考えを継承しているがごときであるが、決定的な違いがある。

蒋は、中華民族を「五千年の久しき」から存在していたものとしている。中華民族という概念が、少数民族を含む全民族の総称として古来から認知されてきたかのようである。それは章炳麟の中華観とは異なる。しかも孫文の想定した努力目標でもない。孫文の継承を掲げながらの、意図的な換骨奪胎、これまた大いなる欺瞞というべきであろう。

その議論、いわゆる「中華大民族論」はきわめて大雑把なもので、五千年の歴史にかかわったすべての民族を包括して中華民族とするものであった。

それでは、一九四九年に国民党を大陸から追った毛沢東率いる共産党においては、どうか。

少なくとも、黄帝を祖とする漢族という考え方は継承された。一九三五年、国民党は陝西省黄陵《こうりょう》にある黄帝陵《こうていりょう》に中央委員を派遣、「力排艱険、以復我疆園、保我族類」――力を尽くして苦難を排除して我が国土を回復して我が民族を守らんことを、と黄帝に祈った。

二年後には中共陝西ソヴィエト政府が黄帝陵で祭祀を行い、毛沢東主席と朱徳抗日紅軍総司令の祭文を読み上げた。黄帝は共産党政権でも漢族のシンボルとして祀り上げられた。
毛沢東はいう。

四億五千万の人口のうち、九割以上が漢族である。このほかにも、蒙古族、回族、チベット族、ウイグル族、苗族、彝《イ》族、壮《チワン》族、布衣《プイ》族、朝鮮族などあわせて数十の少数民族がいて、みな長い歴史をもっている。（中略）

中華民族の文明史には、発達していることでよく知られている農業と手工業があり、たくさんの偉大な思想家、科学者、発明家、政治家、軍事家、文学者、芸術家があり、ゆたかな文化的典籍がある。（中略）

中華民族のなかの各族の人民はいずれも外来民族の抑圧とたたかい、反抗の手段によってそうした抑圧をとりのぞこうとした。

（一九三九年「中国革命と中国共産党」『毛沢東選集』第二巻所収）

「**中華民族**の文明史」と述べる毛沢東、その中華民族も蒋介石のそれと変わりがない。蒋介石の主張を継承しているように見える。

とはいえ、毛論文のなかの二つの中華民族、前者は明らかに漢族を指している。後者の中華民族がとってつけたような印象を与える。消化不良というか、微妙な表現といってもいい。

新中国から七年後に発表された「十大関係について」と題する論文がある。その六、「漢族と少数民族」。

わが国の少数民族は人数が少なく、占めている地域が広い。人口についていえば、漢族が九十四パーセントを占め、圧倒的に優勢である。もし漢族の人たちが大漢民族主義をふりかざし、少数民族を差別するならば、それはきわめてよくないことである。

（『毛沢東選集』第五巻所収」）

章炳麟、孫文とつづく国族（漢族）主義は否定されたようにみえる。しかし、康有為の主張した五族共和でもない。毛沢東の考えは、孫文の「あらゆる諸民族を一つの中華民族に融和しなければならない」とした修正路線を、さらには蒋介石の欺瞞をも継承するものであった。

現在の共産党政権は、毛沢東の「中華」と「中華民族」をそのままひきついでいる。

時代を少しさかのぼる。孫文没後十年余の一九三五年、「国民党宣言」（一九二三年）に謳われた中華民族が、一つの歌曲に登場している。のちに中国国歌となる「義勇軍進行曲」（日本では「義勇軍行進曲」）である。

起来！　不願做奴隷的人們！
把我們的血肉、築成我們新的長城！
中華民族到了最危険的時候、
毎個人被迫着発出最後的吼声。
起来！　起来！　起来！
我們万衆一心、

起て！　奴隷となることを望まぬ人びとよ！
我らが血肉で築こう新たな長城を！
中華民族に最大の危機せまる時、
一人ひとり、最後の雄叫びをあげよ。
起て！　起て！　起て！
我々すべてが心を一つにして、

冒着敵人的炮火、前進！　　　敵の砲火をついて進め！
冒着敵人的炮火、前進！　　　敵の砲火をついて進め！
前進！　前進！　進！　　　　進め！　進め！　進め！

この曲は、抗日戦のためのプロパガンダとして上海で制作された映画『風雲児女』の主題歌としてつくられ、民衆に親しまれたものであった。作詞は作家の田漢《でんかん》（一八九八―一九六八）、作曲は聶耳《じょうじ》（一九一二―三五）。どちらも共産党員であったという。聶耳、中国音はニエアル、作曲した年に共産党への弾圧がはげしくなって日本へ遊学、湘南海岸で水死している。弱冠二十三歳であった。

中華人民共和国建国の一九四九年九月、臨時憲法にあたる「中華人民政治協商会議共同綱領」を採択した中国人民政治協商会議において、この曲は正式な国歌が制定されるまでの暫定的な国歌として承認された。

一九六六年にはじまった毛沢東と四人組による蛮行、文化大革命で作詞者の田漢も批判され、獄中で没した。その十年後、一九七八年、歌詞が改変されたうえで、正式に国歌とされた。新たなる歌詞は――

前進！　各民族英雄的人民！　　　進め！　各民族の英雄的人民よ！
偉大的共産党領導我們継続長征。　偉大な共産党が我々を導いて長征を継続する。
万衆一心奔向共産主義明天、　　　全ての人が心を一つに共産主義の明日に向かい、
建設祖国保衛祖国英勇的闘争。　　祖国の建設と防衛のために英雄的に闘おう。

前進！　前進！　前進！　　　　進め！　進め！　進め！
我們千秋万代　　　　　　　　我々は千秋万代に
高挙毛沢東旗幟、前進！　　　毛沢東の旗を高く掲げて進もう！
高挙毛沢東旗幟、前進！　　　毛沢東の旗を高く掲げて進もう！
前進！　前進！　進！　　　　進め！　進め！　進め！

新たなる「義勇軍進行曲」は、毛沢東を讃える歌であった。原詩の中華民族は「各民族の英雄的人民」ということばに置き換えられている。毛沢東論文の「中華民族のなかの各族の人民」というフレーズの後半部分である。

ここに中華民族ということばの曖昧さが垣間見えるのではなかろうか。さらにいえば、七十年代後半にいたるまで中華民族は、国家存立にかかわる重要なキーワードとは見なされていなかった。中華民族ということばに対する思い入れが、毛沢東を戴く人民政府指導者になかったことを明らかにするものであろう。多元一体を標榜しての概念定義への国を挙げた作業がはじまるのは二十一世紀に入ってからのことになる。

ただ、この歌詞で歌われた期間は短く、一九八二年には原詩に戻された。その後、二〇〇四年、改正・中華人民共和国憲法において「義勇軍進行曲」が国歌と明記された。

こうして見てくると、現在頻出している中華、そして中華民族は過去の歴史の重層的な重みとは微妙に異なっている、中華の歴史的な経緯を正しく継承したとはいえない。
諸民族のなかには、中国の歴史をともに築き、しかもなお抵抗する可能性を内包する蒙古族・回族・チベット族・ウイグル族がいる。一方で、漢族・共産党政権から恣意的にグループ分けされて少数民族と認定された苗《ミャオ》族、彝《イ》族、壮《チワン》族、布衣《プイ》族など、しょせん独立志向を持ちえないような漢化しつつある民族もいる。中国共産党の少数民族対策は、毛沢東の言説そのままにこの二つを同一視するという方向である。少数民族というくくりで五族問題を拡散させようという狙いが透けて見える。

歴史を振り返ってみると、中国が領土を拡大した原動力は異民族であった。古代にあって西北部を支配したのは匈奴であった。八世紀、西域を支配して世界最大の帝国を築き上げた唐王朝は、先行する隋王朝とともに、騎馬遊牧民族・鮮卑拓跋族の「拓跋王朝」の系譜につらなる。さらにモンゴル族の元王朝、満州（女真）族の清王朝、これら騎馬遊牧民族の時代に帝国の版図は新疆にまで広がった。間にあった宋と明の漢人王朝時代の版図は、いずれもその半分にも満たない。そうした異民族の動きによって拡大した中華世界、いわゆる夷狄の功績を無視して、現在の中国はみずからの疆域として、権利を主張しているのである。

的確な指摘がある。毛利和子（早稲田大学名誉教授　中国政治外交史）の言。

文化的・宗教的に歴史が古く、かつて政治的・文化的共同体をもったことがある民族（エンゲルスの言い方を借りれば、「歴史を担う民族」、「大民族」）も「民族」に昇格したばかりのエスニック・グループも、平等に同じ「民族」になった。…多数民族＝漢民族とはちがう「少数民族」として一括りにされ、同列になった。その結果、政治的意図があったかどうかはともかく、かつて中原を席巻した民族、「歴史を担う民族」はたんなる数十ある少数民族、エスニック・グループの一つという位置に落とされたのである。

（毛利和子『周縁からの中国　民族問題と国家』）

憲法では、あくまでも漢族中心主義を否定する。

中華人民共和国は、全国の諸民族人民が共同で作り上げ統一した多民族国家である…。民族の団結を守る闘争のなかでは、大民族主義、主として大漢族主義に反対し、また地方民族主義にも反対しなければならない。

（「中華人民共和国憲法」前文）

「地方民族主義への反対」。意味は、モンゴルやチベット、新疆での民族独立運動を認めないということである。「平等、団結、互助的社会主義民族関係はすでに確立され、併せてひきつづき強化されている」と謳う憲法前文では国民は「中国各族人民」と表記されており、中華民族は使われていない。中華人民共和国憲法は、一九五四年に施行されて以来たびたび改定されているが、前文はそのまま引き継がれている。

そして少数民族への差別的対応は厳然としていまも存在している。毛沢東の漢族専制主義排斥の言説にもかかわらず、現在の中華人民共和国では圧倒的な人口を持つ漢人を中心として、すべての少数民族への漢化政策が進行している。

明代の中華人ということばを嚆矢として、中華ということばを冠した合成語が誕生した。中華文明、中華思想、中華帝国から中華料理まで、「中華」はきわめて便利に使われることばとなった。しかし、歴史を振り返ってみると近代—二十世紀初頭まで、中華民族というような、政治あるいは領土意識と直接かかわる形で中華が使われることはなかった。かつて「中原」も明確なテリトリーを示すものではなかった。と同様に、「中華」は、近代主義、西洋の国境にこだわる国家意識とはまるで異なる精神的・文明主義的な概念として存在してきたのである。

「中華」は、鮮卑という異民族が漢人世界を凌駕した時代にあって、北魏孝文帝によって称揚され、唐の太宗が受け継いだ概念であった。異を異としながらも、お互いの親和を模索しようとする意思が、そこにはあった。

五、中国の夢、中華民族の偉大なる復興

二〇一二年十一月十五日、中国共産党第十八期中央委員会第一回総会において、習近平《シーチンピン》が総書記に選出された。中国通信の報道によれば、その直後人民大会堂で総書記は内外記者団を前に短いスピーチを行なった。

わが民族は偉大な民族である。五千年あまりの文明発展の過程のなかで、**中華民族**は人類文明の進歩のために不滅の貢献をした。近代以後、われわれは苦しみを経験し、**中華民族**はもっとも危険な時期を迎えた。その時以来、**中華民族**の偉大なる復興を実現するために、無数の仁愛深い志士たちが奮起し、抗争したが、一度また一度と失敗を繰り返してきた。（中略）われわれの責任は全党、全国各民族人民を団結させ、リードし、歴史のバトンを受け継ぎ、引き続き**中華民族**の偉大な復興を実現するために奮闘努力し、**中華民族**が一層揺るぎなく、力強く、世界の民族のなかから立ち上がり、人類のために新たに、一層大きく貢献することである。

党と各族人民の団結を呼びかけるスピーチはなおつづくが、注目したいのは中略した部分を含めて一節わずか四百字の演説のなかに、中華民族が六回も登場することである。

さらに同月二十九日、北京の国家博物館で開催されていた「復興の道」展を視察したのち、総書記は「重要講話」を行なった。

「復興の道」という展覧会は、**中華民族**の昨日を回顧し、**中華民族**の今日を展示し、**中華民族**の明日を明示するもので、人びとに深い教育と啓示を与えるものである。

……引き続き**中華民族**の偉大な復興という目標に向かって奮闘前進しよう。

通底するキーワードは「中華民族の偉大なる復興」である。これらの発言を日本の大手マスコミは均《ひと》しく中国の右傾化傾向を示すものと受け止めているようだ。たとえば、

ナショナリズム右傾化政権の産声だ。

（二〇一二年十一月二十二日　毎日新聞「木語」）

ナショナリズムで政権の求心力を高めようとの姿勢が鮮明になりつつある。

（同十一月二日　朝日新聞北京発）

その前年に、伏線ともいえる演説があった。朝日新聞台北支局長村上《むらかみ》太輝夫《たきお》の報告を借りる。

中華民国成立のきっかけとなった辛亥革命から100周年を記念し、胡錦濤《フーチンタオ》・中国国家主席が10月9日、北京で演説した。革命指導者の孫文を「民族の英雄」とたたえ、「中華民族の偉大な復興」を23回も繰り返した。

（朝日新聞・コラム「記者有論」二〇一一年十一月二日）

習近平のスピーチと異なるのは孫文への言及であるが、すでに中国では「中華民族の偉大なる復興」が重要なテーマとなっていたのである。

アメリカの中国ウォッチャーのひとり、パトリック・ルーカス（文化人類学者）は、

習近平氏の発することば（注：偉大なる中華民族の復興）は、この二十〜三十年間の中国の最高指導者のなかで、最も民族主義的な色彩が強いものだといえるでしょう。

（二〇一五年二月二十五日　朝日新聞）

と指摘したうえ、「中華民族の偉大なる復興」によって、

我々は歴史上優秀な民族であり、アジアの中心だった元々の地位に戻ると言いたいのです。

と読み解いている。

ナショナリズムは、愛国主義とも理解されている。その象徴とされる頻出する「中華民族」。習近平のいう「中華民族の偉大なる復興」は、やがてその講話のなかで「中国の夢」と標榜されるにいたった。

ではナショナリズムと直結するという「中華民族」、孫文によって創出された中華民族ということばは、現在の中国共産党にとってどういう概念なのであろうか。

二〇〇二年、中国で最初の『中華民族史』刊行によせた貴州省民族研究所・伍文義《ごぶんぎ》の論文「中華民族研究的重要成果」（『民族問題研究』所収）に見える定義は——

中華民族は、主として中華地域に生活し、中華文化を主たる紐帯《ちゅうたい》とし、漢族等五十六民族および世界の華人内を包括して構成された民族共同体である。

同論文は、モンゴル族が南宋を滅ぼして元帝国を建国した一二七九年を、「中華民族」が形成された年としている。以降一八四〇年のアヘン戦争までの間に、中華民族が多元一体の民族共同体と認識

されるに至った。とはいえ、中華民族が自己の解放のための闘争をはじめたのは、一九一九年の五四運動であった、という。

この定義は、およそ百年にわたって中国を支配し、反乱を制しきれなくなるとあっさり都を捨て草原に北帰したモンゴル族をどう位置づけるかという問題には答えていない。さらにいえば、「中華」への明確な概念規定もない。

中国の指導者たちが「中華民族」を多用するようになったのは今世紀に入ってのこと、とりわけ顕著になったのは二代前、江沢民《こうたくみん》の時代であった。たとえば二〇〇二年十一月八日に中国共産党第十六回全国人民代表大会において江沢民国家主席の報告の冒頭、総論の最後の一節。

わが党は時代の潮流の先頭にしっかりと立ち、全国各民族人民を結束させ（中略）中国の特色のある社会主義の道に沿って中華民族の偉大な復興を実現しなければならない。これは歴史と時代がわが党に与えたおごそかな使命である。

新中国建国以来、中華民族ということばが国家の方針を定める重要会議で使われることはほとんどなかった。以前の公式表現は「中国民族」であった。しかも、それもあまり使用されることはなく、もっぱら「中国人民」を使っていた。

中国人民という用語の歴史は古代にさかのぼる。

…皆、中国人民の喜好する所、謡俗（風俗）被服飲食、奉生送死の具なり。

（『史記』列伝六十九　貨殖列伝）

中華民族論を主張する最近の論文「中華民族の共同性を論ずる」（谷苞《こくほう》著）によれば、この中国人民は、実際には漢が設置した郡県内の諸民族を指しているという。費孝通《ひこうつう》編著による論文集『中華民族の多元一体構造』に収録されているものである。費孝通（一九一〇—二〇〇五）は中国の著名な人類学者で、「中華民族」という民族概念の論理構築にあたった中心人物であった。谷苞（一九一六—）はその弟子で、元・新疆《しんきょう》社会科学院院長。原著の出版は一九八九年である。

同論文はいう。

のちに登場する中華民族という名称は司馬遷のいう中国人民という名称を継承し、発展させたものだと言ってよい。（谷苞「中華民族の共同性を論ずる」）

——そう言い切れるほど単純なものかという疑問を禁じ得ない。

費孝通も、この論集の冒頭でいう。

私は、中華民族ということばを、現在の中国の国境内にあって、民族としてのアイデンティティをもつ十一億の人民を指すものとして使いたい。「民族としてのアイデンティティをもつ十一億の人民」、中華民族を標榜するものにとって、これはむしろ願望と理解すべきか。続く論考のなかにもう少し明快な定義があった。

中華民族は、中国の古今の各民族の総称であり、多くの民族が統一国家を形成していく長期的な歴史の発展において次第に形成されてきた民族の集合体である。（陳連開「中国・華夷・中華・中華民族」）

費孝通はまた、

中華民族は五十六の民族を包括する民族実体であり…この計五十六の民族はすでに結びついて相互に依存するものとなっており、一つに合わさっていて分割することのできない統一体である……

（費孝通「エスニシティの探究」）

と、いささか強引な規定を述べている。

既成の価値が崩壊しつつあるいま、現代人、とりわけ抑圧されてきた人びとは、みずからの民族・宗教・アイデンティティにこだわってきた。それが世界各地での民族紛争を惹起している。そういう時代にあって、多民族を十羽一からげにして「分割することのできない統一体」とする理解はあまりに概念的、大雑把な規定、さらにいえば漢族側の一方的な想いというべきであろう。

「中華民族」ということばは、厳密にいえば、それは国家概念であり、民族概念ではない、と指摘するのは横山宏章（北九州市立大学教授　中国政治史）である。

民族の坩堝といわれるアメリカ合衆国を構成するさまざまな民族を、総称して「アメリカ民族」と呼ぶが如き珍奇さである。

（横山宏章『中華思想と現代中国』）

毛利和子（早稲田大学名誉教授　中国政治外交史）は費孝通の民族論を痛烈に批判するひとりである。

費孝通が調査し彼自身の民族論を形成していった場は、漢族との混住が進み、固有の文字ももたない諸民族が入り組んでいる雲南や貴州であった。彼には、固有の文化的・政治的共同体を持ったことがあり、固有の言語・文字・風俗、時には宗教的アイデンティティが強烈なウイグル、モンゴル、チベット（いずれも西北部に住む）についての知見は少ない。問題は、西南の小さい少数民族と接する中で作り上げてきた民族観を東北部や西北部のモンゴル人、ウイグル人、チベット人にそのまま当てはめることが適当かどうか、という点である。

（毛利和子『周縁からの中国　民族問題と国家』）

「中華民族」ということばには、確かに、政治的な意図が見え隠れしている。

国境紛争がおおよそ決着した二十一世紀、中国の軍事的プレゼンス、主権や領土をめぐる問題が噴出してきたのが海洋である。習近平政権誕生以来多用される「中華民族の偉大なる復興」、「中国の夢」というスローガンのもと、中国は新たに「海洋強国」「軍事大国」を目指している。そしていま、東シナ海・南シナ海で多発する東南アジア諸国や日本との紛争・緊張が続いている。海洋権益に関して中国は「中国人の南中国海での活動にはすでに二〇〇〇年あまりの歴史がある」と主張している。

中国歴代政府は行政区域の設置、軍事巡航、海難救助などの方法で南中国海諸島およびその周辺海域を管轄した。

（「人民網」二〇一六年五月二十三日）

重要なポイントとして指摘しておきたいことは、「中華」ということばが具体的な領土のイメージを伴うのは、西洋諸国の帝国主義的侵略との衝突が避けがたくなった清末からということである。行政区域の設置、軍事巡航は清朝にあってもおよそ実体はないうえ、組織だった海難救助の歴史など記録にあるわけがない。

ふりかえれば陸上国境の多くは隣接する諸国家との熾烈な武力紛争の結果、確定したものであった。これらの紛争時に、はたして中国政府が「二〇〇〇年あまりの歴史」などと主張したのであろうか。

たとえば日本の尖閣諸島に関して中国が領有権を主張しはじめたのは一九七一年十二月であった。一九六九年、国際連合アジア極東経済委員会が周辺海域の海底に石油や天然ガスが埋蔵されている可能性を指摘して以降のことである。この年の四月には中国に先んじて中華民国が領有権を主張しはじめた。それぞれの意図は明らかであろう。

大量消費されるエネルギーを主として中東からの石油に頼るゆえの「真珠の首飾り」と称されるシーレーンの確保、さらには海底油田をはじめとする海洋資源確保のためのアセアン諸国の領海での人工島造成など、軍事的・国家的狙いが透けて見える。数世紀にわたる抑圧された記憶、共産党独裁という政治的存在の支配下で、その記憶をバネとして醸成された大国意識がそこにはある。「確信的権益」という独善的な主張のもと、繰り広げられている海洋進出は、国際的な認知を得ることはとてもできないであろう。

みずからに都合の悪い歴史を、現在の共産党政権はあえて無視している。

うがった見方をすれば、近代において使われはじめた「中華民族」は、現代に至り、共産主義的な教義と規定の下、漢族の支配する現実的なテリトリーに非漢族を封じ込めようとする国家意思を象徴する概念となったといえよう。過去には満州族を漢族に吸収して同一の民族として扱おうとする動きもあった。中国の民族主義は中国人全体の民族主義ではなく、漢族の民族主義であるといえる。

「中華民族」という概念には、それぞれの民族の自立を求める動きを顕在的、あるいは潜在的に持っている少数民族を封じ込め、現在の体制の中に抑えこもうとする政府の意思、孫文・毛沢東以来かわることなく継承されてきた漢族の意図を見ることができる。

モンゴル族やチベット族、ウイグル族あるいは朝鮮族といった、仏教やイスラム教・キリスト教、あるいはアニミズムを信仰する少数民族を、普遍性を持った単一の思想でまとめ上げることは、現在では不可能である。

異民族の宥和政策もさることながら、同じ漢族のなかで生じている矛盾—都市と農村、沿岸部と内陸部の格差、さらには地方における党自体の腐敗、さらに環境汚染、環境破壊の進行により国土全体の安全にさえ疑問が生じるというマスコミ報道を見るにつけ、一党独裁を維持しようとする現体制のありようそのものが厳しく問われるときも、そう遠くないのではないかという気がしてならない。

中国共産党、習近平主席の標榜する「中華民族の偉大なる復興」、あるいは「中国の夢」というスローガンの意味するところはいまだ明確ではない。しかしながら中華民族や中華ということばを梃子として難局を克服しようとするならば、必然的に「中華」の概念はいま一度問い直されることになるであろう。

「中華」ということばの成立過程を再認識し、北魏孝文《こうぶん》帝や唐の太宗（李世民《りせいみん》）がイメージした中華、その中華の持つ文明主義的な意味あいがよみがえるときこそ、中華文明がソフト・パワーとしての本来の力量を世界に提示できるであろう。それを期待しつつ、擱筆する。

【完】

【主な参考文献】

『史記』漢・司馬遷撰　中華歴史文庫電子版　2001／『史記集解』南朝宋・裴駰撰　中華歴史文庫電子版
『漢書』後漢・班固撰　中華歴史文庫電子版／『後漢書』宋・范曄撰　中華歴史文庫電子版
『三国志』宋・裴松之注　中華歴史文庫電子版／『晋書』唐・房玄齢ほか撰　中華歴史文庫電子版
『宋書』南斉・沈約撰　中華歴史文庫電子版／『南斉書』梁・蕭子顕撰　中華歴史文庫電子版
『梁書』唐・姚思廉撰　中華歴史文庫電子版／『陳書』唐・姚思廉撰　中華歴史文庫電子版
『魏書』北斉・魏収撰　中華歴史文庫電子版／『北周書』唐・李百薬撰　中華歴史文庫電子版
『北斉書』唐・李百薬撰　中華歴史文庫電子版／『周書』唐・令狐徳棻ほか撰　中華歴史文庫電子版
『隋書』唐・魏徴撰　中華歴史文庫電子版／『北史』唐・李延寿撰　中華歴史文庫電子版
『旧唐書』後晋・劉昫ほか撰　中華歴史文庫電子版／『新唐書』北宋・欧陽脩ほか撰　中華歴史文庫電子版
『新五代史』北宋・欧陽脩撰　中華歴史文庫電子版／『宋史』元・脱脱撰　中華歴史文庫電子版
『元史』明・宋濂ほか撰　中華歴史文庫電子版／『明史』清・張廷玉ほか撰　中華歴史文庫電子版
『清史稿』民国・趙爾巽ほか撰　中華歴史文庫電子版／『十六国春秋』北魏・崔浩撰　岳麓書社出版　1996
『資治通鑑』北宋・司馬光撰　中華歴史文庫電子版
『出三蔵記集』梁・僧祐撰　中華書局　1995
『高僧伝』梁・慧皎撰　中華書局　1992
『洛陽伽藍記』東魏・楊衒之撰　周祖謨校釈　上海書店出版社　2000
『歴代三宝紀』隋・費長房撰　大正大蔵経第四九巻　大蔵出版　1927
『史通通釈』唐・劉機知撰、清・浦起龍釈　上海古籍出版社　1978
『貞観政要』唐・呉兢撰　中国社会科学出版社版　2007
『法苑珠林』唐・道世撰　上海古籍出版社　1989

『広弘明集』唐・道宣撰　上海古籍出版社　1991
『封氏聞見記』唐・封演撰　上海古籍出版社　1992
『唐会要』北宋・王溥撰　世界書局　1968
『文苑英華』北宋・李李昉ほか撰　新文豊出版公司
『唐大詔令集』北宋・宋敏求編　鼎文書局刊　1972
『唐太宗全集』呉雲ほか校注　天津古籍出版社　2004
『二十二史箚記』清・趙翼撰　中華書局　1963
『康熙起居注』清・内院奉勅撰　景印文淵閣四庫全書
『大義覚迷録』清・雍正帝　中国城市出版社　1999
『先秦至隋唐時期西北少数民族遷徙研究』李吉和著　民族出版社　2003
『漢文化与西部大開発―二〇〇三年漢民族学会学術討論会論文集』文物出版社　2005
『中国人口発展史』葛剣雄著　福建人民出版社　1991
『歴代求法翻経録』馮承欽著　商務院書館　1931
『亀茲佛教文化論集』新疆亀茲石窟研究所編　新疆美術撮影出版社　1993
『克孜尓石窟内容総録』新疆亀茲石窟研究所編著　新疆美術撮影出版社　2000
『西域仏教研究』陳世良著　新疆芸術学院西域仏教文化芸術研究所　2008
『克孜尓石窟芸術論集』史暁明著　新疆芸術学院西域仏教文化芸術研究所　2008
『武威天梯山石窟』敦煌研究院　甘粛省博物館編著　文物出版社　2000
『中国石窟寺院研究』宿白著　文物出版社　1996
『陳寅恪　魏晋南北朝史講演録』万縄楠整理　黄山書社　1987
『隋唐制度淵源略考・唐代政治史述論稿』陳寅恪著　三聯書店　2001
『中華民族多元一体格局』費孝通主編　中央民族大学出版会　1999

『魏晋南北朝史研究』中国魏晋南北朝史学会編　四川省社会科学出版社　１９８６
『北魏史』杜士鐸主編　山西高校聯合出版社　１９９２
『魏孝文帝伝』劉精誠著　天津人民出版社　１９９３
『送出石窟的北魏王朝』金昭・阿勅得尓図主編　文化藝術出版社　２０１０
『拓跋春秋』李凭著　浙江文芸出版社　２０１０
『北魏政権正統之争研究』王朝海著　中国社会科学出版社　２０１４
『唐太宗伝』趙克堯著　人民出版社　１９８４
『突厥史』林幹著　内蒙古人民出版社　１９８８
『突厥汗国史』劉錫淦著　新疆大学出版社　１９９６
『西域通史』余太山主編　中州古籍出版社　１９９６
『北涼佛教研究』杜斗城著　新文豊出版公司　１９９８
『河西史研究』斉陳駿著　甘粛教育出版社　１９８９
『五涼史略』斉陳駿ほか著　甘粛人民出版社　１９８８
『天水史話』劉瑪莉編著　甘粛文化出版社　２００４
『中国史叙論』梁啓超著「飲冰室合集一」中華書局　１９８９
『康有為政論集』康有為著　中華書局　１９８１
『中華民国解』章炳麟著　民報十五期
『孫中山選集』中華書局　１９５６
『孫文選集』黄彦編　広東人民出版社　２００６
『建国方略』孫文著　羅炳良主編　華夏出版社　２００２
『毛沢東選集』毛沢東著　北京外文出版社　１９６８
『中国歴代職官辞典』賀旭志編著　吉林文史出版社　１９９１

『中国歴史地名大辞典』魏嵩山主編　広東教育出版社　１９９５
『中国歴代帝王名臣像真跡』河北美術出版社　１９９６
『春秋左氏伝』小倉芳彦訳　岩波文庫　１９８８
『騎馬民族史１　正史北狄伝』内田吟風・田村実造他訳注　平凡社東洋文庫　１９７７
『騎馬民族史２　正史北狄伝』佐口透・山田信夫・護雅夫訳注　平凡社東洋文庫　１９７８
『魏書釈老子』北斉・魏収撰　塚本善隆訳注　平凡社東洋文庫　１９９０
『歴代名画記』唐・張彦遠撰　平凡社東洋文庫　１９７７
『洛陽伽藍記』東魏・楊衒之撰　平凡社東洋文庫　１９９０
『法顕伝』東晋・法顕撰　長沢和俊訳注　平凡社東洋文庫　１９７１
『支那仏教史跡評解』常盤大定・関野貞著　仏教史蹟研究会　１９２６
『西域之仏教』羽渓了諦著　森江書店　１９１４
『隋の煬帝』宮崎市定著　中公文庫　１９８７
『大唐帝国』宮崎市定著　世界の歴史７　河出書房新社　１９８９
『科挙史』宮崎市定著　平凡社東洋文庫　１９８７
「世界史序説」『宮崎市定全集』第一巻「東洋史」所収　岩波書店　１９９２
「六朝時代江南の貴族」『宮崎市定全集』第七巻「六朝」所収　岩波書店　１９９２
『宮崎市定全集』第八巻「唐」所収　岩波書店　１９９３
『宮崎市定全集』第十五巻「科挙」所収　岩波書店　１９９３
「アジア諸民族の相互的交渉」『宮崎市定全集』第十八巻「アジア史」所収　岩波書店　１９９３
「日出づる国　中国の開国と日本」『宮崎市定全集』第二十二巻「日中交渉」所収　岩波書店　１９９２
「『資治通鑑』の面白さ」『宮崎市定全集』第二十四巻「随筆（下）」所収　岩波書店　１９９２
『中國古代史論考』佐藤長著　朋友書店　２０００

主な参考文献

『魏晋南北朝通史　内編』岡崎文夫著　平凡社東洋文庫　1989
『北魏胡族体制論』松下憲一著　北海道大学　2007
『魏晋南北朝』川勝義雄著　講談社学術文庫　2003
『魏晋南北朝時代の民族問題』川本芳昭著　汲古書院　1998
『中国マクロヒストリー』黄仁宇著　山本英史訳　東方書店　1994
『大運河〜中国の漕運』星斌夫著　世界史研究双書3　近藤出版社　1971
『大運河発展史〜長江から黄河へ』星斌夫著　平凡社東洋文庫　1982
『隋代史』アーサー・F・ライト著　法律文化社　1982
『隋唐帝国形成史論』谷川道雄著　筑摩書房　1971
『隋唐史研究』布目潮渢著　京都大学東洋史研究会　1968
『遊牧民から見た世界史〜民族も国境もこえて』杉山正明著　日本経済新聞社　1997
『中華の崩壊と拡大』中国の歴史5　川本芳昭著　講談社　2005
『絢爛たる世界帝国』中国の歴史6　気賀澤保規著　講談社　2005
『遣隋使がみた風景〜東アジアからの新視点』気賀澤保規編　八木書店　2012
『則天武后』気賀澤保規著　白帝社　1995
『シルクロードと唐帝国』興亡の世界史5　森安孝夫著　講談社　2007
『中国古代の楽制と国家〜日本雅楽の源流』渡辺信一郎著　文理閣　2013
『儒教と中国「二千年の正統思想」の起源』渡辺義浩著　講談社選書メチエ　2010
『則天武后』林語堂著　小沼丹訳　みすず書房　1959
『北アジア史研究』内田吟風著　同朋社　1975
『西域史研究』白鳥倉吉著　岩波書店　1981
『中国史上の民族移動期』田村実造著　創文社　1985

『騎馬民族国家』江上波夫著　中公新書　1967
『西域文明史概論』羽田亨著　平凡社東洋文庫　1992
『古代遊牧帝国』護雅夫著　中公新書　1976
『五胡十六国　中国史上の民族大移動』三崎良章著　東方書店　2002
『匈奴』沢田勲著　東方書店　1996
『羅什』横超慧日・諏訪義純著　大蔵出版　1982
『ガンダーラ　仏の不思議』宮治昭著　講談社選書メチエ　1996
『仏教美術のイコノロジー』宮治昭著　吉川弘文館　1999
『バーミヤーン、遙かなり』宮治昭著　NHK出版　2002
『中国石窟　クムトラ石窟』新疆ウイグル自治区文物管理委員会・庫車県文物保管所編　《中国石窟・クムトラ石窟》編集委員会監修　平凡社　1985
『中国石窟　キジル石窟』新疆ウイグル自治区文物管理委員会・拝城県キジル千仏洞文物保管所編　《中国石窟・キジル石窟》編集委員会監修　平凡社　1991
『中国石窟　雲岡石窟』雲岡石窟文物保管所編　《中国石窟・雲岡石窟》編集委員会監修　平凡社　1989
『中国石窟　龍門石窟』龍門文物保管所・北京大学考古学系編　《中国石窟・龍門石窟》編集委員会監修　平凡社　1987
『中国石窟　鞏県石窟寺』河南省文物研究所編　《中国石窟・鞏県石窟寺》編集委員会監修　平凡社　1983
『中国仏教史』鎌田茂雄著　岩波全書　1979
『中国仏教史』第二巻　鎌田茂雄著　東京大学出版会　1983
『歴史の交差路にて〜日本・中国・朝鮮』司馬遼太郎―陳舜臣―金達寿　講談社文庫　1991
『対談　中国を考える』司馬遼太郎・陳舜臣　文藝春秋　1978
『三民主義』孫文著　安藤彦太郎訳　岩波文庫　1956

『章炳麟集』西順蔵・近藤邦康編訳　岩波文庫　１９９０
『中国の運命』蒋介石著　波多野乾一訳　日本評論社　１９４６
『身辺的現代中国論』竹内好著　筑摩書房　１９６６
『中華思想と現代中国』横山宏章著　集英社新書　２００２
『多民族国家　中国』王柯著　岩波新書　２００５
『中華民族の多元一体構造』費孝通編著　西澤治彦ほか訳　風雪社　２００８
『周縁からの中国　民族問題と国家』毛利和子著　東京大学出版会　１９９８
『大漢和辞典』諸橋轍次著　大修館書店
『広漢和辞典』諸橋轍次他編、大修館書店
『岩波国語辞典』西尾実ほか編
『大辞林』松村明編　三省堂
『字通』白川静編　平凡社

《論文》
「中華民族史研究的重要成果」伍文義　『民族問題研究』中国人民大学　２００２
「クシャン人と大乗仏教」Ｎ・ゼリンスキー　『アイハヌム２００３』東海大学出版会
「『法顕伝』に見える陀歴仏教寺院」土谷遙子　オリエント53―1　オリエント学会　２０１０
「曇曜五窟造営次第」吉村怜　『仏教芸術』２１２号　１９９４　毎日新聞社刊
「宇宙の都から生活の都へ」妹尾達彦　『月刊しにか』１９９６年9月号　大修館書店
「我以我血薦軒轅」沈松橋　臺灣社會研究季刊二八　１９９７

＊本文内では、引用文献、単行書籍名のみを示し、それぞれの引用個所の頁数などは、煩瑣になるので省略した。

【図版・写真出典一覧】

・『晋書』載記に見える国名（P.43）：
『五胡十六国～中国史上の民族大移動』東方選書 36、三﨑良章
・五胡十六国主要図（P.44）：『魏晋南北朝』川勝義雄、講談社学術文庫
・前秦主要図と東晋（P.57）：『魏晋南北朝』川勝義雄、講談社学術文庫より、
改変させていただいた。
・現在の大仏窟（P.98）：新疆文物局提供
・河西回廊石窟分布図（P.103）：
『中国の仏教美術～後漢代から元代まで』世界美術双書 006、久野美樹、東信堂
・交脚弥勒仏坐像（P.112）：公益財団法人 平山郁夫シルクロード美術館蔵
・武威天梯山石窟（P.116）／北涼式菩薩（P.118）：
『武威天梯山石窟』敦煌研究院　甘粛省博物館編著、文物出版社
・北魏平城都城（P.131）：『拓跋春秋』李凭、浙江文芸出版社
・六鎮図（P.159）：『魏晋南北朝』川勝義雄、講談社学術文庫
・雲岡第５窟大仏（P.172）：
『中国石窟　雲岡石窟』第一巻、雲岡石窟文物保管所編、《中国石窟・雲岡石窟》編集委員会監修、平凡社
・北魏洛陽発掘宮殿図（P.192）：『魏孝文帝伝』劉精誠、天津人民出版社
・南北朝王朝の変遷（P.210）：『明解世界史図説 エスカリエ』帝国書院より、
改変作図させていただいた。
・隋文帝（P.238）：『中国歴代帝王名臣像真跡』河北美術出版社
・隋王朝系図（P.240）：『大唐帝国』世界の歴史７、宮崎市定、河出書房新社
・隋代の大運河図（P.258）：
『大運河～中国の漕運』世界史研究双書３、星斌夫、近藤出版社
・西域三道地図（P.262-263）：
『遣隋使がみた風景～東アジアからの新視点』氣賀澤保規編、八木書店
・唐太宗（P.282）：『中国歴代帝王名臣像真跡』河北美術出版社
・唐初の情況（P.285）：『大唐帝国』世界の歴史７、宮崎市定、河出書房新社
・唐　太宗・高宗の版図（P.345）／明の対外関係（P.356）／清の対外関係（P.359）：
『明解世界史図説 エスカリエ』帝国書院より、改変作図させていただいた。
＊上記以外は、筆者。

あとがき

司馬遼太郎さんの詠嘆がある。

中国もしくは中国人とはなにか、ということは、二十一世紀に近づくにつれ、人類の切実な課題になってくるにちがいない。しかしこの設問ほど困難なものはなく、それに関する無数の具体的事例をそのあたりの浜辺いっぱいに積みあげても、事例そのものの形態、色彩、あるいは本質が複雑に相互に矛盾しあっているために、一個の概念化を遂げることは至難といっていい。

(中略)

しかし徒労であっても、やらざるをえない。

(「数千年の重み」一九七八)

いまから四十年ほど前、陳舜臣さんとの共著『対談　中国を考える』の「あとがき」に見える。現在から見れば、この「中国」と「中国人」を「中華」と「漢」と読みかえてもいいであろう。司馬さんを終生悩ませてきた難問である。司馬さんはこの問いへのいくつかのヒントを遺して世を去った。司馬さんからの宿題ともいうべき「中華とはなにか」という問いに答えをみつけようとして二十年が過ぎた。中途半端ではあったが前著『ふたつの故宮』(NHK出版　二〇〇〇)で途中経過の報告ができた。以降、諸先輩の慫慂《しょうよう》もあって気を取り直してふたたび作業をはじめた。

わたしは学生時代、中国文学(現代文学)を学んだ。一九六〇年代後半、中国の文化大革命、そして全共闘の動きが激しい時代であった。一九六九年、迷いのなかで番組制作という仕事に転身した。

ＮＨＫに職を得、赴任地の新潟、そして大阪でいわゆる教養番組系のディレクターとして十年を過ごした。大阪では新たに創設された国立民族学博物館（梅棹忠夫館長・当時。略称、「民博《みんぱく》」）に通った。諸先生に話を伺い、やがて東京に移ってアジアを中心とした海外取材番組を制作するようになった。取材国もモンゴル・ブータン・ネパール・ビルマ（現・ミャンマー）・スリランカ・タイ・カンボジア・北朝鮮（朝鮮民主主義人民共和国）そしてインドネシアなど、もっぱらアジアであった。これらの取材では事前に民博の諸先生からさまざまな情報をいただき、番組に反映してきた。リサーチャーなどない時代、わたしには民博という情報ネットワークがあったということになる。

ネパールやブータンでヒマラヤの南麓に立った時どき、銀嶺のかなたにある中国という巨大な存在を取材対象として初めて意識した。そろそろ中国をテーマとしてやってみるか、と思ったのである。

一九八四年春、中国雲南を取材（ＮＨＫ特集「秘境雲南」）、ついでＮＨＫ特集「大黄河」シリーズで河源から広く黄河流域を取材した。一度取材に入れば一か月から二か月というハードな辺境への旅であったが、中国の歴史や文物に知見を広げることができたのは幸せなことであったと思う。

今回、中華探索の作業をはじめて、若いころに勉強しなかったことをようやく痛切に悔むこととなった。吉川幸次郎、小川環樹先生はじめ高名な学者から教えを受けた授業のテキストをあらためて手にすると、悲しいほどわずかしか予習のあとがない。おそまつな学生であったと、いまにして思う。

それが、定年後に漢文資料と取り組むことになってしまったのである。いささか焦りを感じて大学時代の旧友、氣賀澤保規《けがさわやすのり》明治大学教授（東洋史・当時）の大学院の演習に通わせてもらった。少しでも漢籍を理解する感覚を得たいと思ったからであった。ここで氣賀澤氏や会田大輔君、石野智大君（いずれも現・明治大学兼任講師）、台湾の林韻柔さん（現・逢甲大学助理教授）など院生諸氏からいろいろと学ぶことができた。あわせて、この場で最近の研究の動向や、最新の資料を目にすることもできた。また、杉山正明京都大学教授（東洋史）、高田時雄京都大学名誉教授（中国語学文学）、阿辻哲次京都大学教授（中国語学文学）からもさまざまな示唆をいただくことができた。あわせて謝意を表する次第である。とはいえ我流の解釈には誤訳も多いことと危惧している。

意外なことが一つある。知恵をお借りした中国史の先生たちが「中華」という概念を問い直すことにさほどの関心を示されなかった。中国史全般にかかわるものゆえ、時代を区切って研究する専門家には想定外の設問であったということになるのであろうか。

気になっていたことばがある。「対角線」である。これも司馬さんのことばである。

北朝鮮で取材した番組（NHKスペシャル「騎馬民族の道はるか～北朝鮮歴史紀行」）を制作していたときのこと。鴨緑江河畔にある古墳群のなかに前方後円墳型の積石塚古墳がある。それが紀元前後のものということで、江上波夫さんはみずからの騎馬民族征服王朝説の欠落を埋めるミッシングリンクではないかと考えておられた。取材許可を得て、江上さん、考古学者の森浩一さんに同行を願って一九九二年十月、取材したのである。ただ、天皇家までかかわる江上説にどこまで同調できるのかという点で迷いがあった。

江上説をどう評価するか、司馬さんにうかがった。その時の司馬さんの簡単にして明瞭なことばが「対角線」であった。

江上さんほど、歴史に大胆な対角線を引いた学者はおらんで。「四〇年の時に耐える仮説」というのが司馬さんの評価であった。対角線―直線的に歴史をみるのではなく別の視座からみることを、そう表現されたのであろう。中華と騎馬民族の濃厚なかかわりを検証する本稿において、対角線はあるのか。その疑問が最後に気になってきたのである。考えついたことの一つが、第三者の眼であった。具体的にいうと、北宋の歴史学者司馬光の観点を取り入れることはできないか、ということである。調べてみると確かに「臣光曰く…」という書き出しで論評された帝王では、本稿の主役ともいえる前秦苻堅《ふけん》、北魏孝文帝、唐太宗は突出していた。千年前の歴史家司馬光の評価と、本稿が重なった。少なくとも一つの対角線を提示できたことにはなる。

本稿は、司馬遼太郎さんへの二十年遅れの、「中華」探索の旅の最終報告である。

ここに至るまで多くの方のお世話になっている。論考に関しては、中日・東京新聞編集委員柴田篤氏（当時）のお世話で「中華の成立過程～騎馬民族皇帝の苦闘」（二〇〇八年六～八月・三六回）を連載、二〇一〇年には考古学者坪井清足先生の卒寿記念論集に「中華概念の成立をめぐって」を掲載していただいた。

ふりかえれば、これまで名前を挙げた多くの先生がすでに鬼籍に入られた。生きているうちに本出せよ、と励ましていただいた佐々木高明さん（元国立民族学博物館館長）、坪井清足さん（元奈良国立文化財研究所所長）、樋口隆康さん（京都大学名誉教授）、加藤久祚さん（国立民族学博物館名誉教授）も、いまはない。時間がかかりすぎたという後悔だけが残る。

とはいえ人文書館の道川文夫さんのお力添えなしには出版には至らなかったであろう。長くＮＨＫ出版で名編集長として知られた道川さんには、わたしの最初の著となる『遥かなるブータン』（一九八三年刊）以来、二〇〇〇年刊『ふたつの故宮』まで、毎回草稿に目を通して的確なアドバイスをいただいた。おたがい老境に入って、おそらくは最後の著となるであろう本書までお付き合いいただいたこと、ひたすら感謝するのみである。

最後に、揮毫をお願いした書家の石飛博光先生。先生とは、十年ほど前、「砂場の会」という集まりでお目にかかった。ＮＨＫの先輩中村清次さん（元シルクロード取材班団長）の呼びかけで、先生や成城大学名誉教授の東山健吾さん（中国美術史・敦煌の専門家）など、シルクロード好きが集まった。会の名は、第一回の会場が神田の蕎麦屋「砂場」であったことにちなむ。以来、毎年シルクロードを酒の肴として会はつづいてきた。

そういうご縁で、書家として多忙な日々を送られている石飛先生から、題字、さらには各章扉に、イラストともいえそうな想像力を刺激する書を揮毫していただいた。わがままなお願いをかなえていただいたことにも感謝申し上げたい。

なお、画家の荒田秀也さんにもご指導いただいたことを追記する。

二〇一七年　初春

後藤多聞

【題字】

石飛博光（いしとび・はっこう）
1941年、北海道赤平市生まれ。金子鷗亭氏に師事。東京学芸大学書道科卒業。
88年・89年、日展特選連続受賞。毎日書道展文部科学大臣賞受賞。毎日芸術賞受賞。
「毎日・現代の書新春展」、「朝日・現代書道二十人展」出品。個展開催、十数回。
96、04、08年、NHKテレビ趣味悠々「書道」の講師として出演。
〈現在〉日展会員、全日本書道連盟副理事長、毎日書道会理事、創玄書道会 会長、
大正大学客員教授、NHK文化センター講師。

〈揮毫〉NHKテレビ「日本の名峰」「グレートサミッツ」。毎日新聞「時代の風」。

〈編著書〉

『石飛流書道の学び方』『書道・創作入門コツのコツ』『常用漢字五体字集』

『実用書道　楽しい暮らしの書』（以上、NHK出版）。

『ほっとする禅語70』（正・続、二玄社）。『石飛博光のちょっと書いてみたい漢詩』（小学館）。

臨書集『古典渉猟』全10集（芸術新聞社）。教科書「高校書道」（東京書籍共著）。


【装本】

荒田秀也（あらた・ひでや）
装幀作品に、
『敦煌への道』上・下
著者：［写真］石 嘉福　［文］東山健吾
発行：NHK出版　1995年4月／6月
『〈考古紀行〉騎馬民族の道はるか〜高句麗古墳がいま語るもの』
著者：森 浩一／NHK取材班（後藤多聞／蛯子克郎／橋本典明）
発行：NHK出版　1994年3月
などがある。

編集　多賀谷典子／道川龍太郎

考証　田中美穂

年表・作図協力　吉村時子

後藤多聞…ごとう・たもん…

1944(昭和19)年、大阪市生まれ。

京都大学大学院中国文学研究科修士課程修了。NHKに入局。

主として歴史番組やアジアを中心とした海外取材番組を担当。

主な担当番組　NHK特集「ビルマ2000キロ」「秘境ブータン」「秘境雲南」

「幻の民ピートンルアン〜タイ」「大黄河」「大草原の祭り〜モンゴル」ほか。

NHKスペシャル「よみがえる邪馬台国」「騎馬民族の道はるか〜北朝鮮歴史紀行」

「謎の仮面王国〜三星堆遺跡は何を物語るか」「ベルリン美術館」

「故宮〜至宝が語る中華五千年」など。

主な著書　『遙かなるブータン』(元本は、NHK出版、その後は、ちくま学芸文庫)、

『大黄河』『騎馬民族の道はるか』(共著)、『ふたつの故宮』(上・下)

(いずれもNHK出版)。

論文　「『中華』概念成立の背景をめぐって」(『坪井清足先生卒寿記念論文集
〜埋文行政と研究のはざまで』2010年11月発行)。

現在、平山郁夫シルクロード美術館理事　文化ジャーナリスト
(国立民族学博物館客員教授、総合地球環境学研究所客員教授などを歴任)。

漢とは何か、中華とは何か

発行　二〇一七年四月二〇日　初版第一刷発行
著者　後藤多聞
発行者　道川文夫
発行所　人文書館
〒一五一-〇〇六四
東京都渋谷区上原一丁目四七番五号
電話　〇三-五四五三-二〇〇一（編集）
〇三-五四五三-二〇一一（営業）
電送　〇三-五四五三-二〇〇四
http://www.zinbun-shokan.co.jp
装本　荒田秀也
印刷・製本　モリモト印刷株式会社

ISBN　978-4-903174-36-5
Printed in Japan

＊ひどい目に逢うのは、雑草である民衆だ（『雑草』より）

第五十九回農民文学賞受賞作品収載

安曇野を去った男　―ある農民文学者の人生

三島利徳 著

戦争は嫌だ！　戦争忌避をめぐる山田多賀市の行動は破天荒であった。渾身の評伝と力作評論！　集団的自衛権行使が容認され、憲法改正への動きがうごめく今こそ、反戦を貫いた農民文学者・山田多賀市「やまだ・たかいち」の数奇な生涯とその作品を問い直す。なぜ、一個人が尊いのか、なぜ、自由が大切なのか。そして「戦争を放棄」し、平和を誠実に希求すべきなのか！　生の危うさを覚える〝この国〟と〝この時代〟を問うために。

四六判上製三二〇頁　定価三二四〇円

＊音の風景を旅する、人生を旅する。

耳を澄まして　―音風景の社会学／人間学

山岸健・山岸美穂 著

ここからそこへ、かなたへ。その場所（トポス）、あの道（ホドス）へ。多様な世界体験と記憶のなかで、自らの拠り所を求めながら、人間とは何か、人生とは何かを問い続ける山岸健。身近にあった音の世界から、音の風景の地平を切り開いてきた山岸美穂。両者の対話によって織りなされた小論集。人間にとっての〝音の風景〟、その生の深みを考える。美しい文章のなかに、ふたりの瑞々しい感性が感じられるであろう。

四六判上製二八〇頁　定価三七八〇円

＊知の旅人は、風に吹かれて

風の花と日時計　―人間学的に

山岸健 著

「精神の風が吹いてこそ、人間は創られる」（サン＝テグジュペリ）。生のありようと「生の形式」を語り、西田幾多郎の哲学を追う。そして同郷の詩人・堀口大學の北の国を訪ね、西脇順三郎の「幻影の人」の地に立つ。さらにはレオナルド・ダ・ヴィンチや印象派の画家・モネの芸術哲学を話柄にして述べる。日常生活と五感から感じとった明澄な「社会学的人間学」の小論集（エッセイ）！　生きるために学ぶ、考える、感じる。

四六判上製三六八頁　定価四八六〇円

＊新聞の「叡智」と「良心」

新聞への思い　正岡子規と「坂の上の雲」

高橋誠一郎 著

司馬遼太郎の代表的な歴史小説、史的文明論である『坂の上の雲』等を通して、近代化＝欧化とは何であったのかを、比較文学・比較文明学的視点から問い直す！　明治の「時代人」たちは、「坂の上」の「白い雲」の向こうに何を見たのであろうか。子規、秋山好古・真之兄弟、それに陸羯南（くが・かつなん）という新聞人、畏友・夏目漱石ら、それぞれの「時代人」の跫音（あしおと）にふれながら、「坂の上の雲」を辿る。

四六判上製二五六頁　定価二九一六円

定価は消費税込です。（二〇一七年四月現在）